Protokolle

der Kommission für die zweite Lesung

des

Entwurfs des Bürgerlichen Gesetzbuchs.

Im Auftrage des Reichs-Justizamts

bearbeitet von

Dr. Achilles,
Reichsgerichtsrath a. D.,

Dr. Gebhard,
Großh. bad. Geheimer Rath,

Dr. Spahn,
Reichsgerichtsrath.

Band VII.

Register

(angefertigt von H. Jatzow, Großh. meckl. schwer. Oberamtsrichter).

Berlin SW48

Wilhelmstraße 119/120.

J. Guttentag, Verlagsbuchhandlung,

G. m. b. H.

1899.

Nachdruck 1983

Inhaltsverzeichniß.

Seite

Zusammenstellung der Paragraphen des Entwurfs erster Lesung mit den Paragraphen der späteren Entwürfe und des Gesetzbuchs.

I. Buch. Allgemeiner Theil 1
II. Buch. Recht der Schuldverhältnisse 7
III. Buch. Sachenrecht 21
IV. Buch. Familienrecht 32
V. Buch. Erbrecht 45

Zusammenstellung der Artikel des Entwurfs erster Lesung mit den Artikeln der späteren Entwürfe und des Einführungsgesetzes . 57

Nachweisung der Protokollseiten bei den einzelnen Paragraphen des Gesetzbuchs.

I. Buch. Allgemeiner Theil 63
II. Buch. Recht der Schuldverhältnisse 66
III. Buch. Sachenrecht 72
IV. Buch. Familienrecht 77
V. Buch. Erbrecht 84

Nachweisung der Protokollseiten bei den einzelnen Artikeln des Einführungsgesetzes 90

Wort= und Sachregister 93

Zusammenstellung

der Paragraphen des Entwurfs erster Lesung mit den Paragraphen der späteren Entwürfe und des Gesetzbuchs.

Die Zahlen in den fünf Spalten bezeichnen die Paragraphen, und zwar in der Spalte I die Paragraphen des Entwurfs erster Lesung, in der Spalte II die des Entwurfs zweiter Lesung, in der Spalte III die des revidirten, dem Bundesrathe vorgelegten Entwurfs, in der Spalte IV die der Reichstagsvorlage, in der Spalte V die des Bürgerlichen Gesetzbuchs. Bei den in den Entwurf zweiter Lesung nicht aufgenommenen Paragraphen des Entwurfs erster Lesung sind in der Spalte II die Stellen in dem Entwurfe zweiter Lesung angegeben, an welchen die bezüglichen Beschlüsse zu finden sind.

I. Buch. Allgemeiner Theil.

I E. I	II E. II	III B.R.	IV R.T.	V B.G.B.
1	S. 1 Anm. 2	—	—	—
2	S. 1 Anm. 2	—	—	—
3	1	1	1	1
4	9; S. 1 Anm. 2	19	19	19
5	2, 2236	13, 2363	13	13
6	2	14	14	14
7	3	15	15	15
8	4	16	16	16
—	5	17	17	17
9	S. 4 Anm. 1	—	—	—
10	6; S. 4 Anm. 1	13	13	13
11	S. 4 Anm. 1	—	—	—
12	" " " "	—	—	—
13	" " " "	—	—	—
14	" " " "	—	—	—
15	" " " "	—	—	—
16	" " " "	—	—	—
17	" " " "	—	—	—
18	" " " "	—	—	—
19	" " " "	—	—	—
20	" " " "	—	—	—
21	7	18	18	18

I E. I	II E. II	III B.R.	IV R.T.	V B.G.B.
22	8; S. 563 Nr. 1 S. 713 Nr. 3	—	—	—
—	10	20	20	20
23	S. 4 Anm. 1	—	—	—
24	" " " "	—	—	—
25	11	2	2	2
26	12	3	3	3
27	13, 1706; S. 563 Nr. 3	3—5, 1825	3—5, 1823	3—5, 1847
28	14, 2239; " " " 4	6, 2362	6	6
29	14	6	6	6
30	15	1569	1567	1589
31	15	1569	1567	1589
32	16	1570	1568	1590
33	16	1570	1568	1590
34	17	7	7	7
35	S. 10 Anm. 1	—	—	—
36	18	8	8	8
37	19	9	9	9
38	S. 10 Anm. 1	—	—	—
39	20	10	10	10
40	21	11	11	11
—	22	12	12	12
41	—	—	—	—
42	23	21	21	21, 22
—	—	—	21	23
—	23	21	21	24
43	24	22	22	25
44	25—28, 37	23—26, 37	23—26, 37	26—29, 40
—	29	27	27	30
45	S. 12 Anm. 1	—	—	—
46	30	28	28	31
47	39	39	39	42
48	31, 32	29—31, 37	29—31, 37	32—34, 40
—	33	32	32	35
—	34	33	33	36
—	35	34	34	37
—	36	35, 36	35, 36	38, 39
—	37	37	37	40
—	38	38	38	41
—	40	40, 41	40, 41	43, 44
49	41, 42	42—44	42—44	45—47
50	43	45	45	48
51	44	46	46	49
52	45	47	47	50
53	46	48	48	51
54	47	49	49	52
55	S. 18 Anm. 1	—	—	—

I E. I	II E. II	III B.R.	IV R.T.	V B.G.B.
56	48	50	50	53
57	S. 18 Anm. 1	—	—	—
—	49	52	52	55
—	50	53	53	56
—	51	54	54	57
—	52	55	55	58
—	53	56	56	59
—	54	57, 58	57, 58	60, 61
—	55	58, 59	58, 59	61, 62
—	56	60, 61	60, 61	63, 64
—	57	63	63	66
—	58	62, 63	62, 63	65, 66
—	59	64	64	67
—	60	65—67	65—67	68—70
—	61	68	68	71
—	62	69	69	72
—	63	70	70	73
—	64	71	71	74
—	65	72	72	75
—	66	73	73	76
—	67	74	74	77
—	68	75	75	78
—	69	76	76	79
58	70, 71; S. 713 Nr. 5	77—79	77—79	80—82
59	70, 72; " " " 6	77, 80	77, 80	80, 83
—	72a	81	81	84
60	73	82	82	85
61	74, 75	83, 84	83, 84	86, 88
62	70—72, 76; S. 713 Nr. 6	77, 78, 81	77, 78, 81	80, 81, 84
63	77	85	85	89
64	78, 79,	100, 101,	100, 101	104, 105
65	80—83, 85	102—105, 107	102—105, 107	106—109, 111
66	107	127	127	131
67	86	108	108	112
68	87, 1704	109	109	113
69	84	106	106	110
70	88; S. 563 Nr. 6	110	110	114
71	88, 89; S. 563 Nr. 7	110, 111	110, 111	114, 115
72	S. 34 Anm. 1	—	—	—
73	90	129	129	133
74	107, 109	126	126	130
75	108	128	128	132
76	108	128	128	132
77	S. 44 Anm. 1	—	—	—
78	116	150	150	154
79	S. 44 Anm. 1	—	—	—
80	118	141	141	145

I E. I	II E. II	III B.R.	IV R.T.	V B.G.B.
81	118	141	141	145
82	119, 121	142, 144	142, 144	146, 148
83	119, 120	142, 143	142, 143	146, 147
84	119, 120	142, 143	142, 143	146, 147
85	119, 122	142, 145	142, 145	146, 149
86	124	147	147	151
—	124a; S. 714 Nr. 10	148	148	152
87	S. 44 Anm. 1	—	—	—
88	119, 123	142, 146	142, 146	146, 150
89	125	149	149	153
90	126	152	152	156
91	104	121	121	125
92	105; S. 714 Nr. 7	122	122	126
93	106	123	123	127
—	106a; S. 714 Nr. 8	124	124	128
—	—	125	125	129
94	105, 106	122, 123	122, 123	126, 127
95	91	112	112	116
96	92	113	113	117
97	93, 97	114, 118	114, 118	118, 122
98	94	115	115	119
—	96	117	117	121
99	94, 97	115, 118	115, 118	119, 122
100	117	151	151	155
101	95, 97	116, 118	116, 118	120, 122
102	S. 36 Anm. 1	—	—	—
103	98	119	119	123
104	99	120	120	124
105	100	130	130	134
106	103	134	134	138
107	101, 102; S. 36 Anm. 2	131, 132	131, 132	135, 136
108	S. 40 Anm. 1	—	—	—
109	" " " "	—	—	—
110	110	137	137	141
111	111	136	136	140
112	113	138	138	142
113	114, 115; S. 714 Nr. 9	139, 140	139, 140	143, 144
114	112	135	135	139
115	S. 47 Anm. 1	—	—	—
116	134	160	160	164
—	135	161	161	165
117	136	162	162	166
118	136	162	162	166
—	137	163	163	167
119	138	164, 165	164, 165	168, 169
—	139	166	166	170
120	140, 142	167, 169	167, 169	171, 173

I E. I	II E. II	III B.R.	IV R.T.	V B.G.B.
121	141, 142, 144	168, 169, 171, 172	168, 169, 171, 172	172, 173, 175, 176
122	143	170	170	174
123	145	173, 174	173, 174	177, 178
124	145	174	174	178
125	146	175	175	179
126	148	176	176	180
—	149	177	177	181
127	150—152; S. 714 Nr. 13	178—180	178—180	182—184
—	153; S. 714 Nr. 14	181	181	185
128	128	154	154	158
129	128	154	154	158
130	129	155	155	159
131	S. 45 Anm. 1 Ziff. 1	—	—	—
132	„ „ „ „ „ „	—	—	—
133	„ 46 „ „ „ 2	—	—	—
134	130	156	156	160
135	131	157	157	161
136	132	158	158	162
137	S. 46 Anm. 1 Ziff. 2	—	—	—
138	„ 47 „ „ „ 3	—	—	—
139	„ „ „ „ „ „	—	—	—
140	„ „ „ „ „ „	—	—	—
141	133	159	159	163
142	133	159	159	163
143	S. 47 Anm. 1 Ziff. 3	—	—	—
144	233; S. 47 Anm. 1 Ziff. 4	270	270	276
145	233	271	271	277
146	S. 47 Anm. 1 Ziff. 4			
147	154	182	182	186
148	155, 156	183, 184	183, 184	187, 188
149	156	184	184	188
150	157	185	185	189
151	159	187	187	191
152	158	186	186	190
153	160	188	188	192
154	161	189	189	194
155	162	190	190	195
156	163	191	191	196
157	164	192	192	197
158	165	193, 194	193, 194	198, 199
—	—	195	195	200
159	166	196	196	201
160	S. 64 Anm. 1	—	—	—
161	167, 173	200, 212	200, 212	205, 217
162	168	197	197	202
163	S. 64 Anm. 1	—	—	—
164	169	198	198	203

I E. I	II E. II	III B.R.	IV R.T.	V B.G.B.
165	169	198	198	203
166	171	201	201	206
167	172	202	202	207
168	170	199	199	204
169	174	203	203	208
170	175	204	204	209
171	176, 178	205, 207	205, 207	210, 212
172	179	208	208	213
173	182	211	211	216
174	177	206	206	211
175	181	210	210	215
176	180	209	209	214
177	183	213	213	218
178	184	214	214	219
179	185	215	215	220
180	176	205	205	210
181	186	216	216	221
182	187	217	217	222
183	188	218	218	223
184	189	219	219	224
185	190	220	220	225
—	—	—	887	226
186	191	221	221	227
187	192	222	222	228
188	S. 66 Anm. 1 Ziff. 1	—	—	—
189	193, 194	223, 224	223, 224	229, 230
—	195	225	225	231
190	S. 66 Anm. 1 Ziff. 2	—	—	—
191	" " " " " "	—	—	—
192	" " " " " "	—	—	—
193	" 67 " " " 3	—	—	—
194	" " " " " "	—	—	—
195	" " " " " "	—	—	—
196	" " " " " "	—	—	—
197	" " " " " "	—	—	—
198	" " " " " "	—	—	—
199	196	226, 232	226, 232	232, 238
200	197	227	227	233
201	198	228	228	234
—	199	229	229	235
—	200	230	230	236
202	201	231	231	237
203	202	232	232	238
204	203	233	233	239
205	204	234	234	240

II. Buch. Recht der Schuldverhältnisse.

I E. I	II E. II	III B.R.	IV R.T.	V B.G.B.
206	205	235	235	241
207	219	256	255	262
208	220	257	256	263
209	220	257	256	263
210	221	258	257	264
211	222	259	258	265
212	S. 74 Anm. 1	—	—	—
213	207	237	237	243
214	207	237	237	243
215	208	238	238	244
216	209	239	239	245
217	210	240	240	246
218	214	246	246	252
219	213	243—245	243—245	249—251
—	215	247	—	—
220	S. 73 Anm. 1	—	—	—
221	216	248	247	253
222	217	249	248	254
223	218	250	249	255
224	206, 233, 234	236, 270, 272	236, 270, 272	242, 276, 278
225	233	270	270	276
226	S. 74 Anm. 2	—	—	—
227	224	261	260	267
—	—	—	261	268
228	223	260	259	266
229	225	262	262	269
230	225, 226	262, 263	262, 263	269, 270
231	227	264	264	271
—	228	265	265	193
232	229	266	266	272
233	230	267	267	273
234	230, 231	267, 268	267, 268	273, 274
235	230	267	267	273
236	S. 76 Anm. 1	—	—	—
237	232, 235	269, 273	269, 273	275, 279
238	237	275	275	281
239	238	276	276	282
240	236	274	274	280
241	S. 78 Anm. 1	—	—	—
242	236	274	274	280
243	239	277	277	283
244	248	286	286	292
245	240	278	278	284
246	241	279	279	285
247	242	280	280	286

I E. I	II E. II	III B.R.	IV R.T.	V B.G.B.
248	244	282	282	288
249	245	283	283	289
250	243	281	281	287
251	243	281	281	287
252	246	284	284	290
—	247	285	285	291
253	S. 80 Anm. 1	—	—	—
254	249	287	287	293
255	250, 251	288—291	288—291	294—297
256	252	292	292	298
—	253	293	293	299
257	254	294	294	300
258	256	296	296	302
—	257	297	297	303
259	255	295	295	301
260	S. 83 Anm. 1	—	—	—
261	258	298	298	304
262	S. 83 Anm. 1	—	—	—
263	311	356	356	362
264	313	358	358	364
265	314	359	359	365
266	311	356	356	362
267	315	360	360	366
268	316	361	361	367
269	317	362	362	368
270	318	363	363	369
—	319	364	364	370
271	320	365	365	371
272	321, 327	366, 372	366, 372	372, 378
—	322	367	367	373
273	323; S. 104 Anm. 1	368	368	374
—	324	369	369	375
274	325	370	370	376
275	327	373	373	379
276	327	373	373	379
277	326	371	371	377
—	328	374	374	380
278	330	377, 378	377, 378	383, 384
279	329, 330	375, 380	375, 380	381, 386
—	—	376	376	382
—	—	379	379	385
280	S. 104 Anm. 1	—	—	—
281	331, 334	381, 384	381, 384	387, 390
282	332	382	382	388
283	333	383	383	389
284	340	390	390	396
285	335	385	385	391

I E. I	II E. II	III B.R.	IV R.T.	V B G.B.
286	336	386	386	392
287	337	387	387	393
288	338	388	388	394
289	339	389	389	395
290	341, 737	391, 797	391, 796	397, 812
291	S. 108 Anm. 1	—	—	—
292	„ „ „ „	—	—	—
293	342, 355	392, 406	392, 406	398, 412
294	342,355;S.112Anm.1Ziff.1	392, 406	392, 406	398, 412
295	343, 355	393, 406	393, 406	399, 412
296	344,355;S.109Anm.1Ziff.1	394, 406	394, 406	400, 412
297	345, 355	395, 406	395, 406	401, 412
298	379	431	431	437
299	380	432	432	438
300	S. 113 Anm. 1 Ziff. 2	—	—	—
301	346,355;S.112Anm.1Ziff.2	396, 397, 406	396, 397, 406	402, 403, 412
302	347, 355	398, 406	398, 406	404, 412
—	348	399	399	405
303	349, 355	400, 406	400, 406	406, 412
304	350, 355	401, 406	401, 406	407, 412
305	351, 355	402, 406	402, 406	408, 412
306	352, 355	403, 406	403, 406	409, 412
307	S. 112 Anm. 1 Ziff. 3	—	—	—
308	353, 355	404, 406	404, 406	410, 412
309	153; S. 113 Anm. 2 Ziff. 2	181	181	185
310	„ „ „ „ „ „ „ S. 714 Nr. 14	„	„	„
311	354	405	405	411
312	356; S. 113 Anm. 1 Ziff. 1	407	407	413
313	„ „ „ 1 „ 2	—	—	—
314	357	408	408	414
315	358	409	409	415
316	360	411	411	417
317	361	412	412	418
318	281, 359	324, 410	323, 410	329, 416
319	362; S. 715 Nr. 19	413	413	419
320	363	414	414	420
321	364, 371; S. 118 Anm. 1	415, 422	415, 422	421, 428
322	S. 118 Anm. 1	—	—	—
323	371	422	422	428
324	364	415	415	421
325	368, 371	419, 423	419, 423	425, 429
326	367, 368, 371	418, 419, 423	418, 419, 423	424, 425, 429
327	368, 371	419, 423	419, 423	425, 429
328	371	423	423	429
329	365, 371	416, 423	416, 423	422, 429
330	„ „	„ „	„ „	„ „

I E. I	II E. II	III B.R.	IV R.T.	V B.G.B.
331	365, 371	416, 423	416, 423	422, 429
332	366, 371	417, 423	417, 423	423, 429
333	368, 371	419, 423	419, 423	425, 429
334	" "	" "	" "	" "
335	" "	" "	" "	" "
336	" "	" "	" "	" "
337	369, 372	420, 424	420, 424	426, 430
—	370	421	421	427
338	S. 118 Anm. 1	—	—	—
339	374	426	426	432
340	373	425	425	431
341	S. 118 Anm. 1	—	—	—
342	310	299	299	305
343	S. 99 Anm. 2	—	—	—
344	259	300	300	306
345	259	301	301	307
346	260	302	302	308
347	261	303	303	309
348	S. 85 Anm. 1	—	—	—
349	264; S. 715 Nr. 17	306	306	312
350	262	304	304	310
—	263; S. 714 Nr. 16	305	305	311
351	265; S. 715 Nr. 18	307	307	313
352	S. 87 Anm. 1	—	—	—
353	266	309	309	315
354	267	310	310	316
355	268, 270	311	311	317
356	269	312	312	318
357	268, 270	313	313	319
358	211, 212	241, 242	241, 242	247, 248
359	127, 206	153, 236	153, 236	157, 242
360	S. 91 Anm. 1	—	—	—
361	278, 279	321, 322	321, 351	327, 361
362	271	314	314	320
363	"	"	"	"
364	"	"	"	"
—	272	315	315	321
365	273	316	316	322
366	"	"	"	"
367	312	357	357	363
368	274, 275	317, 318	317, 318	323, 324
369	276, 277, 279	319, 320, 322	319, 320, 321	325, 326, 327
370	375	427	427	433
371	376	428	428	434
372	378	430	430	436
373	381	433	433	439
374–377	382	434, 435	434, 435	440, 441

I E. I	II E. II	III B.R.	IV R.T.	V B G.B.
378	377	429	429	435
379	383	436	436	442
380	384	437	437	443
—	386	439	439	445
—	393	447	448	454
—	394	448	449	455
381	397	452	453	459
382	398	453	454	460
—	398 a	454	455	461
383	399	455	456	462
384	402	458, 459	459, 460	465, 466
385	400	456	457	463
386	401	457	458	464
387	403	460	461	467
388	404	461	462	468
389	405	462	463	469
390	406	463	464	470
391	407	464	465	471
392	408	465	466	472
—	409	466	467	473
393	411	468	469	475
394	410	467	468	474
395	S. 122 Anm. 1	—	—	—
396	412	469	470	476
397	413	470	471	477
—	414	471, 472	472, 473	478, 479
398	415	473	474	480
399	416	474	475	481
400	417	475	476	482
401	418	476	477	483
402	419, 420; S. 129 Anm. 2	477, 478	478, 479	484, 485
403	S. 129 Anm. 2	—	—	—
404	422	480	481	487
405	423	481	482	488
406	424	482	483	489
407	425	483	484	490
408	426	484	485	491
409	428	486	487	—
—	429	487	488	493
410	421	479	480	486
411	427	485	486	492
412	280, 287	323, 330	322, 329	328, 335
413	280	323	322	328
414	"	"	"	"
—	282	325	324	330
—	283	326	325	331
—	284	327	326	332

I E. I	II E. II	III B.R.	IV R.T.	V B.G.B.
415	285	328	327	333
416	286	329	328	334
417	288	331	330	336
418	289	332	331	337
419	290	333	332	338
420	292, 294	335, 337	334, 336	340, 342
421	293, 294	336, 337	335, 336	341, 342
422	291, 294	334, 337	333, 336	339, 342
423	S. 96 Anm. 1	—	—	—
—	295	338	337	343
424	296	339	338	344
425	297	340	339	345
426	300	344	343	349
427	298	341, 342	340, 341	346, 347
428	299	343	342	348
429	301	345	344	350
430	302, 303	346—349	345—348	351—354
431	S. 99 Anm. 1	—	—	—
432	304	350	349	355
433	305	351	350	356
—	306	352	352	357
434	307	353	353	358
435	308	354	354	359
436	309	355	355	360
437	463	510	511	516
438	″	″	″	″
439	464	511	512	517
440	465	512	513	518
441	465; S. 716 Nr. 27	512	513	518
—	466; S. 564 Nr. 11	513	514	519
442	468	515	516	521
443	470; S. 716 Nr. 28	517	518	523
444	471; S. 716 Nr. 29	518	519	524
445	469	516	517	522
446	S. 148 Anm. 1	—	—	—
447	467	514	515	520
448	472, 473	519, 520	520, 521	525, 526
—	474	521	522	527
449	475, 477	522, 524	523, 525	530, 531
450	475; S. 716 Nr. 30	522	523	530
—	476	523	524	534
451	478, 479	525, 526	526, 527	532, 533
452	477	524	525	531
453	547; S. 170 Anm. 1	599	600	607
454	547	″	″	″
455	548	—	—	—
456	548	600	601	608

I E. I	II E. II	III B.R.	IV R.T.	V B.G.B.
457	549	601	602	609
458	550	602	603	610
459	375	427	427	433
460	S. 124 Anm. 1	—	—	—
461	392	446	447	453
462	385	438	438	444
—	386	439	439	445
463	387, 391	440, 445	440, 445	446, 451
464	389	444	444	450
465	388	441	441	447
466	390	442, 443	442, 443	448, 449
—	393	447	448	454
—	394	448	449	455
467	S. 124 Anm. 1	—	446	452
468	395, 396	449, 451	450, 452	456, 458
469	" "	450, 451	451, 452	457, 458
470	430	488	489	494
471	431	489	490	495
472	"	"	"	"
473	432	490	491	496
474	S. 134 Anm. 1	—	—	—
475	" " " "	—	—	—
476	433	491	492	497
477	"	"	"	"
478	434	492, 493	493, 494	498, 499
479	435; S. 136 Anm. 1	252, 494	251, 495	258, 500
480	436	495	496	501
—	437	496	497	502
—	438	497	498	503
481	439, 440	498, 500	499, 501	504, 506
482	439	499	500	505
—	443	503	504	509
483	444	504	505	510
484	441	501	502	507
—	442	502	503	508
—	—	505	506	511
485	445	506	507	512
—	446	507	508	513
486	447	508	509	514
487	444, 447	504, 508	505, 509	510, 514
—	448; S. 715 Nr. 20	2345	2344	2371
488	449, 450; S. 715 Nr. 21	2346—2348	2345—2347	2372, 2373
489	S. 143 Anm. 1	—	—	—
490	" " " "	—	—	—
491	451; S. 715 Nr. 22	2349, 2350	2348, 2349	2374, 2375
492	452; " " " 23	2351	2350	2376
493	452	"	"	"

I E. I	II E II	III B.R.	IV R.T.	V B.G.B.
494	456	2355	2354	2380
495	454—456	2353—2355	2352—2354	2378—2380
496	457	2356	2355	2381
497	458	2357	2356	2382
498	459; S. 715 Nr. 24	2358	2357	2383
—	460; S. 716 Nr. 25	2359	2358	2384
499	453	2352	2351	2377
500	461; S. 716 Nr. 26	2360	2359	2385
501	S. 143 Anm. 1	—	—	—
502	462	509	510	515
503	480	527, 572	528, 573	535, 580
504	481	528	529	536
505	482	529	530	537
506	483	530	531	538
507	484, 485	531, 532	532, 533	539, 540
508	486	533	534	541
509	512	563	564	571
—	513	564	565	572
—	514	565	566	573
—	515	566	567	574
—	516	567	568	575
—	517	568	569	576
510	518	569	570	577
511	S. 161 Anm. 1 Ziff. 1	—	—	—
512	519	570	571	578
—	520	571	572	579
513	491	539	540	547
514	483, 491	252, 530, 539	251, 531, 540	258, 538, 547
515	490	538	539	546
516	493	541	542	549
—	494	542	543	550
517	495	543	544	551
518	496	544	545	552
—	488	536	537	544
519	489	537	538	545
520	492, 498	540, 548	541, 549	548, 556
—	500	550	551	558
521	501—505	551—555	552—556	559—563
522	506	556, 557	557, 558	564, 565
—	507	558	559	566
523	508	559	560	567
524	509	560	561	568
525	499	549	550	557
526	510	561	562	569
527	511	562	563	570
528	497	545, 546	546, 547	553, 554
529	487	534	535	542

I E. I	II E. II	III B.R.	IV R.T.	V B.G.B.
530	487, 497	535, 547	536, 548	543, 555
531	521	573	574	581
532	"	"	"	"
533	536	588	589	596
534	S. 166 Anm. 1	—	—	—
535	526	578	579	586
536	530	582	583	590
537	535	587	588	595
538	536	588	589	596
539	524	576	577	584
540	522	574	575	582
541	523	575	576	583
542	537	589	590	597
543	525	577	578	585
544	527—529	579—581	580—582	587—589
545	531	583	584	591
546	S. 166 Anm. 1	—	—	—
—	532	584	585	592
547	533	585	586	593
548	534	586	587	594
549	538, 543, 544	590, 595, 596	591, 596, 597	598, 603, 604
550	539	591	592	599
551	540	592	593	600
552	543	595	596	603
553	541	252, 593	251, 594	258, 601
554	542	594	595	602
555	544	596	597	604
556	"	"	"	"
557	545	597	598	605
—	546	598	599	606
558	S. 169 Anm. 1	—	—	—
559	551, 552	603, 604	604, 605	611, 612
—	553	605	—	—
—	554	606	606	613
560	555	607	607	614
561	556	608	608	615
562	557	609	609	616
—	558	610	610	618
563	559—562	611—614	611—614	620—623
564	563	615	615	624
565	564	616	616	625
566	565, 566	617, 619	617, 619	626, 628
—	567, 568	618, 620, 662	618, 620, 662	627, 630, 675
567	569, 570	621, 622	621, 622	631, 632
568	586	641	641	651
569	571—574	623—626	623—626	633—636
570	575	627	627	637

I E. I	II E. II	III B.R.	IV R.T.	V B.G.B.
571	576	628, 629	628, 629	638, 639
572	577	630	630	640
573	578	631	631	641
574	583	637, 638	637, 638	647, 648
575	579	632, 633	632, 633	642, 643
576	580	634	634	644
577	581	635	635	645
578	584	639	639	649
—	585	640	640	650
579	569, 576, 577, 582	621, 628, 630, 636	621, 628, 630, 636	631, 638, 640, 646
580	587	642	642	652
—	588	643	643	653
581	589	644	644	657
582	590	645	645	658
583	591	646, 647	646, 647	659, 660
584	592	648	648	661
585	593	649	649	662
586	S. 188 Anm. 1	—	—	—
587	594	650	650	663
588	595	651	651	664
589	〃	〃	〃	〃
590	596	652	652	665
591	597, 698	253, 653	252, 653	259, 666
592	598	654	654	667
593	599	655	655	668
594	600	656	656	669
595	601	251, 657	250, 657	257, 670
596	S. 188 Anm. 1	—	—	—
597	602	658	658	671
598	〃	〃	〃	〃
599	603	659	659	672
600	〃	〃	〃	〃
601	604	660	660	673
602	S. 188 Anm. 1	—	—	—
603	605	661	661	674
—	606	662	662	675
604	607	663	663	676
605	619	768	767	783
606	623	—	—	—
607	620	769, 771	768, 770	784, 786
—	621	770	769	785
608	623	772	771	787
609	622	773	772	788
610	624	—	—	—
611	624	774	773	789
612	625	775	774	790
613	626	776	775	791

I E. I	II E. II	III B R.	IV R T.	V B.G.B.
—	627	777	776	792
614	628	675	675	688
615	629	676	676	689
—	630	677	677	690
616	631	678	678	691
617	632	679	679	692
618	640	687	687	700
619	637, 638	684, 685	684, 685	697, 698
620	637	684	684	697
621	633	251, 680	250, 680	257, 693
622	634	681	681	694
623	639	686	686	699
624	635	682	682	695
625	636	683	683	696
626	641	688	688	701
627	612	689	689	702
—	643	690	690	703
628	644	691	691	704
629	645	692	692	705
630	646, 647	693, 694	693, 694	706, 707
631	646, 658; S. 564 Nr. 13, S. 717 Nr. 31	693, 705	693, 705	706, 718
632	645	692	692	705
633	648	695	695	708
634	649	696	696	709
635	"	"	"	"
636	650	697	697	710
637	651	698	698	711
638	652	699	699	712
639	653	700	700	713
640	654, 655	701, 702	701, 702	714, 715
641	S. 208 Anm. 1	—	—	—
642	" " " "	—	—	—
643	656	703	703	716
644	657	704	704	717
645	658	706	706	719
—	"	707	707	720
646	659	708	708	721
647	660	709	709	722
648	661	710	710	723
649	"	"	"	"
650	662	711	711	724
—	663; S. 717 Nr. 32	712	712	725
651	664	713	713	726
652	665	714	714	727
653	S. 208 Anm. 1	715	715	728
654	666	716	716	729

I E. I	II E. II	III B.R.	IV R.T.	V B.G.B.
655	667	717	717	730
656	667—670; S. 717 Nr. 33	718—722	718—722	731—735
657	671; S. 208 Anm. 1	723	723	736
—	672	724	724	737
658	673, 674	725—727	725—727	738—740
659	675	728	—	—
—	676	51	51	54
660	701; S. 717 Nr. 35	747	746	759
661	702	748	747	760
662	701	747	746	759
663	703; S. 717 Nr. 35	—	—	—
664	704	749	748	762
665	705	750	749	763
666	718	764	763	779
667	"	"	"	"
668	706	751	750	765
669	"	"	"	"
670	S. 222 Anm. 1	—	—	—
671	707; S. 717 Nr. 36	753	752	768
672	707, 708	752, 753	751, 752	767, 768
673	709	754	753	769
—	710	755	754	770
674	711	756, 757	755, 756	771, 772
675	712	758	757	773
676	713	759	758	774
677	714	760	759	775
678	S. 222 Anm. 1	—	—	—
679	715	761	760	776
—	716	762	761	777
680	717	763	762	778
681	S. 222 Anm. 1	—	—	—
682	" " " "	—	—	—
683	719, 720	765, 766	764, 765	780, 781
—	721	767	766	782
684	737, 741, 745	797, 802, 806	796, 801, 805	812, 817, 821
685	722	778	777	793
686	723	779	778	794
687	722	778	777	793
688	726	782	781	797
689	725	781	780	796
690	731	788	787	803
691	729	786	785	801
692	728	784	783	799
693	S. 228 Anm. 1 Ziff. 2	—	—	—
694	730	787	786	802
695	728	785	784	800
696	S. 228 Anm. 1 Ziff. 1	—	—	—

I E. I	II E. II	III B.R.	IV R.T.	V B.G.B.
697	732	789	788	804
698	733	790	789	805
699	727	783	782	798
700	734	791	790	806
701	724; S. 224 Anm. 1	780	779	795
702	735	792	791	807
703	736	793	792	808
—	—	807	806	822
704	746—748, 2243; S. 564 Nr. 16	808, 809, 2367	807, 808	823, 824
—	748a	810	809	825
705	749	811	810	826
706	S. 246 Anm. 1	—	—	—
707	" " " "	—	—	—
708	750	812	811	827
709	751	813	812	828
—	752	814	813	829
710	755	817	816	832
711	754	816	815	831
712	"	"	"	"
—	758	820	819	835
—	763	825	824	841
713	764	826	825	840
—	765	827	826	842
714	753, 764	815, 826	814, 825	830, 840
715	S. 246 Anm. 1	—	—	—
—	768	830	829	845
—	769	831	830	846
716	771	833	832	848
717	772	834	833	849
718	773	835	834	850
—	774	836	835	851
719	775	837	836	852
720	"	"	"	"
—	776	838	837	853
721	S. 246 Anm. 1	—	—	—
722	767	829	828	844
723	"	"	"	"
724	766; S. 242 Anm. 1	828	827	843
725	S. 246 Anm. 1	—	—	—
726	766	828	827	843
727	S. 246 Anm. 1	—	—	—
728	770; S. 564 Nr. 17	832	831	847
729	S. 246 Anm. 1	—	—	—
730	" " " "	—	—	—
731	" " " "	—	—	—
732	" " " "	—	—	—

I E. I	II E. II	III B.R.	IV R.T.	V B.G.B.
733	S. 246 Anm. 1	—	—	—
734	756, 757; S. 242 Anm. 1	818, 819	817, 818	833, 834
735	759—761; " " " "	821—823	820—822	836—838
736	762, 764; " " " "	824, 826	823, 825	839, 841
737	737—739, 2244	797—799, 2368	796—798	812—814
738	738	798	797	813
739	742	803	802	818
740	"	"	"	"
741	743	804	803	819
—	744	805	804	820
742	737	797	796	812
743	740, 741	800, 802	799, 801	815, 817
744	742, 743	803, 804	802, 803	818, 819
745	737, 742, 743	797, 803, 804	796, 802, 803	812, 818, 819
746	S. 232 Anm. 1	—	—	—
747	741, 743	802, 804	801, 803	817, 819
748	737, 742, 743	797, 803, 804	796, 802, 803	812, 818, 819
749	608—610	664—666	664—666	677—679
750	611	667	667	680
751	612	668	668	681
752	613	669	669	682
753	614	670	670	683
754	616	672	672	685
755	610, 614	666, 670	666, 670	679, 683
756	S. 191 Anm. 1	—	—	—
757	617	673	673	686
758	615	671	671	684
759	S. 191 Anm. 1	—	—	—
760	" " " "	—	—	—
761	618	674	674	687
762	677; S. 564 Nr. 14	729	728	741
763	681, 683	733, 735	732, 734	745, 747
764	678	730	729	742
765	679—681	731—733	730—732	743—745
—	682	734	733	746
766	680, 684	732, 736	731, 735	744, 748
767	685, 686; S. 211 Anm. 1	737, 738	736, 737	749, 750
—	687	739	738	751
768	694	746	745	758
769	688—690	740—742	739—741	752—754
—	691	743	742	755
770	692	744	743	756
771	693	745	744	757
772	681, 689	733, 741	732, 740	745, 753
773	667; S. 213 Anm. 1	718	718	731
774	695	794	793	809
775	696	795	794	810

I E. I	II E. II	III B.R.	IV R.T.	V B G.B.
776	697	796	795	811
—	698	253	252	259
777	699, 700; S. 215 Anm. 1 Ziff. 1, 2	254, 255	253, 254	260, 261

III. Buch. Sachenrecht.

I E. I	II E. II	III B.R.	IV R.T.	V B.G.B.
778	77a	86	86	90
779	77b	87	87	91
780	77c	88	88	92
781	928 Abs. 1; S. 247 Anm. 1	1002	1001	1017
782	77d	89	89	93
783	77e, 77f	90, 91	90, 91	94, 95
784	77e	90	90	94
785	77f	91	91	95
786	S. 247 Anm. 1	—	—	—
787	808; S. 257 Anm. 1	875	874	890
788	77g	92	92	96
789	77h	93	93	97
790	265a	308	308	314
791	77i	94	94	98
792	77k	95	95	99
793	77l	96	96	100
794	77m, 907	97, 978	97, 977	101, 993
795	77n	99	99	103
796	102a	133	133	137
797	777, 793, 2241	839, 857, 2369	838, 856	854, 872
798	S. 251 Anm. 1	—	—	—
799	" " " "	—	—	—
800	" " " "	—	—	—
801	" " " "	—	—	—
802	" " " "	—	—	—
803	777; S. 251 Anm. 1	839	838	854
—	778	840	839	855
804	792, 844, 849, 900	855, 916, 921, 971	854, 915, 920, 970	870, 931, 936, 986
805	843	915	914	930
806	S. 251 Anm. 1	—	—	—
807	" " " "	—	—	—
808	779	841	840	856
809	S. 251 Anm. 1	—	—	—
810	779	841	840	856
811	S. 251 Anm. 1	—	—	—
812	" " " "	—	—	—
813	" " " "	—	—	—

I E. I	II E. II	III B.R.	IV R.T.	V B.G.B.
814	780	843	842	858
815	781, 782	844, 845	843, 844	859, 860
816	787	850	849	865
817	788	851	850	866
818	780	843	842	858
819	783	846	845	861
820	784	847	846	862
821	790, 791	854, 856	853, 855	869, 871
—	790	853	852	868
822	785	848	847	863
823	786; S. 251 Anm. 1	849	848	864
824	783, 784, 786	846, 847, 849	845, 846, 848	861, 862, 864
825	918	991	990	1006
826	809	876	875	891
827	S. 261 Anm. 1 Ziff. 1	—	—	—
828	794; S. 261 Anm. 1 Ziff. 2 S. 717 Nr. 38	858	857	873
829	S. 261 Anm. 1 Ziff. 2	—	—	—
830	" " " " " "	—	—	—
831	799	863	862	878
832	S. 261 Anm. 1 Ziff. 2	—	—	—
833	" " " " " 3	—	—	—
834	796, 799	860, 863	859, 862	875, 878
835	807	874	873	889
836	S. 261 Anm. 1 Ziff. 4	—	—	—
837	113, 810	138, 877	138, 876	142, 892
838	811	878	877	893
839	812	801	800	816
840	800	864	863	879
841	801	865	864	880
842	802	866	865	881
—	—	867	866	882
—	803	868	867	883
—	804	869, 870	868, 869	884, 885
—	804a; S. 717 Nr. 39	869	868	884
—	805	871, 872	870, 871	886, 887
—	806	873	872	888
843	813	879, 882, 883	878, 881, 882	894, 897, 898
844	810, 814	877, 884	876, 883	892, 899
845	814	884	883	899
—	815	885	884	900
—	816	886	885	901
846	S. 262 Anm. Ziff. 5	—	—	—
847	817	887	886	902
848	818	888	887	903
—	—	889	888	904
849	819	890	889	905

I E. I	II E. II	III B.R.	IV R.T.	V B.G.B.
850	820	891	890	906
851	832	904	903	919
852	833	905	904	920
853	837	909	908	924
854	834, 835	906, 907	905, 906	921, 922
855	836	908	907	923
856	S. 269 Anm. 1 Ziff. 1	—	—	—
857	826, 827	897, 898	896, 897	912, 913
858	827	898, 899	897, 898	913, 914
859	828	900	899	915
860	829	901	900	916
861	824	895	894	910
862	825	896	895	911
863	830, 831	902, 903	901, 902	917, 918
864	821	892	891	907
—	822	893	892	908
865	823	894	893	909
866	S. 269 Anm. 1 Ziff. 1	—	—	—
867	789, 917	852, 990	851, 989	867, 1005
868	838; S. 718 Nr. 40	910	909	925
869	S. 272 Anm. Ziff. 4	—	—	—
870	838	910	909	925
871	"	"	"	"
—	839	911	910	926
872	841; S. 271 Anm. 1 Ziff. 1	913	912	928
873	840; S. 270 Anm. 1	912	911	927
874	842—844	914—916	913—915	929—931
875	845	—	—	—
876	S. 273 Anm. 1	—	—	—
877	113, 846	138, 917	138, 916	142, 932
878	849	921	920	936
879	847, 848	918—920	917—919	933—935
880	850	801	800	816
881	851; S. 275 Anm. 1	922	921	937
882	857, 858; S. 718 Nr. 42	928, 929	927, 928	913, 944
883	852	923	922	938
884	853	924	923	939
885	854, 856, 858; S. 718 Nr. 42	925, 927	924, 926	940, 942
886	851	922	921	937
887	855	926	925	941
888	859, 1900; S. 718 Nr. 43	2003	2001	2026
889	860	930	929	945
890	861	931	930	946
891	862	932	931	947
892	863	933	932	948
893	865	935	934	950
894	"	"	"	"

I E. I	II E. II	III B.R.	IV R.T.	V B.G.B.
895	864, 865	934, 935	933, 934	949, 950
896	S. 278 Anm. 1	—	—	—
897	866	936	935	951
898	868	938	937	953
899	869; S. 279 Anm. 1	939	938	954
900	870; " " " 2			
	S. 718 Nr. 44	940	939	955
901	871	941	940	956
902	"	"	"	"
—	872	942	941	957
903	873	943	942	958
904	874	944	943	959
905	875	945	944	960
906	876	946	945	961
907	877	947	946	962
908	878	948	947	963
909	879; S. 282 Anm. 1	949	948	964
910	880; " " " 2	950	949	965
911	881	951	950	966
912	882	952	951	967
—	883	953	952	968
—	884	954	953	969
913	881, 890	951, 960	950, 959	966, 975
914	885, 886	955, 956	954, 955	970, 971
915	887	957	956	972
916	890	960	959	975
917	S. 284 Anm. 1	—	—	—
918	888	958	957	973
919	888, 889	958, 959	957, 958	973, 974
920	888	958	957	973
921	880, 886, 888	950, 956, 958	949, 955, 957	965, 971, 973
922	892	962	961	977
923	891, 892	961, 962	960, 961	976, 977
924	893	963	962	978
925	894, 896	964, 965, 967	963, 964, 966	979, 980, 982
926	894, 895	964, 966	963, 965	979, 981
927	897	968	967	983
928	898	969	968	984
929	899	970	969	985
—	902	973	972	988
930	907; S. 290 Anm. 1	978	977	993
931	904; " 289 " "	975	974	990
932	904, 905; S. 289 Anm. 1	975, 976	974, 975	990, 991
933	901, 903	972, 974	971, 973	987, 989
934	904	975	974	990
935	906	977	976	992
936	908, 910; S. 564 Nr. 18	252, 979, 981, 982	251, 978, 980, 981	258, 994, 996, 997

I E. I	II E. II	III B.R.	IV R.T.	V B.G.B.
—	909	980	979	995
—	911	983	982	998
937	912	984	983	999
938	913	985—987	984—986	1000—1002
—	914	988	987	1003
—	915	—	—	—
939	S. 292 Anm. 2	—	—	—
940	" " " "	—	—	—
941	" " " "	—	—	—
942	900	971	970	986
943	916	989	988	1004
944	916; S. 294 Anm. Ziff. 2b	"	"	"
945	919	992	991	1007
946	920	993	992	1008
947	921	994	993	1009
948	S. 296 Anm. 2	—	—	—
949	922	995	994	1010
950	S. 296 Anm. 2	—	—	—
951	923	996	995	1011
952	1003, 1006	1078, 1081	1077, 1080	1094, 1097
953	1004	1079	1078	1095
—	1005	1080	1079	1096
954	1007	1082	1081	1098
955	S. 321 Anm. 1	—	—	—
956	1008	1083	1082	1099
957	1007, 1009; S. 321 Anm. 1	1082, 1084	1081, 1083	1098, 1100
—	1010	1085	1084	1101
—	1011	1086	1085	1102
—	1012	1087	1086	1103
—	1013	1088	1087	1104
958	1007	1082	1081	1098
959	S. 321 Anm. 1	—	—	—
960	" " " "	860, 861	859, 860	875, 876
961	924	997—999	996—998	1012—1014
962	925, 928; S. 297 Anm. 1 Ziff. 1, 2; S. 718 Nr. 47	859, 1000, 1002	858, 999, 1001	874, 1015, 1017
963	927	1001	1000	1016
964	928	1002	1001	1017
965	796, 797, 926	860, 861	859, 860	875, 876
966	929	1003	1002	1018
967	930	1004	1003	1019
968	S. 301 Anm. 1 Ziff. 2	—	—	—
969	795; S. 301 Anm. 1 Ziff. 2	859	858	874
970	931	1005	1004	1020
971	932, 933	1006, 1007	1005, 1006	1021, 1022
972	934	1008	1007	1023
973	935	1009	1008	1024

I E. I	II E. II	III B.R.	IV R.T.	V B.G.B.
974	S. 301 Anm. 1 Ziff. 2	—	—	—
975	937	1011	1010	1026
976	936	1010	1009	1025
977	796, 797; S. 301 Anm. 1 Ziff. 2	860, 861	859, 860	875, 876
978	938	1012	1011	1027
979	939	1013	1012	1029
980	940	1014	1013	1030
—	941	1015	1014	1031
981	S. 302 Anm. 1	—	—	—
982	795	859	858	874
983	942	1016	1015	1032
—	943	1017	1016	1033
984	946, 1272	1020, 1358	1019, 1356	1036, 1373
985	975; S. 311 Anm. 1	1050	1049	1066
986	969	1044	1043	1060
987	S. 310 Anm. 1	—	—	—
988	949, 2005; S. 304 Anm. 1	1023, 2110	1022, 2108	1039, 2133
989	947; S. 303 Anm. 1	1021	1020	1037
990	950; „ 304 „ 2	1024	1023	1040
991	946, 951, 964, 2004	1020, 1025, 1039, 2108	1019, 1024, 1038, 2106	1036, 1041, 1055, 2131
992	944, 1271, 1995; S. 302 Anm. 2	1018, 1357, 2099	1017, 1355, 2097	1034, 1372, 2122
993	945, 1271, 1994	1019, „ 2098	1018, „ 2096	1035, „ 2121
994	946, 947	1020, 1021	1019, 1020	1036, 1037
—	948	1022	1021	1038
995	S. 303 Anm. 1	—	—	—
996	952	1026	1025	1042
997	951, 1997	1025, 2101	1024, 2099	1041, 2124
998	951, 952, 954, 1997	1025, 1026, 1028, 2101	1024, 1025, 1027, 2099	1041, 1042, 1044, 2124
999	953, 954, 1997	1027, 1028, 2101	1026, 1027, 2099	1043, 1044, 2124
1000	958, 1277	1032, 1363	1031, 1361	1048, 1378
1001	955	1029	1028	1045
1002	956	1030	1029	1046
1003	955, 957, 1999	1029, 1031, 2103	1028, 1030, 2101	1045, 1047, 2126
1004	962, 1293	1037, 1379	1036, 1377	1053, 1394
1005	961, 1290, 2001	1035, 1376, 2105	1034, 1374, 2103	1051, 1391, 2128
1006	„ 963, „	1036, 1038, „	1035, 1037, „	1052, 1054, „
1007	960, 964, 1320, 2003, 2006	1034, 1039, 1406, 2107, 2109, 2111	1033, 1038, 1404, 2105, 2107, 2109	1050, 1055, 1421, 2130, 2132, 2134
1008	965, 1322, 1554, 2007	1040, 1408, 1642, 2112	1039, 1406, 1640, 2110	1056, 1423, 1663, 2135
—	966	1041	1040	1057
—	967	1042	1041	1058
1009	964, 1320, 1554	1039, 1406, 1642	1038, 1404, 1640	1055, 1421, 1663
1010	959, 1998; S. 718 Nr. 50	252, 1033, 2102	251, 1032, 2100	258, 1049, 2125

I E. I	II E. II	III B.R.	IV R.T.	V B G.B.
1011	968	1043	1042	1059
1012	"	"	"	"
1013	"	"	"	"
1014	970	1045	1044	1061
—	971	1046	1045	1062
1015	796, 797	860, 861	859, 860	875, 876
1016	972, 973	1047, 1048	1046, 1047	1063, 1064
1017	974	1049	1048	1065
1018	976; S. 311 Anm. 2	1051	1050	1067
1019	" " " " 3	"	"	"
1020	" " " " 2	"	"	"
1021	977	1052	1051	1068
1022	978	1053	1052	1069
1023	978, 979; S. 312 Anm. 1 S. 718 Nr. 51	1053, 1054	1052, 1053	1069, 1070
1024	980	1055	1054	1071
1025	981	1056	1055	1072
1026	S. 312 Anm. 2	—	—	—
1027	982	1057	1056	1073
1028	983	1058	1057	1074
1029	984; S. 313 Anm. 1	1059	1058	1075
1030	S. 313 Anm. 1	—	—	—
1031	" " " "	—	—	—
1032	" " " "	—	—	—
1033	985—987	1060—1062	1059—1061	1076—1078
1034	988	1063	1062	1079
1035	989	1064	1063	1080
1036	990—993, 1291; S. 564 Nr.. 22, 23	1065—1068, 1377	1064—1067, 1375	1081—1084, 1392
1037	990	1065	1064	1081
1038	994	1069	1068	1085
1039	S. 318 Anm. 1	—	—	—
—	995	1070	1069	1086
1040	996	1071	1070	1087
1041	997	1072	1071	1088
1042	S. 318 Anm. 1, 1271, 1994	1019, 1357, 2098	1018, 1355, 2096	1035, 1372, 2121
1043	998	1073	1072	1089
1044	999	1074	1073	1090
1045	S. 318 Anm. 2	—	—	—
1046	1000	1075	1074	1091
1047	1001	1076	1075	1092
1048	795—797, 999	859—861, 1074	858—860, 1073	874—876, 1090
1049	999	1074	1073	1090
1050	1002	1077	1076	1093
1051	1014, 1016	1089, 1091	1088, 1090	1105, 1107
1052	S. 323 Anm. 1	—	—	—
1053	1015	1090	1089	1106

I E. I	II E. II	III B.R.	IV R.T.	V B.G.B.
1054	795	859	858	874
1055	S. 323 Anm. 1	—	—	—
1056	1017	1092	1091	1108
1057	1018	1094	1093	1110
1058	1019	1093	1092	1109
1059	1020	1095	1094	1111
—	1021	1096	1095	1112
1060	1016	1091	1090	1107
1061	796, 797; S. 323 Anm. 1	860, 861	859, 860	875, 876
1062	1022	1097	1096	1113
1063	1023	1098	1097	1114
1064	1024	1099	1098	1115
1065	1028	1103	1102	1119
1066	1027	1102	1101	1118
1067	1029, 1031, 1034, 1035 1039	1104, 1107, 1110, 1111, 1115	1103, 1106, 1109, 1110, 1114	1120, 1123, 1126, 1127, 1131
1068	1030	1105, 1106	1104, 1105	1121, 1122
1069	1031, 1032, 1034	1107, 1108, 1110	1106, 1107, 1109	1123, 1124, 1126
—	1033	1109	1108	1125
1070	1035—1038	1111—1114	1110—1113	1127—1130
1071	1040	1116	1115	1132
1072	1042	1118	1117	1134
1073	1041	1117	1116	1133
1074	1043	1119	1118	1135
1075	1054	1131	1130	1147
1076	S. 353 Anm. 1, 1106	1182	1180	1197
—	1055	1132	1131	1148
1077	1044, 1056	1120, 1133	1119, 1132	1136, 1149
1078	1040, 1088	1116, 1165	1115, 1164	1132, 1181
1079	1049	1125	1124	1141
1080	1050	1126	1125	1142
1081	1057	1134	1133	1150
—	1058	1135	1134	1151
1082	1050, 1057	1126, 1134	1125, 1133	1142, 1150
1083	1046	1122	1121	1138
1084	1045; S. 331 Anm. 1. S. 718 Nr. 53	1121	1120	1137
1085	1046, 1047	1122, 1123	1121, 1122	1138, 1139
1086	1060	1137	1136	1153
1087	1061; S. 336 Anm. 2 Ziff. 1	1138	1137	1154
1088	S. 337 Anm. Ziff. 3	—	—	—
1089	1063	1140	1139	1156
—	1064	1141	1140	1157
1090	1068, 1069	1142, 1143	1141, 1142	1158, 1159
1091	1075, 1085, 1090	1152, 1162, 1167	1151, 1161, 1166	1168, 1178, 1183
1092	1070, 1088	1147, 1165	1146, 1164	1163, 1181
—	1071	1148	1147	1164

I E I	II E. II	III B.R.	IV R.T.	V B.G.B.
—	1072	1149	1148	1165
—	1073	1150	1149	1166
1093	1076	1153	1152	1169
—	1079	1156	1155	1172
1094	1051, 1070, 1080	1127, 1147, 1157	1126, 1146, 1156	1143, 1163, 1173
1095	1051, 1083	1127, 1160	1126, 1159	1143, 1176
1096	1052, 1074	1128, 1151	1127, 1150	1144, 1167
1097	1070, 1083	1147, 1160	1146, 1159	1163, 1176
—	1081	1158	1157	1174
—	1082	1159	1158	1175
1098	1084	1161	1160	1177
1099	1106	1182	1180	1197
1100	S. 346 Anm. 1	—	—	—
1101	1085	1162	1161	1178
—	1086	1163	1162	1179
—	1087	1164	1163	1180
—	1089	1166	1165	1182
1102	S. 346 Anm. 1	—	—	—
1103	1077; S. 342 Anm. 1	1154	1153	1170
1104	1078; " " " "	1155	1154	1171
1105	S. 342 Anm. 1	—	—	—
1106	1025	1100	1099	1116
1107	"	"	"	"
1108	"	"	"	"
1109	867, 1091	881, 937	880, 936	896, 952
1110	1026	1101	1100	1117
1111	1047	1123	1122	1139
1112	1061, 1068, 1069	1138, 1142, 1143	1137, 1141, 1142	1154, 1158, 1159
1113	S. 337 Anm. Ziff. 3	—	—	—
1114	1062	1139	1138	1155
1115	S. 338 Anm. 1	—	—	—
1116	1048	1124	1123	1140
1117	1065	1144	1143	1160
1118	"	"	"	"
1119	1052, 1057, 1074	1128, 1129, 1134, 1151	1127, 1128, 1133, 1150	1144, 1145, 1150, 1167
1120	1066	1145	1144	1161
1121	1069	1143	1142	1159
1122	1059	1136	1135	1152
1123	1065, 1067	1144, 1146	1143, 1145	1160, 1162
1124	1077, 1078; S. 344 Anm. Ziff. 2	1154, 1155	1153, 1154	1170, 1171
1125	1092	1168	1167	1184
1126	"	"	"	"
1127	1093	1169	1168	1185
1128	"	"	"	"
—	1094	1170	—	—

I E. I	II E. II	III B.R.	IV R.T.	V B.G.B.
1129	1096	1175	1173	1190
—	1097	1172	1170	1187
—	1098	1173	1171	1188
—	1099	1174	1172	1189
1130	S. 351 Anm. Ziff. 2	—	—	—
1131	" " " " "	—	—	—
1132	" " " " "	—	—	—
1133	" " " " "	—	—	—
1134	798, 799, 1095	862, 863, 1171	861, 862, 1169	877, 878, 1186
1135	1100	1176	1174	1191
1136	1101	1177	1175	1192
1137	S. 352 Anm. 1	—	—	—
1138	1101	1177	1175	1192
1139	1102, 1103	1178, 1179	1176, 1177	1193, 1194
—	1104	1180	1178	1195
1140	1053	1130	1129	1146
1141	1101	1177	1175	1192
1142	1105	1181	1179	1196
1143	1106	1182	1180	1197
1144	798, 799, 1107	862, 863, 1183	861, 862, 1181	877, 878, 1198
—	1108	1184	1182	1199
—	1109	1185	1183	1200
—	1110	1186	1184	1201
—	1111	1187	1185	1202
—	1112	1188	1186	1203
1145	1113	1189	1187	1204
1146	S. 355 Anm. 1	—	—	—
1147	1114—1116	1190—1192	1188—1190	1205—1207
1148	1120	1195	1193	1210
1149	1119, 1120	1195, 1196	1193, 1194	1210, 1211
1150	1121, 1129	1197, 1207	1195, 1205	1212, 1222
1151	1118	1194	1192	1209
1152	1117	1193	1191	1208
1153	S. 356 Anm. 1	—	—	—
1154	1122, 1123	1198, 1199	1196, 1197	1213, 1214
—	1133	1211	1209	1226
1155	1134	1212	1210	1227
1156	1124, 1126, 1130	1200, 1202, 1208	1198, 1200, 1206	1215, 1217, 1223
1157	1127, 1128	1203—1205	1201—1203	1218—1220
—	—	1206	1204	1221
1158	1130; S. 360 Anm. 1	1208	1206	1223
1159	1125	1201	1199	1216
1160	1119; S. 718 Nr. 55	1196	1194	1211
1161	1130, 1156	1208, 1234	1206, 1232	1223, 1249
1162	1156	1234	1232	1249
1163	1131, 1156	1209, 1234	1207, 1232	1224, 1249
1164	1132, 1156	1210, 1234	1208, 1232	1225, 1249

I E. I	II E. II	III B.R.	IV R.T.	V B.G.B.
1165	1135	1213	1211	1228
—	1138	1216	1214	1231
1166	1139	1217	1215	1232
1167	1136	1214	1212	1229
1168	S. 361 Anm. 2	—	—	—
1169	1140	1218	1216	1233
1170	1141	1219	1217	1234
1171	1142, 1144	1220, 1222	1218, 1220	1235, 1237
1172	1143, „	1221, „	1219, „	1236, „
1173	1145, 1146	1223, 1224	1221, 1222	1238, 1239
1174	1147	1225	1223	1240
1175	1146	1223	1221	1238
1176	1137	1215	1213	1230
1177	1152	1230	1228	1245
1178	1153	1231	1229	1246
1179	1148	1226	1224	1241
1180	1149; S. 364 Anm. 1	1227	1225	1242
1181	1150; „ 365 „ „	1228	1226	1243
1182	1151	1229	1227	1244
1183	1154	1232	1230	1247
1184	1165	1243	1241	1258
1185	S. 369 Anm. 1	—	—	—
1186	1157	1235	1233	1250
1187	1158; S. 367 Anm. 1 Ziff. 1	1236	1234	1251
1188	S. 367 Anm. 1 Ziff. 2	—	—	—
1189	1162	1240	1238	1255
1190	1157	1235	1233	1250
1191	1160	1238	1236	1253
1192	1159, 1161; S. 368 Anm. 1	1237, 1239	1235, 1237	1252, 1254
1193	1163	1241	1239	1256
—	1164	1242	1240	1257
1194	S. 368 Anm. 2	—	—	—
1195	1155; S. 366 Anm. 2	1233	1231	1248
1196	1167	1245	1243	1260
—	1168	1246	1244	1261
1197	1166, 1173	1244, 1251	1242, 1249	1259, 1266
1198	1167; S. 369 Anm. 2 Ziff. 1	1245	1243	1260
1199	S. 369 Anm. 2 Ziff. 2	—	—	—
1200	„ „ „ „ „ 1	—	—	—
1201	1169	1247	1245	1262
1202	S. 369 Anm. 2 Ziff. 1	—	—	—
1203	1170	1248	1246	1263
—	1171	1249	1247	1264
—	1172	1250	1248	1265
—	1174	1252	1250	1267
1204	1175	1253	1251	1268
—	1176	1254	1252	1269

I E. I	II E. II	III B.R.	IV R.T.	V B.G.B.
—	1177	1256	1254	1271
—	1178	1255	1253	1270
1205	1179	1257	1255	1272
1206	1180	1258	1256	1273
1207	1181	1259	1257	1274
1208	1181, 1182; S. 373 Anm. 3 Ziff. 1. S. 719 Nr. 56	1259, 1260	1257, 1258	1274, 1275
1209	1180	1258	1256	1273
1210	1181	1259	1257	1274
1211	1187	1265	1263	1280
1212	S. 375 Anm. 1	—	—	—
1213	1183	1261	1259	1276
1214	1180; S. 373 Anm. 2	1258	1256	1273
1215	1184	1262	1260	1277
1216	1185	1263	1261	1278
—	1186	1264	1262	1279
1217	1188, 1190, 1192, 1193	1266, 1268, 1270, 1271	1264, 1266, 1268, 1269	1281, 1283, 1285, 1286
—	1191	1269	1267	1284
1218	1189, 1190, 1192, 1197	1267, 1268, 1270, 1275	1265, 1266, 1268, 1273	1282, 1283, 1285, 1290
1219	1194, 1195	1272, 1273	1270, 1271	1287, 1288
1220	S. 377 Anm. 2	—	—	—
1221	1195	1273	1271	1288
1222	1196	1274	1272	1289
1223	S. 377 Anm. 2	—	—	—
1224	1198	1276	1274	1291
1225	1199	1277	1275	1292
1226	1192, 1194, 1200, 1201	1270, 1272, 1278, 1279	1268, 1270, 1276, 1277	1285, 1287, 1293, 1294
—	—	1280	1278	1295
—	1202	1281	1279	1296

IV. Buch. Familienrecht.

I E. I	II E. II	III B.R.	IV R.T.	V B.G.B.
1227	1203	1282	1280	1297
1228	1204, 1205	1283, 1284	1281, 1282	1298, 1299
—	1206	1285	1283	1300
1229	1207	1286	1284	1301
1230	1208	1287	1285	1302
1231	S. 383 Anm. 1	—	—	—
1232	1210; S. 383 Anm. 2	1289	1287	1304
1233	1209	1288	1286	1303

I E. I	II E. II	III B.R.	IV R.T.	V B.G.B.
1234	1215	1294	1292	1309
1235	1215; S. 384 Anm. 2	1334	1332	1349
1236	1216	1295	1293	1310
1237	1218	1297	1295	1312
1238	1211, 1213, 1214; S. 384 Anm. 1	1290, 1292, 1293	1288, 1290, 1291	1305, 1307, 1308
1239	1212	1291	1289	1306
1240	1217	1296	1294	1311
1241	1219	1298	1296	1313
1242	1220	1299	1297	1314
1243	1221	1300	1298	1315
1244	1228; S. 719 Nr. 57	1307	1305	1322
1245	1222, 2245	1304, 2370	1302	1319
1246	1223	1305	1303	1320
1247	1224	1306	1304	1321
—	1225	1301	1299	1316
1248	1226	1302	1300	1317
1249	1227	1303	1301	1318
1250	1229—1233, 2247, 2248	1308—1312, 2374—2376	1306—1310	1323—1327
1251	1231	1310	1308	1325
—	1234	1313	1311	1328
1252	1235	1314	1312	1329
1253	S. 391 Anm. 1 Ziff. I	—	—	—
1254	S. 391 Anm. 1 Ziff. II 1	—	—	—
1255	" " " " " " 2	—	—	—
1256	" " " " " " 3	—	—	—
1257	1236	1329	1327	1344
1258	1237	1330, 1332	1328, 1330	1345, 1347
1259	1238—1243; S. 393 Anm. 1	1315—1320	1313—1318	1330—1335
1260	1251	1328	1326	1343
1261	1239—1243; S. 393 Anm. 1	1316—1320	1314—1318	1331—1335
1262	1245	1323	1321	1338
1263	1244, 1246; S. 395 Anm. 1	1322	1320	1337
1264	1247	1324	1322	1339
—	1248	1325	1323	1340
1265	1246; S. 395 Anm. 2	1321	1319	1336
1266	1249, 1250	1326, 1327	1324, 1325	1341, 1342
1267	S. 391 Anm. 1 Ziff. II 2; S. 396 Anm. 1	—	—	—
1268	1249	1326	1324	1341
1269	S. 392 Anm. 1 Ziff. II 3; S. 397 Anm. 1	—	—	—
1270	1252	1331	1329	1346
1271	S. 391 Anm. 1 Ziff. II 3; S. 397 Anm. 3	—	—	—
1272	1253, 2246, 2248	1338	1336	1353

I E. I	II E. II	III B.R.	IV R.T.	V B.G.B.
1273	1254	1339	1337	1354
1274	1255	1340	1338	1355
1275	1256	1341	1339	1356
1276	S. 391 Anm. 1 Ziff. II 1; S. 399 Anm. 1	—	—	—
1277	1258	1343	1341	1358
1278	1257; S. 398 Anm. 1; 2251	1342, 2373	1340	1357
1279	1259	1344	1342	1359
1280	1260	1345	1343	1360
1281	"	"	"	"
1282	1262, 2251	1347, 2373	1345	1362
1283	1263, 2250, 2262	1348	1346	1363
1284	1264, 1325, 1330	1349, 1411, 1416	1347, 1409, 1414	1364, 1426, 1431
1285	1282	1356	1354	1366
1286	1265, 1267	1350, 1352	1348, 1350	1365, 1368
1287	1268	1353	1351	1369
1288	S. 401 Anm. 2	—	—	—
1289	1266	1351	1349	1367
1290	1269	1354	1352	1370
1291	1270	1355	1353	1371
1292	1271, 1272, 1277, 1282, 1290, 1291, 1293, 1320, 1322; S. 719 Nr. 58	1357, 1358, 1363, 1368, 1376, 1377, 1379, 1406, 1408	1355, 1356, 1361, 1366, 1374, 1375, 1377, 1404, 1406	1372, 1373, 1378, 1383, 1391, 1392, 1394, 1421, 1423
1293	S. 405 Anm. 1	—	—	—
1294	1276; S. 404 Anm. 1	1362	1360	1377
1295	S. 408 Anm. 1	—	—	—
1296	1276	1362	1360	1377
—	1279	1366	1364	1381
—	1280	1367	1365	1382
1297	1283—1286; S. 407 Anm. 1	1369—1372	1367—1370	1384—1387
—	1287	1373	1371	1388
1298	1307; S. 413 Anm. 2	1393	1391	1408
1299	S. 413 Anm. 2	—	—	—
—	1292	1378	1376	1393
1300	1294—1297; S. 719 Nr. 59	1380—1383	1378—1381	1395—1398
1301	1298	1384	1382	1399
1302	1299	1385	1383	1400
1303	"	"	"	"
1304	1301	1388	1386	1403
1305	1302	1389	1387	1404
1306	1300	1386	1384	1401
1307	1304	1390	1388	1405
1308	1305; S. 719 Nr. 60	1391	1389	1406
1309	1306	1392	1390	1407
1310	S. 413 Anm. 1	—	—	—
—	1309	1395	1393	1410
1311	1293, 1310	1396	1394	1411

I E. I	II E. II	III B.R.	IV R.T.	V B.G.B.
1312	1298; 1311—1313	1384, 1397—1399	1382, 1395—1397	1399, 1412—1414
1313	1499, S. 416 Anm. 1	1584	1582	1604
1314	S. 414 Anm. 1	—	—	—
1315	„ „ „ „	—	—	—
1316	1314—1316; S. 416 Anm. 2	1400—1402	1398—1400	1415—1417
1317	1273; S. 403 Anm. 2	1359	1357	1374
1318	1275; „ „ „ 3	1361	1359	1376
1319	1274, 1278	1360, 1364	1358, 1362	1375, 1379
1320	S. 404 Anm. 2	—	—	—
1321	1303	1387	1385	1402
1322	1281	1365	1363	1380
1323	1276	1362	1360	1377
1324	1273, 1289, 1293, 1320	1359, 1375, 1379, 1406	1357, 1373, 1377, 1404	1374, 1390, 1394, 1421
1325	S. 403 Anm. 2	—	—	—
1326	1308	1394	1392	1409
1327	1317—1319, 1323; S. 417 Anm. 1	1403—1405, 1409	1401—1403, 1407	1418—1420, 1424
1328	1288, 1317	1374, 1403	1372, 1401	1389, 1418
1329	1321	1407	1405	1422
1330	1325, 1330	1411, 1416	1409, 1414	1426, 1431
1331	1324, „	1410, „	1408, „	1425, „
1332	1324	1410	1408	1425
1333	1331, 2250	1417, 2372	1415	1432
1334	1332	1418	1416	1433
1335	1333; S. 422 Anm. 1, S. 719 Nr. 62	1419	1417	1434
1336	1334, 2251	1420, 2373	1418	1435
1337	1334	1420	„	„
1338	1335	1421	1419	1436
1339	1326, 1327	1412, 1413	1410, 1411	1427, 1428
—	1328	1414	1412	1429
1340	1329; S. 421 Anm. 1	1415	1413	1430
1341	1336; „ 423 „ „	1422	1420	1437
1342	1337	1423	1421	1438
1343	„	„	„	„
1344	1338; S. 424 Anm. 1	1427	1425	1442
1345	„ „ „ „ „	„	„	„
1346	1340, 1450	1425, 1540	1423, 1538	1440, 1555
1347	1340	1425	1423	1440
1348	S. 425 Anm. 1	—	—	—
1349	1340	1425	1423	1440
1350	1341	1426	1424	1441
1351	1339	1424	1422	1439
1352	1342	1428	1426	1443
1353	1343—1317	1429—1433	1427—1431	1444—1418
1354	1349	1434	1432	1449

I E. I	II E. II	III B.R.	IV R.T.	V B.G.B.
1355	1350; S. 720 Nr. 63	1438	1436	1453
1356	1351	1437	1435	1452
1357	1352	1439	1437	1454
1358	1353	1435	1433	1450
1359	1356	1444	1442	1459
1360	S. 414 Anm. 1, „ 428 „ „	—	—	—
1361	„ 429 „ „	—	—	—
1362	1357—1359	1440, 1445—1447	1438, 1443—1445	1455, 1460—1462
—	1360	1443	1441	1458
1363	1499; S. 430 Anm. 1	1584	1582	1604
1364	1348	1441	1439	1456
1365	1364	1451	1449	1466
1366	1354	1436	1434	1451
1367	1361, 1362; S. 430 Anm. 2, S. 431 Anm. 1	1448, 1449	1446, 1447	1463, 1464
1368	1363	1450	1448	1465
1369	1365	1452	1450	1467
1370	1355	1442	1440	1457
1371	1368; S. 433 Anm. 1	1455	1453	1470
1372	1366	1453	1451	1468
—	1367	1454	1452	1469
1373	1370—1372; S. 424 Anm. 1, S. 434 Anm. 1	1456—1458	1454—1456	1471—1473
1374	„ „ „ 2	—	—	—
1375	„ 429 „ 1, „ 435 „ „	—	—	—
1376	1369	1456, 1459	1454, 1457	1471, 1474
1377	1373, 1374	1460, 1461	1458, 1459	1475, 1476
1378	„ 1375	„ 1462	„ 1460	„ 1477
—	1376	1463	1461	1478
1379	1377	1464	1462	1479
—	1378; S. 720 Nr. 65	1465	1463	1480
1380	1379	1466	1464	1481
1381	1335, 1368	1421, 1455	1419, 1453	1436, 1470
1382	1380	1467	1465	1482
1383	1380, 1381, 1413	1467, 1468, 1493, 1503	1465, 1466, 1491, 1501	1482, 1483, 1508, 1518
1384	1381, 1399, 1400	1468, 1473, 1474	1466, 1471, 1472	1483, 1488, 1489
1385	S. 437 Anm. 2	—	—	—
1386	1382; S. 720 Nr. 66	1469	1467	1484
1387	1383	1494, 1495	1492, 1493	1509, 1510
1388	1384, 1392	1496	1494	1511
1389	1385, 1386; S. 720 Nr. 67	1497, 1498, 1500	1495, 1496, 1498	1512, 1513, 1515
—	1387	1499	1497	1514
1390	1388; S. 720 Nr. 68	1501	1499	1516
1391	1389; „ „ „ 69	1490	1488	1505

I E. I	II E. II	III B.R.	IV R.T.	V B.G.B.
1392	1390, 1392	1491	1489	1506
—	1392a, S. 720 Nr. 71	1492	1490	1507
1393	1391, 1392; S. 720 Nr. 70	1502	1500	1517
1394	S. 440 Anm. 1	—	—	—
1395	" " " "	—	—	—
1396	1393, 1394	1470, 1471	1468, 1469	1485, 1486
1397	1393, 1395; S. 424 Anm. 1, S. 441 Anm. 1	" 1475	" 1473	" 1490
1398	1396, 1397; S. 720 Nr. 72, 73	1476, 1486	1474, 1484	1491, 1501
1399	1398—1400; S. 414 Anm. 1, S. 429 Anm. 1, S. 444 Anm. 1, S. 721 Nr. 74	1472—1474	1470—1472	1487—1489
1400	1401, 1402; S. 444 Anm. 2	1484, 1485	1482, 1483	1499, 1500
1401	1401	1484	1482	1499
1402	1402; S. 445 Anm. 1	1485	1483	1500
1403	1403, 1404, 1407	1477, 1478, 1481	1475, 1476, 1479	1492, 1493, 1496
1404	1404	1478	1476	1493
—	1405	1479	1477	1494
1405	1406, 1407	1480, 1481	1478, 1479	1495, 1496
1406	1408—1410; S. 424 Anm. 1, S. 429 Anm. 1, S. 434 Anm. 2, S. 447 Anm. 1	1482, 1483, 1487	1480, 1481, 1485	1497, 1498, 1502
1407	1409, 1410	1483, 1487	1481, 1485	1498, 1502
1408	1411	1488	1486	1503
—	1412; S. 721 Nr. 75	1489	1487	1504
1409	S. 449 Anm. 2	—	—	—
1410	" " " 3	—	—	—
1411	1414, 1420	1504, 1510	1502, 1508	1519, 1525
1412	1415, 1418	1505, 1506	1503, 1504	1520, 1521
1413	1417	1508	1506	1523
1414	1419	1509	1507	1524
1415	1416	1507	1505	1522
1416	1421	1511	1509	1526
1417	1414, 1420, 1421, 1441; S. 424 Anm. 1, " 449 " 4	1504, 1510, 1511, 1531	1502, 1508, 1509, 1529	1519, 1525, 1526, 1546
1418	1424	1514	1512	1529
1419	"	"	"	"
1420	1434	1524	1522	1539
1421	1422, 1435	1512, 1525	1510, 1523	1527, 1540
1422	1423	1513	1511	1528
1423	1425—1428	1515—1518	1513—1516	1530—1533
1424	S. 414 Anm. 1, S. 429 Anm. 1, S. 452 Anm. 1	—	—	—
1425	1429; S. 453 Anm. 1; 1499	1519, 1584	1517, 1582	1534, 1604

I E. I	II E. II	III B.R.	IV R.T.	V B.G.B.
1426	1430—1432; S. 453 Anm. 2	1520—1522	1518—1520	1535—1537
1427	1433	1523	1521	1538
1428	1436	1526	1524	1541
1429	1335, 1437—1441; S. 424 Anm. 1, S. 429 Anm. 1, S. 434 Anm. 2, S. 455 Anm. 1	1421, 1527—1531	1419, 1525—1529	1436, 1542—1546
1430	1442, 1443; S. 456 Anm. 1	1532, 1533	1530, 1531	1547, 1548
1431	1335, 1444, 1445, 1450, 1499; S. 414 Anm. 1, S. 424 Anm. 1, S. 429 Anm. 1, S. 434 Anm. 2, S. 457 Anm. 1	1421, 1534, 1535, 1540, 1584	1419, 1532, 1533, 1538, 1582	1436, 1549, 1550, 1555, 1604
1432	1445—1449	1535—1539	1533—1537	1550—1554
1433	1451	1541	1539	1556
1434	1452	1542	1540	1557
1435	1453, 1454, 1458	1420, 1548	1418, 1546	1435, 1563
1436	1453, 1454	1543, 1544	1541, 1542	1558, 1559
1437	1455, 1456	1545, 1546	1543, 1544	1560, 1561
1438	1456	1546	1544	1561
1439	1457	1547	1545	1562
1440	1459; S. 461 Anm. 1; 2249	1549	1547	1564
1441	1460	1550	1548	1565
1442	1461	1551	1549	1566
1443	1462; S. 461 Anm. 2	1552	1550	1567
1444	1463; „ 462 „ 1	1553	1551	1568
—	1464	1554	1552	1569
1445	S. 463 Anm. 2	—	—	—
1446	1465; S. 463 Anm. 2	1555	1553	1570
1447	1466, 1467; S. 463 Anm. 3	1556, 1557	1554, 1555	1571, 1572
1448	1468	1558	1556	1573
1449	1469	1559	1557	1574
1450	S. 465 Anm. 1	—	—	—
1451	S. 465 Anm. 2, S. 391 Anm. 1 Ziff. II 1	—	—	—
1452	1470	1549	1547	1564
1453	1471	1567	1565	1584
1454	1472—1476	1561—1565	1559—1563	1578—1582
—	1477	1566	1564	1583
1455	1478	1560	1558	1577
1456	1479	1615	1613	1635
1457	1480	1616	1614	1636
1458	1481	1568	1566	1585
1459	S. 469 Anm. 1	—	—	—
1460	1261; S. 469 Anm. 1	1346	1344	1361
1461	S. 469 Anm. 1	—	—	—
1462	„ „ „ „	—	—	—

I E. I	II E. II	III B.R.	IV R.T.	V B.G.B.
1463	S. 469 Anm. 1	—	—	—
1464	1482	1333	1331	1348
—	1483	1335	1333	1350
—	1484	1336	1334	1351
1465	1485	1337, 1617	1335, 1615	1352, 1637
1466	1486, 2252	1571, 2378	1569	1591
1467	1487	1572	1570	1592
1468	1486	1571	1569	1591
1469	"	"	"	"
1470	"	"	"	"
1471	1488, 1492	1573, 1576	1571, 1574	1593, 1596
1472	1489; S. 471 Anm. 1	1578	1576	1598
1473	1490	1574	1572	1594
1474	1491; S. 472 Anm. 1	1575, 1578	1573, 1576	1595, 1598
1475	1492, 1493	1576, 1577	1574, 1575	1596, 1597
1476	1492; S. 472 Anm. 2	1576	1574	1596
1477	S. 474 Anm. 1	—	—	—
1478	1494; S. 473 Anm. 1	1579	1577	1599
1479	1495	1580	1578	1600
1480	1496, 2258	1581, 2377	1579	1601
1481	1497; S. 474 Anm. 2	1582	1580	1602
1482	1498	1583	1581	1603
1483	1504; S. 477 Anm. 1	1562, 1589	1560, 1587	1579, 1609
1484	1503	1588	1586	1608
1485	1501	1586	1584	1606
1486	1501; S. 476 Anm. 1	"	"	"
1487	1502	1587	1585	1607
1488	1505, 1510; S. 477 Anm. 2	1590, 1595	1588, 1593	1610, 1615
1489	S. 477 Anm. 3	—	—	—
1490	1506	1591	1589	1611
1491	1507	1592	1590	1612
1492	1508	1593	1591	1613
1493	S. 478 Anm. 1	—	—	—
1494	" 479 " "	—	—	—
1495	1509	1594	1592	1614
1496	1510	1595	1593	1615
1497	1511, 2255, 2262	1596, 2379, 2387	1594	1616
1498	S. 480 Anm. 1	—	—	—
1499	1512	1597	1595	1617
—	1513	1598	1596	1618
—	1514	1599	1597	1619
—	1515	1600	1598	1620
—	1516	1601	1599	1621
—	1517	1602	1600	1622
—	1518	1603	1601	1623
1500	1519, 1520	1604, 1605	1602, 1603	1624, 1625

I E. I	II E. II	III B.R.	IV R.T.	V B.G.B.
1501	1521, 1572	1606, 1662	1604, 1660	1626, 1684
1502	1522, 1540	1607, 1628	1605, 1626	1627, 1649
1503	1523—1525, 1531—1533, 1539, 1555, 1563, 1570	1608—1610, 1619—1621, 1627, 1643, 1652, 1659	1606—1608, 1617 —1619, 1625, 1641, 1650, 1657	1628—1630, 1639, 1641, 1642, 1648, 1664, 1674, 1681
1504	1526	1611	1609	1631
1505	1527; S. 483 Anm. 1	1612	1610	1632
1506	1529	1614	1612	1634
1507	S. 484 Anm. 1	—	—	—
1508	„ 483 „ 2	—	—	—
1509	1528	1613	1611	1633
1510	1530	1618	1616	1638
1511	1534	1622	1620	1643
1512	1535	1623	1621	1644
1513	1534	1622	1620	1643
1514	"	"	"	"
1515	1536	1624	1622	1645
—	1537	1625	1623	1646
1516	1541	1629	1627	1650
1517	1542	1630	1628	1651
1518	"	"	"	"
1519	"	"	"	"
1520	1543, 1554	1631, 1642	1629, 1640	1652, 1663
1521	S. 487 Anm. 1	—	—	—
1522	" " " "	—	—	—
1523	1544; S. 488 Anm. 1	1632	1630	1653
1524	S. 487 Anm. 1	—	—	—
1525	1544	1632	1630	1653
1526	S. 487 Anm. 1	—	—	—
1527	1546; S. 488 Anm. 3	1634	1632	1655
1528	1550; „ 490 „ 1	1638	1636	1659
1529	1500	1585	1583	1605
1530	1551	1639	1637	1660
1531	1545; S. 488 Anm. 2	1633	1631	1654
1532	1547; „ 489 „ 1	1635	1633	1656
1533	1548	1636	1634	1657
1534	1549; S. 489 Anm. 2	1637	1635	1658
1535	S. 489 Anm. 2	—	—	—
1536	1552	1640	1638	1661
1537	1553	1641	1639	1662
—	1571	1660, 1661	1658, 1659	1682, 1683
—	1574	1676	1674	1698
—	1575	1664	1662	1686
1538	1576	1665	1663	1687
1539	1577	1666	1664	1688
1540	1578	1667	1665	1689
1541	1579, 1580	1668, 1669	1666, 1667	1690, 1691

I E. I	II E. II	III B.R.	IV R.T.	V B.G.B.
1542	1579	1668	1666	1690
—	1581	1670	1668	1692
—	1582	1671, 1673	1669, 1671	1693, 1695
1543	1583	1672	1670	1694
—	1584	1673	1671	1695
1544	1556	1644	1642	1665
1545	"	1619	1617	1639
1546	1557	1645	1643	1666
1547	1558, 1559	1646, 1647	1644, 1645	1667, 1668
1548	1560	1648	1646	1669
1549	1558—1560	1646—1648, 1651	1644—1646, 1649	1667—1669, 1672
1550	1561	1649	1647	1670
1551	1559, 1562	1650, 1651	1648, 1649	1671, 1672
1552	1564	1653	1651	1675
1553	1538; S. 486 Anm. 1	1626	1624	1647
1554	1565—1567, 1585	1654—1656, 1674	1652—1654, 1672	1676—1678, 1696
1555	1573	1663	1661	1685
1556	S. 495 Anm. 1	—	—	—
1557	1568, 1572; S. 495 Anm. 2	1657, 1662	1655, 1660	1679, 1684
1558	1586	1675	1673	1697
1559	1569, 1572	1658, 1662	1656, 1660	1680, 1684
1560	S. 495 Anm. 3	—	—	—
1561	" " " "	—	—	—
1562	1587	1677	1675	1699
1563	1588	1678	1676	1700
1564	1589	1679	1677	1701
1565	1590	1680	1678	1702
1566	1591; S. 501 Anm. 1	1681	1679	1703
1567	1592	1682	1680	1704
1568	1593, 2256	1683, 2380	1681	1705
1569	1594	1684	1682	1706
1570	1595	1685	1683	1707
1571	1596, 2257	1686, 1687, 2381	1684, 1685	1708, 1709
1572	1604	1695	1693	1717
1573	1596	1686	1684	1708
1574	1596—1598, 1600; S. 503 Anm. 1	1686, 1688, 1689, 1691	1684, 1686, 1687, 1689	1708, 1710, 1711, 1713
1575	1599, 1600	1690, 1691	1688, 1689	1712, 1713
1576	1597, 1601	1688, 1692	1686, 1690	1710, 1714
1577	1602, 1604; S. 504 Anm. 1	1693, 1695	1691, 1693	1715, 1717
1578	1602	1693	1691	1715
—	1603	1694	1692	1716
—	1605	1696	1694	1718
1579	1606	1697	1695	1719
1580	1607	1698	1696	1720
1581	1608	1699	1697	1721
1582	1609	1700	1698	1722

I E. I	II E. II	III B.R.	IV R.T.	V B.G.B.
1583	1610	1701, 1714	1699, 1712	1723, 1736
1584	1610; S. 506 Anm. 1, 2253; S. 721 Nr. 78	1701, 2382	1699	1723
1585	1611	1703	1701	1725
1586	1612	1710	1708	1732
1587	1613	1704	1702	1726
—	"	1705	1703	1727
1588	1614	1706	1704	1728
1589	1614, 1615	1706, 1707	1704, 1705	1728, 1729
1590	1615	1707	1705	1729
1591	1616; S. 721 Nr. 79	1704, 1708	1702, 1706	1726, 1730
1592	1618	1712	1710	1734
1593	1620	1713	1711	1735
1594	1618	1702	1700	1724
1595	1619	1711	1709	1733
1596	1621	1715	1713	1737
1597	1622	1716	1714	1738
1598	1623	1717	1715	1739
1599	1624	1718	1716	1740
1600	1617	1709	1707	1731
1601	1631, 1639	1719, 1735	1717, 1733	1741, 1757
1602	1625, 2254	1719, 1721, 2383	" 1719	" 1743
1603	1626; S. 721 Nr. 80	1722, 1723	1720, 1721	1744, 1745
1604	1626	"	"	"
1605	S. 510 Anm. 1	1723	1721	1745
1606	1627	1724	1722	1746
1607	1628	1727	1725	1749
1608	"	"	"	"
1609	1627	1724	1722	1746
1610	1629	1725	1723	1747
1611	1627, 1629; S. 511 Anm. 1	1724, 1725	1722, 1723	1746, 1747
1612	1633	1728	1726	1750
1613	1634, 1635	1729, 1730	1727, 1728	1751, 1752
1614	1636; S. 513 Anm. 1, S. 721 Nr. 82	1726	1724	1748
1615	1630	1720	1718	1742
1616	1631, 1636; S. 721 Nr. 81	1726, 1728	1724, 1726	1748, 1750
1617	1632	1719, 1732	1717, 1730	1741, 1754
1618	1637	1731	1729	1753
—	1638	1734	1732	1756
1619	1632	1732	1730	1754
1620	1640, 1641	1740, 1741	1738, 1739	1762, 1763
1621	1639	1735	1733	1757
1622	1642; S. 514 Anm. 1	1736	1734	1758
1623	1643; S. 515 Anm. 1	1738, 1739	1736, 1737	1760, 1761
1624	1644	1737	1735	1759
1625	1645	1742	1740	1764

I E. I	II E. II	III B.R.	IV R.T.	V B.G.B.
1626	1646	1743	1741	1765
1627	1647	1744	1742.	1766
1628	1648	1745	1743	1767
1629	1649—1651	1746—1748	1744—1746	1768—1770
1630	1652	1733	1731	1755
1631	1653	1749	1747	1771
1632	S. 518 Anm. 1	—	—	—
—	1654	1750	1748	1772
1633	1655, 2259	1751, 2384	1749	1773
1634	1656	1752	1750	1774
1635	1657	1754	1752	1776
1636	1658	1755	1753	1777
1637	1659	1756	1754	1778
1638	1660	1753, 1757, 1768	1751, 1755, 1766	1775, 1779, 1790
1639	1667, 1669	1763, 1765, 1766	1761, 1763, 1764	1785, 1787, 1788
1640	1661—1664	1758—1761	1756—1759	1780—1783
1641	1664	1761	1759	1783
1642	1665	1762	1760	1784
1643	1666	1764	1762	1786
1644	1668	1764, 1765	1762, 1763	1786, 1787
1645	1670, 1671	1767, 1769	1765, 1767	1789, 1791
1646	1661—1665	1758—1762	1756—1760	1780—1784
1647	1672	1770	1768	1792
1648	1673	1771	1769	1793
1649	1525, 1673	1610, 1771	1608, 1769	1630, 1793
1650	1523, 1674	1608, 1772	1606, 1770	1628, 1794
1651	1525, 1675, 1676	1610, 1773, 1774	1608, 1771, 1772	1630, 1795, 1796
1652	1677	1775	1773	1797
1653	1524, 1678	1609, 1776	1607, 1774	1629, 1798
1654	1679; S. 527 Anm. 1	1777	1775	1799
1655	1680	1778	1776	1800
—	1681	1779.	1777	1801
1656	S. 527 Anm. 3	—	—	—
1657	1706, 1707; S. 484 Anm. 1 S. 527 Anm. 2	1805, 1825	1803, 1823	1827, 1847
1658	S. 483 Anm. 2, S. 527 Anm. 3	—	—	—
1659	1682	1780	1778	1802
1660	1531, 1683	1619, 1781	1617, 1779	1639, 1803
1661	1532, 1684	1620, 1782	1618, 1780	1641, 1804
1662	1685	1783	1781	1805
1663	1686	1801	1799	1823
1664	1533, 1687	1621, 1784, 1785	1619, 1782, 1783	1642, 1806, 1807
1665	" 1688	1621, 1786	1619, 1784	1642, 1808
1666	1689	1787, 1788	1785, 1786	1809, 1810
1667	1533, 1690	1621, 1789	1619, 1787	1642, 1811
1668	1691	—	—	—

I E. I	II E. II	III B.R.	IV R.T.	V B.G.B.
1669	1692, 1693	1790, 1791	1788, 1789	1812, 1813
1670	1694, 1695, 1697, 1698	1792,1793,1795,1796	1790, 1791, 1793, 1794	1814, 1815, 1817, 1818
—	1696	1794	1792	1816
1671	1699,1700; S.722 Nr.83,84	1797, 1798	1795, 1796	1819, 1820
1672	S. 533 Anm. 1	—	—	—
1673	" " " "	—	—	—
1674	1701, 1702; S. 722 Nr. 85	1799, 1800	1797, 1798	1821, 1822
1675	1703	1803	1801	1825
1676	S. 536 Anm. 1	—	—	—
1677	1704	1802	1800	1824
1678	1706	1825	1823	1847
1679	1705	1804	1802	1826
1680	1707	1805	1803	1827
1681	1708—1711	1806—1809	1804—1807	1828—1831
1682	1712	1810	1808	1832
1683	1713	1824	1822	1846
1684	1714	1815	1813	1837
1685	1715	1816	1814	1838
1686	1716	1817	1815	1839
1687	1718—1720	1818—1820	1816—1818	1840—1842
1688	1721	1821	1819	1843
1689	1722	1822	1820	1844
1690	1726, 1729	1830, 1833	1828, 1831	1852, 1855
1691	1728, "	1832, "	1830, "	1854, "
1692	1727, "	1831, "	1829, "	1853, "
1693	1730	1834	1832	1856
1694	1731	1835	1833	1857
1695	S. 544 Anm. 1	—	—	—
1696	1555, 1732	1643, 1811	1641, 1809	1664, 1833
1697	1733	1812	1810	1834
1698	1539, 1734	1627, 1813	1625, 1811	1648, 1835
1699	1735	1814	1812	1836
1700	1570, 1736, 1737	1659, 1868, 1869	1657, 1866, 1867	1681, 1890, 1891
1701	1738	1870	1868	1892
1702	1563, 1739	1652, 1826	1650, 1824	1674, 1848
1703	1740—1742	1860—1862	1858—1860	1882—1884
1704	1743—1747	1863—1867	1861—1865	1885—1889
1705	1744—1746	1864—1866	1862—1864	1886—1888
1706	1747	1867	1865	1889
1707	1745	1865	1863	1887
1708	1748	1872	1870	1894
1709	1749	1871	1869	1893
1710	1750	1873	1871	1895
1711	1749, 1750	1871, 1873	1869, 1871	1893, 1895
1712	1751	1836, 1858	1834, 1856	1858, 1880
1713	1752	1837	1835	1859

I E. I	II E. II	III B.R.	IV R.T.	V B.G.B.
1714	1753, 1763	1838, 1848	1836, 1846	1860, 1870
1715	1754 — 1757	1839—1842, 1849	1837—1840, 1847	1861—1864, 1871
1716	1758 — 1760	1843—1845	1841—1843	1865—1867
1717	1762	1847	1845	1869
1718	1761	1846	1844	1868
1719	1764	1850, 1854	1848, 1852	1872, 1876
1720	1768	1855	1853	1877
1721	1765, 1766	1851, 1853	1849, 1851	1873, 1875
1722	1767	1850, 1852	1848, 1850	1872, 1874
1723	1769	1856	1854	1878
1724	1770	1857—1859	1855—1857	1879—1881
1725	1723—1725	1827—1829	1825—1827	1849—1851
1726	1771	1874	1872	1896
1727	1772	—	—	—
1728	1773	1875	1873	1897
1729	1774—1776	1876—1878	1874—1876	1898—1900
1730	1777	1879	1877	1901
1731	1778	1880	1878	1902
1732	〃	〃	〃	〃
1733	1779, 1780; S. 556 Anm. 1	1881, 1882	1879, 1880	1903, 1904
1734	1717, S. 556 Anm. 2.	1823	1821	1845
1735	1781, S. 557 Anm. 1.	—	—	—
1736	1782	1883	1881	1905
1737	1783—1785; S. 558 Anm. 1	1884—1886	1882—1884	1906—1908
1738	1786, 2260	1887, 2385	1885	1909
1739	1787	1888	1886	1910
1740	1788	1889	1887	1911
1741	1789	1890	1888	1912
1742	1790	1891	1889	1913
—	—	1892	1890	1914
1743	1791	1893	1891	1915
1744	1792	1894	1892	1916
1745	1792, 1793	1895	1893	1917
1746	1794	1893	1891	1915
1747	S. 561 Anm. 1	—	—	—
1748	1795—1798; S. 561 Anm. 2	1896—1899	1894—1897	1918—1921

V. Buch. Erbrecht.

I E. I	II E. II	III B.R.	IV R.T.	V B.G.B.
1749	1799; S. 565 Anm. 1 2261, 2262	1900, 2386, 2387	1898	1922
1750	1799; S. 565 Anm. 1	1900	1898	1922
1751	S. 565 Anm. 1	—	—	—

I E. I	II E. II	III B.R.	IV R.T.	V B.G.B.
1752	1800	1901	1899	1923
1753	2121; S. 569 Anm. 1	2228	2226	2253
1754	2168	2276	2275	2302
1755	1814, 1815	1915, 1916	1913, 1914	1937, 1938
1756	1816, 2018	1917, 2123	1915, 2121	1939, 2147
1757	1817	1918	1916	1940
1758	1800, 1974	1901, 2078	1899, 2076	1923, 2101
1759	S. 618 Anm. 1	—	—	—
1760	" " " "	—	—	—
1761	1947	2051	2049	2074
1762	S. 618 Anm. 1	—	—	—
1763	1949	2053	2051	2076
1764	1948	2052	2050	2075
1765	1938	2042	2040	2065
1766	2051	2157	2155	2181
1767	1959	2063	2061	2086
1768	1946	2050	2048	2073
1769	2022, 2023; S. 618 Anm. 1	2127, 2128	2125, 2126	2151, 2152
1770	1938, 2022	2042, 2127	2040, 2125	2065, 2151
—	1939	2043	2041	2066
1771	1940	2044	2042	2067
1772	1941	2045	2043	2068
1773	1942	2046	2044	2069
1774	1943	2047	2045	2070
1775	1944	2048	2046	2071
1776	1945	2049	2047	2072
1777	1938, 2024, 2027; S. 612 Anm. 1	2042, 2129, 2132	2040, 2127, 2130	2065, 2153, 2156
1778	1957	2061	2059	2084
1779	1951	2055	2053	2078
1780	"	"	"	"
1781	"	"	"	"
1782	1952	2056	2054	2079
1783	1950	2054	2052	2077
1784	1953	2057	2055	2080
—	1954	2058	2056	2081
1785	1955	2059	2057	2082
—	1956	2060	2058	2083
1786	S. 618 Anm. 1	—	—	—
1787	1958	2062	2060	2085
1788	1960	2064	2062	2087
1789	S. 621 Anm. 1	—	—	—
1790	1961	2065	2063	2088
1791	2020	2125	2123	2149
1792	1962	2068	2066	2091
1793	1963	2067	2065	2090
1794	1964	2066	2064	2089

I E. I	II E. II	III B.R.	IV R.T.	V B.G.B.
1795	1965	2069	2067	2092
1796	1966	2070	2068	2093
1797	1967	2071	2069	2094
1798	1967, 1972	2071, 2076	2069, 2074	2094, 2099
1799	1968	2072	2070	2095
1800	1969; S. 621 Anm. 1	2073	2071	2096
1801	1970	2074	2072	2097
1802	1975	2079	2077	2102
1803	1971	2075	2073	2098
1804	1973, 2011	2077, 2116	2075, 2114	2100, 2139
1805	1976	2080	2078	2103
1806	S. 634 Anm. 1	—	—	—
1807	1977	2081	2079	2104
1808	1978	2082	2080	2105
1809	1979	2083	2081	2106
1810	1981	2085	2083	2108
1811	1980	2084	2082	2107
1812	S. 634 Anm. 1	—	—	—
1813	1982	2086	2084	2109
1814	1983	2087	2085	2110
1815	1985, 1994, 1995, 1997—1999, 2001, 2003—2007	252, 2089, 2098, 2099, 2101—2103, 2105, 2107—2112	251, 2087, 2096, 2097, 2099—2101, 2103, 105—2110	258, 2112, 2121, 2122, 2124—2126, 2128, 2130—2135
—	1996	2100	2098	2123
—	2000	2104	2102	2127
—	2002	2106	2104	2129
1816	S. 634 Anm. 1	—	—	—
1817	" " " "	—	—	—
1818	1987	2091	2089	2114
1819	"	"	"	"
1820	"	"	"	"
1821	"	"	"	"
1822	1989, 1990	2093, 2094	2091, 2092	2116, 2117
—	1991	2095	2093	2118
—	1992	2096	2094	2119
1823	1993	2097	2095	2120
1824	2008	2113	2111	2136
1825	1984	2088	2086	2111
1826	S. 631 Anm. 1 Ziff. 1	880	879	895
1827	1790	1891	1889	1913
1828	1985—1987, 1993	2089—2091, 2097	2087—2089, 2095	2112—2114, 2120
1829	1988	2092	2090	2115
1830	S. 631 Anm. 1 Ziff. 2	—	—	—
1831	1993	2097	2095	2120
1832	2012	2118	2116	2142
1833	2013	2119	2117	2143
1834	S. 634 Anm. 1	—	—	—

I E. I	II E. II	III B.R.	IV R.T.	V B.G.B.
1835	S. 634 Anm. 1	—	—	—
1836	2015	2120	2118	2144
1837	2016; S. 634 Anm. 1	2121	2119	2145
—	2017	2122	2120	2146
1838	S. 593 Anm. 1.	—	—	—
1839	2009	2114	2112	2137
1840	2010	2115	2113	2138
1841	2009	2114	2112	2137
1842	2018	2123	2121	2147
1843	2019	2124	2122	2148
1844	S. 646 Anm. 1	—	—	—
1845	2021; S. 635 Anm. 1	2126	2124	2150
1846	2028; „ 637 „ „	2133	2131	2157
1847	S. 646 Anm. 1	—	—	—
1848	2040	2145	2143	2169
1849	2041	2146	2144	2170
1850	S. 646 Anm. 1	—	—	—
1851	„ „ „ „	—	—	—
1852	„ „ „ „	—	—	—
1853	2042	2147	2145	2171
1854	2043	2148	2146	2172
1855	2044	2149	2147	2173
1856	S. 646 Anm. 1	—	—	—
1857	„ „ „ „	—	—	—
1858	„ „ „ „	—	—	—
1859	2035	2140	2138	2164
1860	S. 646 Anm. 1	—	—	—
1861	2036	2141	2139	2165
—	2037	2142	2140	2166
—	2038	2143	2141	2167
—	2039	2144	2142	2168
1862	2025	2130	2128	2154
1863	2026	2131	2129	2155
1864	S. 646 Anm. 1	—	—	—
1865	2045; S. 642 Anm. 1	2150	2148	2174
1866	2046	2151	2149	2175
1867	2047—2049	2152—2155	2150—2153	2176—2179
1868	2031	2136	2134	2160
1869	2033	2138	2136	2162
—	2034	2139	2137	2163
1870	2029	2134	2132	2158
1871	2029, 2060	2134, 2166	2132, 2164	2158, 2190
1872	2030	2135	2133	2159
1873	2050	2156	2154	2180
1874	2210	2319	2318	2345
1875	S. 646 Anm. 1	—	—	—
1876	2032, 2057	2137, 2163	2135, 2161	2161, 2187

I E. I	II E. II	III B.R.	IV R.T.	V B.G.B.
1877	2056	2162	2160	2186
1878	2054	98, 2160	98, 2158	102, 2184
1879	2052, 2053	2158, 2159	2156, 2157	2182, 2183
1880	2055	2161	2159	2185
1881	2057	2163	2161	2187
1882	2058	2164	2162	2188
1883	2060	2166	2164	2190
1884	2061	2167	2165	2191
1885	"	"	"	"
1886	2062	2168	2166	2192
—	2063	2169	2167	2193
1887	2065	2171	2169	2195
1888	2064	2170	2168	2194
—	2066	2172	2170	2196
1889	2067	2173	2171	2197
1890	2068	2174	2172	2198
—	2069	2175	2173	2199
—	2070	2176	2174	2200
1891	2071	2177	2175	2201
1892	2072	2178	2176	2202
1893	2093	2200	2198	2224
1894	2094	2201	2199	2225
1895	2095	2202	2200	2226
1896	2096	2203	2201	2227
—	—	2204	2202	2228
1897	2073; S. 650 Anm. 1	2179	2177	2203
1898	2074; " " " 2	2180	2178	2204
1899	2075, 2085; S. 650 Anm. 3	2181, 2192	2179, 2190	2205, 2216
1900	2075	2181	2179	2205
—	2079	2185	2183	2209
—	2080	2186	2184	2210
1901	2081	2187	2185	2211
1902	2076, 2077	2182, 2183	2180, 2181	2206, 2207
1903	2082, 2083	2188, 2189	2186, 2187	2212, 2213
—	2083	2190	2188	2214
1904	"	2189	2187	2213
1905	2078	2184	2182	2208
1906	2084, 2089	2191, 2196	2189, 2194	2215, 2220
1907	2086	2193	2191	2217
1908	2087—2089	2194—2196	2192—2194	2218—2220
1909	2090; S. 656 Anm. 1	2197	2195	2221
—	2091	2198	2196	2222
1910	2092	2199	2197	2223
1911	1937	2041	2039	2064
1912	2097, 2261, 2262	2205, 2386, 2387	2203	2229
—	2098	2206	2204	2230
1913	2132	2239	2238	2265

I E. I	II E. II	III B.R.	IV R.T.	V B.G.B.
—	2133	2240	2239	2266
—	2134	2241	2240	2267
—	2135	2242	2241	2268
—	2136	2243	2242	2269
—	2137	2244	2243	2270
—	2138	2245	2244	2271
—	2139	2246	2245	2272
—	2140	2247	2246	2273
1914	2099	2207	2205	2231
1915	2099, 2105; S. 658 Anm. 1	2207, 2213	2205, 2211	2231, 2239
1916	2100, 2101	2208, 2209	2206, 2207	2234, 2235
1917	2102, 2103	2210, 2211	2208, 2209	2236, 2237
1918	2104	2212	2210	2238
1919	2106—2108	2214—2216	2212—2214	2240—2242
1920	2108	2216	2214	2242
1921	2109	2217	2215	2243
1922	2104	2212	2210	2238
1923	2110, 2111; S. 661 Anm. 1	2218, 2219	2216, 2217	2244, 2245
1924	S. 663 Anm. 1	—	—	—
1925	2113	2221	2219	2249
1926	2116	2224	2222	2252
1927	2114	2222	2220	2250
1928	2116	2224	2222	2252
1929	2115	2223	2221	2251
1930	2116	2224	2222	2252
1931	2117, 2118	2225	2223	—
—	2119	2226	2224	—
—	2120	2227	2225	—
1932	2112, 2113, 2117	2220, 2221, 2225	2218, 2219, 2223	2246, 2249
1933	2121, 2124	2228, 2231	2227, 2230	2254, 2257
1934	2122	2229	2228	2255
1935	2123	2230	2229	2256
1936	2125	2232	2231	2258
1937	2126	2233	2232	2259
1938	2127, 2128, 2130	2234, 2235, 2237	2233, 2234, 2236	2260, 2261, 2263
1939	2129, 2131	2236, 2238	2235, 2237	2262, 2264
1940	1818, 2145	1919, 2252	1917, 2251	1941, 2278
1941	2141	2248	2247	2274
1942	2142	2249	2248	2275
1943	2143	2250	2249	2276
1944	″	″	″	″
1945	2144, 2166	2251, 2274	2250, 2273	2277, 2300
1946	2146	2253	2252	2279
1947	S. 679 Anm. 1	—	—	—
—	2147	2254	2253	2280
1948	2146, 2148—2150; S. 673 Anm. 1	2253, 2255—2258	2252, 2254—2257	2279, 2281—2284

I E. I	II E. II	III B.R.	IV R.T.	V B.G.B.
1949	2151; S. 679 Anm. 1	2259	2258	2285
1950	S. 679 Anm. 1	—	—	—
1951	2152	2260	2259	2286
1952	2153; S. 679 Anm. 1	2261	2260	2287
1953	2155; S. 676 " "	2263	2262	2289
1954	S. 679 (680) " "	—	—	—
1955	2165	2273	2272	2299
1956	2145, 2154, 2165; S. 679 (680) Anm. 1	2252, 2262, 2273	2251, 2261, 2272	2278, 2288, 2299
1957	2156	2264	2263	2290
—	2157	2265	2264	2291
—	2158	2266	2265	2292
1958	2159, 2162	2267, 2270	2266, 2269	2293, 2296
—	2160	2268	2267	2294
—	2161	2269	2268	2295
1959	2164	2272	2271	2298
1960	2165	2273	2272	2299
1961	2163, 2164	2271, 2272	2270, 2271	2297, 2298
1962	1818	1919	1917	1941
1963	2167	2275	2274	2301
1964	1800; S. 565 Anm. 2	1901	1899	1923
1965	1801	1902	1900	1924
1966	1802	1903	1901	1925
1967	1804	1905	1903	1927
1968	1803	1904	1902	1926
1969	1805, 1806	1906, 1907	1904, 1905	1928, 1929
1970	1807	1908	1906	1930
1971	1808, 1809, 1811	1909, 1910, 1912	1907, 1908, 1910	1931, 1932, 1934
—	1810	1911	1909	1933
1972	1815, 1830, 2209, 2211	1916, 1931, 2318, 2320	1914, 1929, 2317, 2319	1938, 1953, 2344, 2346
1973	1812	1913	1911	1935
1974	1813, 1819, 1842, 1885; S. 590 Anm. 1 Ziff. II 5	1914, 1920, 1944, 1988	1912, 1918, 1942, 1986	1936, 1942, 1966, 2011
1975	2169; S 680 Anm. 1	2277	2276	2303
1976	" " " " "	"	"	"
1977	2170	2278	2277	2304
1978	2169	2277	2276	2303
1979	2171	2279	2278	2305
1980	2173	2281	2280	2307
1981	2172; S. 680 Anm. 2	2280	2279	2306
1982	2173	2281	2280	2307
1983	2175	2283	2282	2309
1984	2176	2284	2283	2310
1985	2177	2285	2284	2311
1986	2177, 2178; S. 682 Anm. 1	2285, 2287	2284, 2286	2311, 2313
1987	2177	2285	2284	2311

I E. I	II E. II	III B.R.	IV R.T.	V B.G.B.
—	—	2286	2285	2312
1988	2179; S. 683 Anm. 1	2288	2287	2314
1989	2180, 2181	2289, 2290	2288, 2289	2315, 2316
1990	〃 〃	〃 〃	〃 〃	〃 〃
1991	2196	2305	2304	2331
1992	2182; S. 684 Anm. 1	2291	2290	2317
1993	2183	2292	2291	2318
—	2184	2293	2292	2319
1994	2189; S. 686 Anm. 1	2298	2297	2324
1995	2185	2294	2293	2320
1996	2185—2187	2294—2296	2293—2295	2320—2322
1997	2188	2297	2296	2323
1998	2189	2298	2297	2324
1999	2197	2306	2305	2332
2000	2198, 2201	2307, 2310	2306, 2309	2333, 2336
2001	2198	2307	2306	2333
2002	2203; S. 691 Anm. 1	2312	2311	2338
2003	2199	2308	2307	2334
2004	2202	2311	2310	2337
2005	2200	2309	2308	2335
2006	2201	2310	2309	2336
2007	〃	〃	〃	〃
2008	〃	〃	〃	〃
2009	2190	2299	2298	2325
2010	〃	〃	〃	〃
2011	2191	2300	2299	2326
2012	2192	2301	2300	2327
2013	2193	2302	2301	2328
2014	2194	2303	2302	2329
2015	〃	〃	〃	〃
2016	〃	〃	〃	〃
2017	2196	2305	2304	2331
2018	2195	2304	2303	2330
2019	2211	2320	2319	2346
2020	2212, 2213, 2216	2321, 2322, 2325	2320, 2321, 2324	2347, 2348, 2351
2021	S. 695 Anm. 1	—	—	—
2022	2215	2324	2323	2350
2023	2214	2323	2322	2349
2024	2217	2326	2325	2352
2025	1819; S. 570 Anm. 1	1920	1918	1942
2026	1800, 1981	1901, 2085	1899, 2083	1923, 2108
2027	1840, 2014	1941, 2117	1939, 2115	1963, 2141
2028	1829; S. 572 Anm. 1	1930	1928	1952
2029	1820	1921	1919	1943
2030	1821	1922	1920	1944
2031	1829	1930	1928	1952
2032	1822	1923	1921	1945

I E. I	II E. II	III B.R.	IV R.T.	V B.G.B.
2033	1823	1924	1922	1946
2034	2172	2280	2279	2306
2035	1824	1925	1923	1947
2036	1827	1928	1926	1950
2037	1828	1929	1927	1951
2038	1825, 1826	1926, 1927	1924, 1925	1948, 1949
2039	1824	—	—	—
2040	1831, 1832, 1834, 2174	1932, 1933, 1935, 2282	1930, 1931, 1933, 2281	1954, 1955, 1957, 2308
2041	1831, 1832, 1834	1932, 1933, 1935	1903, 1931, 1933	1954, 1955, 1957
—	1833	1934	1932	1956
2042	1830	1931	1929	1953
2043	1534a, 1702; S. 721 Nr. 77, S. 722 Nr. 85	1622, 1800	1620, 1798	1643, 1822
2044	1702; S. 721 Nr. 77, S. 722 Nr. 85	1800	1798	1822
2045	2204	2313	2312	2339
2046	2205, 2206	2314, 2315	2313, 2314	2340, 2341
2047	2207	2316	2315	2342
2048	2209; S. 693 Anm. 1	2318	2317	2344
2049	2210	2319	2318	2345
2050	2208	2317	2316	2343
2051	1843, 1906, 1932	1945, 2009, 2035	1943, 2007, 2033	1967, 2032, 2058
2052	779a; S. 717 Nr. 37	842	841	857
2053	" " " " "	"	"	"
2054	" " " " "	"	"	"
2055	1844	1946	1944	1968
2056	1836	1937	1935	1959
2057	1835, 1888; S. 574 Anm. 1	1936, 1991	1934, 1989	1958, 2014
2058	1837	1938	1936	1960
2059	1837, 1838	1938, 1939	1936, 1937	1960, 1961
2060	S. 575 Anm. 1	—	—	—
2061	1839	1940	1938	1962
2062	S. 575 Anm. 1	—	—	—
2063	1886; S. 590 Anm. 1 Ziff. II 5	1989	1987	2012
2064	S. 593 Anm. Ziff. II 7 §. 836 gg, S. 594 III 3	—	—	—
2065	1886; S. 575 Anm. 1	1989	1987	2012
2066	S. 575 Anm. 1.	—	—	—
2067	1841	1942, 1943	1940, 1941	1964, 1965
2068	2218	2327	2326	2353
2069	2219	2328	2327	2354
2070	2221	2330	2329	2356
—	2222	2331	2330	2357
2071	2223—2225	2332—2334	2331—2333	2358—2360
2072	2223	2332	2331	2358

I E. I	II E. II	III B.R.	IV R.T.	V B.G.B.
2073	2226	2335	2334	2361
2074	2227	2336	2335	2362
2075	2228	2337, 2338	2336, 2337	2363, 2364
2076	2229	2339	2338	2365
2077	2226, 2230, 2231	2335, 2340, 2341	2334, 2339, 2340	2361, 2366, 2367
2078	2218, 2220, 2221, 2223—2227, 2229—2231	2327, 2329, 2330, 2332—2336, 2339—2341	2326, 2328, 2329, 2331—2335, 2338—2340	2353, 2355, 2356, 2358—2362, 2365—2367
—	2232	801	800	816
—	2233	2342	2341	2368
2079	2234	2343	2342	2369
2080	1892	1995	1993	2018
2081	1893, 1894; S. 599 Anm. 1	801, 1996, 1997,	800, 1994, 1995	816, 2019, 2020
2082	1901	2004	2002	2027
2083	1895	1998	1996	2021
2084	1896	1999	1997	2022
2085	1897, 1898	2000, 2001	1998, 1999	2023, 2024
2086	1898, 1899	2001, 2002	1999, 2000	2024, 2025
2087	S. 602 Anm. 2	—	—	—
—	1902	2005	2003	2028
2088	1903	2006	2004	2029
—	1904	2007	2005	2030
2089	1905, 2235	2008, 2344	2006, 2343	2031, 2370
2090	2235	2344	2343	2370
2091	S. 602 Anm. 2	—	—	—
2092	1843; S. 590 Anm. 1 Ziff. I	1945	1943	1967
2093	S. 590 Anm. 1 Ziff. I	—	—	—
2094	" " " " " "	—	—	—
2095	1868	1970, 1971, 1982	1968, 1969	1993, 1994
2096	1869	1971	1969	1994
2097	1870	1972	1970	1995
2098	1871	1973	1971	1996
2099	1873	1975	1973	1998
2100	1872	1974	1972	1997
2101	1874	1976	1974	1999
2102	1876	1978	1977	2002
2103	1877	1979	1978	2003
2104	1878	1980	1979	2004
2105	1875	1977	1976	2001
2106	1879	1981	1980	2005
—	1883	1986	1984	2009
2107	1884	1987	1985	2010
2108	S. 590 Anm. 1 Ziff. I	—	—	—
2109	" " " " " "	—	—	—
2110	1850, 1887; S. 590 Anm. 1 Ziff. II	1952, 1990	1950, 1988	1975, 2013

I E. I	II E. II	III B.R.	IV R.T.	V B.G.B.
2111	S. 590 Anm. 1 Ziff. I	—	—	—
2112	1853; S. 590 Anm. 1 Ziff. I, III 4	1955	1953	1978
—	1854	1956, 1957	1954, 1955	1979, 1980
—	1855	1958	1956	1981
—	1856	1959	1957	1982
—	1857	1960	1958	1983
—	1858	1961	1959	1984
—	1859	1962	1960	1985
—	1860	1963	1961	1986
—	1861	1962	1960	1985
—	1862	1964	1962	1987
—	1863	1965	1963	1988
2113	S. 590 Anm. 1 Ziff. III	—	—	—
2114	1851; S. 590 Anm. 1 Ziff. I	1953	1951	1976
2115	S. 590 Anm. 1 Ziff. III	—	—	—
2116	1852	1954	1952	1977
2117	2059; S. 590 Anm. 1 Ziff. III	2165	2163	2189
2118	1864; " " " " I	1966	1964	1989
2119	S. 590 Anm. 1 Ziff. III	—	—	—
2120	1845; S. 590 Anm. 1 Ziff. II	1947	1945	1970
—	1846	1949	1947	1972
2121	S. 590 Anm. 1 Ziff. II	—	—	—
2122	" " " " " "	—	—	—
2123	" " " " " "	—	—	—
2124	" " " " " "	—	—	—
2125	1847, 1887	1948, 1990	1946, 1988	1971, 2013
2126	S. 590 Anm. 1 Ziff. I, II	—	—	—
2127	1848; S. 590 Anm. 1 Nr. I	1950	1948	1973
—	1849	1951	1949	1974
2128	S. 590 Anm. 1 Ziff. III	—	—	—
2129	" " " " " I	—	—	—
2130	1889, 1890; S. 590 Anm. 1 Ziff. I, II	1992, 1993	1990, 1991	2015, 2016
2131	1889	1992	1990	2015
2132	"	"	"	"
2133	1865—1867	1967—1969	1965—1967	1990—1992
2134	S. 590 Anm. 1 Ziff. I	—	—	—
2135	" " " " " "	—	—	—
2136	" " " " " "	—	—	—
2137	" " " " " "	—	—	—
2138	" " " " " "	—	—	—
2139	" " " " " "	—	—	—
2140	" " " " " "	—	—	—
2141	" " " " " II	—	—	—
2142	1880	1983	1981	2006

I E. I	II E. II	III B.R.	IV R.T.	V B.G.B.
2143	1888, 1890, 1891; S. 590 Anm. 1 Ziff. II	1991, 1993, 1994	1989, 1991, 1992	2014, 2016, 2017
2144	S. 590 Anm. 1 Ziff. I	—	—	—
2145	" " " " " "	—	—	—
—	1933	2036	2034	2059
—	1934	2037	2035	2060
—	1935	2038	2036	2061
—	—	2039	2037	2062
2146	1936	2040	2038	2063
2147	1881	1984	1982	2007
2148	1882; S. 590 Anm. 1 Ziff. I, II, III	1391, 1438, 1985	1389, 1436, 1983	1406, 1453, 2008
2149	1882; S. 590 Anm. 1 Ziff. II, III	1985	1983	2008
—	1883	1986	1984	2009
2150	S. 590 Anm. 1 Ziff. I, III	—	—	—
2151	1906	2009	2007	2032
—	1907	2010	2008	2033
—	1908	2011	2009	2034
—	1909	2012	2010	2035
—	1910	2013	2011	2036
—	1911	2014	2012	2037
—	1912	2015	2013	2038
—	1913	2016	2014	2039
—	1914	2017	2015	2040
—	1915	2018	2016	2041
—	1916	2019	2017	2042
2152	1922	2025	2023	2048
2153	1918	2021	2019	2044
—	1919	2022	2020	2045
—	1920	2023	2021	2046
2154	1917	2020	2018	2043
2155	1921	2024	2022	2047
—	—	2026	2024	2049
2156	1931, 2074	—	—	—
2157	1923	2027	2025	2050
2158	"	"	"	"
2159	"	"	"	"
2160	1924	2028	2026	2051
—	1925	2029	2027	2052
2161	1926	2030	2028	2053
2162	1927	2031	2029	2054
2163	1928	2032	2030	2055
2164	1923, 1929	2027, 2033	2025, 2031	2050, 2056
—	1930	2034	2032	2057

Zusammenstellung

der Artikel des Entwurfs erster Lesung mit den Artikeln der späteren Entwürfe und des Einführungsgesetzes.

Die Zahlen in den Spalten bezeichnen, wenn sie allein stehen, die Artikel, und zwar in der Spalte I die Artikel des Entwurfs erster Lesung, in der Spalte III die des revidirten, dem Bundesrathe vorgelegten Entwurfs zweiter Lesung, in der Spalte IV die der Reichstagsvorlage, in Spalte V die des Einführungsgesetzes. In den Spalten II und III werden durch die Zahlen mit vorgesetzten Paragraphenzeichen die entsprechenden Paragraphen der Entwürfe des Gesetzbuchs nachgewiesen.

I E. I	II E. II	III B.R.	IV R.T.	V E.G.
1	—	1	1	1
2	—	2	2	2
3	—	3	3	3
4	—	4	4	4
5	—	5	5	5
6	—	—	—	—
7	—	—	—	—
—	—	—	—	6
8	—	—	—	—
—	§. 2238	§. 2361	6, 26	7, 27
—	§. 2239	§. 2362	7	8
—	§. 2236	§. 2363	8	9
—	§. 2237	§. 2364	9	10
—	§. 2240	§. 2365	10	11
—	§. 2241	§. 2369	—	—
—	§. 2242	§. 2366	—	—
—	§. 2243	§. 2367	11	12
—	§. 2244	§. 2368	—	—
—	§. 2245	§. 2370	12, 26	13, 27
—	§. 2246	§. 2371	13	14
—	§. 2250	§. 2372	14, 26	15, 27
—	§. 2251	§. 2373	15	16
—	§. 2247	§. 2374, 2375	16, 26	17, 27
—	§. 2248	§. 2376	16	17
—	§. 2249	§. 2375	"	"

I E. I	II E. II	III B.R.	IV R.T.	V E.G.
—	§. 2252	§. 2378	17	18
—	§. 2255	§. 2379	18	19
—	§. 2256	§. 2380	19	20
—	§. 2257	§. 2381	20	21
—	§. 2253	§. 2382	21	22
—	§. 2254	§. 2383	"	"
—	§. 2259	§. 2384	22	23
—	§. 2260	§. 2385	"	"
—	§. 2261	§. 2386	23	24
—	"	"	24, 26	25, 27
—	—	—	25	26
—	—	—	26	27
—	§. 2262	§. 2387	27	28
—	§. 2263	§. 2388	28	29
—	§. 2264	§. 2389	29	30
—	§. 2265	§. 2390	30	31
9	—	6	31	32
10	—	7	32	33
11	—	—	—	—
12	—	—	—	—
13	—	—	—	—
14	—	—	—	—
15	—	—	—	—
16	—	8	33	34
17	—	9	34	35
18	—	10	35	36
19	—	11	36	37
20	—	12	37	38
21	—	13	38	39
22	—	14	39	40
23	—	15	40	41
24	—	16	41	42
25	—	17	42	43
26	—	18	43	44
27	—	19	44	45
28	—	20	45	46
—	—	21	—	—
—	—	—	—	47
29	—	22	46	48
30	—	23	47	49
—	—	24	48	50
—	—	25	49	51
31	—	26—28	50—52	52—54
32	—	29	53	55
—	—	30	54	56
33	—	31	55	57
34	—	32	56	58

I E. I	II E. II	III B.R.	IV R.T.	V E.G.
35	—	33	57	59
36	—	34	58	60
37	—	35	59	61
—	—	36	60	62
—	—	37	61	63
38	—	40	65	67
39	—	38	63	65
40	—	39	64	66
41	—	86, 89	112, 115	113, 116
42	—	82	108	109
43	—	42	67	69
—	—	43	68	70
—	—	44	69	71
—	—	45	70	72
44	—	47	72	74
45	—	46	71	73
—	—	48	73	75
—	—	49	74	76
—	—	51	76	78
—	—	52	77	79
—	—	54	79	81
—	—	56	81	82
—	—	57	82	83
—	—	58	83	84
—	—	59	84	85
—	—	60	85	—
—	—	66	92	92
46	—	69	95	95
47	—	68	94	94
48	—	62	87	87
49	—	55, 61	80, 86	86
50	—	—	—	—
51	—	—	—	—
52	—	125	152	152
53	—	64	90	90
54	—	53	78	80
55	—	—	—	—
56	—	50	75	77
57	—	71, 74	97, 100	97, 101
—	—	72	98	99
58	—	67	93	93
59	—	70	96	96
60	—	73	99	100
61	—	75	101	102
—	—	76	102	103
62	—	63	89	89
63	—	80	106	107

E I I	II E. II	III B.R.	IV R.T.	V E.G.
64	—	81	107	108
65	—	77	103	104
—	—	78	104	105
—	—	79	105	106
66	—	84	110	111
—	—	85	111	112
—	—	87	113	114
67	—	95	121	122
—	—	96	123	124
—	—	97	124	125
—	—	—	122	123
68	—	98	125	126
—	—	99	126	127
—	—	100	143	143
—	—	101	128	129
69	—	102	129	130
70	—	88—90, 92	114—116, 118	115—117, 119
71	—	41	66	68
72	—	104	132	133
—	—	105	133	134
—	—	106	134	135
73	—	103	130	131
74	—	65	91	91
75	—	91	117	118
76	—	93, 94	119, 120	120, 121
77	—	83	109	110
78	—	—	—	—
79	—	107	135	136
80	—	—	—	—
81	—	111	138	139
82	—	110	137	138
83	—	108	62	64
84	—	"	"	"
85	—	"	"	"
86	—	"	"	"
87	—	"	"	"
—	—	109	136	137
88	—	112	139	140
—	—	113	—	—
89	—	—	—	—
90	—	—	—	—
91	—	114	141	141
—	—	115	142	142
—	—	116	143	143
—	—	117	144	144
—	—	118	145	145
—	—	119	146	146

I E. I	II E. II	III B.R.	IV R.T.	V E.G.
—	—	120	147	147
—	—	121	148	148
—	—	122	149	149
—	—	123	150	150
—	—	124	151	151
92	—	131—133	158—160	158—160
93	—	134	161	161
94	—	″	″	″
—	—	135	162	162
—	—	136	163	163
—	—	137	164	164
—	—	138	165	165
—	—	139	166	166
—	—	—	167	167
95	—	126	153	153
96	—	127	154	154
97	—	128, 181	155, 210	155, 211
98	—	129	156	156
99	—	180	209	210
100	—	130	157	157
101	—	140	168	168
102	—	141	169	169
103	—	142	170	170
—	—	143	171	171
104	—	144, 151	172, 179	172, 179
—	—	145	173	173
105	—	146, 148, 150, 186	174, 176, 178, 217	174, 176, 178, 218
—	—	147	175	175
—	—	149	177	177
—	—	151	179	179
106	—	152, 153, 155	180, 181, 183	180, 181, 184
—	—	154	182	182
107	—	156	184	185
108	—	157	185	186
109	—	158, 159	186, 187	187, 188
110	—	160	188	189
—	—	161	189	190
111	—	162	190	191
112	—	163, 164	191, 192	192, 193
—	—	165	193	194
113	—	166	194	195
114	—	—	—	—
115	—	167	195	196
—	—	—	196	197
116	—	186	217	218
117	—	168	197	198
118	—	169, 172	198, 201	199, 202

I E. I	II E. II	III B.R.	IV R.T.	V E.G.
119	—	170, 186	199, 217	200, 218
120	—	171	200	201
121	—	173	202	203
122	—	174	203	204
123	—	175	204	205
124	—	176	205	206
125	—	177	206	207
126	—	178	207	208
127	—	179	208	209
128	—	180	209	210
—	—	—	211	212
129	—	182—185	212—214, 216	213—215, 217
—	—	—	215	216

Nachweisung
der Protokollseiten bei den einzelnen Paragraphen des Bürgerlichen Gesetzbuchs.

Die Zahlen bezeichnen in der Spalte I die Paragraphen des Bürgerlichen Gesetzbuchs, in der Spalte II die den Inhalt der einzelnen Paragraphen betreffenden Seiten der Protokolle (Band und Seite).

I. Buch. Allgemeiner Theil.

I	II	I	II
1	I 4, VI 106, 107	29	I 483, 507, 515—517
2	I 45—49	30	I 520, 521
3	I 49—52, VI 382	31	I 483, 521—523, VI 144
4	I 49—52	32	I 483, 484, 524—527
5	I 51, 52	33	I 484, 525—529
6	I 31—34, VI 112, 121	34	I 484, 524, 525, 527
7	I 37, 38	35	I 484, 524, 525, 529—531, 581
8	I 39, VI 119—121	36	I 532—534
9	I 40	37	I 532—534, 581, VI 115
10	I 41, 42, VI 113	38	I 477, 534, 535, 578 ff.
11	I 42, 43, VI 113	39	I 477, 534
12	I 43—45, VI 113	40	I 524—526, 530—532, II 377—379, VI 115
13	I 4, 5, 11—18, 25—31		
14	I 4, 5, VI 107—111	41	I 538, 545, 578 ff.
15	I 6, 7	42	I 481, 523, 524, 539, 546, 578 ff.
16	I 7—9, VI 111	43	I 481, 572—576, VI 116, 144
17	I 9, VI 111	44	I 572—576, VI 144
18	I 18—23, VI 111	45	I 484, 539—547, VI 116
19	I 18—23, VI 112	46	I 539—547, VI 116
20	I 18, 19	47	I 484, 539—547
21	I 476, 482, 498—504, 581	48	I 484, 547, 548
22	I 482, 498—504, 538, 581	49	I 484, 548, 549, VI 136—138
23	—	50	I 484, 485, 550
24	I 479, 498, 504, 581	51	I 485, 550
25	I 476, 482, 504—506, 581, 582, VI 114	52	I 485, 551, IV 568—572, VI 116, 117
26	I 477, 482, 506—509, 512, 578 ff.	53	I 485, 551
27	I 477, 482, 506—512, 552, 553, II 377—379	54	I 485, 553, 554, II 452—460, VI 117, 206—209
28	I 483, 507, 512—515, 578 ff., VI 114, 115	55	I 476, 479

I	II	I	II
56	I 480, 485, 554, 555, VI 382	101	III 24, 26
57	I 485, 555--557, 583, 584, VI 117	102	VI 119
58	I 485, 486, 556, 557	103	III 24—26
59	I 486, 557, 558	104	I 46—49, 53—56, VI 119—121
60	I 486, 558—566, VI 117	105	I 53- 59, 71, 72, VI 119—121
61	I 486, 558—566, VI 144	106	I 57—59
62	I 486, 558—566	107	I 57—59
63	I 486, 558—566	108	I 60, 61, VI 124—128
64	I 486, 558—566	109	I 60, 61, VI 122
65	I 486, 567	110	I 59, 66, 67, VI 122
66	I 486, 567	111	I 59, 62
67	I 486, 568, 569	112	I 63, 64
68	I 487, 569	113	I 64—66, VI 122
69	I 487, 569	114	I 67, 68
70	I 487, 569, 570	115	I 67
71	I 487, 569, 570	116	I 94
72	I 486, 567, 568	117	I 95—97
73	I 480, 487, 570, 571	118	I 98, 99
74	I 487, 577, VI 144	119	I 102—115, VI 122
75	I 487, 577, VI 118	120	I 102—115, 116—118
76	I 488, 577	121	I 102—115, 116—118, VI 122—124
77	I 488, 577	122	I 99, 106—109, 116—118
78	I 488, 577	123	I 118—120, VI 128—129
79	I 476, 488, VI 118, 182	124	I 120—122
80	I 488, 489, 586—589	125	I 87—89, VI 130, 131
81	I 488, 489, 587, 590, 593, V 444,	126	I 89—93, 99—102, V 144, VI 130, 131
	VI 118, 119	127	I 90, 92—94, 99--102; VI 130, 131
82	I 488, 489, 593	128	V 429—441, VI 130, 131
83	I 488, 489, 587, 593—595	129	VI 130, 131
84	I 488, 489, 587, 588, 593—595,	130	I 69, 70, 71, VI 131—133
	V 883—885	131	I 62, 63, 72, 73, VI 132, 133
85	I 488, 489, 596—598	132	I 73
86	I 489, 599—605, II 377—379, VI 119, 144	133	I 68
87	I 489, 606, 607, VI 119	134	I 122, 123, 448
88	I 489, 599, 600, 605, 606	135	I 124, 125, VI 129, 130
89	I 489, 607—611, VI 144	136	I 125
90	III 1, 2	137	III 26, 256—258
91	III 2	138	I 123, 124, 448
92	III 2	139	I 134
93	III 4—6	140	I 126, 127
94	III 6—9	141	I 126
95	III 6—12, VI 119	142	I 127, 164—166, III 214
96	III 17	143	I 127—133, VI 145—150, VI 383
97	III 17—19	144	I 133, 134
98	III 17—19, 22, 23	145	I 75--77
99	III 23, 24	146	I 77, 78, VI 124—128
100	III 24	147	I 78—80

I	II	I	II
148	I 77, 78	195	I 201
149	I 81	196	I 201—208
150	I 86	197	I 208, 209, 212—215
151	I 81—85	198	I 209—211
152	V 438—442	199	I 209—211
153	I 86, 87	200	VI 139, 140, 150, 200
154	I 74, 75, 87, 88, VI 133	201	I 211, VI 140, 141
155	I 115, 116	202	I 215—217, II 518, VI 141, 383
156	I 87	203	I 218, 219
157	I 623—625	204	I 221, 222
158	I 179, 180	205	I 212
159	I 180, 181	206	I 219—221, VI 141
160	I 183	207	I 221
161	I 184, VI 129, 130, 133	208	I 222, 223
162	I 184, VI 133, 134	209	I 223—226
163	I 186	210	I 226—228, 231, VI 383
164	I 136—138	211	I 228, 229, VI 264, 265
165	I 138, 139	212	I 226, 227, VI 383
166	I 139—143	213	I 228
167	I 145, 146, VI 124—128, 134	214	I 230, 231
168	I 143—145, VI 124—128	215	I 229, 230, VI 383
169	I 147, 148, II 518, 519	216	I 228
170	I 147, 148	217	I 212
171	I 145—147	218	I 230
172	I 147—149	219	I 230
173	I 148, 149, VI 134	220	I 231
174	I 152—154	221	I 231
175	I 149	222	I 232—236, VI 142, 227
176	I 149—152, VI 135, 136	223	I 236
177	I 154—156, VI 124—128	224	I 236
178	I 154—156	225	I 238
179	I 156—166	226	—
180	I 167—174	227	I 240, 241, 251
181	I 174, 175, 517—520, II 73, 74	228	I 247, 253, 260—262, VI 212—219
182	I 176—178, VI 124—128, 138	229	I 241—243
183	I 176—178, VI 124—128	230	I 243, 244
184	I 176—178, VI 129, 130, 133	231	I 244
185	I 179, 403, III 205	232	I 265, VI 384
186	I 188	233	I 266, VI 143
187	I 188, 189	234	I 266, 267, IV 571, VI 143
188	I 189, VI 138, 139	235	I 268
189	I 189, VI 138, 139	236	I 267
190	I 189	237	I 268
191	I 189	238	I 268, VI 243
192	I 189	239	I 269, 270
193	I 190—194, 310	240	I 270, VI 243
194	I 194—201		

II. Buch. Recht der Schuldverhältnisse.

I	II	I	II
241	I 279—281, VI 150	286	I 326
242	I 302—304, 623—625, VI 150	287	I 327, 328
243	I 285—289, VI 150, 151	288	I 326, 327, VI 175—177
244	I 289, 290	289	I 327
245	I 290	290	I 328
246	I 290, 291, VI 175—177	291	I 323, 324
247	I 472—475	292	I 323, VI 155
248	I 472, 475	293	I 238, 239
249	I 293—297, II 511—513	294	I 329
250	I 293—297, II 511—513	295	I 329
251	I 293—297, II 511—513	296	I 329—331, VI 156, 159
252	I 291, 292	297	I 329—331
253	I 298	298	I 331
254	I 300	299	I 329—331
255	I 301, 302, VI 151, 152	300	I 331, 332
256	—	301	I 332
257	VI 152	302	I 332
258	III 354, 355, 406, VI 152	303	I 332
259	II 358, 359, 778—788	304	I 333
260	II 779—783, 786—788	305	I 447, 448, VI 163, 164
261	II 780, 781, 788—792	306	I 448—450
262	I 281, 282	307	I 450—454
263	I 282, VI 153	308	I 454, 455
264	I 282	309	I 455
265	I 282—285	310	I 457, 458, VI 156
266	I 305, 306	311	I 457, 458, V 444, VI 156
267	I 305	312	I 456, 457, V 444
268	—	313	I 458—461, V 444
269	I 306, 307, VI 153, 154	314	I 19—22
270	I 306, 307, VI 153, 154	315	I 464, 465, VI 153
271	I 309	316	I 467
272	I 310	317	I 467—472
273	I 310—313	318	I 467—472, VI 153, 156
274	I 312, 313	319	I 467—472
275	I 314—316, VI 155	320	I 626—636
276	I 186, 187, 302—305, II 598, 604	321	I 631, 632
277	I 187, 188, 304	322	I 628—633, VI 156, 157
278	I 302—304, VI 154, 155	323	I 638—640
279	I 314—316	324	I 638—640
280	I 317—321	325	I 638—640, 642—649, II 62—64
281	I 316, 317, 683—685	326	I 642, 649, II 62—64
282	I 317	327	I 650—653
283	I 321—323, VI 155	328	I 749—756, 757—759, 761—765
284	I 324, VI 159	329	I 426, 427, II 472, 474—475
285	I 325, 326	330	I 750, 751, 753—756

I	II	I	II
331	I 749, 750, 757, 759, 765—767	378	I 350—352
332	I 759—761	379	I 350—352
333	I 749, 750, 767, 768, VI 157	380	I 354—356
334	I 750, 761, 768, 769	381	I 358—359
335	I 749—751, 756, 757	382	VI 165
336	I 769—771	383	I 356—358, IV 590, VI 165, 166
337	I 771—774	384	I 356—358
338	I 774, 775	385	I 166
339	I 775, 779, 780	386	I 358, 359
340	I 776, VI 157	387	I 361, 362
341	I 776—779, VI 157	388	I 365, 366
342	I 776, VI 157	389	I 366, 367
343	I 780—786, VI 157	390	I 361—364
344	I 787	391	I 371—373
345	I 787	392	I 373, 374
346	I 788—790, VI 158, 159	393	I 374
347	I 788—790, VI 155, 160—163	394	I 374, 375
348	I 790	395	I 375
349	I 787, 788, VI 153	396	I 368—371, VI 166, 167
350	I 790—794, VI 158, 159	397	I 376, II 511
351	I 790, 794, 795, VI 158—163	398	I 377—383
352	I 794, 795, VI 158—163	399	I 384
353	I 794, 795, VI 160—163, 384	400	I 384, 385
354	I 794, 795	401	I 385, 386
355	I 796	402	I 387
356	I 796, 797	403	I 387
357	I 367, 368	404	I 387, 388
358	I 797	405	I 388—391, VI 167, 168
359	I 797, 798	406	I 391
360	I 798—800	407	I 391, 392, VI 168, 169
361	I 626, 640—642	408	I 393, 394, VI 168, 169
362	I 333—335	409	I 394, 395, 398, 399
363	I 636, 637	410	I 396, 397
364	I 333, 334	411	I 404
365	I 333, 334	412	I 377—399
366	I 335, 336	413	I 404
367	I 336, 337	414	I 405
368	I 337—340, VI 164	415	I 405—412, VI 169, 170
369	I 340, VI 164	416	I 413—419, 426, 427, II 472—474
370	I 341	417	I 419—421
371	I 341, 342	418	I 421—425
372	I 342—352, 359, VI 164, 165	419	I 427—430, V 828, VI 322
373	I 345—348	420	I 430
374	I 348, 349	421	I 433—435
375	I 348, 349, 360	422	I 433, 435
376	I 350, VI 165	423	I 433, 435, 436
377	I 352—354	424	I 433, 436

I	II
425	I 433, 437—439
426	I 434, 440—442
427	I 430—432, 433
428	I 434, 442
429	I 434, 442—444
430	I 434, 444
431	I 434, 444—446
432	I 433, 446
433	I 653, 654, II 50—56
434	I 654—656
435	I 664
436	I 656—658
437	I 654—656, 669, 670, II 472, 475
438	I 387
439	I 658—660, III 749—751
440	I 660—664, VI 170
441	I 660—664
442	I 665
443	I 667
444	II 58
445	I 668
446	II 58—62
447	II 67, 68
448	II 68
449	II 68, 69
450	II 64—67, 175—177, VI 170—172
451	II 58—62
452	II 69
453	II 57, 58
454	II 69—71
455	II 78—81
456	II 72—77
457	II 72—77, VI 172
458	II 72—77
459	I 670, 671
460	I 671—673
461	III 480—482
462	I 673—682
463	I 686—689
464	I 690, 691
465	I 673, 674, 685, 686, 708—711, VI 180, 181
466	I 800, 801, VI 180, 181
467	I 692, 693, 801, 802, VI 172
468	I 693
469	I 693, 694
470	I 694

I	II
471	I 694
472	I 694—696
473	I 696, 697
474	I 700
475	I 698—700, II 473, 475
476	I 701
477	I 674—682, 701—708, 746, II 312—315
478	I 701—705, II 714—717
479	I 704, 705
480	I 711—713, VI 172, 180, 181
481	I 718, 726, 727
482	I 718, 727—729
483	I 718, 736
484	I 718, 736, 737
485	I 718, 735—739
486	I 718, 748
487	I 718, 739—741, 802, 803, VI 384, 385
488	I 719, 743, 744
489	I 719, 744
490	I 719, 745—748
491	I 719, 748
492	I 719, 748
493	I 748
494	II 77
495	II 77, 78
496	II 77, 78, VI 172
497	II 81, 82, 86
498	II 82—87
499	II 82—85
500	II 82, 87, 88, VI 173, 174
501	II 92
502	II 91, VI 174
503	II 82, 88—90
504	II 93—97
505	II 93, 94, 97—100
506	II 93—97
507	II 100—104
508	II 100, 105
509	II 100, 105—107, VI 174
510	II 93, 94, 100, 108, 109, 111, 112, VI 174
511	II 101, 110
512	II 107, 108
513	II 111
514	II 108—110
515	II 130
516	II 1—8, 25
517	II 8, 9

I	II	I	II
518	II 9—21	565	II 214—216
519	II 21, 22	566	II 134, 135, 147—156, 178
520	II 30	567	II 217
521	II 21	568	II 217, 218
522	II 29, 30	569	II 218—221
523	II 25—28, VI 183	570	II 227, 228
524	II 28, 29, VI 183	571	II 134, 136—144
525	II 30—32, VI 183	572	II 260—263
526	II 30—33	573	II 134, 144—147
527	II 30—33	574	II 144—147
528	II 22—25	575	II 144—147
529	II 22—25	576	II 134, 144—147
530	II 35—38	577	II 135, 159—162
531	II 37, 40, 41	578	II 135, 162, 163
532	II 39, 40	579	II 135, 174
533	II 39	580	II 131, 133
534	II 35—37	581	II 232, 233, 260—263
535	II 130, 131	582	II 252, 253
536	II 130, 131	583	II 253—256
537	II 131, 132	584	II 251, 252
538	II 132, 175, VI 186	585	II 258, 259
539	II 132, 133	586	II 243, 244
540	II 132, 133	587	II 259, 516
541	II 133	588	II 259
542	II 229	589	II 259
543	II 229, 230, 513, 514	590	II 244—246, III 490
544	II 230—232, VI 184	591	II 253—256, 259
545	II 133, 187, VI 184, 186	592	II 264
546	II 178	593	II 264—268
547	II 174—177, 263, 273, VI 185	594	II 269
548	II 188	595	II 246—248, 515, 516
549	II 178—185, 513, 514	596	II 232—237, 249—251
550	II 187, 188	597	II 256—258
551	II 185, 186	598	II 269
552	II 186, 187	599	II 269
553	II 228, 513, 514, VI 185	600	II 270
554	II 228, 229, 514, 515	601	II 271—275, VI 185
555	II 229, 230, 513, 514	602	II 275
556	II 188—194	603	II 269, 270
557	II 218	604	II 269, VI 187
558	II 177, 178, 194, 273—275, VI 185	605	II 275
559	II 194, 195, 198—207	606	II 271—275
560	II 195, 207, 208	607	II 42, 43
561	II 195, 208, 209	608	II 43, VI 187
562	II 195, 209, 210	609	II 43—46
563	II 195, 200	610	II 46—50
564	II 214, 215	611	II 276—278

I	II	I	II
612	II 276—278	659	II 348
613	II 278, 279	660	II 348—350
614	II 279	661	II 350, 351
615	II 279, 280	662	II 351, 352
616	II 280	663	II 353, 354
617	II 284—289	664	II 354—357, VI 190
618	II 289—295, VI 187, 188	665	II 357
619	II 290	666	II 357—360
620	II 295—298	667	II 360—365, VI 187
621	II 295—298	668	II 365
622	II 296, 298, 299	669	II 365
623	II 296—298	670	II 365—369, VI 190
624	II 299—301, VI 188, 189	671	II 370, 371
625	II 301	672	II 371—373, 516, 517
626	II 301, 302, VI 189	673	II 373, 374, 516, 517
627	II 301—304, 306, 307, VI 189	674	II 374—376
628	II 301, 304—307	675	II 376, 377, VI 189
629	—	676	II 380, 664, 665
630	II 307, 308	677	II 725, 726
631	II 309, 316, 317, 338—341	678	II 726, 727
632	II 309	679	II 726, 727, 735—739
633	II 309—311	680	II 727, 728
634	II 310, 311	681	II 726—728
635	II 310—311	682	II 729
636	II 310, 311	683	II 729—734, 736—739
637	II 311	684	II 739—741
638	II 311—315	685	II 734, VI 190, 191
639	II 311—315	686	II 739
640	II 315—319	687	II 741—743
641	II 319, 320	688	II 391—393
642	II 328, 329, VI 385	689	II 393
643	II 328, 329	690	II 393, 394
644	II 329—331, VI 189, 190	691	II 394, 395
645	II 331—335, VI 190	692	II 395
646	II 331—335	693	II 399, 400
647	II 321, III 490	694	II 400, 401
648	II 321—328	695	II 402
649	II 335	696	II 402
650	II 335, 336	697	II 399, VI 187
651	II 337—342	698	II 399
652	II 342, 345—347	699	II 400, 401
653	II 345—347	700	II 395—399, VI 193
654	II 342—344	701	II 402—404, 413—415, VI 193, 194
655	—	702	II 404—410, VI 194
656	—	703	II 410, 411, VI 194
657	II 347	704	II 411
658	II 347, 348	705	II 415—418

I	II	I	II
706	II 417, 418, VI 194	753	II 757—759, 767
707	II 417	754	II 757—759
708	II 418—420	755	II 760—766
709	II 420, 421	756	II 759—766
710	II 420, 421	757	II 766, 767
711	II 420, 421	758	II 751, 756, 757
712	II 421, 422	759	II 486, VI 195
713	II 422—424	760	II 486
714	II 424	761	—
715	II 424	762	II 794—803
716	II 425	763	II 804—806
717	II 425	764	II 804
718	II 426—433, VI 195	765	II 461, 463, 464, VI 196
719	II 426—437, VI 194	766	II 462, 463, VI 196
720	II 426—434, VI 168	767	II 466, 467, 518, VI 196, 197
721	II 437	768	II 464—466
722	II 437	769	II 467, 468
723	II 437, 438	770	II 464—466, 468—471
724	II 438	771	II 468—471
725	II 438, 439, VI 327, 328	772	II 468—471, VI 197, 198
726	II 439	773	II 468—471, 476, 477
727	II 439	774	II 477—479
728	II 439, VI 195	775	II 479, 480, VI 385
729	II 439, 440	776	II 480—483
730	II 439—443	777	II 483—485, VI 198
731	II 439—443, 767, 768	778	II 485, 486
732	II 440, 441	779	II 519—527, VI 198
733	II 441—443, VI 195	780	II 499—508
734	II 440—443	781	II 499—505, 508, 509
735	II 440—443	782	II 500, 509, 510
736	II 443, 444	783	II 380—382, VI 191
737	II 443, 444	784	II 384
738	II 444—447, 518	785	II 384, 385
739	II 444, 445	786	II 385—387, VI 192
740	II 444, 445	787	II 382, 383, 387, VI 192, 193
741	II 743, 744	788	II 387
742	II 746	789	II 388, VI 192, 193
743	II 746, 747	790	II 388
744	II 746—748	791	II 389
745	II 746, 747	792	II 389—391
746	II 751—756	793	II 527—539, 558—561, VI 209—211
747	II 745, 746	794	II 537—539
748	II 747, 748	795	II 555—558, VI 41, 42, 77—80
749	II 750—756	796	II 540, 541
750	II 752, 756	797	II 540, VI 209—211
751	II 751—756	798	II 554, 555
752	II 757—759	799	II 546, 547, VI 385, 386

I	II	I	II
800	II 548	825	II 640, IV 694—696
801	II 542—546	826	II 575—578, VI 201, 202
802	II 548, VI 386	827	II 579—585, 590, 591
803	II 541, 542	828	II 579—585, 590, 591
804	II 548—551	829	II 580—593, VI 219
805	II 551—554, VI 143	830	II 606
806	II 555	831	II 597—604
807	II 561, 562	832	II 593—596
808	II 562—566, VI 198, 199, 209 bis 211	833	II 646—648, VI 202
		834	II 646—648
809	II 770, VI 195	835	II 648, 806—842
810	II 771—775	836	II 650—656
811	II 775—778	837	II 651, 652, 657
812	I 377, II 510, 511, 682, 684—693, 696—699, 708, VI 199	838	II 651, 652, 657
		839	II 658—664, VI 202—205
813	II 682, 686—688, 693, 694	840	II 605, 606, 646—648, 651, 652, 657, 663, 806—811, 833—837
814	II 694—696		
815	II 699—702	841	II 659, 663, 842—844
816	III 87, 88, 215, 216, V 711—714, VI 199, 200	842	II 635—637
		843	II 625—629
817	II 510, 511, 686—688, 702	844	II 613—625
818	II 683, 702—711	845	II 631, 632
819	II 683, 711—713	846	II 638—640
820	II 683, 711—713	847	II 640, 641, IV 694—696
821	I 236—238, II 510, 511, 683, 713 bis 717, VI 200	848	II 607
		849	II 607
822	VI 211, 212.	850	II 607
823	II 566—574, 630, 631, VI 200, 201, 212—219	851	II 607—609
		852	II 609—611, VI 205
824	II 637, 638, VI 201	853	I 236—238, II 612, 714—717, VI 200

III. Buch. Sachenrecht.

I	II	I	II
854	III 26—33	863	III 44
855	III 31—33, VI 219	864	III 44, 45
856	III 27, 34—36	865	III 41
857	V 650—653	866	III 41—43, VI 220
858	III 36—38, V 654	867	III 164—167, VI 220, 221
859	III 38—40	868	III 219—225, IV 584, 585
860	III 38, 40, 41, VI 219, 220	869	III 44, 225, 226
861	III 43, VI 220	870	III 44, 226, 227
862	III 44, VI 220	871	III 219, 226, 227

I	II	I	II
872	III 26—31, 227, 228	912	III 133—137
873	III 52—65, 176—178, 286—300,	913	III 136, 137, 377, VI 229
	V 442, 444, VI 427, 428	914	III 136, 137, 377, IV 589, VI 229—231
874	III 284—286, 310, 311, 384, 437, 735,	915	III 138
	762, IV 586	916	III 138
875	III 69—73, 284—286, 322—324, 412,	917	III 149—156
	437, 738, 765.	918	III 150—154
876	III 69—73, 284—286, 326—327, 412,	919	III 125, 126
	437, 738, 765, VI 221	920	III 126, 127
877	III 694, IV 586, 587	921	III 129—132
878	III 65—67, 694, IV 586, 587	922	III 129—132
879	III 88—91, VI 221	923	III 132, 133
880	III 91—99	924	III 127—129, 156, 157, VI 231, 232
881	III 99—102	925	III 168—178, 181—184, V 444
882	VI 242	926	III 178—181, 216—218
883	III 108—115, 740—742, 746—748,	927	III 190—192, VI 232
	VI 221	928	III 184—190, VI 232—233
884	V 779, 780	929	III 194—196
885	III 108—115	930	III 196—201
886	III 748, VI 222	931	III 201—204, 208, 209
887	III 748	932	III 206—211, IV 589, 590
888	III 743—745	933	III 206—210
889	III 73	934	III 208—211, VI 263, 264, 335
890	III 13	935	III 213, 214, V 724, 725, VI 233, 234
891	III 48, 49	936	III 211—213, VI 234
892	III 75—86, VI 221, 386	937	III 228—230, 233, 234
893	III 86, 87	938	III 230
894	III 102, 103, VI 222—225, 386—387	939	III 230, 231, VI 234, 235
895	VI 223—225	940	III 231, 232
896	III 646, VI 386, 387	941	III 234, 235, IV 585, 586
897	III 102, 103	942	III 232, 233
898	III 103—107	943	III 230
899	III 107—116, VI 222, 223	944	III 230, 235, 236, V 653, 654
900	III 192—194, 307, 308, 384, 385,	945	III 237, 238
	735, IV 588, 589	946	III 238
901	III 620, 738, IV 588, 589, VI 227	947	III 238, 239
902	III 117, 118	948	III 239
903	III 118—120	949	III 243
904	I 247—251, 260—262, II 578,	950	III 239—243
	VI 212—219	951	III 244, 245, VI 235, 238, 388
905	III 120—123	952	III 644—646
906	III 123—125, VI 225, 226	953	III 245
907	III 157—160	954	III 245, 246
908	III 161, 162	955	III 247—249, V 654
909	III 162	956	III 249, 250, 349, 350
910	III 138—148	957	III 249, 250
911	III 148, 149	958	III 250—253

I	II	I	II
959	III 253, 254	1004	377—379
960	III 254, 255	1005	III 164—167
961	III 255	1006	III 45—48, 380—383
962	III 255, VI 235, 236	1007	III 380—383
963	III 255	1008	III 274, 275
964	III 255	1009	III 275, IV 240
965	III 255, 256, 272	1010	III 276—279, VI 240
966	III 258, 261	1011	III 281
967	III 259	1012	III 281—283
968	III 258, 259	1013	III 281—283
969	III 259—261	1014	III 281—283
970	III 261—264	1015	III 283, 284, V 444
971	III 261—264, 272	1016	III 284
972	III 264—268, VI 236	1017	III 3, III 284—286
973	III 268—272	1018	III 286—290, VI 240
974	III 268—272, VI 236	1019	III 308—310
975	III 261, 271	1020	III 311, 312
976	III 272, 273	1021	III 312—314
977	III 272	1022	III 312—314
978	III 273	1023	III 314—317
979	III 273	1024	III 321
980	III 273	1025	III 317
981	III 273	1026	III 317, 318
982	III 273	1027	III 327
983	III 273	1028	—
984	III 273, 274	1029	III 318—320, VI 241, 242
985	III 328—334, VI 236, 237	1030	III 383, 384
986	III 334, 335, 371	1031	III 385, 387, 388
987	III 336—343	1032	III 385—387
988	III 349, 350	1033	III 385—387
989	III 336—343, 372, VI 237	1034	III 394, IV 592—595
990	III 336—349	1035	III 394—396, 436, IV 607, 608
991	III 336—343, VI 388, 389	1036	III 387, 392
992	III 336, 337, 372	1037	III 391, 392, IV 597
993	III 24, 336, 337, 345—348	1038	III 392, 393, VI 242, 243
994	III 350—353, 372, 373, VI 237, 238	1039	III 388—391, 393, 394, VI 243.
995	III 353, 354, 373	1040	III 392
996	III 353, 354	1041	III 392—394
997	III 354—357, 373, VI 238, 239	1042	III 392—394
998	III 357, 373	1043	III 392, VI 244
999	III 357, 373	1044	III 392—394
1000	III 357—364, IV 591, 592	1045	III 396—398, VI 243, 244
1001	III 357—364, 374, IV 591, 592	1046	III 396—398
1002	III 361—364, 374, IV 591, 592,	1047	III 399
	VI 389	1048	III 396
1003	III 364—367, 374, IV 591, 592,	1049	III 405—407, VI 94, 95
	VI 239, 240	1050	III 401

I	II	I	II
1051	III 399, VI 389, 390	1098	III 757, 758, 761, 762
1052	III 399, 400, VI 389, 390	1099	III 761, 762, VI 174
1053	III 399	1100	III 758—761
1054	III 399, 400	1101	III 764, 765
1055	III 392, 401	1102	III 764, 765
1056	III 402—405	1103	III 765
1057	III 407	1104	IV 601
1058	III 494, IV 592—596, 609	1105	III 729—734
1059	III 407—410	1106	III 734
1060	III 387	1107	III 729—734, 738
1061	III 410—412	1108	III 735, 736
1062	III 412	1109	III 736 –738
1063	III 412, VI 390	1110	III 736—737
1064	III 412, IV 608, 609	1111	III 738
1065	III 412	1112	III 738
1066	III 387, IV 597, 598	1113	III 538—543, IV 511, VI 205, 206
1067	III 413	1114	III 543, 544, IV 501
1068	III 413	1115	III 544—548, IV 501, 511
1069	III 413, 414	1116	III 638—643, IV 501, VI 251, 252
1070	III 414, 415	1117	III 646, 647, 729, IV 501
1071	III 415, 416, VI 245	1118	III 549, IV 502
1072	III 416	1119	III 548, IV 502, 602
1073	III 417, 418	1120	III 555, 556, IV 502
1074	III 418	1121	III 556—560, IV 502, VI 247—249, 285, 286
1075	III 418—422		
1076	III 423—426	1122	III 556—560, IV 502
1077	III 423—426, IV 598	1123	III 556—562, IV 502
1078	III 423—426	1124	III 560—562, IV 503
1079	III 423—426	1125	III 561, 562, IV 503
1080	III 426, 427	1126	III 556, 561, 562, IV 503
1081	III 427—429	1127	III 556, 562, 563, IV 503, VI 143, 144
1082	III 427—429		
1083	III 427—429	1128	III 563—567, IV 503
1084	III 427—429	1129	III 567, IV 503, 602
1085	III 429, 430	1130	III 562, 563, IV 503
1086	III 430—434, IV 598, 599, VI 348	1131	III 550—555, IV 504, VI 252, 253
1087	III 430—434, VI 609—611	1132	III 568, 573, 574, IV 504, 513
1088	III 434, 435	1133	III 568—570, IV 504
1089	III 436	1134	III 568—570, IV 504
1090	III 436, 437	1135	III 570, IV 504
1091	III 436	1136	III 573, IV 504
1092	III 436	1137	III 580—584, IV 504, 511
1093	III 437	1138	III 580, IV 511
1094	III 751—757	1139	III 584, 585, 647, IV 511
1095	III 763	1140	III 659—663, IV 504
1096	III 761, 762	1141	III 574—576, IV 505, 511
1097	III 757, VI 245, 246	1142	III 577, 579, 767, IV 505, 512

I	II
1143	III 607, 608, 691, IV 512, 602, 603
1144	III 610, 665, IV 505
1145	III 665, 666, IV 505, VI 253
1146	III 711, 712, IV 505
1147	III 571, 572, IV 505
1148	III 575, 576, IV 506
1149	III 573, IV 506
1150	III 577—579, 665, 666, IV 506, 603, 604
1151	III 585, IV 506
1152	III 665, 666, IV 506
1153	III 585, 586, 688, 689, IV 512
1154	III 586, 587, 647—653, IV 506, VI 249, 250
1155	III 654—658, IV 506, VI 249, 250, 267, 268
1156	III 589—591, IV 512
1157	III 582—584, IV 511, VI 253
1158	III 591, 653, IV 511, 604, 605, VI 253—256
1159	III 591, 653, 665, IV 512, 604, 605, 612, VI 256, 257, 391
1160	III 663, 664, IV 506, 512
1161	III 665, IV 506
1162	III 666, IV 507
1163	III 604, 605, 685, IV 511, 512
1164	III 605, 686, IV 512
1165	III 609, 610, 685, IV 507, 512
1166	III 611—614, 688, IV 512
1167	III 665, IV 513
1168	III 591—603, 615—617, IV 507
1169	IV 597, 601, 602, IV 507
1170	III 617—619, 666, IV 507, VI 257
1171	III 617—619, 666, IV 508
1172	III 628, 629, 685, IV 508
1173	III 632—636, IV 508
1174	III 631, IV 513
1175	III 629, 630, 685, IV 508
1176	III 608, 609, 630, IV 512
1177	III 610, 611, IV 509, 513
1178	III 614, IV 509, 605, VI 245
1179	III 605—607, 687, IV 509
1180	III 725, 726, IV 513
1181	III 620—624, IV 509, VI 257
1182	III 624—628, IV 509
1183	III 615—617, IV 509

I	II
1184	III 678—682, IV 513, 514
1185	III 682—688, IV 514
1186	III 692—694, IV 514
1187	III 667—672, 678, IV 514, VI 259
1188	III 672—674, IV 509
1189	III 674—676, IV 510, VI 259, 260
1190	III 688—692, IV 514, VI 259
1191	III 708, 709, IV 501
1192	III 709, 710, 712, 713, IV 511
1193	III 710, IV 505
1194	III 711, IV 505
1195	III 712, 713, IV 509
1196	III 712, IV 502
1197	III 572, 573, 611, 712, IV 505
1198	III 720—724, IV 513
1199	III 771—779, IV 510
1200	III 779, 782, IV 510
1201	III 780—782, IV 510
1202	III 781, 782, IV 510
1203	III 782, 783, IV 510
1204	III 440
1205	III 441—443
1206	III 443—445, VI 260—262
1207	III 441—443
1208	III 452
1209	III 451, 452
1210	III 445—449, IV 606, 607
1211	III 445—449, 460, 461
1212	III 449—451
1213	III 452, 453
1214	III 452, 453
1215	III 454, 455
1216	III 459, 460
1217	III 454—457, IV 599
1218	III 457, 458
1219	III 457—459
1220	III 457—459
1221	VI 166
1222	III 449
1223	III 454—457, 459, 461
1224	III 462
1225	III 462, 463
1226	III 460
1227	III 454
1228	III 463
1229	III 467
1230	III 479

I	II	I	II
1231	III 463	1264	III 503
1232	III 466, 467	1265	III 503, 740
1233	III 474—476	1266	III 502
1234	III 476	1267	III 739
1235	III 476—478, VI 166	1268	III 504, IV 611
1236	III 478, 479	1269	III 507, 508, 739, VI 391, 392
1237	III 479	1270	IV 611, 612
1238	III 479	1271	—
1239	III 479	1272	III 504—506
1240	III 479	1273	III 517, 519, 521
1241	III 480	1274	III 517, 519
1242	III 480	1275	III 518
1243	III 482	1276	III 520, 521
1244	III 482, VI 262	1277	III 521
1245	III 479, 480, VI 391	1278	III 521
1246	III 479, 480	1279	III 541
1247	III 482	1280	III 519, 520, 541
1248	III 492, 493	1281	III 522—524, 541
1249	III 461, 462	1282	III 522—525, 530, 541
1250	III 483	1283	III 525—527, 530, 541
1251	III 483—485	1284	III 542, IV 601.
1252	III 490, 491	1285	III 530, 532, 542
1253	III 487—490	1286	III 525—527, 542
1254	III 490—492	1287	III 532, 533, 536, 542
1255	III 487	1288	III 532—534, 542
1256	III 492	1289	III 534—536, 543
1257	—	1290	III 532, 543
1258	III 482, IV 600	1291	III 536
1259	III 494—498	1292	III 527—529
1260	III 494—503, 739, VI 391	1293	III 530—532
1261	III 506, 507, 739	1294	III 528—531, VI 262—263
1262	III 504	1295	—
1263	III 504	1296	III 534, 535

IV. Buch. Familienrecht.

I	II	I	II
1297	IV 1—3, 9	1304	IV 17—19
1298	IV 3—7	1305	IV 30—33, 670, 715, 716
1299	IV 3—7	1306	IV 34, 740
1300	IV 7—9, 694—698	1307	IV 30—33, 670, 715, 716
1301	IV 10—11	1308	IV 30—33
1302	IV 11	1309	IV 22, 23, 60—62, VI 265, 268
1303	IV 19—22	1310	IV 23—27, VI 314, 315

I	II	I	II
1311	IV 34	1357	IV 106—108
1312	IV 27—30, 64, VI 265	1358	IV 101—105, VI 272
1313	IV 34, 35.	1359	IV 108, 109
1314	IV 35.	1360	IV 109—112
1315	IV 35—37, VI 268, 269	1361	IV 109, 110, 451, V 135, VI 272
1316	IV 48, 49, V 133	1362	IV 112—116
1317	IV 37, 38, 49—51	1363	IV 122—124, 129, 140
1318	IV 49—51, VI 265, 266	1364	IV 124, 129, 141, VI 272
1319	IV 38—47	1365	IV 124, 129, 141
1320	IV 47, 48, V 132, VI 285	1366	IV 126, 130
1321	IV 48	1367	IV 124, 129, 141
1322	IV 37, VI 67, 266, 267	1368	IV 124, 129, 141
1323	IV 53—59	1369	IV 124, 129, 141
1324	IV 53—59, 62—64	1370	IV 124, 129, 141
1325	IV 53—60, VI 119—121, 269	1371	IV 125, 130, 141
1326	IV 53—59	1372	IV 131, 164, 191
1327	IV 53—59	1373	IV 126, 165
1328	IV 64	1374	IV 127, 131, 164, 174, 192
1329	IV 53—57, VI 269	1375	IV 126, 127, 130
1330	IV 72—81	1376	IV 126—130
1331	IV 72—81	1377	IV 128, 131, VI 272, 273
1332	IV 72—81	1378	IV 130
1333	IV 72—81, VI 270	1379	IV 126, 127, 130
1334	IV 72—81	1380	IV 129, 130
1335	IV 72—81	1381	IV 131, 169—171, 184—189
1336	IV 84—90	1382	IV 131, 169—171, 184—189, 190, VI 273
1337	IV 82—84, VI 270		
1338	IV 81, 82	1383	IV 126, 130, 173
1339	IV 82—84, VI 270—272	1384	IV 131, 175, 192
1340	IV 90, 91	1385	IV 131, 178, 192, VI 273
1341	IV 90, 91	1386	IV 132, 179, 192, VI 273—275
1342	IV 90, 91, V 133	1387	IV 207—209
1343	IV 81, VI 392	1388	IV 132, 179, 193, VI 275
1344	IV 67—69	1389	IV 132, 136, 175, 193—196, 211, VI 275
1345	IV 69—72, VI 269, 270		
1346	IV 92, 93, VI 392	1390	IV 132, 196
1347	IV 69—72	1391	IV 132, 176—177, 198—201
1348	IV 452—456, VI 392	1392	IV 133, 178, 196, VI 322
1349	IV 22, 23, 452—456, VI 392	1393	IV 133, 178, 196, VI 275, 276
1350	IV 452—456, V 142, 143, VI 295, 296, 392	1394	IV 133, 201—203
		1395	IV 133, 196
1351	IV 452—456, 534, 535, VI 392	1396	IV 133f., 196—198, VI 276, 277, 392
1352	IV 456, VI 392	1397	IV 133 f., 196—198, VI 392
1353	IV 94	1398	IV 133 f., 196—198
1354	IV 94—97	1399	IV 133 f., 196—198
1355	IV 97, 98	1400	IV 133, 198, VI 277
1356	IV 99	1401	IV 133

I	II	I	II
1402	IV 133, 180, 203, 204	1449	IV 239, 259
1403	IV 133, 198	1450	IV 240, 259–261, 272, VI 280, 281
1404	IV 133, 198	1451	IV 241, 269, 270
1405	IV 134, 204	1452	IV 240, 259
1406	IV 134, 204, V 806, 807	1453	IV 240, 259, V 807
1407	IV 134, 204	1454	IV 240, 259
1408	IV 134, 204	1455	IV 242, 264
1409	IV 134, 204	1456	IV 239, 267—269
1410	IV 134, 204, 205	1457	IV 240, 259—261, 263
1411	IV 135, 205	1458	IV 241
1412	IV 135, 205—207, VI 277, 278	1459	IV 241, 261—263, 280—283
1413	IV 135, 207	1460	IV 242, 264, VI 277, 278, 303
1414	IV 136, 207	1461	IV 242, 264
1415	IV 136, 207—209, VI 277, 278	1462	IV 242, 264
1416	IV 207—209	1463	IV 243, 271
1417	IV 207—209	1464	IV 243, 271
1418	IV 136, 210—213	1465	IV 243, 271, 272
1419	IV 137, 213	1466	IV 243, 269, VI 281
1420	IV 137, 183, 213	1467	IV 243, 272
1421	IV 137, 174, 213, VI 278	1468	IV 244, 273—279
1422	IV 137, 213	1469	IV 273, 279
1423	IV 137, 175, 213, 214	1470	IV 272, 293, VI 281, 282
1424	IV 137, 174, 214	1471	IV 244, 279, 280
1425	IV 137, 138, 184, 214	1472	IV 244, 279, V 135, VI 393
1426	IV 214, 215	1473	IV 244, 279, VI 282, 326, 327
1427	IV 222—224, 226, 227, VI 278	1474	IV 244, 282
1428	IV 222—224, 226, 227	1475	IV 244, 283–285, VI 282, 283
1429	IV 130, 214, 222, 224, 227, 228	1476	IV 244, 245, 283—285
1430	IV 222, 224, 228—230	1477	IV 245, 285, 286, V 135, 136
1431	IV 214, 215	1478	IV 438—444
1432	IV 215—217	1479	IV 245, 286
1433	IV 217	1480	IV 245, 286—290, V 136, 137, 828
1434	IV 217—221, V 445	1481	IV 245, 291, 292
1435	IV 223, 225, 381	1482	IV 245, 294—299
1436	IV 223, 225, 293, 369—373	1483	IV 246, 299—308, 315, VI 283, 284
1437	IV 230—232, 238, VI 279	1484	IV 246, 308, VI 285, 286
1438	IV 232, 238, VI 393	1485	VI 247, 316, VI 287
1439	IV 234—237, 240	1486	IV 247, 316
1440	IV 234, 240	1487	IV 335, V 140
1441	IV 234, 235, 240	1488	IV 335–339
1442	IV 232—234, 238, 239	1489	IV 335—339, VI 295
1443	IV 238, 239, VI 279	1490	IV 248, 316
1444	IV 239, 251–258, VI 279, 280	1491	IV 248, 316, 317, V 445, VI 393
1445	IV 239, 251—258	1492	IV 249, 342, VI 288, 289
1446	IV 239, 251—258, VI 280	1493	IV 249, 342
1447	IV 239, 251—258	1494	IV 342
1448	IV 239, 251—258, VI 280	1495	IV 250, 342—344

I	II	I	II
1496	IV 250, 342—344	1542	IV 369—372
1497	IV 250, 344—346	1543	IV 369—372
1498	IV 250, 344—346, VI 289	1544	IV 369—372
1499	IV 339—341	1545	IV 369—372, VI 281, 282
1500	IV 339—342, VI 287, 288	1546	IV 351—354, 369—372
1501	IV 248, 316	1547	IV 372, 373
1502	IV 250, 344—346, VI 289	1548	IV 373, 374, VI 290
1503	IV 250, 347, 348, VI 289	1549	IV 374—377
1504	IV 250, 346, 347, V 828	1550	IV 374—377
1505	IV 247, 314	1551	IV 374—377
1506	IV 247, 314	1552	IV 374—377
1507	V 729—731	1553	IV 374—377
1508	IV 302, 307	1554	IV 374—377
1509	IV 246, 309, VI 286, 287	1555	IV 374—377
1510	IV 246, 309	1556	IV 377
1511	IV 246, 309, 310, V 137—140, VI 287	1557	IV 377, 378
1512	IV 246, 310—312	1558	IV 381—385
1513	IV 246, 310—312	1559	IV 381—383, 385—387, V 140—142, VI 290
1514	IV 312, 313		
1515	IV 246, 310—312, VI 393, 394	1560	IV 381—383, 387—390, V 163, 164
1516	IV 247, 313, 314, V 442, 445, VI 287, 394	1561	IV 381—383, 387—390, V 140, 141, VI 290
1517	IV 247, 314, V 443, 445, VI 394	1562	IV 381—383, 390
1518	IV 302—307	1563	IV 381—383, VI 118, 182
1519	IV 349—353, VI 289	1564	IV 391—399, 437
1520	IV 349, 365—367	1565	IV 399—401
1521	IV 349, 365—367	1566	IV 401
1522	IV 350	1567	IV 401—404
1523	IV 349	1568	IV 405—422
1524	IV 350, VI 326, 327	1569	IV 405—408, 410, 423—429
1525	IV 349—353	1570	IV 429
1526	IV 350—353	1571	IV 429—436, VI 290, 291
1527	IV 354, 355	1572	IV 432—436
1528	IV 355	1573	IV 436
1529	IV 354	1574	IV 436
1530	IV 365	1575	—
1531	IV 365	1576	—
1532	IV 365, VI 289, 290	1577	IV 444—448, V 163, 164, VI 293, 294
1533	IV 365		
1534	IV 368	1578	IV 515—529
1535	IV 368	1579	IV 515—530, VI 291, 292
1536	IV 368	1580	IV 515—530
1537	IV 368	1581	IV 515—519
1538	IV 368	1582	IV 515—519, 525—529, VI 293
1539	IV 354	1583	IV 515—519, 532
1540	IV 354	1584	IV 438
1541	IV 368	1585	IV 449—451

I	II	I	II
1586	—	1633	IV 549, 565, 566
1587	—	1634	IV 547, 549
1588	—	1635	IV 448, VI 294
1589	I 34—37, VI 112, 113	1636	IV 449
1590	I 36, 37	1637	IV 456
1591	IV 456, 457, 463—465, 861	1638	IV 550, 566
1592	IV 457—462, 484, VI 296	1639	IV 617—619
1593	IV 465—469, VI 296	1640	IV 562—565, 616
1594	IV 473	1641	IV 549, 559
1595	IV 457, 468, 473, 474	1642	IV 549, 559—561
1596	IV 465—470, 474—476	1643	IV 549, 566, 567, V 632, VI 322, 323, 394
1597	IV 458, 474, 475, V 163, 164		
1598	IV 457, 470—473, 474—476	1644	IV 567
1599	IV 477, 478	1645	IV 549, 567
1600	IV 478	1646	IV 571, 572
1601	IV 478	1647	IV 549, 638
1602	IV 478—480	1648	IV 548, 561, 562, V 143, 144, VI 298
1603	IV 480, 481, VI 296, 297	1649	IV 546, 547
1604	IV 242, 265—267	1650	IV 572—575
1605	IV 580, 581	1651	IV 572—575
1606	IV 482, 485—489, VI 297	1652	IV 550, 575, 577, 578
1607	IV 482, 489—491	1653	IV 576—578
1608	IV 482, 485	1654	IV 581, 582
1609	IV 482, 485, 530, 531	1655	IV 578—580, V 144
1610	IV 491—494	1656	IV 551, 582, VI 327
1611	IV 483, 494, 495, VI 297	1657	IV 551, 382
1612	IV 495, 496, VI 297, 298	1658	IV 551, 582, V 144
1613	IV 496, 497	1659	IV 580
1614	IV 483, 515	1660	IV 581
1615	IV 484, 491, 493, 494, 515	1661	IV 582, 583
1616	IV 535	1662	IV 583, 584
1617	IV 535—541	1663	IV 576
1618	IV 538, 541—545	1664	IV 548, 556, 557, 561
1619	IV 538, 541—545	1665	IV 552, 617
1620	IV 317—323, V 143	1666	IV 619—633, 654—660
1621	IV 317—323	1667	IV 553, 554, 635, 638, VI 298
1622	IV 317—323	1668	IV 553, 635
1623	IV 317—323, VI 298	1669	IV 553, 635—638, VI 299, 300
1624	IV 317—323	1670	IV 554, 638
1625	IV 317—323	1671	IV 554, 638
1626	IV 546, 547	1672	IV 638
1627	IV 547, 548	1673	—
1628	IV 548, 557	1674	IV 548
1629	IV 548, 558	1675	IV 554, 638
1630	IV 548, 557, 558	1676	IV 554, 638, 639, VI 119—121
1631	IV 547, 548	1677	IV 554, 638, 639
1632	IV 547, 549	1678	IV 638, 639, 650

I	II	I	II
1679	IV 644, 645	1726	IV 708—710, V 443, 445
1680	IV 554, 648—650, 653, 654	1727	IV 708—710
1681	IV 550, 562	1728	IV 710
1682	IV 300	1729	IV 710
1683	IV 644	1730	IV 711
1684	IV 547, 549, 644, 645, 548—550	1731	IV 718
1685	IV 639—643, 650—652, VI 300	1732	IV 707, 708
1686	IV 555	1733	IV 706, 707, 711—713
1687	IV 555, 612—614	1734	IV 711
1688	IV 555, 614	1735	IV 711
1689	IV 555, 614	1736	IV 704, V 445
1690	IV 556, 615, 616	1737	IV 713, 714
1691	IV 556, 615, 616	1738	IV 714, 715
1692	IV 555, 616, VI 301	1739	IV 716
1693	IV 614, 615	1740	IV 716, 717
1694	IV 556, 616, 617, VI 301	1741	IV 718, 719, 720, 724—726
1695	IV 556, 616, 617	1742	IV 718, 724
1696	IV 556, 639	1743	IV 719
1697	IV 645—647	1744	IV 719, 720
1698	VI 300, 301	1745	IV 718, 719, 720, 721, VI 67, 304, 305
1699	IV 662—664	1746	IV 721
1700	IV 664	1747	IV 721
1701	IV 664—667	1748	IV 724, 725, V 443
1702	IV 664—667	1749	IV 721
1703	IV 667—669	1750	IV 722, 724—726
1704	IV 670, 676	1751	IV 723, 724
1705	IV 670, 676	1752	IV 723, 724
1706	IV 670, 671, 676	1753	IV 724, 726, 727, V 145, 146
1707	IV 671, 676	1754	IV 724—727
1708	IV 671, 672, 676, 680—682	1755	IV 737—740
1709	IV 680—682, VI 301, 302	1756	IV 727, 728
1710	IV 677, 683	1757	IV 718
1711	IV 677, 683	1758	IV 729—731
1712	IV 677, 684	1759	IV 732, 733
1713	IV 677, 684	1760	IV 731, 732, VI 305, 306
1714	IV 677, 684	1761	IV 732
1715	IV 685—689, V 144, 145, VI 308—310	1762	IV 728, 729, VI 305
1716	IV 685—694	1763	IV 728, 729
1717	IV 672—680, 861, VI 302, 303	1764	IV 733
1718	IV 678—680, 702—704, VI 303, 304	1765	IV 733—735
1719	IV 698	1766	IV 735
1720	IV 698—702, VI 304	1767	IV 735--737
1721	IV 703, 704	1768	IV 737
1722	IV 704	1769	IV 737
1723	IV 704, 705, V 445, VI 66, 67, 304, 305	1770	IV 737
1724	IV 711	1771	IV 740
1725	IV 705—707	1772	IV 740—742

I	II
1773	IV 742, 743
1774	IV 743
1775	IV 749
1776	IV 745—747
1777	IV 747, 748
1778	IV 748, 749
1779	IV 749, 750
1780	IV 751, 753, 754, 828—831, VI 119—121
1781	IV 751
1782	IV 751
1783	IV 751
1784	IV 751
1785	IV 750
1786	IV 751, 752, VI 306
1787	IV 750, VI 306
1788	IV 750
1789	IV 752
1790	IV 748, 749
1791	IV 752, 753
1792	IV 754, 755
1793	IV 755, 756, VI 306
1794	IV 755, 756
1795	IV 756
1796	IV 756
1797	IV 756
1798	IV 756, 757
1799	IV 757, 759, 760
1800	IV 757
1801	IV 875—878
1802	IV 758, 759
1803	IV 760
1804	IV 760
1805	IV 760
1806	IV 760, 762, 779—781
1807	IV 760—773, VI 306
1808	IV 773—777, V 146, 147
1809	IV 777—779
1810	IV 777—779, VI 306
1811	IV 779
1812	IV 781—783
1813	IV 781—783, VI 307, 308
1814	IV 783—786, VI 310
1815	IV 783—787
1816	IV 783—788
1817	IV 786, 787
1818	IV 783—788

I	II
1819	IV 788—789, VI 323
1820	IV 788, 789, VI 322
1821	IV 790, 791
1822	IV 790—795, V 632, VI 322, 323, 394, 395
1823	IV 760
1824	IV 796
1825	IV 795, V 792
1826	IV 796
1827	IV 757, 758, 796, 797, V 147
1828	IV 797—799
1829	IV 797—799, VI 311
1830	IV 797—799, VI 311, 395
1831	IV 797—799
1832	IV 799
1833	IV 816, 817
1834	IV 817
1835	IV 817
1836	IV 817—819
1837	IV 799, 800
1838	IV 800
1839	IV 802
1840	IV 802—804
1841	IV 802, 803
1842	IV 802, 803
1843	IV 803, 804
1844	IV 804
1845	IV 850, V 258
1846	IV 799
1847	IV 757, 758, 796
1848	IV 820—825
1849	IV 838, 839
1850	IV 838, 839
1851	IV 838, 839
1852	IV 805—809
1853	IV 812—814
1854	IV 809—811
1855	IV 805—809
1856	IV 814
1857	IV 814, 815
1858	IV 835
1859	IV 835, 836
1860	IV 836
1861	IV 836
1862	IV 836
1863	IV 836
1864	IV 836

I	II	I	II
1865	IV, 836, 837, VI 119—121	1894	IV 833
1866	IV 836, 837	1895	IV 834
1867	IV 836, 837	1896	IV 839
1868	IV 836, 837	1897	IV 848, 849
1869	IV 837	1898	IV 849
1870	IV 837	1899	IV 849
1871	IV 837	1900	IV 849
1872	IV 837	1901	IV 849
1873	IV 837	1902	IV 849
1874	IV 837	1903	IV 850
1875	IV 837	1904	IV 850
1876	IV 837, VI 311	1905	IV 850, VI 312
1877	IV 837	1906	IV 850—854
1878	IV 837	1907	IV 854
1879	IV 837	1908	IV 854, 855
1880	IV 837	1909	IV 855, VI 312, 313
1881	IV 837	1910	IV 855, 856, V 147—149,
1882	IV 825—827		IV 311, 312
1883	IV 825—827	1911	IV 856
1884	IV 825—827	1912	IV 857
1885	IV 827—831	1913	IV 857
1886	IV 831, 832	1914	VI 313, 314
1887	IV 831, 833	1915	IV 857
1888	IV 831, 832	1916	IV 857
1889	IV 832, 833	1917	IV 857
1890	IV 819, 820	1918	IV 859—861
1891	IV 819, 820	1919	IV 859—861
1892	IV 819, 820	1920	IV 859—861, VI 312
1893	IV 833, 834	1921	IV 859, 860

V. Buch. Erbrecht.

I	II	I	II
1922	V 1—3	1933	V 471—476, 480
1923	V 4, 7, 463, 614, VI 335, 336	1934	V 471—476
1924	V 463—467	1935	V 483, 484
1925	V 467	1936	V 484
1926	V 467—469	1937	V 3—5
1927	V 467	1938	V 5, 483
1928	V 469—471	1939	V 6
1929	V 469—471	1940	V 6, 7
1930	V 471	1941	V 366—373, 423
1931	V 471—481, VI 100—102	1942	V 488—490, 613
1932	V 471—476, 480, 481	1943	V 618—620, VI 336—338

I	II	I	II
1944	V 620—623	1991	V 745, 796—802
1945	V 624, 626	1992	V 802—804
1946	V 624—626	1993	V 731—733, VI 395
1947	V 627	1994	V 734, 740, VI 395
1948	V 628, 629	1995	V 734
1949	V 628, 629	1996	V 734
1950	V 627	1997	V 734, 740
1951	V 627, 628	1998	V 734
1952	V 618, 623	1999	V 734
1953	V 483	2000	V 732
1954	V 630—632, VI 395	2001	V 735—737
1955	V 630—632	2002	V 734, 737
1956	V 630—632	2003	V 734, 741
1957	V 630—632	2004	V 735
1958	V 660—664, 829—831	2005	V 738—741, 754—756
1959	V 657—660	2006	V 741, 757, 758
1960	V 664—666, VI 338	2007	V 747, 805, 806
1961	V 666, 667	2008	V 747, 806, 807
1962	V 667, VI 338	2009	V 741, 757
1963	V 614—618	2010	V 756
1964	V 670, VI 395	2011	V 488—490
1965	V 670, VI 338	2012	V 667—669
1966	V 490	2013	V 765, 778
1967	V 649, 650, 731	2014	V 661—664, 744, 784, 785
1968	V 654	2015	V 744, 784—787, 792
1969	V 654—657	2016	V 784—787
1970	V 743, 774—777	2017	V 785, 786, VI 340
1971	V 743, 777—780	2018	V 696—710
1972	V 774, 775	2019	V 710—715, 719, 720, VI 168, 316, 324—326
1973	V 740, 744, 745, 780—783		
1974	V 745, 795, 796	2020	V 714, 715
1975	V 759—762, 765	2021	V 710, 716
1976	V 743, 768, 813	2022	V 716—718
1977	V 769, 792—794, 813	2023	V 718, 719
1978	V 765, 766, 813	2024	V 718, 719
1979	V 742, 765, 766	2025	V 720—722, 723
1980	V 742, 765, 766	2026	III 236, 237
1981	V 807—810	2027	V 704, 705, 707—709, 715, 716
1982	V 810	2028	V 715, 716
1983	V 808	2029	V 722, 723
1984	V 811, 812	2030	V 723, 724, VI 316, 317
1985	V 813—819	2031	V 725, 726
1986	V 813—816, 819	2032	V 649, 835—837, VI 346, 347
1987	V 809, 820	2033	V 837—839
1988	V 819	2034	V 839—841, VI 318, 319
1989	V 771—774	2035	V 839—842, VI 174, 328
1990	V 745, 796—800	2036	V 839—842

I	II	I	II
2037	V 839—842	2084	V 43, 44
2038	V 861, 862	2085	V 69
2039	V 862—865	2086	V 21
2040	V 865, 866	2087	V 72, 73, VI 347, 348
2041	V 866, 867	2088	V 73, 74
2042	V 881, 882	2089	V 74
2043	V 883—885	2090	V 74
2044	V 882, 883	2091	V 74
2045	V 882	2092	V 74, 75
2046	V 885, 886	2093	V 75
2047	V 886, 887	2094	V 75, 76
2048	V 885	2095	V 76, VI 90
2049	VI 330—333	2096	V 76
2050	V 889—891	2097	V 76
2051	V 892, 893, VI 340—342	2098	V 77
2052	V 891, 892	2099	V 76
2053	V 892, 893	2100	V 78
2054	V 893	2101	V 7—10, VI 90
2055	V 893, 894	2102	V 76, 77
2056	V 893, 894	2103	V 78
2057	V 894	2104	V 79, 80
2058	V 867—871	2105	V 80
2059	V 868—875	2106	V 80, 81
2060	V 875—877, 879	2107	V 82, 83
2061	V 877—879	2108	V 81, 82, 604
2062	VI 342—344	2109	V 83—89, 237—240, VI 91
2063	V 741, 747, 805	2110	V 89, 90
2064	V 317	2111	V 100, 114, 115, VI 168, 319, 324—326
2065	V 15—21, 23, 24, 29, 30, 39	2112	V 96, 99
2066	V 32, 33	2113	V 96—104, 109—112, 130, VI 129, 130
2067	V 32, 33	2114	V 104
2068	V 33—35	2115	V 112—114, VI 92, 93
2069	V 33—35	2116	V 99, 106—109, VI 93, 94
2070	V 35	2117	V 99, 100, 106—109, VI 93, 94
2071	V 35, 36	2118	V 99, 106—109, VI 93, 94
2072	V 36, 37	2119	V 104, 105
2073	V 22	2120	V 109, 130, VI 94
2074	V 11—13	2121	V 93, 94, 98
2075	V 14, 15	2122	V 94, 99
2076	V 13, 14	2123	V 127, 128, VI 344
2077	V 58, 59	2124	V 100, 115—121
2078	V 44—52	2125	V 100, 115—121
2079	V 52—58	2126	V 100, 115—120
2080	V 59—66	2127	V 96, 97
2081	V 66—68, 70—72, VI 344	2128	V 100, 121—125
2082	V 68, 69, VI 396	2129	V 124—126, VI 319
2083	V 70	2130	V 95, 96, 100, 128

I	II	I	II
2131	V 96, 99	2178	V 210—212
2132	V 128, 129	2179	V 211, 212
2133	V 127, 128	2180	V 216—220
2134	V 100, 128, 129	2181	V 21
2135	V 101, 129	2182	V 226—230
2136	V 109	2183	V 226—230
2137	V 150—159	2184	V 221—225, 230—232
2138	V 150—159	2185	V 233—236
2139	V 78	2186	V 221
2140	—	2187	V 221, 237, 834, 835
2141	V 614—618	2188	V 237
2142	V 131	2189	V 770, VI 319
2143	V 131	2190	V 216, 237
2144	V 149, 829	2191	V 237
2145	V 149, 150, 829	2192	V 240—243, 305
2146	V 149, 150	2193	V 30—32
2147	V 6, 160, 161	2194	V 244—246
2148	V 161	2195	V 243, 244
2149	V 74	2196	V 246, 247, VI 95
2150	V 162, 163	2197	V 248
2151	V 23—30, 42, 43	2198	V 248—250, VI 95
2152	V 23—26, 42, 43	2199	V 248—250
2153	V 39—42	2200	V 250—252
2154	V 193—196	2201	V 252
2155	V 193—201	2202	V 252, 253
2156	V 39, 43	2203	V 261—272
2157	V 163	2204	V 272—276, VI 96—98, 348, 349
2158	V 215, 216	2205	V 276—282, 527—530
2159	V 215, 216	2206	V 528—530
2160	V 212	2207	V 528—530, 542, 543
2161	V 221	2208	V 301, 302, 309, 310, 542, 543
2162	V 212—215	2209	V 302, 303, 305—307, 542, 543
2163	V 212—215, 225, 237—240, VI 91	2210	V 302, 303 305—308, VI 91, 92
2164	V 179, 180	2211	V 286, 287, 531, 532, VI 129, 130
2165	V 181—188	2212	V 287—291, 532
2166	V 182, 183, 188—192, VI 396	2213	V 287—289, 291—301, 532—539,
2167	V 182, 183, 188—193, VI 396		VI 349, 350, 396, 397
2168	V 182, 183, 188—193, VI 396	2214	V 297, 542
2169	V 165—170	2215	V 310—312
2170	V 170, 171	2216	V 276—285, 531
2171	V 172, 173	2217	V 312—314, 543
2172	V 173, 174, VI 396	2218	V 263, 314—316
2173	V 174—176	2219	V 263, 315
2174	V 201—210, VI 344—346	2220	VI 98
2175	V 203, 210	2221	V 316, 317
2176	V 210, 211	2222	V 309, VI 99
2177	V 210—212	2223	V 317

I	II	I	II
2224	V 255—257	2271	V 451—458
2225	V 257—259	2272	V 459
2226	V 259, 260	2273	V 424, 459
2227	V 260, 261	2274	V 374—377
2228	—	2275	V 374—378
2229	V 317—325, VI 73	2276	V 379—381
2230	V 320, 321, 326	2277	V 381, 382
2231	V 326—330	2278	V 366, 373, 374, 404, 405
2232	—	2279	V 382—385
2233	V 330—332	2280	V 406, 407
2234	V 332—334	2281	V 385, 386, 396—398
2235	V 332—334	2282	V 385, 386
2236	V 334—336	2283	V 385, 386
2237	V 334—336	2284	V 385, 386
2238	V 336—339	2285	V 386, 387
2239	V 331, 332	2286	V 388, 389
2240	V 336—339	2287	V 389—394, VI 351
2241	V 336—339	2288	V 404, 405
2242	V 336—339	2289	V 395—397, VI 351—353
2243	V 339	2290	V 407, 408, VI 100
2244	V 339—342	2291	VI 397
2245	V 339—342	2292	V 446
2246	V 351	2293	V 409
2247	—	2294	V 411—413, VI 351—353
2248	—	2295	V 410, 411
2249	V 342—345, 351	2296	V 409, 410
2250	V 346	2297	V 421, 422
2251	V 346—349	2298	V 413, 414, 421, 422
2252	V 345, 346, 349	2299	V 398—404, 415—420
2253	V 5, 351—353	2300	V 381, 382
2254	V 351—353, VI 73	2301	V 460—463
2255	V 353, VI 73	2302	V 5, 462
2256	V 353, 354, VI 73	2303	V 497, 498
2257	V 351—353	2304	V 499, 500
2258	V 354, 355	2305	V 500—503
2259	V 355, 356	2306	V 506—510, 514—516, 627, VI 319
2260	V 356, 357		354
2261	V 356, 357	2307	V 503—506, 510, 511
2262	V 356	2308	V 631, VI 319, 320, 328
2263	V 357	2309	V 511—513
2264	V 357	2310	V 513—518, 611—613
2265	V 424—427	2311	V 518
2266	V 426—428	2312	VI 330—335
2267	V 426—428	2313	V 518
2268	V 446—448	2314	V 519—521
2269	V 450	2315	V 521—523, VI 102, 103
2270	V 448—451, 458, 459, VI 397	2316	V 523—525, 892, VI 102, 103, 320, 351

I	II	I	II
2317	V 525—527	2352	V 609, 610
2318	V 546—548	2353	V 670—679
2319	V 546—548	2354	V 679, VI 357
2320	V 548—550	2355	V 681
2321	V 549—551	2356	V 679, 682
2322	V 549—551	2357	V 679
2323	V 551	2358	V 679—683
2324	V 551	2359	V 679, 682
2325	V 581—588, VI 104, 105	2360	V 679—681
2326	V 589	2361	V 683
2327	V 589, VI 104, 105	2362	V 683, VI 257, 258
2328	V 589—591, VI 105, 106	2363	V 683, 684
2329	V 592—595	2364	V 683
2330	V 596	2365	V 683
2331	V 525, 596	2366	V 684—686, VI 222
2332	V 551	2367	V 685—687
2333	V 551—565, 649, VI 320, 321	2368	V 253—255, 688—691
2334	V 579	2369	V 691—696, VI 21
2335	V 580	2370	V 725, 726
2336	V 580, 581, VI 321, 328	2371	II 114, 115, V 444
2337	V 579, 580	2372	II 112, 113
2338	V 565—579, VI 356, 357	2373	II 113, 114
2339	V 634—642	2374	II 115—120, VI 182
2340	V 642—645, VI 357	2375	II 115—120
2341	V 642—645	2376	II 121, 122, VI 322
2342	V 645	2377	I 129
2343	V 649	2378	II 122—124
2344	V 483, 647—649	2379	II 120, 121, 122—124
2345	V 220, VI 321	2380	II 122
2346	V 483, 598, 599	2381	II 124—126, VI 182
2347	V 599—603	2382	II 126, 127
2348	V 599—601	2383	II 127—129
2349	V 604—609, VI 321	2384	II 129
2350	V 603, 604	2385	II 129, 130, VI 182, 183
2351	V 599, VI 322, 329, 330		

Nachweisung

der Protokollseiten bei den einzelnen Artikeln des Einführungsgesetzes.

Die Zahlen bezeichnen in der Spalte I die Artikel des Einführungsgesetzes, in der Spalte II die den Inhalt der einzelnen Artikel betreffenden Seiten der Protokolle (Band und Seite).

I	II	I	II
1	VI 358, 359	32	VI 560—563
2	VI 359	33	VI 564, 600
3	VI 362	34	IV 633—635, VI 568—577, 585, 586
4	VI 363, 599, 600	35	VI 577—579
5	VI 363	36	VI 579—584, 586, 587, 600, 601
6	—	37	VI 584
7	VI 28, 29, 37, 38	38	VI 584
8	VI 29—32	39	VI 584
9	VI 6—8, 20—22	40	VI 587—590
10	VI 22—28	41	VI 590, 743
11	VI 32—38, 72	42	VI 590—595, 601
12	VI 42, 43	43	VI 596
13	VI 46—51	44	VI 596
14	VI 51, 62	45	VI 596
15	VI 57—60, 73	46	V 133, VI 596, 597
16	VI 60—62	47	—
17	VI 51—57	48	VI 598, 599
18	VI 62, 227, 228	49	VI 599, 650
19	VI 62	50	VI 603—605
20	VI 68	51	VI 650
21	VI 68	52	VI 464—469, 586 (Anm.)
22	VI 63—66	53	VI 464—469, 586 (Anm.)
23	VI 68—72	54	VI 469, 605
24	VI 72—80	55	VI 365
25	VI 72—80	56	VI 365—367
26	VI 72—80	57	VI 367, 369, 743
27	VI 49, 52, 56, 57, 59, 72—80	58	VI 367—369, 605, 606, 743
28	VI 80, 81	59	VI 369—371, 606, 743
29	VI 81	60	VI 369, 606
30	VI 81—85	61	VI 371, 607
31	VI 89	62	III 766, 767, VI 472—474

I	II	I	II
63	VI 472—479, 485, 486, 607, 608,	106	II 605, VI 421, 422
	650, 651	107	VI 422
64	VI 510—515, 622—625, 744	108	VI 422
65	VI 372	109	VI 470, 471, 610
66	VI 372	110	VI 440
67	VI 371, 372, 469, 470	111	VI 428
68	VI 344, 345	112	VI 552, 553, 611, 612
69	II 806—811, 820—842, III 250, 251,	113	VI 372—375, 581 (Anm.), 743
	VI 375—377	114	VI 372, 373
70	II 806—811, 820—828, VI 378	115	VI 433, 434, 582 (Anm.), 608, 609
71	II 806—811, 820—829, 833—842,	116	VI 372, 373, 433, 434, 582 (Anm.), 608
	VI 377, 378, 743	117	V 433, 434
72	II 820—826, 830—833, 840—842,	118	VI 439, 609
	VI 377	119	V 433, 434, 479—481
73	VI 378	120	VI 439, 440
74	VI 378	121	VI 609, 610
75	VI 440, 441, 471, 610, 611	122	III 143, VI 428, 429
76	VI 441, 471	123	VI 553, 554
77	I 609—611, II 670, 671, VI 410, 411	124	III 163, 164
78	II 670, 671, VI 409, 410, 611	125	III 379, VI 428
79	II 670, 671, VI 410, 611	126	VI 429
80	VI 408, 409, 433, 434, 611	127	VI 426, 427
81	I 374, 375, 385, VI 409	128	—
82	VI 399, 400	129	III 188, VI 429
83	VI 491, 494—496	130	—
84	—	131	VI 437
85	VI 407, 448	132	VI 435, 436
86	VI 400—407, 612—616	133	VI 435, 436
87	VI 381	134	IV 865—878, VI 441
88	—	135	IV 441, 442
89	VI 431—433, 616	136	IV 743—745, VI 445, 446, 651
90	VI 408, 616	137	VI 448—450
91	VI 437, 438	138	VI 447, 448
92	VI 408	139	VI 446, 447
93	VI 417	140	VI 452, 453
94	III 369, 370, VI 380, 381	141	V 329, 330, VI 454—457
95	II 284—295, VI 379, 380	142	I 458—462, VI 416, 417, 424, 425
96	VI 419		650
97	VI 411—414, 612	143	III 173—178, VI 425, 426, 650
98	—	144	I 359—361, VI 461—463, 618
99	VI 618—620	145	I 359—361, VI 461—463, 618
100	II 558, VI 419, 420, 617	146	I 359—361, VI 461—463, 618—620
101	VI 411, 412, 414—416, 617, 618, 652, 653	147	VI 458—461, 556
102	VI 420	148	VI 454, 461
103	VI 482, 483, 616, 617	149	V 331, 332, VI 450, 451
104	VI 422—424	150	V 342, 343, VI 451
105	II 604, 605, VI 421	151	V 342, 343, VI 458—460

I	II	I	II
152	VI 408	186	IV 520, 521
153	VI 486	187	III 300—303, VI 521, 522
154	VI 486	188	VI 521, 522
155	VI 486, 620, 621	189	VI 522, 523, 555 (Anm.), 633, 634
156	VI 488, 489	190	VI 523
157	VI 490	191	III 318—320, VI 523, 524, 632, 633
158	VI 471, 472	192	VI 524, 631, 632
159	VI 472	193	VI 524, 632
160	VI 472	194	VI 524
161	VI 472, 625, 626	195	VI 524
162	VI 483—485, 626	196	VI 525, 526
163	VI 490—493	197	—
164	I 612—619, VI 491—494	198	VI 526—532, 634, 635, 653, 654
165	VI 491, 496, 497	199	VI 532, 635, 636
166	VI 491, 497	200	VI 535—545
167	—	201	VI 545, 546
168	VI 497, 498	202	VI 532—535, 635
169	VI 498, 626	203	VI 547, 636
170	VI 498, 499	204	VI 547, 548
171	VI 499—501	205	VI 548
172	VI 501—504	206	VI 548
173	VI 504, 505	207	VI 548
174	VI 505—509, 626—628	208	VI 548—552
175	VI 505—509, 626—628	209	VI 556
176	VI 505—509, 626—628	210	VI 489, 557, 620—622, 636
177	VI 515, 516, 627, 628	211	VI 486—489, 620, 749
178	VI 505—509, 627, 628	212	—
179	VI 501, 504, 555	213	VI 557
180	VI 516—518, 628—630	214	VI 557, 558, 636
181	VI 516—518, 628—630	215	VI 557—559
182	VI 629, 630	216	—
183	III 144—148, VI 428	217	VI 557, 558, 636
184	VI 516—520, 555, 556, 629—631	218	VI 497, 509, 526, 535, 544, 556, 557, 627, 651
185	VI 520, 633		

Wort- und Sachregister.

Die römischen Zahlen zeigen den Band, die arabischen die Seite an.

A.

Abänderung des Vereinsvorstandes, Eintragung in das Vereinsregister I 568 f., der Vereinssatzung I 569, der Bewirthschaftung landwirthschaftlicher Grundstücke durch den Pächter II 253, des Rangverhältnisses eingetragener Rechte III 91 f. — A. des Güterstandes, Bekanntmachung IV 381, 390. — A. des Urtheils auf Unterhalt bei veränderten Verhältnissen IV 514. — A. in Kraft bleibender Landesgesetze VI 497, 651. — A. der Verurtheilung zu künftiger Leistung VI 660.

Abandon V 761.

Aberkennung der Ehrenrechte, Unfähigkeit zum Zeugen bei Eheschließung IV 51, zum Vormunde IV 751, zum Testamentszeugen V 335.

Abfallen, s. Überfall.

Abfinden, Abfindung Dritter bei Vermögens- oder Gutsübernahme I 751, 753 f., 763, 764, 765, 768. — A. eines Abkömmlinges aus dem Gesammtgute der fortgesetzten Gütergemeinschaft IV 248, 316, 328 ff., V 137 ff. — A. in Kapital bei der aus Ehescheidung sich ergebenden Unterhaltspflicht IV 515 f., 526 f., 529 f. — A. eines unehelichen Kindes durch die Erben des Vaters IV 684. — A. für Erbverzicht von Abkömmlingen V 605 f.

Abfluß des Wassers von Grundstücken III 133.

Abgaben. Gewährleistung für öffentliche A. bei Veräußerung von Grundstücken I 656 f. — Tragung der A. bei Erbschaftskauf II 122 f. — A. von der vermietheten Sache II 178. — Vertheilung der A. einer Sache III 24 f. — Landesgesetze über Rückerstattung öffentlicher A. VI 422 f.

Oeffentliche A. des eingebrachten Gutes IV 178.

Abgesonderter Haushalt der Ehefrau IV 109 f., 451, V 135.

Abgeleiteter Besitz, s. mittelbarer Besitz.

Abhanden gekommene Schuldverschreibungen auf den Inhaber, Aufgebot II 546 f., VI 385, Zinsscheine 2c. II 548 f., bewegliche Sachen III 213 f.

Abholen einer beweglichen Sache von fremdem Grundstücke III 164 f.

Abkömmlinge. Vermuthung, daß A. aus Unterhaltsgewährung an Eltern keinen Anspruch erwerben wollen II 734, VI 190 f.

Verbot der Eheschließung von A. eines unehelichen Kindes mit dessen Vater und seinen Verwandten IV 24 f., desgl. von A. eines an Kindesstatt Angenommenen IV 34. — Auseinandersetzung mit A. bei fortgesetzter Gütergemeinschaft vor Eingehung einer neuen Ehe IV 35. Gemeinschaftliche A., fortgesetzte Gütergemeinschaft IV 246 f., 299 ff. (s. [fortgesetzte] Gütergemeinschaft). Unterhaltspflicht der A. vor den Verwandten aufsteigender Linie IV 482, 485 f. — Wirkung der Legitimation eines unehelichen Kindes durch nachfolgende Ehe für dessen A. IV 704, desgleichen bei Ehelichkeitserklärung IV 713 f. — Mangel eigener ehelicher A. als Voraussetzung der Annahme an Kindesstatt IV 718 f. — Wirkung der Annahme an Kindesstatt auf die A. des Kindes IV 728 f., VI 305. — Unterhaltsanspruch derselben IV 735. — Auslegung der Erbeinsetzung der „Abkömmlinge" V 33 f., der A. eines Dritten V 35. — Einsetzung eines Nacherben für kinderlose A. V 82 f. — A. gesetzliche Erben erster Ordnung V 463 ff. — A. der Eltern gesetzliche Erben zweiter Ordnung V 467, der Großeltern gesetzliche Erben dritter Ordnung V 467, der Urgroßeltern gesetzliche Erben vierter Ordnung V 469 f. — Pflichttheilsrecht der A. V 497 f., 511 f. — Pflicht des A. zu Anrechnung auf den Pflichttheil V 522 f. — Entziehung des Pflichttheils gegenüber A. V 551 ff. — Erbverzicht von A. V 604 f., VI 321. — Vertragsmäßige Uebertragung des Erb- und Pflichttheilsrechts eines A. des Erblassers V 610 f. — Ausgleichungspflicht V 889 ff., VI 340 f.

Abkürzung der Verjährungsfrist I 238, der Gewährfrist für Viehmängel I 718, 748.

Ablauf der Frist I 189, 310.

Ablehnung des Vertragsantrags I 77, der Leistung aus zweiseitigen Verträgen bei schuldnerischem Verzuge I 642 f., der Schenkung II 1 f., des Auftrag II 359 f. — A. der fortgesetzten Gütergemeinschaft durch den überlebenden Ehegatten IV 246, 308 f., VI 285, 755 f. — A. der Vormundschaft IV 751 f., VI 306, des Amtes als Testamentsvollstrecker V 252.

Ablieferung des Kaufgegenstandes, Einfluß auf den Beginn der Verjährung des Rechtes auf Gewährleistung I 702 f. — A. der Fundsache an Polizeibehörde III 259, an Verlierer III 259 f. — A. des unredlichen Besitzers einer Sache III 344.

Ablieferungsorte, verschiedene, Aufrechnung I 371 f.
Ablösung von Theilen eines Gebäudes oder Werkes, Schadensersatz II 650 ff. — A. der Reallasten III 783. — Fortbestand der Landesgesetze über A. von Dienstbarkeiten, Reallasten VI 372 f.
Ablösungsrecht bei Pfandrecht III 461 f., bei Hypothek III 578, IV 603 f., des Eigenthümers bei Rentenschuld III 780, IV 501.
Ablösungssumme der Rentenschuld, Angabe im Grundbuch III 775, 779, 782, IV 501.
Abmarkung der Grenze von Grundstücken III 125 f.
Abnährungsvertrag VI 353.
Abnahme beim Kaufe II 50 ff., Kosten derselben II 68. — A. bei Werkvertrag II 315 f.
Abneigung, gegenseitige, Ehescheidung IV 422.
Abrechnung einer Zahlung auf mehrere gleichartige Schuldverhältnisse, auf Zinsen und Kosten I 335 f. — Schuldversprechen, Schuldanerkenntniß auf Grund einer A., Form II 500, 505, 509 f.
Abschichtung eines Abkömmlinges bei fortgesetzter Gütergemeinschaft IV 328 ff.
Abschlagzahlung als Unterbrechung der Verjährung I 222.
Abschrift der Vollmachtsurkunde I 149, des Vereinsstatuts I 567, aus dem Vereinsregister I 578, aus dem Güterrechtsregister IV 382, des Testaments V 357. — A. von Urkunden statt Vorlegung II 777. — A. aus Nachlaßverhandlungen VI 338 f.
Absendung der Anfechtungserklärung I 112, 113.
Absonderungsrecht der Nachlaßgläubiger (beneficium separationis) V 820 ff. — Absonderung im Konkurse VI 764.
Abstammung, Verwandtschaft durch A. I 34 f.
Abstand von der Grenze III 157 f.
Abtheilungen des Grundbuchs, Rangordnung der in verschiedene A. eingetragenen Rechte III 88 f.
Abtrennung wesentlicher Bestandtheile durch den Besitzer gegenüber Eigenthumsanspruch III 354 f., VI 238.
Abtretung der Ansprüche des Beschädigten an den Ersatzpflichtigen I 301 f., VI 151, der Ersatzansprüche des Schuldners bei eintretender Unmöglichkeit der Leistung I 316 f., 318. — A. von Forderungen I 377 ff. — A. des Anspruchs auf Herausgabe einer beweglichen Sache als Eigenthumsübertragung III 201 f., 209, 210. — A. mit Mitteln des eingebrachten Gutes, Erwerb beweglicher Sachen IV 184 ff. — A. einer Forderung zwecks Bestellung eines Pfandrechts III 519 f. — Uebergang der Hypothek durch A. der Forderung IV 586, 589 f., 647 f., 690, VI 249 f. — A. der Grundschuld III 713 f. — S. auch Uebertragung.
Abweichen vom Auftrage III 357, vom Hinterlegungsvertrage II 395, von Vorschriften über Pfandverkauf III 479 f., des Testamentsvollstreckers von Anordnungen des Erblassers V 276 f.
Abweisung der Klage, Einfluß auf Verjährung I 226 f.
Abwendung rechtswidrigen Angriffs I 246 f., drohender Gefahr II 247 f., 260 f.
Abwesende. Willenserklärung unter A. I 68 f., VI 131 f. — Vertragsantrag unter A. I 78, Annahme I 79 ff., V 438 ff.
Abwesenheit f. Todeserklärung. Uebernahme persönlicher Leistungen durch die Frau in A. des Mannes IV 101 f. Verfügungen des Mannes über eingebrachtes Gut bei A. der Frau IV 127 ff., 130, 169. — Rechtsgeschäfte der Frau bei allgemeiner Gütergemeinschaft in A. des Mannes IV 240, 259 f., VI 280. — A. des Vaters bei Ausübung der elterlichen Gewalt IV 617 f. — Pflegschaft bei A. IV 856. — A. des in elterlicher Gewalt stehenden Kindes IV 861 f. — Todeserklärung auf Grund des B.G.B. nach vorgängigem A.verfahren alten Rechtes VI 625 f.
Abwesenheitspflegschaft IV 856. — A. über den Mann, Aufhebung des gesetzlichen Güterstandes IV 137, 213. — Vertretung des Mannes im Gesammtgute durch den Abwesenheitspfleger IV 259 f. — A. über den überlebenden Ehegatten bei fortgesetzter Gütergemeinschaft IV 343. — Aufhebung der A. IV 859 f.
Abzahlungsgeschäfte I 475.
Abzug, f. Kürzung.
Abzugseinrede des Erben V 759 f., 796 f., hemmt nicht Verjährung I 217. — A. gegenüber den Miterben V 805, bei Nachlaßpflegschaft V 826.
Accession. Accessio temporis bei Verjährung dinglicher Ansprüche I 231. S. Nebenansprüche, Nebenleistungen, Zubehör.
Actio Pauliana I 429, IV 288, emti I 499, vindictam spirans II 39, communi dividundo II 91, VI 418, in rem scripta II 190, iniuriarum II 640, de dejectis et effusis II 645, negatoria IV 448, III 335, negotiorum gestorum IV 490, familiae erciscundae V 835, 889.
Achtzehntes Lebensjahr. Volljährigkeitserklärung I 49 f. — Haftung für Schadenzufügung vor vollendetem a. L. II 580 f.
Adel der Ehefrau IV 97 f. — Sonderrechte des mittelbaren hohen A. VI 367 f., 605 f., 743. – Altlandsässiger A. in Württemberg VI 368. — Autonomie des rheinischen und westphälischen A. VI 368.
Ademtio legati V 174.
Administration, f. Verwaltung, Zwangsverwaltung.
Adoption, f. Annahme an Kindesstatt.
Adoptivverwandschaft, Ehehinderniß IV 34.
Aeltere Schuld. Tilgung bei theilweiser Erfüllung mehrerer gleichartiger Schuldverhältnisse I 335 f.
Aenderung, f. Abänderung.
Aerzte, Anspruchsverjährung I 202, 205, 207, 211. — Art des Vertrags mit Ae. II 277, 303, 305, 306. — Aerztliche Behandlung bei unehelicher Entbindung VI 308 f.

Affektionsinteresse I 621. Bestimmung des Finderlohns bei A.werth. III 261 f.
Affinitas illegitima IV 24 f., 59. S. Schwägerschaft.
Aftermiethe II 178 ff., 190 f.
Afterpacht II 233 ff.
Agnition, s. Anerkennung.
Agrarrecht I 3, 612 ff., VI 372 ff., 472 ff. — S. auch VI 565, 568.
Akkreszenz, s. Anwachsung.
Aktien, Nießbrauch III 427 f. — Eheliche Nutznießung an A. auf den Inhaber IV 178. — Uebertragung von Vorschriften über Schuldverschreibungen auf den Inhaber auf A. VI 364 f., 367.
Aktiengesetz II 558, V 664.
Aleatorische Verträge II 794 ff.
Alimente, s. Unterhalt.
Alle für Einen, Einer für Alle, s. Gesammtschuldverhältniß.
Allgemeine Gütergemeinschaft IV 230 ff.
Alluvion, s. Anlandung.
Altenburg, Wildschadensgesetze II 821.
Altentheil, Nießbrauch III 417. — A. als Reallast III 732. — Fortbestand der Landesgesetze über A. VI 419.
Alter, Einfluß auf Haftung aus unerlaubten Handlungen II 580 f. — A. der Pfandrechte, s. Rangordnung.
A. des Annehmenden bei Annahme an Kindesstatt IV 719, 720.
Alternative Schuld I 281 ff. Theilweise Unmöglichkeit bei Alternativobligationen I 450, 454. — A. Erbeinsetzung V 23 f., Vermächtniß V 24 f.
Altersstufen I 45 ff.
Altersversicherung, Gesetz betr. die A. IV 532, 574, 693, 774.
Amortisation, Verjährung von Amortisationsquoten I 209, 211, 212 ff. — Amortisationsplan bei Darlehen II 44 f. — Nießbrauch an amortisirbaren Forderungen III 425 f. — Amortisationsgesetze III 412.
S. auch Aufgebot.
Amt. Landesgesetze über Sicherheitsleistung für Führung eines A. VI 408, 616.
Amtsgericht. Zuständigkeit für öffentliche Zustellung von Willenserklärungen I 73, für Kraftloserklärung von Vollmachtsurkunden I 150, 152. — Vorführung Festgenommener bei Selbsthülfe I 243. — Führung des Vereinsregisters I 498 f. — Ersatz fehlender Vorstandsmitglieder eines Vereins I 507, 515 f., Berufung einer Mitgliederversammlung I 532 f., Bestellung von Liquidatoren eines Vereins I 547 f. — Eintragung eines Vereins I 557 ff. — Abnahme des Offenbarungseides II 788 f., V 757. — Aufgebot der Nachlaßgläubiger V 777. — Zuständigkeit für Offenbarungseid VI 457, 460, 556, 728. — Auseinandersetzung nach aufgehobener Gütergemeinschaft IV 245, 292 f., Errungenschaftsgemeinschaft IV 371. — Führung des güterrechtlichen Registers IV 384 f. — Uebertragung der Funktionen des A. in Vormundschafts- und Nachlaßsachen auf andere Behörden, Landesgesetze VI 455 f. — Zuständigkeit in Entmündigungssachen VI 686 f., 692, 696.
Amtshandlungen, Schadensersatzpflicht I 607 ff.
Amtspflicht, Verletzung derselben II 658 ff., VI 202 f., 409.
Amtssiegel auf Testamenten V 351.
Amtswegen, Berücksichtigung des Urtheils von A. I 255 f.
Analogie I 2.
Analphabeten I 89 f., bei Testament V 339.
Anbieten der Leistung als Voraussetzung des gläubigerischen Verzugs I 238 f., der Gegenleistung zur Vermeidung des Verzugs des Gläubigers I 331, Mehrkosten des erfolglosen Angebots I 333.
Androhung der Besitzaufgabe eines herauszugebenden Grundstücks durch den Schuldner bei Verzug des Gläubigers I 332, der Versteigerung einer zur Hinterlegung nicht geeigneten geschuldeten beweglichen Sache I 356 ff., der Versteigerung des Pfandes III 457 f., 476.
Aneignung von Grundstücken III 184 ff., Recht des Fiskus III 188 f., VI 232, 429, 533, landesgesetzliche Bestimmungen über Recht anderer Personen III 188 f., VI 429. — Eigenthumserwerb durch A. III 250 ff. — A. eines Antheils am Miteigenthum III 279 f. — A. von Wild VI 376.
Anerbenrecht V 847 ff., VI 510 ff., 622 ff., 744.
Anerkennung, Anerkenntniß I 166, 270 f., 376. — A. als Unterbrechung der Verjährung I 222f. — A. verjährten Anspruchs I 232, 235. — Oeffentl. A., daß die Schuld erloschen, bei verlorenem Schuldschein I 341. — Schenkweises A., Form II 12, 18. — A. einer nicht bestehenden Schuld, Rückforderung II 696 f., 708, einer Spielschuld II 799 f. — A. eines Kindes IV 470 f., 474 f., Anfechtung derselben IV 477 f. — A. der unehelichen Vaterschaft IV 678 f., 698 f., VI 303. — A. der Kinder als Voraussetzung der Ehelichkeitserklärung IV 705 f., VI 304.
Anerkennungsvertrag II 489 ff. — Negativer A. II 511.
Anfall des Vermögens eines aufgelösten Vereins I 539 ff., VI 448.
A. des Vermächtnisses V 216 f., der Erbschaft V 613 ff.
Anfallsrecht des Erwerbers bei Auflassung unter aufschiebender Bedingung III 181 f.
Anfang der Frist I 188 f.; des Monats I 189; der Verjährung I 209 ff.
Anfangstermin bei Rechtsgeschäften I 186, Beweislast I 262 f. — Verpflichtung des Schuldners aus einem von einem A. abhängigen Schuldverhältnisse bei eintretender Unmöglichkeit der Leistung I 316. — Vertrag auf unmögliche Leistung unter Be-

stimmung eines A. I 454 f., desgleichen auf verbotene Leistung I 455. — A. bei Auflassung III 181 f.

A. bei letztwilliger Zuwendung V 11 f., bei Einsetzung der „gesetzlichen Erben" V 32 f., der Abkömmlinge Dritter V 35. — A. bei Erbeinsetzung gilt als Einsetzung der gesetzlichen Erben zu Vorerben V 80. — A. bei Vermächtniß V 210 f., 212 f., 233, 238 f.

Anfechtbarkeit. Begriff I 127. — A. der Willenserklärung wegen Irrthums I 105 f., wegen Irrthums der Mittelsperson I 117, wegen Drohung, Betrugs I 118 f. — Kenntniß der A. einer Vollmacht seitens des anderen Kontrahenten I 164 f. — A. hemmt nicht Verjährung I 217 f.

A. der Ehe IV 72 ff. (s. Ehe).

Anfechtung. Akt der A. I 127. — A. der Todeserklärung I 13, 14, 25 ff., 272 f., IV 22 f., VI 732. — A. der Willenserklärung wegen Irrthums I 105 f., VI 122, Frist I 112 f., VI 122 f., bei Willenserklärung durch Mittelsperson I 117, wegen Drohung oder Betrugs I 118 ff., VI 128 f. — Anfechtungsakt I 127 ff., VI 145 f. — Anfechtungsgegner I 128, VI 145 f., 383. — A. gegenüber Behörden I 133. — Verjährung der durch A. entstehenden Ansprüche I 209, 211. — A. der durch Dritte geschehenen Bestimmung der Vertragsleistung I 467 ff., 471 f. — A. des Einspruchs der Verwaltungsbehörde gegen Eintragung von Vereinen I 558 f., 564 f. — Anfechtbarkeit eines Leistungsversprechens, Vertragsstrafe I 787. — A. des Rechtsgeschäfts seitens des Bürgen aus dem Rechte des Hauptschuldners II 465 f. — A. des Vergleichs II 520 ff. — — A. der Eigenthumsübertragung an beweglichen Sachen seitens eines Nichtberechtigten III 211, 214.

A. der Ehe IV 72 ff., V 134, VI 265, 392, 527 ff., 675 f., 787 (s. Ehe). — A. der Ehe bei Wiederverheirathung im Falle der Todeserklärung IV 452 ff., 534 f., VI 392 f. — A. der Ehelichkeit eines Kindes IV 465 ff., V 163 f., VI 481 f., 787, der Anerkennung eines Kindes IV 477 f. — Rechtsstellung der Kinder aus anfechtbarer Ehe IV 670. — A. der Ehelichkeitserklärung IV 718, der Annahme an Kindesstatt IV 737 f. — A. letztwilliger Verfügung wegen Irrthums V 44 ff., Anfechtungsberechtigter V 59 f., Ausschluß der A. V 63 f., Form der A. V 66 f., VI 344, Frist der A. V 68 f., VI 396. — Anfechtungsgegner bei Auflage V 70 f. — A. von Erbverträgen V 383 ff., 397 f., 418 f. — A. der exheredatio bona mente V 576 f. — A. der Annahme- oder Ausschlagungserklärung von Erbschaften V 630 f., VI 395. — A. des Erbschaftserwerbes wegen Erbunwürdigkeit V 642 ff., VI 357. — Schutz gutgläubiger Dritter bei A. der Erbeinsetzung V 726 f. — A. der Ausschlagung des Vermächtnisses oder der Erbschaft durch Pflichttheilsberechtigten V 631, VI 319 f., 328; der Beschränkung des Pflichttheils in guter Absicht VI 356. — Beginn der Verjährung bei durch A. entstehenden Ansprüchen VI 139, 150, 383. — A. der Schenkung wegen Irrthums VI 183 f. — A. der Entmündigung VI 690, 694.

Anfechtungsgegner I 128, VI 145 f., 383, bei letztwilliger Auflage V 70; bei Entmündigung VI 690.

Anfechtungsgesetz I 681, II 167, IV 113, 177, 200, 210, 278, V 588, 754, 831 f., VI 344 f., Aenderungen VI 598, 779 f.

Angebot, s. Anbieten.

Angeld I 769, s. Draufgabe.

Angelegenheiten, Pflegschaft für einzelne A. IV 855, Aufhebung derselben IV 859 f.

Angestellte, s. Beamte. — Dienstverhältniß von A. höherer Art II 298, 302 f. — Haftung für unerlaubte Handlungen von A. II 597 f.

Angewiesener, s. Anweisung.

Anhalt, Wildschadensgesetze II 822.

Anhören der Verwandten und Verschwägerten durch das Vormundschaftsgericht bei Ersetzung der elterlichen Eheeinwilligung IV 30 ff., bei Entlassung des Mündels aus dem Staatsverbande IV 757 f., des Gegenvormunds, der Verwandten, des Mündels bei wichtigen Angelegenheiten IV 796 f., V 147, der Betheiligten bei Verwaltung des Testamentsvollstreckers V 531, VI 96. — A. des Gegners durch das Nachlaßgericht vor Ertheilung des Erbscheins bei anhängigem Rechtsstreite über das Erbrecht V 679 f.

Anlagen. Landesgesetze über Schadenshaftung des Unternehmers von A. auf Grundstücken im öffentlichen Gebrauch II 605, VI 421. — Verbotene A. (aus Nachbarrecht) III 156 f., VI 231. — A. zur Ausübung einer Grunddienstbarkeit III 311 ff., 318 f. — Neue A. des Nießbrauchers zur Gewinnung von Bodenbestandtheilen III 391 f. — A. in Nutzung von Realgemeinden VI 493 f.

Anlandungen, Fortbestand der Landesgesetze VI 372.

Anlegung von Frauengeld IV 131, Kindergeld IV 549, 556, 559 f., 615 f., Mündelgeld IV 760 ff. (s. Vormundschaft), von Nießbrauchkapitalien III 423 f., 427 f., von eingezogener verpfändeter Geldforderung III 534, von Geldern der Vorerbschaft V 104 f.

Anmeldefrist für Wildschaden II 841.

Anmeldung im Konkurs als Unterbrechung der Verjährung I 223 f., 230, 231, VI 759. — A. eines Vereins zur Eintragung I 557 ff., VI 117.

A. von Erbrechten V 670, 681, 682. Aufforderung der Nachlaßgläubiger zur A. ihrer Ansprüche bei Erbengemeinschaft V 877 f. — S. auch Aufgebot.

Annahme des Vertragsantrags I 77 ff., V 438 ff. — Verspäteter Eingang der A. I 81, still-

schweigende A. I 81 ff., verspätete, modifizirte A. I 86. — Tod oder Geschäftsunfähigkeit des Antragenden oder des anderen Theiles vor A. I 86 f. — A. der angebotenen Leistung zur Vermeidung des gläubigerischen Verzugs I 329 ff. — A. an Erfüllungsstatt I 333 f. — Theilweise A. der Erfüllung, Rücktrittsrecht I 795 f. — A. der Schenkung II 1 f., der Anweisung II 382 ff.

A. von Erbschaft, Vermächtniß seitens der Frau ohne Zustimmung des Mannes IV 134, 204, 240, 259. — A. des Vermächtnisses V 216 f., des Amtes eines Testamentsvollstreckers V 252. — A. der Erbschaft V 618 ff., VI 336 f., Verfolgung von Ansprüchen vor der A. V 660 f., 829 f. — Zwangsvollstreckung vor A. der Erbschaft VI 713.

Annahme an Kindesstatt IV 718 ff. — Wohnsitz des Angenommenen I 42 f. — Eheeinwilligung der Adoptiveltern IV 34. — Ehehinderniß IV 34. — Annahmevertrag IV 718 ff. — Rechtliche Stellung des angenommenen Kindes IV 718.

Voraussetzungen der A. a. K.: gerichtliche Bestätigung IV 718 f., keine Bedingung, Zeitbestimmung IV 718, Mangel eigener ehelicher Abkömmlinge IV 719 f., Alter der Annehmenden IV 719, 720, VI 304 f., Einwilligung des Ehegatten des Annehmenden und des Angenommenen IV 721, Annahme als gemeinschaftliches Kind IV 721, Einwilligung der Eltern des Anzunehmenden IV 721. Vertretung der Vertragschließenden IV 722. Genehmigung des Vormundschaftsgerichts bei beschränkter Geschäftsfähigkeit, Annahme des Mündels durch den Vormund IV 723 f. — Vertretung des berechtigten Dritten in der Zustimmungserklärung IV 724. — Unzulässigkeit von Bedingung und Zeitbestimmung IV 724. — Gerichtliche oder notarielle Form des Vertrags und der erforderlichen Erklärungen IV 724 f. — Gerichtliche Bestätigung des Annahmevertrags IV 724 ff. — Tod des Anzunehmenden, des Annehmenden vor Bestätigung IV 726 f., V 145 f. — Versagung der Bestätigung IV 727. — Mangel der Einwilligung eines Dritten IV 727 f. — Wirkung der Annahme für das Kind und dessen Abkömmlinge IV 728 f., bei Annahme durch ein Ehepaar IV 729. — Verhältniß zu den Verwandten des Annehmenden IV 728 f., VI 305 f. — Name des Kindes IV 729 f. — Wirkung der Annahme für den Annehmenden, Verzeichniß des Kindesvermögens, Sicherheitsleistung, Entziehung der Vermögensverwaltung, Heirath des Annehmenden IV 731 f., VI 305 f. — Kein Erbrecht des Annehmenden IV 732 f. — Verhältniß des angenommenen Kindes zu seinen Verwandten IV 733. — Elterliche Gewalt der leiblichen Eltern, Sorge für die Person des Kindes IV 733 ff. Unterhaltspflicht des Annehmenden IV 735. — Vertragsmäßige Ausschließung der Nutznießung des Annehmenden, des Erbrechts des Angenommenen IV 735 f. — Wiederaufhebung der A. a. K. durch Vertrag IV 737. — Anfechtung der A. a. K. IV 737 f., wegen Verschulden des Kindes IV 738 f. — Aufhebung durch verbotswidrige Heirath zwischen Personen, welche durch A. a. K. verbunden sind IV 740. — Namensführung bei Aufhebung der A. a. K. IV 740 f. — Berufung der Großväter zur Vormundschaft über a. K. angenommene Mündel IV 746. — Keine Berufung der Eltern zur Vormundschaft über einen a. K. angenommenen Volljährigen IV 849. — Aussetzung der Erbtheilung vor Bestätigung der Annahme a. K. V 883.

Beurtheilung der A. an K. nach deutschem Rechte VI 63 f.

— Zuständigkeit für Befreiungen von den Erfordernissen der A. a. K. VI 67. — Uebergangsbestimmung für Rechte der a. K. Angenommenen VI 556.

Annahmeverzug bei Gattungsschuld I 287. S. im Uebrigen Verzug (des Gläubigers). — A. des Dienstgebers II 279 f., 281, 304, des Bestellers bei Werkvertrag II 328 f., VI 385. — Wirkung des A. auf Bürgschaft II 482. — A. des Eigenthümers bei Eigenthumsanspruch III 370.

Annehmlichkeit des herrschenden Grundstücks bei Grunddienstbarkeit III 308, bei Reallast im Falle der Theilung des herrschenden Grundstücks III 737 ff.

Annuitäten. Verjährung I 209, 211, 212 ff.

Anordnungen Dritter über väterliche Vermögensverwaltung IV 617, über Verwaltung des Vormundes IV 760.

Anrechnung der Leistung auf mehrere gleichartige Schuldverhältnisse I 335 f. — A. der Draufgabe auf die geschuldete Leistung I 771 f. — A. der Besitzzeit des Erbschaftsbesitzers auf Ersitzung des Erben III 230, 236 f., V 653 f.

— A. der Verbindlichkeiten des verstorbenen Ehegatten auf den Antheil der Abkömmlinge bei Auflösung der fortgesetzten Gütergemeinschaft IV 339 f., der Abfindung eines Abkömmlinges auf den Antheil der übrigen IV 248, 316. — A. auf Pflichttheil V 521 f. VI 102 f.

Anschlag der Gastwirthe zur Vermeidung der Haftung II 403 f.

Anschwemmung, s. Anlandung.

Anspruch als Gegenstand der Verjährung I 199. — Vermächtniß des A. auf eine Sache V 169. — A. aus Vermächtniß V 201 ff. — Verfolgung eines A. gegen den provisorischen Erben V 660 f. — A. aus dem Eigenthum III 328 ff.

Anspruchsverjährung I 194 ff. Gegenstand derselben I 94 ff. — Ordentliche Verjährungsfrist I 201; zweijährige I 201 ff.; Beginn 209 ff.; Hemmung 212, 215 ff., II 518, VI 141, 383; Unterbrechung I 222 ff., VI 264,

385, 759. — Verjährung rechtskräftig festgestellter Ansprüche I 230. — Rechtsnachfolge bei Verjährung dinglicher Ansprüche I 231. — Wirkung der A. I 232 ff., VI 142, 227. — Zwingende Natur der Vorschriften über A. I 238. — A. bei Wandlung und Minderung I 675 ff., 701 ff., bei Wandelung und Schadensersatz beim Verkauf von Hausthieren I 719, 745 ff., für Ersatzansprüche des Miethers II 177 f., VI 185, des Vermiethers II 194, aus Leihvertrag II 271 ff., aus Werkvertrag II 311 ff., aus Anweisung II 385, aus Einbringung von Sachen bei Gastwirthen II 410 f., aus Schuldverschreibung auf den Inhaber II 542 f., aus unerlaubten Handlungen II 609 f. — Keine A. bei Gemeinschaft II 756, der Ansprüche auf Berichtigung des Grundbuchs III 103 ff., der Ansprüche aus eingetragenen Rechten III 117 f., auf Abmarkung und Feststellung der Grenze III 127 f., auf Nothweg III 156.
— A. bei Entbindungs- und Wochenbettskosten IV 685, 689, aus Pflichttheil V 551, auf Ergänzung des Pflichttheils V 593 f. — Beginn der A. bei durch Anfechtung entstehenden Ansprüchen VI 139, 150, 383. — Uebergangsbestimmung VI 498, 626, für A. aus Schuldverschreibung auf den Inhaber VI 507 f.
Anstalt I 497. — Willenserklärung durch eine A. I 116 f. — Haftung öffentlich-rechtlicher Anstalten für Schaden durch Vertreter I 607 ff., II 670.
Vorsteher von A. als Vormünder IV 743 f., VI 475 f., 651. — Landesgesetze über Hypothekentitel der öffentlichen A. VI 437 f., über gesetzliches Erbrecht von A. VI 447 f., über Rechte am Vermögen eines aufgelösten Vereins VI 448.
Anstand, s. Sitten, sittliche Pflicht.
Ansteckende Krankheiten, Testament V 346.
Anstifter bei unerlaubten Handlungen II 606.
Antheil des Gesellschafters, Verfügung darüber II 426 ff., A. an Gewinn und Verlust II 437. Pfändung des A. des Gesellschafters II 438. — Anwachsung des A. eines ausscheidenden Gesellschafters II 444 f. — A. an Miteigenthum III 274 ff. — Nießbrauch am A. eines Miteigenthümers III 387, IV 597.
Antichrese, s. Nutzungspfandrecht.
Antrag auf Vertragsschließung I 75 f., V 438 ff., auf Eintragung in das Grundbuch III 65—67, IV 586 f., in das Güterrechtsregister IV 387 ff. — A. auf Bestrafung, Aenderungen der Bestimmungen des Strafgesetzbuchs über die Berechtigung dazu VI 572 f.
Antragsberechtigter für Todeserklärung I 12, 14, 27, VI 730, für Volljährigkeitserklärung I 51, für Eintragung in das Güterrechtsregister IV 387 ff., für Entmündigungssachen VI 687 ff., bei Aufgebot von Hypotheken 2c. VI 736.
Antretung, s. Erbschaft.
Anwachsung des Antheils des ausscheidenden Gesellschafters zum Gesellschaftsvermögen II 445 f. — A. bei Miteigenthum III 279 f.
A. des Antheils eines in fortgesetzter Gütergemeinschaft sterbenden Abkömmlinges IV 248, 316. — A. von Erbtheilen, Voraussetzung und Wirkung V 75, Ausschließung durch den Erblasser V 75 f., angewachsener Erbtheil gilt als besonderer in Ansehung der Beschwerungen V 76, VI 90. — Ersatzerbe geht der A. vor V 76. — A. bei Nacherbfolge V 89 f., bei Vermächtniß V 215 ff., bei gesetzlicher Erbfolge V 483 f.
Anwalt, s. Rechtsanwälte.
Anweisender, s. Anweisung.
Anweisung II 380 ff.: Begriff und Inhalt, Gegenstand, Urkunde II 380 f. — Verpflichtung zur Annahme, Analogie des Auftrags nach geschehener Annahme, Folgen der Leistung bei Anweisung auf Schuld II 382 f., VI 192 f. — Verpflichtung des Angewiesenen durch die Annahme gegenüber dem Anweisungsempfänger, Form der Annahme II 384. — Leistung nur gegen Aushändigung der A. II 384 f. — Verjährung der Ansprüche des Anweisungsempfängers gegen den Angewiesenen II 385 f., VI 192. — Leistung bei Anweisung auf Schuld des Angewiesenen II 387. — A. zwecks Leistung einer Schuld des Anweisenden an den Anweisungsempfänger II 387. — Aufforderung des Anweisungsempfängers an den Angewiesenen zur Leistung II 387 f. — Weigerung der Leistung, der Annahme der A. seitens des Angewiesenen, Anzeigepflicht des Anweisungsempfängers II 388, VI 192 f. — Widerruf der A. II 388. — Tod, Geschäftsunfähigkeit eines Betheiligten II 389. — Uebertragung der Rechte aus A. II 389 f.
Schenkweise Uebertragung durch A. II 14, 18.
Anweisungsempfänger, s. Anweisung.
Anwesende, Vertragschließung unter A. I 78.
Anwesenheit beider Theile vor dem Grundbuchamt bei Auflassung II 168 f., V 444. — A. der Betheiligten bei Testamentserrichtung V 331.
Anzeige, Anzeigepflicht. A. bei verspäteter Annahmeerklärung eines Vertrags I 81, bei öffentlicher Versteigerung der hinterlegten Sache I 356, bei Abtretung der Forderung I 377 ff. — Anzeige an den Schuldner von Abtretung der Forderung I 394 ff. — A. von Viehmängeln I 737 f. — A. des Verkäufers an Vorkaufsberechtigten II 100, III 763 f., des Miethers bei Mängeln II 132, VI 184. — A. des Vermiethers von Veräußerung des Miethgrundstücks II 147. — A. bei Ablehnung gewisser Dienste II 278, gewisser Personen bei Ablehnung des Auftrags II 353 f., bei Abweichung von den

Weisungen des Auftraggebers II 357. — A. des Anweisungsempfängers II 388, des Gastes gegenüber dem Gastwirthe bei Schaden II 410 f. — A. der Erben eines Gesellschafters von dessen Tode II 439. — A. des Gläubigers bei Bürgschaft auf Zeit II 483 f. — A. des Geschäftsführers ohne Auftrag II 727. — A. bei Fund III 255 f. — A. des unredlichen Besitzers an den Eigenthümer III 343 f. — A. des Nießbrauchers III 392, des Pfandgläubigers III 458. — A. der Verpfändung einer Forderung an den Schuldner III 519 f.

A. bei Tod des Vormundes oder Gegenvormundes IV 833, bei Bedürfniß der Pflegschaft IV 855. — A. des Vorerben bei Eintritt der Nacherbfolge V 149 f., des Testamentsvollstreckers V 282 f., bei Anfechtung wegen Erbunwürdigkeit V 646. — A. des Miterben bei Veräußerung seines Antheils V 841.

Arbeit. Pflicht der Frau zu A. im Hauswesen IV 99. — Vorbehaltsgut durch A. der Frau IV 125, 129, 141. — Beitrag der Frau aus A. zum ehelichen Aufwande IV 226 f. — Erwerb aus A. des Kindes ist freies Vermögen IV 573. — A.-erwerb des Mündels IV 800 f.

Arbeiter, s. gewerbliche Arbeiter.

Arbeitgeber, Verjährung ihres Anspruchs aus Vorschüssen I 202, 211.

Arbeitsbuch IV 574, VI 583 f.

Arbeitsgeräth bei Theilung des Gesammtguts IV 245, 285. — A. des Kindes ist freies Vermögen IV 573.

Arbeitskarten nach der Gewerbeordnung VI 584.

Arbeitskraft, Ersatz für die A. eines widerrechtlich Getödteten II 616 f.

Arbeitsverträge Minderjähriger I 64 f., VI 122, 143 f., minderjähriger Hauskinder IV 537 f., von Mündeln IV 792 f., 796 f., 800 f. S. auch Dienstvertrag.

Arbeitszeugniß II 307 f., VI 583 f.

Arglist. A. Täuschung bei Willenserklärung I 118 ff., bei Bestimmung der Vertragsleistung durch Dritte I 467 ff. — A. Verschweigen des Mangels, Nichtigkeit des Vertrags über Gewährleistung I 667. — A. Verschweigen von Sachmängeln I 671 f., 704, 711 f., 718, 739. — A. bei Rath und Empfehlung II 380, bei zugesicherter Eigenschaft I 686 f., 711 f. — A. des Schenkens bei Rechtsmängeln II 25 f., Sachmängeln II 28 f. — Anfechtung der Ehe wegen arglistiger Täuschung IV 72 ff., desgl. letztwilliger Verfügung V 52.

Armen. Ausbedingung einer Zahlung an eine Armenkasse I 754 f. — Letztwillige Bedenkung der Armen V 36 f.

Armenanstalten, Ansprüche an Unterhaltspflichtige aus gewährtem Unterhalte VI 482 f., 616 f., an den Nachlaß Verpflegter VI 446 f.

Armenunterstützung, Rechte an den Nachlaß aus A. VI 446 f.

Armenverbände, s. Armenanstalten.

Arrest. Verfügung durch A. gegen Veräußerungsverbot I 124. — A. zur Sicherstellung eines bedingten Rechts I 181 f. — Verfügung durch A. während schwebender Bedingung I 184. — Dinglicher, persönlicher A. bei Wegnahme, Festnahme als Mittel der Selbsthülfe I 243. — A. als Hinterlegungsgrund I 345. — Verfügung durch A. über den Vertragsgegenstand, Ausschluß des Rücktrittsrechts I 794 f. — Schadensersatz aus ungerechtfertigtem A. II 678 f., 724 f. — Schutz des Erwerbes eines Rechts an Grundstücken im Wege des A. durch den öffentlichen Glauben des Grundbuchs III 77 f. — Eintragung in das Grundbuch im Wege des A. III 116 f. — Wirkung des A. auf eine Vormerkung im Grundbuche III 740 f.

A. in Gegenstände der Nacherbschaft V 112, VI 92, gegen den Erben vor Annahme der Erbschaft V 661. — A. während Nachlaßpflegschaft V 811 f. — A. bei bedingtem, betagtem Anspruche VI 729. Entschädigung wegen Erwirkung ungerechtfertigten A. VI 730. — Vollziehung des A. (Civilprozeßordnung) VI 740.

Arresthypothek III 508 ff.. 700 ff., VI 739 f.

Arrha I 769 f., 772.

Arzt, s. Aerzte.

Assignation, s. Anweisung.

Aszendenten, s. Eltern, Großeltern, Urgroßeltern, Voreltern.

Aufbewahrung, s. Hinterlegungsvertrag. — Sachen, deren A. schwierig, nicht zur Sicherheitsleistung geeignet I 268. — Kosten der A. bei Verzug des Gläubigers I 333. — A. von Geldern 2c. durch Gastwirthe II 404 f., 414. — Versteigerung des Pfandes am Orte der A. III 478.

Aufenthalt, unbekannter des Empfängers einer Willenserklärung, öffentliche Zustellung I 73. — Gewöhnlicher A.ort eines Verlobten bestimmt die Zuständigkeit des Standesbeamten IV 47 f. — Bestimmung des A. des Kindes in elterlicher Gewalt IV 547, 548.

Aufforderung an den gesetzlichen Vertreter zur Genehmigung von Verträgen Minderjähriger I 61. — A. zur Genehmigung eines ohne Vertretungsmacht abgeschlossenen Vertrags I 154.

Oeffentliche A. zur Anmeldung von Erbrechten V 670, 681, 682, von Ansprüchen an den Nachlaß V 877 f.

Aufgeben des Besitzes III 34 f., des Besitzes eines herauszugebenden Grundstücks durch den Schuldner bei Verzug des Gläubigers I 332. — A. des Eigenthums an Grundstücken III 184 ff., Vertretung, wenn Rechte an aufgegebenen Grundstücken klageweise geltend gemacht werden VI 644.

Aufgebot, Aufgebotsverfahren bei Todeserklärung I 11 ff., VI 112, 731, 800, beschränkte Bekanntmachung desselben I 17,

VI 731. — A. von Werthpapieren, Gewährleistung bei deren Veräußerung, daß kein A. vorliegt I 654 f., II 475. — A. von Schuldverschreibungen auf den Inhaber II 546 f., VI 385; 740 f., 744 f., 800, von Karten, Marken II 561 f., Legitimationspapieren II 563 f., VI 746. — Verlust und Erwerb des Eigenthums an Grundstücken durch A. III 190 ff., VI 232, 734 f., 800. — A. eines Antheils am Miteigenthum III 279 f. — A. der Schiffspfandgläubiger III 507 f., 739, VI 391, des Hypothekengläubigers III 617 ff., IV 507 f., VI 257, 735 f., von Hypothekenbriefen III 666, IV 507, des Berechtigten bei Reallast III 738, des Gläubigers bei der Vormerkung III 748, des Vorkaufsberechtigten IV 601.

A. zur Eheschließung IV 48 f., V 133, VI 588. — A. der Nachlaßgläubiger V 774 ff., VI 737 f., 775 f. (s. Nachlaßgläubiger), durch den Erbschaftskäufer II 126 f., durch den Nachlaßpfleger V 668. — A. der unbekannten Erben V 670, bei Nachlaßpflegschaft V 816. — Landesgesetze über A. von Legitimationspapieren VI 420. — A. von obligatorischen, durch Eintragung gegen Dritte wirksamen Rechten VI 555. — Landesgesetze über Bekanntmachung und Fristen des A. VI 748 f., 802. — Verfahren bei A., deren Zulässigkeit auf Landesgesetzen beruht VI 749 f.

Aufheben des Wohnsitzes I 37, 38, der Gemeinschaft II 750 f., der Gesellschaft II 437 f., des Nießbrauchs durch Rechtsgeschäft III 412, des Pfandrechts durch Rechtsgeschäft III 487.

A. der Verwaltung und Nutznießung des eingebrachten Guts, s. eheliches Güterrecht. — A. der Gütergemeinschaft, s. Gütergemeinschaft. — A. der Errungenschaftsgemeinschaft, s. Errungenschaftsgemeinschaft. — A. des Familienraths IV 837, der vorläufigen Vormundschaft IV 854, der Pflegschaft IV 859 f., des Testaments V 351 ff., des Erbvertrags V 395 ff., 407 ff.

Aufkündigung, s. Kündigung.

Auflage bei Schenkung II 30 ff., VI 183.

Letztwillige A., Begriff V 6, beliebige Leistungszeit derselben V 21. — Bestimmung des Bedachten durch Beschwerten oder Dritten V 30 f. — Gegner bei Anfechtung letztwilliger A. V 70. — Anwendung von Vorschriften über Vermächtniß V 246 f. — Voraussetzung eines Interesse V 241, 243. — Einfluß der Unwirksamkeit der A. auf die dem Beschwerten gemachte Zuwendung V 243 f. — Befugniß zur Vollziehung der A. V 244 f. — Unmöglichkeit der A., Herausgabe der Zuwendung V 246 f., VI 95. — Ausführung der A. durch Testamentsvollstrecker V 268 f. — A. in Erbverträgen V 382 f., 402 f. — Wegfall von A. bei Erbschaftskauf II 113. — Beschränkung des Pflichttheils durch A. V 506 f. — Kürzung der A. im Verhältniß zur Pflichttheilslast V 546 f., 550. — A. bei Aufgebot der Nachlaßgläubiger V 774. — A. bei Abzugseinrede der Erben V 802.

Auflassung III 168 ff. — A. als Ersatz der Form des obligatorischen Vertrags I 458 ff. — Kosten derselben bei Kauf II 68 (s. auch unter Grundstücke). — A. vor Notaren 2c., Landesgesetze VI 425.

Auflauf, Landesgesetze über Schadensersatz VI 422.

Auflösende Bedingung I 179 f., Beweislast I 262 ff.

A. B. bei Erbeinsetzung als Anordnung der Nacherbfolge V 79 f.

Auflösung eines Vereins I 538, 570, 572 ff., einer juristischen Person alten Rechts VI 492.

A. der Ehe zufolge Todeserklärung IV 452 ff. — Nichtigkeit letztwilliger Zuwendung unter Ehegatten bei A. der Ehe V 58 f.

Aufnahme von Geld auf Kredit des Mündels IV 795, des Kindes in elterlicher Gewalt IV 549. — Aufnahme von Inventarien s. Inventar.

Aufrechnung. Aufrechenbarkeit hemmt nicht Verjährung I 217 f. — Geltendmachung der A. im Prozesse unterbricht Verjährung I 224 f., 229 f.

A. von Leistungen: Gleichartigkeit der L. I 361 ff. — Entgegenstehende Einrede, Einrede der Verjährung I 362 ff. — Aufrechnungserklärung I 365 f. — Wirkung der A. I 366 f. — Aufhören des Zinsenlaufs I 366 f. — Rücktrittsrecht und A. I 367 f. — A. mit einer von mehreren Forderungen I 368 ff., VI 166. — A. bei verschiedenen Leistungs- oder Ablieferungsorten I 371 f., bei Leistung zu bestimmter Zeit, an bestimmtem Orte I 372. — A. gegen eine beschlagnahmte Forderung I 373 f. — A. gegen Deliktsforderungen I 374, gegen unpfändbare Forderungen I 374 f. — Vorbehalt für die Landesgesetzgebung wegen A. für Beamten- 2c. Ansprüche I 374 f., VI 409. — A. gegen Forderungen des Reichs, eines Bundesstaats, einer Gemeinde oder anderen Kommunalverbandes I 375. — A. mit Forderung gegen den bisherigen Gläubiger bei Forderungsabtretung I 391. — Aufrechnungsbefugniß des Schuldübernehmers I 419 ff. — A. bei Gesammtschuldverhältniß I 433, 435, 434, 443. — A. gegen geschuldete Beiträge bei Vereinen I 535 f. — A. des Anspruchs auf Schadensersatz bei Mängeln der Kaufsache I 674, 704 f. — A. gegen Miethzins bei verkauftem Miethgrundstück II 145 f., 174. — A. bei depositum irregulare II 398. — Einrede der A. bei Bürgschaft II 468 f., 470 f., 477. — Unwirksamkeit der Kündigung des Vermiethers wegen rückständigen Miethzinses, wenn dem Miether A. zusteht II 514 f. — A. der Nutzungen auf die Verwendungen des Besitzers beim Eigenthumsanspruche III 353. — Befriedigung des Pfandgläubigers durch A. seitens des Verpfänders III 462.

— A. des Miethers und Pächters mit Forderungen gegen den Vermiether gegenüber den Hypothekengläubigern III 562, IV 503. — Befriedigung des Hypothekengläubigers durch A. III 577, 579, 767, IV 505, 512.

Befugniß des Mannes zur A. von Forderungen der Frau hinsichtlich des eingebrachten Gutes IV 126, 130. — A. gegen Forderungen des Gesammtgutes IV 233 f., 239. — A. gegen den Anspruch des Mannes auf Beiträge der geschiedenen Frau zum Unterhalte gemeinschaftlicher Kinder IV 450. — A. mit einer vermachten Forderung V 176. — A. eines Nachlaßgläubigers gegen eine Forderung des Erben im Nachlaßkonkurse V 769, 792 f., eines Nachlaßschuldners bei Erbengemeinschaft V 865 f. — Behandlung der A. im Prozesse VI 647, 659, 665 f.

Rechtskraft der Entscheidung über Nichtbestehen aufgerechneter Gegenforderung VI 660.

Aufruf der Gläubiger einer Körperschaft I 550; s. auch Aufgebot.

Aufruhr, Landesgesetze über Schadensersatz VI 422.

Aufschiebende Bedingung I 179 f., Beweislast I 262 f. — Aufschiebend bedingtes Schuldverhältniß, Verpflichtung des Schuldners bei einer vor eingetretener Bedingung eintretenden Unmöglichkeit der Leistung I 316. — Vertrag auf unmögliche Leistung mit a. B. I 454 f., desgl. auf verbotene Leistung I 455. — A. B. der Billigung bei Kauf auf Besicht oder Probe II 77 f., der Preiszahlung bei Vorbehalt des Eigenthums II 78 f. — A. B. bei Mäklervertrag II 342.

A. B. bei letztwilliger Zuwendung V 11 f., bei Einsetzung der „gesetzlichen Erben" V 32 f.; der Abkömmlinge Dritter V 35. — A. B. bei Erbeinsetzung als Einsetzung der gesetzlichen Erben zu Vorerben V 80. — Tod des Nacherben, welcher unter a. B. eingesetzt ist, vor dem Eintreten des Falles der Nacherbfolge V 81 f. — A. B. bei Vermächtniß V 210 f., 212 f., 233, 238 f. — Rechte und Verbindlichkeiten unter a. B., Schätzung bei Pflichttheilsberechnung V 518.

A. Einreden des Erben V 660 f., 784 ff., 829 f., VI 340, 383, 713 f. — Forderungen unter a. Bedingung im Konkurse VI 765, 766.

Aufsicht. Haftung aus unerlaubten Handlungen bei Verletzung der A.pflicht über Personen II 593 f., 603 f., des Aufsichtsführers bei Beschädigung durch Thiere II 646 f.

A. über das Kind als Ausfluß der elterlichen Gewalt IV 547, 548. — A. des Vormundschaftsgerichts IV 799 ff. (s. Vormundschaft). — A.recht über juristische Personen, Landesgesetze VI 401.

Aufsichtsbehörde, oberste des Bundesstaats, Bestimmung des zuständigen Standesbeamten IV 47 f.

Aufsuchen einer beweglichen Sache auf fremdem Grundstücke III 164 f., VI 220.

Aufsteigende Linie der Verwandtschaft, Verhältniß ihrer Unterhaltspflicht zu derjenigen der Abkömmlinge und untereinander IV 482, 485 ff.

Auftrag II 351 ff.: Begriff und Inhalt II 351 f., Unentgeltlichkeit II 352. — Anzeigepflicht bestimmter Personen bei Ablehnung des A. II 353 f. — Ausführung des A. in Person, Unübertragbarkeit, Haftung für Gehülfen des Beauftragten II 354 ff., VI 190. — Abweichung von Anweisungen des Auftraggebers II 357. — Pflicht der Beauftragten zur Rechenschaft, Auskunft, Nachrichten, Belege II 357 ff. — Herausgabe des Erlangten, Erwerb in eigenem Namen, fiduziarische Verhältnisse II 360 ff. — Verzinsung von Geld II 365. — Vorschußpflicht des Auftraggebers II 365; Ersatz von Aufwendungen, Verzinsung von Geld, Befreiung von Verbindlichkeiten, Ersatz von Verlusten des Beauftragten II 365 ff., VI 190. — Vereinbarung einer Vergütung II 369 f. — Erlöschen des A.: Widerruf, Kündigung II 370 f. — Tod des Auftraggebers II 371 f., 516 f., eintretende Geschäftsunfähigkeit desselben II 373 f., 516 f. — Tod des Beauftragten II 373 f., 516 f. — Konkurs des Auftraggebers II 374, 517. — Fortdauer des nicht durch Widerruf erloschenen A. bis zur Kenntniß vom Erlöschen II 374 f. — Dienst- oder Werkvertrag mit Geschäftsbesorgung II 376 f., VI 189. — Anwendung der Vorschriften über A. auf den Vorstand einer juristischen Person II 377 f., auf das Verhältniß zwischen Rechtsanwalt und Klient II 379. — Rath und Empfehlung II 380. — Anwendung der Vorschriften über A. auf Anweisung II 382 f., VI 192 f. — Haftung des Auftraggebers für unerlaubte Handlungen des Beauftragten II 597 f.

Anwendung der Vorschriften über A. auf die Verwaltung des eingebrachten Gutes durch den Mann IV 173 f. — Wirkung des Konkurses auf A. VI 760.

Aufwand, Aufwendungen, s. Verwendungen, ehelicher Aufwand.

Auktionator, s. Versteigerung.

Ausbesserungen, Tragung durch den Pächter eines landwirthschaftlichen Grundstücks II 252 f. — A. bei Nießbrauch III 393 f., VI 244, der Miethsache VI 184 f.

Ausbeute einer Sache als Frucht III 23 f.

Ausbildung, selbständige Beschaffung der Mittel dazu durch Minderjährige I 66.

Ausdrückliche Willenserklärung I 68, 69, 177.

Auseinandersetzung der Gesellschaft II 440 ff. — A. des zu neuer Ehe Schreitenden mit den Kindern aus früherer Ehe IV 35, 553, 635 f., VI 299. — A. bei nichtiger Ehe IV 69 f. — A. nach Beendigung der Gütergemeinschaft IV 244 f., 282 ff. (s. Gütergemeinschaft), bei Wiederverheirathung im Falle fortgesetzter Gütergemeinschaft IV 249, 342, nach Beendigung der fortgesetzten Gütergemeinschaft

IV 250, 344 ff., VI 287 f., nach der Ehescheidung IV 438 ff. — A. des Vaters für ein Kind IV 566 f. — A. im Falle der Heirath des Vaters nach Ehelichkeitserklärung eines Kindes IV 716 f., bei Annahme an Kindesstatt IV 732, bei Heirath des zum Vormunde eines volljährigen Kindes bestellten Elterntheils IV 850, V 258. — A. unter Miterben durch Testamentsvollstrecker V 272 f., VI 96, 348. — A. der Miterben V 881 ff., VI 342, 346 (s. Miterben). — A. bisheriger ehelicher Güterstände, Uebergangsbestimmung VI 537, 542.

Ausfall der Bedingung, Beweislast I 263.

Ausgabe von Schuldverschreibungen auf den Inhaber VI 179.

Ausgießen aus einem Gebäude, Schadensersatz II 641.

Ausgleichungspflicht unter Gesammtschuldnern I 434, 440, zwischen Vorbehaltsgut des Mannes und Gesammtgut IV 243, 269, VI 281, zwischen eingebrachtem Gute und Vorbehaltsgut IV 208 f. — A. über Vorempfang bei fortgesetzter Gütergemeinschaft IV 314 f., 347 f. — A. bei Erbschaftskauf II 113, 122, bei Pflichttheil V 522 f., VI 102 f. — A. bei Gesammthypothek III 624 f., 632 f., IV 508, 509.

A. der Abkömmlinge V 889 ff.: Ausstattung, Kosten der Berufsvorbildung, Zuschüsse zu Einkünften V 889 f. — Ausgleichung bei testamentarischer Erbfolge auf gesetzlichen Erbtheil V 891 f. — Beschränkung der die Ausgleichung ausschließenden Anordnungen V 892. — Ausgleichung unter Ersatzerben, Pflicht der entfernteren Abkömmlinge V 892 f., VI 340 f. — Ausgleichung bei Zuwendung eines Ehegatten aus dem Gesammtgute V 893. — Inhalt der Ausgleichung, Berechnung, keine Herauszahlung des Mehrbetrages V 893 f. — Auskunftspflicht über ausgleichungspflichtige Forderungen V 894. — Gerichtsstand für A. der Erben VI 641.

Aushängen von Sachen aus Gebäuden, Ersatzpflicht bei Beschädigung durch Herabfallen II 641 f.

Auskunftsbüreau II 638.

Auskunftspflicht des bisherigen Gläubigers bei Forderungsabtretung I 387, des Miethers gegenüber dem Erwerber des Miethgrundstücks II 156 f., des Beauftragten II 357 f., des Ausstellers von Schuldverschreibungen auf den Inhaber VI 385.

A. des Mannes hinsichtlich des eingebrachten Gutes IV 131, 164, 174, 192, des Vormundes gegenüber dem Gegenvormunde IV 759 f., gegenüber dem Vormundschaftsgerichte IV 802, des Gegenvormundes IV 819 f., des Gemeindewaisenraths IV 838. — A. des Vorerben V 96 f., 152, des Testamentsvollstreckers V 282 f., 315, des Erben gegenüber dem Pflichttheilsberechtigten V 519 f., des Nachlaßpflegers V 669, des sich eigenmächtig in den Nachlaß Einmischenden, des Erbschaftsbesitzers V 704 f., 707, 708, der Hausgenossen des Erblassers V 715 f., des Erben bei Inventarerrichtung V 754 f.

A. über ausgleichungspflichtige Forderungen V 894. — Gerichtsstand für A. des Erben VI 641.

Auslagen. Verjährung des Anspruchs aus A. I 201 ff., 211. — A. des Miethers II 174 f., des Finders III 261 f.

A. der Verwandten 2c. bei Anhörung durch das Vormundschaftsgericht IV 796, der Mitglieder des Familienraths IV 837, des Testamentsvollstreckers V 316.

Ausland. Wohnsitz der im A. angestellten Beamten I 40. — Testament im A. V 346 f. — Ausländisches Recht VI 1 ff. — Todeserklärung von Deutschen im A. VI 7. — Unerlaubte Handlungen Deutscher im A. VI 42 f. — Eheverträge im A., Form VI 60. — Bevormundung von Reichsangehörigen im A. VI 71. — Verfügung von Todeswegen durch Deutsche im A. VI 78 f. — Gesetz betr. die Eheschließung 2c. im A., Aenderungen VI 587 f.

Ausländer, Todeserklärung I 10 f., VI 6 f., 20 f. — Erlaubniß zur Eheschließung IV 35 f. — Personalstatut der Ausländer VI 12 ff. — A. juristische Persönlichkeit (Verein) VI 22 f. — Geschäftsfähigkeit der A. VI 28 f., 36 f. — Volljährigkeitserklärung, Entmündigung VI 29 f. — Form der Rechtsgeschäfte VI 32 f. — Eheschließung VI 46 ff. — Eheauflösung VI 51 ff. — Eheliches Güterrecht VI 57 ff. — Eheverträge VI 59 f. — Eheliches Güterrecht ausländischer Ehegatten mit Wohnsitz im Inlande oder nach Erwerb der Reichsangehörigkeit VI 60 f. — Rechtsverhältniß zwischen unehelichen Kindern und Mutter VI 68, Unterhaltspflicht des Vaters VI 68. — Vormundschaft, Pflegschaft über A. VI 68 f. — Erbrechtliche Verhältnisse, letztwillige Verfügungen von A. VI 72 f. — Vergeltungsrecht gegen A. VI 89. — Gewerbebetrieb von Ausländerinnen VI 579 f., 600. — Zuständigkeit für Ehesachen von A. VI 670 f., 790 f.

Ausländische Währung bei Geldschuld I 289 f. — A. Gesetz bei Eheverträgen IV 217. — A. Erbschaft, Erbschein für einzelne Gegenstände im Inlande V 691 f. — A. Gesetze, welche gegen gute Sitten, öffentliche Ordnung verstoßen VI 81 ff. — A. Urtheile VI 86 f., 228 f. — „Anwendung" ausländischer Gesetze VI 89. — Staatsverträge der Bundesstaaten mit a. Staaten VI 365 f. — A. Güterrecht gewerbetreibender Frauen VI 579 f. — Ausschluß der Anerkennung ausländischer Urtheile VI 662, 789, Unstatthaftigkeit des Vollstreckungsurtheils VI 703.

Auslegung einer Willenserklärung I 68, der

Verträge I 623 f., letztwilliger Verfügungen V 32 ff., 43 f.
Auslobung II 347 ff.: Begriff und Inhalt II 347 f. — Widerruf II 347 f. — Mehrheit von Ansprüchen auf die Belohnung, von Mitwirkenden zu dem Erfolge, Loos, Hinterlegung II 348 f. — Preisbewerbung II 350 f.
Ausscheiden eines Gesellschafters II 443 f., 518.
Ausschlagung der Erbschaft V 618 f., VI 336 f., der Nacherbschaft V 131, des Vermächtnisses V 216 f. — A. einer Erbschaft 2c. seitens der Frau ohne Zustimmung des Mannes IV 134, 204, 240, 259. — A. der Erbschaft, des Vermächtnisses keine Schenkung II 8. — Keine A. der Erbschaft durch den Fiskus als gesetzlichen Erben V 488 f. — A. der (beschwerten) Erbschaft durch den Pflichttheilsberechtigten V 506 f. — Berücksichtigung der A. der Erbschaft bei Berechnung des Pflichttheils V 513 f. — A. der Erbschaft bei Anfechtung wegen Erbunwürdigkeit V 647 f.
Ausschlagungsfrist bei Erbschaft V 620 f., Handlungen während derselben V 657 f.
Ausschließung der Verjährung durch Rechtsgeschäft I 238, der Uebertragbarkeit einer Forderung I 384. — A. eines Gesellschafters II 444. — Aufgebot zur Ausschließung des Grundstückeigenthümers VI 734 f., 800. — A. des gesetzlichen Güterrechts durch Ehevertrag IV 223, 225, 381 f., der fortgesetzten Gütergemeinschaft, durch Ehevertrag IV 302, 307, durch letztwillige Verfügung IV 246, 309, eines Abkömmlinges von der fortgesetzten Gütergemeinschaft IV 246, 309 f., V 137 f. — A. von der Mitwirkung bei Testamentserrichtung V 332 ff.
A. gesetzlicher Erben durch letztwillige Verfügung V 5 f. — A. der Anwachsung beim Vermächtnisse V 216. — Berücksichtigung der A. bei Berechnung des Pflichttheils V 516 f. — A. der Anwendung ausländischer Gesetze VI 81 f.
Ausschlußurtheil bei Todeserklärung I 20 f., bei Aufgebot von Schuldverschreibungen auf den Inhaber II 546 f., VI 744, von Legitimationspapieren II 565 f., bei Aufgebot zu Gunsten des Eigenbesitzers eines Grundstücks III 191 f., bei Aufgebot des Hypothekengläubigers III 617 f.
Aussetzung des Ehescheidungsverfahrens IV 418 f., VI 678, des Verfahrens bei Prozessen, für welche die Nichtigkeit oder das Bestehen einer Ehe präjudiziell ist VI 647 f., für welche die Anfechtbarkeit einer Ehe oder die Unehelichkeit eines Kindes präjudiziell ist VI 648 f.
Aussonderungsrecht, Nachlaßgläubiger mit A. V 743, 777 f.
Ausspannungen, Haftung der Besitzer von A. II 412.
Ausspielvertrag II 804 f.
Ausstattung, Begriff IV 321. — A. aus dem Gesammtgute bei allgemeiner Gütergemeinschaft IV 243, 271 f., V 135 f. — A.-Gegenstände bei Theilung des Gesammtguts IV 285. — Verpflichtung der Eltern zur A. einer Tochter IV 317 ff., V 143, VI 298. — A. eines Kindes bei Verheirathung, Begründung selbständigen Haushalts IV 319 f., 323. — A. aus dem Gesammtgute IV 326 f., 341 f., 347 f. — A. als eingebrachtes Gut der Errungenschaftsgemeinschaft IV 365 f. — A. eines Kindes bei Errungenschaftsgemeinschaft IV 368. — A. von Kindern aus nichtigen Ehen IV 669. — A. aus dem Vermögen volljähriger Bevormundeter IV 849. — Ausgleichungspflicht für A. V 890.
Ausstellen von Sachen aus Gebäuden, Ersatzpflicht bei Beschädigung durch Herabfallen II 641 f.
Ausstellung von Schuldverschreibungen auf den Inhaber II 527 ff., 558 ff., VI 177 ff.
Aussteuer IV 317 ff. (s. auch Ausstattung).
Austritt aus dem Verein I 534 f., eines Abkömmlinges aus der fortgesetzten Gütergemeinschaft IV 328 ff.
S. auch Ausscheiden.
Ausübung der Mitgliedschaft eines Vereines nicht übertragbar I 534 f. — A. der Grunddienstbarkeit III 311 ff., der persönlichen Dienstbarkeit III 436, des Nießbrauchs III 407 f.
Auswahl, s. Wahlrecht. A. bei Gattungsschuld I 285 ff. — A. des Vormundes durch Gericht IV 749.
Auswerfen aus einem Gebäude, Schadensersatzpflicht II 641.
Außerehelich, s. unehelich. — A. Beiwohnung unter Anwendung von Hinterlist 2c., Ersatz immateriellen Schadens II 640.
Außerkurssetzen von Inhaberpapieren, Unstatthaftigkeit II 555, VI 505 f., 508, 627.
Außerordentlicher Werth bei Schadensersatz I 297. — A. Testamentsform V 342 ff. — A. Pflichttheilsanspruch V 581 ff.
Auszug. Verjährung rückständiger Auszugsleistungen I 208 f., 211. — Nießbrauch am A. III 417. — A. als Reallast III 732.
Auszugsvertrag, Landesgesetze VI 419.
Autonomie des rheinischen u. westfälischen Adels VI 368.

B.

Baares Geld, s. Geld.
Baarzahlung bei Pfandverkauf III 479.
Badisches Gesetz über Stiftungen I 585, 598, betr. die privatrechtlichen Folgen der Verbrechen IV 442, 444.
B. Landrecht II 269, 477, IV 409, 423.
B. Wildschadensgesetze II 821.
Wirkung der Emanzipation nach b. Rechte VI 486, der Verbeistandung wegen Geistesschwäche VI 486 f., 620 f., 749, wegen Verschwendung VI 488. — Erwählter Wohnsitz VI 490. — Uebergangsbestimmung für

Vermögensabsonderung nach d. Rechte VI 544.
Bahneinheiten, Landesgesetze VI 611 f.
Bank. Zinsen aus Zinsen bei Bankgeschäften I 472, 475. — Anlegung von Mündelgeld IV 773 f., Hinterlegung IV 789.
Bannrechte, Fortbestand der Landesgesetze VI 372.
Bau, s. Gebäude. — Pfandrecht an einem im B. begriffenen Schiffe III 507.
Bäuerliche Erbverhältnisse V 372.
Bauhandwerker, dingliche Sicherung derselben II 321 f.
Bauliche Anlage als Gegenstand der Grunddienstbarkeit III 312 f.
Baum. Anpflanzung durch den Pächter eines Grundstücks II 259, 263. — Eigenthum an einzelnen B. III 5. — B. auf der Grenze III 132, Hinüberragen, Eindringen von Wurzeln und Zweigen in fremdes Grundstück III 138 ff. — Ueberfall von Früchten III 148 f. — B. gehört nicht zu den durch Nachbarrecht verbotenen Anlagen III 157 f. — Wegnahmerecht des Besitzers gegenüber Eigenthumsanspruch III 354 f. — Uebergangsbestimmung für Eigenthum an B. VI 518, 629.
Bauwerk, Mängel desselben, Verjährung der Ansprüche aus Werkvertrag II 311 f. — Sicherungshypothek des Unternehmers von B. II 321 f., Gefahr II 329 ff. — B. auf Boden des Bestellers, Lieferung der Materialien durch den Unternehmer II 337 ff. — B. als Gegenstand des Erbbaurechts III 281 ff.
Bayerisches Landrecht IV 189, V 890, 894. — B. Gesetz über Armen- und Krankenpflege IV 497. — B. Notariatsgesetz V 256, 334. — B. Wildschadensgesetze II 821.
Inkraftbleiben der b. Gesetze über privatrechtliche Vereine, Erwerbs- und Wirthschaftsgesellschaften VI 496 (vgl. VI 750, 778).
Beachtlicher Irrthum I 108.
Beamte im Auslande, Wohnsitz I 40. — Wohnsitz der Ehefrau bei Wohnsitz des Ehemanns im A. I 41. — Aufrechnung gegen Gehaltsforderung der B. I 374 f. — Abtretung von Ansprüchen der B. gegen den Staat I 385. — Abtretung von Diensteinkommen ꝛc. I 404. — B. eines Vereins I 520 f. — Haftung des Fiskus für Schaden durch B. I 607 ff., IV 821 f. — Kündigung des Miethverhältnisses bei Versetzung II 227, nicht des Pachtverhältnisses II 249 f. — Verletzung der Amtspflicht II 658 ff., 842 f., VI 202 f. — Erlaubniß zur Eheschließung IV 35 f. — Bestellung zum Vormunde IV 751, 831 f. — Zuziehung eines öffentlichen B. bei Vermögensverzeichniß des Vormundes IV 759. — Landesrechtliche Zuständigkeit von Beamten zur Auflassungserklärung III 173 ff. — Versehen von Grundbuchbeamten, staatliche Haftung III 767 f. — B. zur Inventarerrichtung V 734 f., 737. — Landesgesetze über Ansprüche und Verbindlichkeiten öffentlicher B. aus dem Dienstverhältnisse VI 408 f., 611, über Haftung der B. für Gehülfen und Stellvertreter VI 410, 611. — Landesgesetze über Zuständigkeit von B. für Verträge über Grundstücke VI 416, 424 f.
Bearbeitung einer beweglichen Sache, Eigenthumserwerb III 239 f.
Beaufsichtigung, s. Aufsicht. B. juristischer Personen, Landesgesetze VI 401.
Beauftragung, Beauftragter, s. Auftrag. Haftung für unerlaubte Handlungen des B. II 597 f.
Bedachte, s. Vermächtniß, Auflage. — Ausschließung B. von Mitwirkung bei Testamentserrichtung V 332 f.
Bedenkzeit, s. Ausschlagungsfrist.
Bedienung, Aufnahme der dazu erforderlichen Personen bei Wohnungsrecht III 437.
Bedingte Ansprüche, Verjährung I 209, 210. S. im Uebrigen Bedingung. — Arrest bei b. Anspruche VI 729.
Bedingung I 179 ff.: aufschiebende, auflösende I 179 f., Rückbeziehung I 180, Ausfall I 181, Vererblichkeit des bedingten Rechtes I 181, Sicherstellung desselben I 181 f., Schadensersatz bei schuldhafter Beeinträchtigung des bedingten Rechtes I 183, Verfügung während schwebender B. I 184, Vereitelung der B. gegen Treu und Glauben I 184, VI 133, B. welche auf Gegenwart oder Vergangenheit gestellt ist I 184 f., B. auf Willkürhandlung I 185, Unverständliche, widersinnige, unmögliche B. I 185, Rechtsbedingung I 185. — Beweislast bei B. I 262 ff. — Aufschiebend bedingtes Schuldverhältniß, Verpflichtung des Schuldners bei vor Eintritt der Bedingung eintretender Unmöglichkeit der Leistung I 316. — Unzulässigkeit einer B. bei Aufrechnungserklärung I 365 f. — Vertrag auf unmögliche Leistung mit aufschiebender B. I 454 f., desgl. auf verbotene Leistung I 455. — Aufschiebende B. bei Mäklervertrag II 342. — B. bei Bürgschaft II 461, 463. — Unzulässigkeit der B. bei Auflassung III 181 f. — B. bei Eigenthumsübertragung an beweglichen Sachen III 201. — Pfandrecht für bedingte Forderung III 440. — Vormerkung im Grundbuche für b. Anspruch III 108 ff., 451 ff. — Hypothek für b. Forderung III 543, IV 511, Grundschuld III 710, Vormerkung III 740, 746.
Unzulässigkeit der B. bei Eheschließung IV 38 f., 51, bei Anerkennung eines Kindes IV 470, 473, bei Ehelichkeitserklärung IV 711, bei Annahme an Kindesstatt, IV 718, 724, bei Wiederaufhebung derselben IV 737. — B. bei letztwilliger Verfügung V 11. — Aufschiebende B. bei letztwilliger Zuwendung V 11 f., — B. zum Vortheil eines Dritten V

13 f., auf Willkür des Bedachten (cautio Muciana) V 14 f., auf Willkür des Beschwerten V 15 f. — Bedingte Einsetzung der „gesetzlichen Erben" V 32 f., der Abkömmlinge eines Dritten V 35. — B. bei Erbeinsetzung als Anordnung der Nacherbfolge V 79 f. — B. bei Einsetzung der Nacherbfolge V 81 f. — B. bei Vermächtniß V 210 ff., 233, 237 ff. — Keine B. bei Annahme oder Ausschlagung des Vermächtnisses V 216 f. — Rechte und Verbindlichkeiten unter B., Berücksichtigung bei Berechnung des Pflichttheils V 518. — B. bei Annahme oder Ausschlagung der Erbschaft V 627. — Bedingte Forderungen bei Nachlaßpflegschaft V 819, im Konkurse VI 765, 766.

Bedürfniß, persönliches des Berechtigten bei Dienstbarkeit III 436.
B. als Voraussetzung der Unterhaltspflicht IV 478 f., 520 f.

Bedürftigkeit des Schenkers, Rückforderungsrecht II 22 f.

Beeinträchtigung, s. Störung.

Beerdigung, Kosten derselben bei Tödtung II 613, 616. — Kosten der B. als Unterhaltsanspruch IV 491, 493 f. — Kosten der B. des Erblassers V 654.

Beförderungsmittel einer Behörde oder Verkehrsanstalt, Fund in solchem III 273.

Befreite Vormundschaft IV 805 ff. (s. Vormundschaft). — B. B. des Vaters des volljährigen Bevormundeten IV 850. S. auch V 362 f.

Befreiung der Frau vom Erfordernisse der Ehemündigkeit IV 19 ff. — B. vom Ehehindernisse des Ehebruchs IV 28 f., 64. — B. der Frau von Wartezeit vor neuer Eheschließung IV 35. — B. vom Aufgebot zur Eheschließung IV 48. — Zuständigkeit für Befreiung von Ehehindernissen IV 37, VI 51, 67, 266. — B. von den Erfordernissen der Annahme an Kindesstatt IV 718 f., VI 67, 304 f. — B. des Bürgen II 479 f., VI 385.

Befristung, s. Frist, Zeitbestimmung.

Beginn der Rechtsfähigkeit I 4; der Frist I 188 f., der Verjährung I 209 ff.

Beglaubigung von Handzeichen unter Urkunden über Rechtsgeschäfte I 89 f., 102. — B. der Abschrift des Vereinsstatuts I 567, von Abschriften aus dem Güterrechtsregister IV 382, des Antrages auf Eintragung in dasselbe IV 383, 389, des Vermögensverzeichnisses bei Nacherbfolge V 93, der Ernennung des Testamentsvollstreckers durch Dritte V 248, des Vermögensverzeichnisses bei Testamentsvollstrecker V 310 f., des Verzeichnisses bei Nießbrauch an Inbegriff III 395, der Abtretungserklärung bei Hypothek III 649 f., 654 f., der Einwilligung des Nacherben zu Verwaltungsmaßregeln VI 94, von Erklärungen VI 131.

Begleiter eines Gastes, Verhältniß seiner Handlungen zur Haftung des Gastwirths II 403.

Begräbniß, s. Beerdigung.
Letztwillige Anordnung über B. V 357 f., 362.

Begräbnißstätten, Landesgesetze VI 435.

Begrenzung des Eigenthums III 118 ff., I 247 f.

Behörden. Willenserklärung gegenüber B. I 71, Anfechtung derselben I 133, VI 145. — Antrag auf Vorentscheidung einer B. über Zulässigkeit des Rechtweges, Einfluß auf Verjährung I 226 f. — Berechtigung für Vollziehung von Auflagen im öffentlichen Interesse bei Schenkung II 30 f. — Zuständigkeit von B. zur Abgabe der Auflassungserklärung nach Landesrecht III 173 ff., VI 416, 424 f. — Fund bei B. III 279.
Erklärung der geschiedenen Frau vor zuständiger B. über Namensführung IV 446. — Interesse von B. am Vollzuge letztwilliger Auflage V 245. — B. für Inventarerrichtung V 734 f., 737.

Beibringensinventar VI 442.

Beichte, Kosten derselben als Unterhalt IV 492.

Beischlaf, s. Beiwohnung.

Beisitz IV 378, 646.

Beistand der Mutter bei Ausübung der elterlichen Gewalt IV 613 ff., VI 301, 548, bei Sorge für das Kind aus nichtiger Ehe V 664 f., für das uneheliche Kind IV 671, 676. — B. wegen Geistesschwäche nach französischem oder badischem Rechte VI 486 f., 602 f., 749, wegen Verschwendung VI 488.
Gesetzlicher Vertreter als B. in Strafsachen VI 578.

Beistandschaft IV 863 f., VI 486, 620 f., 749.

Beitrag der Vereinsmitglieder I 477, 556, der Gesellschafter II 415 ff., VI 194.
B. der Frau aus dem Vorbehaltsgute zu den Lasten der Ehe IV 141 f., 226 f., 356, 364, der geschiedenen Frau zum Unterhalte gemeinschaftlicher Kinder IV 449 f., desgl. nach Auflösung der zweiten in Folge Todeserklärung geschlossenen Ehe IV 456.

Beitrittserklärung zu Vereinen I 567.

Beiwohnung unter Verlobten IV 7 f. — Unfähigkeit zur B. IV 74, 75, 78. — B. Mehrerer IV 673 f. — Vermuthung für B. bei Anerkennung des Kindes in nachfolgender Ehe IV 702 f. — Hinterlistige Beiwohnung, Schadensersatz, Geldentschädigung II 640 f., IV 694.

Bekanntmachung des Aufgebots bei Kriegs- und Seeverschollenheit I 17, des die Todeserklärung aussprechenden Urtheils I 24, der Vollmacht I 145 f., des Erlöschens derselben I 147 f., des Erlöschens einer Körperschaft, Gläubigeraufruf I 550, der Eintragung eines Vereins I 567, der Eintragungen in das Güterrechtsregister IV 382, 390, des Erlöschens der Vormundschaft IV 834, der

Entmündigung wegen Verschwendung, Trunksucht VI 699 f., des Ausschlußurtheils bei Aufgebot von Inhaberpapieren VI 744. — Landesgesetze über B. des Aufgebots VI 748 f., 802.

Bekenntniß des Mündels IV 749, 875 f.

Beläge bei Rechnungslegung II 359, 785.

Belastung des Vertragsgegenstandes mit Rechten Dritter, Ausschluß des Rücktrittsrechtes I 294 f. — Erstreckung der B. auf Zubehör III 19 f.

B. der vermachten Sache, insonderheit eines Grundstücks V 181 ff. — B. von Forderungen an Staatsschuldbuch, Landesgesetze VI 411 f. — Landesgesetze über B. von Grundstücken VI 433 f. — B. der vermietheten, verpachteten Sache, Uebergangsbestimmung VI 501 f. — B. von Eisenbahnen, Landesgesetze VI 552 f.

Belegung von Mündelgeldern IV 760 ff., 774 (s. Vormundschaft).

Beleidigung der Ehefrau, des Hauskindes, Strafantragsrecht VI 575.

Beleihung. Beleihungsgrenze für Mündelgelder IV 765 ff.

Belohnung, s. Auslobung.

Benachrichtigung des Gläubigers von der Versteigerung einer zur Hinterlegung nicht geeigneten (geschuldeten) beweglichen Sache I 356 ff. — B. öffentlicher Kassen von Abtretung von Diensteinkommen I 404. — B. des Hypothekengläubigers durch den Veräußerer eines Grundstücks von Uebernahme der Hypothek durch den Erwerber I 414, 417. — B. von dem Orte und der Zeit des Pfandverkaufs III 479, vom geschehenen Pfandverkaufe III 480, von Einziehung verpfändeter Forderung III 532, des persönlichen Schuldners durch den Hypothekengläubiger von der Zwangsversteigerung des Grundstücks III 611 f., IV 512. — B. vom Aufgebote von Schuldurkunden VI 800 f.

Beneficium cedendarum actionum IV 490. — B. competentiae des Schenkers II 21 f. — B. excussionis realis bei Pfandschuld III 464. — B. separationis V 795, 812, 820 ff.

Benefizialerbe, s. Inventarrecht.

Benennung des Vormundes IV 747 f. — Laudatio auctoris VI 646.

Benutzung von Sachen, Werthvergütung bei Ausübung des Rücktrittsrechtes I 788, von Sachen bei Gesellschaft II 440 f., 445, der Nießbrauchssache III 387 ff.

Berechnung der Fristen I 188 ff., des Pflichttheils V 518 f.

Berechtigungen an Grundstücken, landesgesetzliche Anwendung der Vorschriften über Eigenthumserwerb VI 525 f.

Bereicherung bei Unmöglichkeit der Leistung aus gegenseitigen Verträgen I 638 f., 650 f. — B. als Voraussetzung der Schenkung II 1 ff. — Ungerechtfertigte B. aus Schuldversprechen, Schuldanerkenntniß II 510 f., VI 200. — Herausgabe der B. aus unerlaubter Handlung II 611. — Ungerechtfertigte B. im Allgemeinen II 682 ff., VI 199 f.: Herausgabe des ohne Rechtsgrund Erworbenen, späterer Wegfall des Rechtsgrundes II 684 f. — Annahme gegen gute Sitten, gesetzliches Verbot II 686 ff., 702, 712. — Leistung einer Nichtschuld, einer Verbindlichkeit, welcher eine dauernde Einrede entgegensteht II 682, 693 f. — Vorzeitige Leistung, Zwischenzinsen II 694. — Leistung in Kenntniß der Nichtschuld, zur Erfüllung einer sittlichen Pflicht II 694 f. — Rückforderung eines Anerkenntnisses II 696 f. — Unmöglichkeit des bezweckten Erfolges II 699 f., Verhinderung desselben durch den Leistenden II 702. — Umfang der Herausgabepflicht, Werthansatz, Beschränkung auf die B., Verlust des Geleisteten, Nutzungen, Verwendungen II 702 ff. — Kenntniß des Empfängers vom Mangel des Rechtsgrundes II 711 f. — Nichteintritt des bezweckten Erfolges II 711 f. — Einrede gegen Anspruch auf Erfüllung einer Verbindlichkeit ohne Rechtsgrund auch nach Verjährung des Befreiungsgrundes II 713 f. — Rechtshängigkeit des Rückforderungsanspruchs II 717 f. — Konkurs des zur Herausgabe Verpflichteten II 721 f. — Ungerechtfertigte Arreste und einstweilige Verfügungen II 724 f. — Herausgabe der B. bei unberechtigter, unentgeltlicher Verfügung über Rechte an Grundstücken III 82, 87 f., über bewegliche Sachen III 215 f., bei Verbindung, Vermischung, Verarbeitung beweglicher Sachen III 244 f. — Herausgabepflicht des Dritten, welchem die u. B. unentgeltlich zugewendet ist VI 211 f. — B. des Geschäftsherrn bei Geschäftsführung ohne Auftrag II 739. — Anwendung der Vorschriften über u. B. bei Brautgeschenken nach Rücktritt vom Verlöbnisse IV 10 f. — Haftung des Vorerben für B. V 153 f. — Anwendung der Vorschriften über u. B. auf Herausgabepflicht des Erbschaftsbesitzers V 710, 716.

Bergbau, Beschädigung von Grundstücken durch B. VI 469 f.

Bergeigenthum III 3.

Bergrecht I 537, 554. — Fortbestand der Landesgesetze VI 371 f.

Bergwerk, Nießbrauch III 401 f., VI 242. — B. bei Nacherbschaft VI 344.

Berichtigung des Grundbuchs III 102, VI 222 f., 386 f., 393, des Schiffsregisters III 504.

Beruf, Kosten der Vorbildung zu einem B. als Gegenstand der Unterhaltspflicht IV 491, 671 f. — Einfluß des Vormundschaftsgerichts auf den B. des Mündels IV 800 f. — Ausgleichungspflicht für Kosten der Vorbildung V 890.

Berufung der Mitgliederversammlung eines Vereins I 532 f. — B. als Beistand IV 556, 616 f., als Vormund IV 745 f., als Mitglied des Familienraths IV 836, zur vorläufigen Vormundschaft IV 854, zur Pflegschaft IV 857, zur Erbschaft V 488 f.
Beschädigter bei unerlaubten Handlungen II 571 f.
Beschädigung fremder Sachen als Selbsthülfe I 241 f., 251. — Mittelbare B. I 298. — — B. durch Thiere II 646 f.
Beschäftigungszeugniß der Gewerbeordnung VI 583 f.
Bescheinigung der Ernennung zum Testamentsvollstrecker V 253, 688 f.
Beschlagnahme, Aufrechnung gegen eine beschlagnahmte Forderung I 373 f. — B. bei der Hypothek III 554 ff., IV 502, II 248, 284 ff. — Reichsgesetz, betr. die Beschlagnahme des Dienstlohns IV 693.
Beschneidung, Kosten derselben als Unterhalt IV 492.
Beschränkte Geschäftsfähigkeit, s. Geschäftsfähigkeit. — B. des Eigenthums an Grundstücken III 120 ff. (s. Grundstücke). — Landesgesetze über B. des Eigenthums im öffentlichen Interesse VI 428.
B. Haftung des Erben V 759 ff., Geltendmachung bei Zwangsvollstreckung VI 713, 796.
Beschwerter, s. Vermächtniß, Auflage. — Beschwerungen des angewachsenen Erbtheils V 76.
Besicht. Kauf auf B. V 77.
Besichtigung der Miethsache zur Wiedervermiethung II 216. — B. des Pachtgrundstücks II 252. — B. von Sachen, Vorlegungspflicht II 770.
Besitz III 26 ff. — Aufgeben des B. eines herauszugebenden Grundstücks durch den Schuldner bei Verzug des Gläubigers I 332.— Schadensersatzpflicht bei Verletzung des B. durch unerlaubte Handlung II 572 f. — Ersatzleistung, Rückgabe des durch unerlaubte Handlung Entgangenen an den Besitzer, Befreiung von Ansprüchen des Eigenthümers II 607 f. — Haftung des Besitzers eines Gebäudes, eines Werkes für Beschädigung durch dasselbe II 653, 655. — Erwerb des B. III 26 f., Besitzwille III 30. — Besitzausübung durch Andere III 30 f., VI 219 663. — Mitbesitz III 33. — Besitzerwerb Geschäftsunfähiger III 33, durch Vertreter III 33. — Ausschließlichkeit des B. III 33. — Erwerb mittelst Uebergabe III 33. — Fortdauer des B. III 34. — Verlust des B. III 34 f. — Besitzschutz III 36 ff., verbotene Eigenmacht III 36 f., fehlerhafter Besitz III 36 f., Nothwehr, Selbsthülferecht des Besitzers III 38 ff., VI 219 f. — Schutz des Theilbesitzes (Wohnungsräume 2c.) III 41, des Mitbesitzes III 41 f., VI 220. — Anspruch auf Wiedereinräumung des durch verbotene Eigenmacht entzogenen B. III 43, VI 219, auf Unterlassung von Störung des B. III 44, VI 219. — Einrede des Nichtvorhandenseins verbotener Eigenmacht III 44. — Erlöschen der Ansprüche aus verbotener Eigenmacht, Urtheil im Petitorium III 44 f. — Beweiserleichterungen zu Gunsten des Besitzers einer beweglichen Sache, Vermuthung für dessen Eigenthum an derselben III 45 f. — Mittelbarer B. III 219 ff., VI 584 f. — Haftung des Besitzers für Einsturz von Gebäuden III 161. — Duldung des Aufsuchens beweglicher Sachen auf einem Grundstücke III 164 f., VI 220. — Dreißigjähriger B. eines Grundstücks durch den als Eigenthümer Eingetragenen III 192 f., IV 588. — Übergabe des B. beweglicher Sachen zwecks Eigenthumsübertragung III 194 ff. (s. Eigenthum). — Eigenbesitz III 227 f. — Fruchterwerb des redlichen Besitzers III 247 f. — Schutz des Besitzes der Grunddienstbarkeit III 318 f., VI 523 f. — Herausgabepflicht des Besitzers gegenüber dem Eigenthümer III 328 ff. — Vermuthung des Eigenthums beweglicher Sachen zu Gunsten des Besitzers III 380 ff. — B. des Nießbrauchers III 387, an Inhaber- und Ordrepapieren III 427 f. — Uebergabe des B. zur Pfandrechtsbestellung III 441 f., 452. — Kein B. bei Schiffspfandrecht III 503.
B. des Mannes am eingebrachten Gute IV 126, 130, 165, des Vaters am Kindesvermögen IV 575. — Vermächtniß des B. einer Sache V 168. — B. des Nachlasses durch den Testamentsvollstrecker V 276 ff., 527. — Uebergang des B. auf den Erben V 650 f.
Maßgebende Gesetze für den Erwerb des B. V 37.
Uebergangsbestimmungen für bestehende B.verhältnisse VI 516, 628 f.
Besitzeinweisung, s. Einweisung.
Besitzergreifung, Fruchterwerb durch B. III 249 f.
Besitzklage, Unstatthaftigkeit der Verbindung mit der petitorischen Klage VI 658.
Besitzschutz III 36 ff., 318 ff., VI 241, 523 f., 632.
Besitzstand bei Grenzverwirrung III 128.
Besitzstörung III 44.
Besitzwille III 30.
Besitzzeit des Rechtsvorgängers, Anrechnung bei Anspruchsverjährung I 231, bei Ersitzung III 230.
Besoldung, Verjährung von Rückständen I 208 f., 211. — Abtretung, Uebertragung, Landesgesetze VI 409.
Besonderes Gericht, Geltendmachung von Ansprüchen vor solchem, Einfluß auf Verjährung I 231.
Besseres Gebot, Vorbehalt desselben beim Kaufe II 78.
Besserungsanstalt. Unterbringung eines Kindes IV 619 f., eines Mündels IV 800, eines Strafunmündigen VI 571 f.

Besserungsermahnung bei Entmündigung wegen Verschwendung VI 695, wegen Trunksucht VI 698.
Bestallung des Vormundes IV 752 f., 834, 837.
Bestandtheile einer Sache III 4 f., eines Grundstücks III 6 f., 238, VI 119. — Verbindung einer beweglichen Sache mit einer andern als wesentlicher B. III 238 f. — Eigenthumserwerb am B. III 245 ff. — Abtretungsrecht des Besitzers für wesentliche B. gegenüber Eigenthumsanspruch III 354 f., VI 238. — Pfandrecht an getrennten B. der Pfandsache III 450 f. — Haftung von getrennten B. für Hypothek III 555 f., IV 502, VI 247 f., 285 f. — Verwendung von B. zur Ausbesserung der Nießbrauchsache VI 244.
Bestätigung eines nichtigen Rechtsgeschäfts I 126, eines anfechtbaren Rechtsgeschäfts I 133 f.
B. einer wegen Geschäftsunfähigkeit nichtigen Ehe IV 59 f., einer wegen Formmängel nichtigen Ehe durch Wiederholung IV 60 f., einer anfechtbaren Ehe IV 82 ff., der Annahme an Kindesstatt IV 718 f., 724 ff., V 145 f.
Besteller, s. Werkvertrag.
Bestellung des Vereinsvorstandes I 506 f. — B. des Vormundes, Beistandes, s. d. W.
Bestellungskosten bei Rückgabe des verpachteten landwirthschaftlichen Grundstücks II 264, des Besitzers gegenüber Eigenthumsanspruch III 357.
Bestellungsprinzip bei Vormundschaft IV 743.
Bestimmung der Leistung durch einen der Vertragschließenden I 464 f.; durch Dritten I 467 f. — Bestimmung des Erben durch letztwillige Verfügung V 5 f., 23 f., der Geltung letztwilliger Verfügung nach Willkür eines Dritten V 15 f. — B. des Bedachten bei letztwilliger Auflage durch Beschwerten oder Dritten V 30 f.
Betagte Ansprüche, Verjährung I 209, 210. — Arrest bei b. Anspruche VI 729.
Betriebsplan bei Nießbrauch an Wald III 393.
Betriebsunternehmer, s. Unternehmer.
Betrug bei Willenserklärung I 118 ff., VI 128, bei letztwilliger Verfügung V 52, Erbvertrag V 385 (s. auch Arglist, Täuschung).
Beugung des Rechtes II 658 ff.
Beurkundung. Verabredung der B. eines Vertrags I 75, VI 133. — Gerichtliche oder notarielle B. eines Rechtsgeschäfts, reichsgesetzliche Regelung V 429 ff. — B. des Kaufes, Kosten II 68. — B. der Anmeldung zum Vereinsregister I 488, der Stiftung I 488, des Antrags auf Ehelichkeitserklärung IV 711, der Verfügung eines Miterben über seinen Antheil V 837. — B. des Vertrags über Grundstücke, Landesgesetze VI 416, 650. (s. auch gerichtliche B., Notar.)
Bevollmächtigung I 138. (S. im Uebrigen Vertreter, Vollmacht.)
Bewaffnete Macht, Angehörige einer, Todeserklärung I 6 f.
Bewässerung, Fortbestand der Landesgesetze VI 372.
Beweggründe, Irrthum in I 118, V 49.
Bewegliche Sachen. Verpfändung zur Sicherheitsleistung I 264 f., 268; untaugliche I 268. — Oeffentliche Versteigerung einer geschuldeten b. S., welche zur Hinterlegung nicht geeignet ist I 342 f., 356 ff. — Entwehrung von b. S. und Rechten an solchen I 663 f. — Kündigungsfristen für Miethe von b. S. II 214 f. — Vermuthung für das Eigenthum des Besitzers einer b. S. III 45 f. — Aufsuchen, Abholen einer b. S. von fremdem Grundstücke III 164 f. — Eigenthumserwerb an b. S. III 194 ff., VI 387 (s. Eigenthum). — Schatz in b. S. III 274. — Bestellung des Nießbrauchs III 385 f. — Pfandrecht III 440 ff.
— Verfügung des Mannes über b. S. des eingebrachten Gutes IV 167, 353 f. — Erwerb von b. S. mit Mitteln des eingebrachten Gutes IV 184 ff. — B. S. bei Nacherbfolge, Feststellung des Werthes V 94. — Uebergangsbestimmung für Ersitzung b. S. VI 520, 633.
Beweis, Beweislast VI 384. — Beweiserleichterung bei Todeserklärung I 9 f. — Beweis des Lebens und Todes I 23. — B. der Erfordernisse der Todeserklärung I 23. — Beweislast bei Anfechtung einer Willenserklärung wegen Irrthums I 111, bei Haftung des Vertreters ohne Vertretungsmacht I 161.
— Streichung der generellen Beweisregeln I 258 f.
— Beweislast bei Streit, ob die Unmöglichkeit der Leistung durch den Schuldner veranlaßt worden I 317, bei Ablehnung der theilweisen Erfüllung durch den Gläubiger wegen Mangels des Interesses I 319 f., bei Leugnen gläubigerischen Verzugs, weil Schuldner zur Zeit des Angebots die Leistung nicht habe bewirken können I 329, bei Aufrechnung gegen übertragene Forderung I 391 f., 394, bei Schuldenhaftung im Falle der Uebernahme eines Vermögens I 428, bei Schadensanspruch in Folge Unmöglichkeit der Vertragsleistung I 451, 453. — B. der Unbilligkeit der durch einen Dritten getroffenen Bestimmung der Vertragsleistung I 469. — Beweislast bei Bestimmungen der Vereinssatzung I 531. — Beweis der Leistung im Prozesse aus gegenseitigem Vertrag I 632 f. — Beweislast unrichtiger, unvollständiger Erfüllung bei Annahme einer Leistung als Erfüllung I 636 f. — B. des Käufers für Rechtsmängel der gekauften Sache I 665. — B. bei Bestreitung der Verwirkung der Vertragsstrafe I 787, beim Rücktrittsrechte I 797, bei Handkauf II 54 f., bei Kauf nach Probe II 77, bei Schadensanspruch des Verwahrers II 401, für Erfüllung der verbürgten Hauptschuld II 461, für Ablauf der Ausschlußfrist für Ansprüche aus Schuldverschreibung auf

den Inhaber II 544, bei Schadensanspruch aus versäumter Aufsichtspflicht II 594 f., bei Behauptung unverschuldeter Trunkenheit II 590, bei Schadensanspruch aus Handlungen Beauftragter rc. II 598, 603, bei Beschädigung durch Gebäude II 653, 655, bei condictio ob causam datorum II 693, 707, bei negatorischem Anspruch aus dem Eigenthume III 125, bezüglich des guten oder bösen Glaubens beim Erwerbe beweglicher Sachen von einem Nichtberechtigten III 207. — B. für die Unthunlichkeit der Androhung des Verkaufs der Pfandsache III 458. — B. bei Immissionen in fremde Grundstücke VI 225 f.

— Beweislast bei Nichtigkeit der Ehe im Verhältnisse zu Dritten IV 68, bei verweigerter Zustimmung der Frau zu Verfügungen des Mannes über eingebrachtes Gut IV 127, bei Unterhaltspflicht IV 480. — B. des guten Glaubens der Eltern bei nichtiger Ehe, Stellung der Kinder IV 664. — B. der unehelichen Vaterschaft IV 671 ff., VI 302 f. — B. des Grundes der Pflichttheilsentziehung V 580 f., der Voraussetzungen des Erbscheins V 679, 681, bei Erbschaftsanspruch V 701, 704.

Beweisaufnahme über Mängel als Unterbrechung der Verjährung des Anspruchs auf Gewährleistung I 704, 718, 739. — Prozessualische Zulässigkeit VI 665.

Beweisurkunden, Herausgabepflicht bei Uebertragung einer Forderung I 387, beim Kaufe II 58.

Bewirthschaftung eines verpachteten landwirthschaftlichen Grundstücks II 253 f., eines dem Nießbrauch unterliegenden Grundstücks III 391 f., Waldes III 392 f., eines Waldes durch den Vorerben V 127.

Bewußtlosigkeit bei Empfang einer Willenserklärung I 71 f., VI 119 f., bei unerlaubten Handlungen II 579 f

— Nichtigkeit der Ehe wegen B. bei der Schließung IV 55, 57, VI 269, Bestätigung derselben IV 59 f.

Bezeichnung des Erblassers und der mitwirkenden Personen bei Testamentserrichtung V 336 f.

Bienen, Beschädigung durch B. II 646 f. — Eigenthumserwerb an B. III 255, VI 235.

Bigamie, s. Doppelehe.

Bilanz eines kaufmännischen Geschäfts als Vormundschaftsrechnung VI 802.

Billet. Uebertragung eines B. I 384. — B. auf den Inhaber II 561 f.

Billiges Ermessen bei Bestimmung der Leistung durch einen der Vertragschließenden I 464 f., der Gegenleistung I 465 ff., durch Dritte I 467 ff. — Billigkeit als Grund der Haftung für Schadenszufügung ohne Verschulden II 583.

B. E. bei Gattungsvermächtniß V 197 f.

Billigung bei Kauf auf Besicht oder Probe II 77 f.

Bindung an einen Vertrag, Vorbehalt derselben I 75. — Gebundensein des Antragenden I 75 f.

Binnenschiffahrt, Gesetz betr. die B. III 497 f., VI 559 f.

Blankoabtretung der Hypothek III 647, 649, 651 f., der Grundschuld III 713 f.

Blanko-Indossament. Ordrepapiere mit B. als Mittel der Sicherheitsleistung I 266. — O. mit B., welche aus Mitteln des Kindesvermögens erworben werden IV 571 f. — Behandlung von O. mit B., welche zum Mündelvermögen gehören IV 783 f., desgl. zur Vorerbschaft V 106 f.

Blinde, Vormundschaft IV 839 f., VI 489, Pflegschaft IV 855 f., V 147 f.

Boden, s. Grund und Boden.

Bodenbestandtheile als Frucht III 23 f. — Nießbrauch an B. III 391 f., VI 244. — Anlage zur Gewinnung von B. bei Nacherbschaft VI 344. — Uebergangsbestimmung für Eigenthum an stehenden Bodenerzeugnissen VI 518.

Bodmerei III 498.

Börsenpreis, Verkauf geschuldeter, nicht zur Hinterlegung geeigneter Sachen zum B. VI 166, verpfändeter Sachen zum B. III 477, 531 f.

Böser Glaube des Schuldners hindert nicht Verjährung I 233 f. — B. G. bei Ersitzung III 233 f., 235, bei Verarbeitung beweglicher Sachen III 241, bei Fruchterwerb III 247 f., des Besitzers bei Eigenthumsanspruch III 339 ff., des Erbschaftsbesitzers V 718 f. — B. G. der Eheschließenden hinsichtlich der amtlichen Befugniß des das Amt eines Standesbeamten Ausübenden IV 46 f. — Kinder aus nichtigen Ehen bei B. G. der Eltern IV 662 f.

Bösliche Verlassung als Ehescheidungsgrund IV 401 f.

Bote, Anspruchsverjährung I 201 f., 204, 211

Brandschaden, s. Feuersgefahr.

Brauhaus, Zubehör III 17 f. — B. in Nutzung von Realgemeinden VI 493 f.

Braunschweig, Wildschadensgesetze II 821.

Braut, s. Verlöbniß.

Brautgeschenke IV 10 f.

Brautkinder, Uebergangsbestimmung VI 552.

Bremen, Gesetz über Verpfändung von Schiffen III 500, 505, 507.

Brevi manu traditio III 194 f., 208, 210.

Brief, s. Briefwechsel.

Briefhypothek III 508 ff., 638 ff. (s. Hypothek, unter Briefhypothek).

Briefwechsel zur Wahrung der Schriftform von Verträgen I 92, 102, VI 131.

Bringschuld. Geldschuld ist B. I 306, IV 570.

Bruchtheile. Uebernahme des B. eines Vermögens, Schadenhaftung I 428, 430. — Vertrag über B. künftigen, gegenwärtigen Vermögens I 457 f., über B. einer Erbschaft II 130. — Gemeinschaft nach B. II 743 f.,

bei eingetragenen Rechten III 50 f. — Nießbrauch an B. III 384, 387, IV 597 f. — Pfandrecht III 441, 482, an B. von Schiffen III 504 f. — Hypothek an B. III 543, IV 501. — Reallast III 734. — Dingliches Vorkaufsrecht III 763. — Verfügung über B. des Mündelvermögens IV 791. — B. der Erbschaft V 3, 72 ff. (s. Erbeinsetzung). — Uebergangsvorschrift für Gemeinschaft nach B. VI 504 f., 629, für Miteigenthum ohne B. VI 516 f., 629.
Bruder als Nacherbe V 84 f., 237 f., VI 91, als Vermächtnißnehmer V 213 f., 238, VI 91.
Brunnen, gemeinschaftliche B. III 278.
Bücher, Bestimmung über B. in formloser letztwilliger Verfügung V 358 f.
Buchforderung gegen Reich oder Bundesstaat, Verpfändung zur Sicherheitsleistung I 264 f., 267, Anlegung von Mündelgeld IV 761 ff. — Behandlung solcher B., welche zum Mündelvermögen gehören IV 783 f., 787 f., 794, desgl. zur Vorerbschaft V 106 f., VI 93 f. — Landesgesetze über Belastung und Uebertragung von B. VI 411 ff.
Buchhypothek III 508 ff., 638 ff. (s. Hypothek unter Buchhypothek).
Büdnerrecht, Fortbestand der Landesgesetze VI 472 ff., 607 f., 650 f., Anwendung der Vorschriften über Grundstücke VI 485 f., 607 f., 650 f.
Bürge, Bürgschaft. B. zur Sicherheitsleistung I 264 f., 269 f., VI 384. — Keine B. zur Abwendung des schuldnerischen Zurückbehaltungsrechts I 310 f. — Uebergang der B. mit Abtretung der Forderung I 386. — — Erlöschen der B. bei Schuldübernahme I 421 ff. — B. im Allgemeinen II 461 ff.: Begriff und Inhalt II 461 f. — Form II 462 f. — B. für künftige, bedingte Verbindlichkeit II 461, 463. — Accessorische Natur der B. II 464 f., Anfechtungsrecht des Hauptschuldners, Einrede des Bürgen aus demselben II 465 f., Einrede aus dem Inventarrechte II 466. — Umfang der Haftung des B. II 466 f., 518, VI 196. — Gesammtschuldnerische Haftung von Mitbürgen II 467 f. — Einrede der Vorausklage II 468 f., 475 f., VI 197, der Aufrechnung II 468 f., 470 f., 477. — Befriedigung des Gläubigers durch den B., Uebergang der Forderung, Verhältniß des B. zum Hauptschuldner, zu Mitbürgen II 478 f. — Fälle, in welchen Bürge Befreiung oder Sicherheitsleistung seitens des Hauptschuldners fordern kann II 479 f., VI 385. — Vereinigung von B. und Schuld II 480. — Verzicht des Gläubigers auf Nebenrechte, Pfandrecht 2c. II 480 f., Verzug des Gläubigers II 482. — B. auf Zeit II 483 f., VI 198. — Kreditauftrag II 485 f. — Einreden des B. kein Grund zur Hemmung der Verjährung II 518. — Anwendung der Vorschriften über B. bei Uebergang der Pfandforderung III 483. — Form der B. VI 196. — Rechte der Gläubiger gegen B. bei Zwangsvergleich VI 766 f. — B. des Mannes aus Gesammtgut der allgemeinen Gütergemeinschaft IV 251, 257. — Eingehung von B. für Mündel IV 794.
Bürgerliche Ehe IV 38.
Bürgerliches Gesetzbuch, Bezeichnung VI 358.
Bundesangehörigkeit. Gesetz betr. den Erwerb 2c. IV 705, Aenderungen desselben VI 590, 743.
Bundesrath. Bezeichnung von Werthen zur Anlegung von Mündelgeld IV 761 ff. — Genehmigung der Ausgabe von Schuldverschreibungen auf den Inhaber II 555 f.
Bundesstaaten. Aufrechnung gegen Forderungen der B. I 375. — Anlegung von Mündelgeld in Schuldverschreibungen von B. IV 761 ff., desgl. bei Vorerbschaft V 106 f. — Genehmigung der Ausgabe von Schuldverschreibungen auf den Inhaber II 555 f. — Fiskus eines B., Erbrecht V 484 f. — Staatsverträge der B. mit ausländischen Staaten VI 365 f.
Buße, Antrag auf Zuerkennung kein Grund zur Unterbrechung der Verjährung I 225. — B. bei unerlaubten Handlungen II 612, VI 579.

C.

Causa für Vermögensübertragungen I 271 (s. auch Verpflichtungsgrund). — C. perpetua der Servitut III 308.
Cautela Socini V 507, 508, 509.
Cautio damni infecti II 656.
Cautio Muciana V 14.
Cessio legis IV 490.
Cession, s. Uebertragung.
Cessionsverbote, s. Unübertragbarkeit.
Chikaneverbot I 238 f., II 577, III 167 f.
Cirkularkreditbrief II 385.
Civilehe IV 11 ff.
Civilkomputation I 35.
Civilprozeßordnung, Aenderungen I 11 ff., 23, 25, 28, 124, 181, 182, 244, 253, 257, 262, 264, 272 ff., 377, 668, 701, 708, 735, II 189, 193, 237, 313, 426, 472, 492, 547, 548, 621, 629, 671 ff., 683, 717 ff., 724 f., 771, 779 f., 790 f., 792 f., III 23, 68, 182, 184 f., 186 f., 191, 193, 204 f., 379, 380, 407, 463, 485 f., 487, 494, 501, 524, 532 f., 542, 560, 587 f., 591, 617 f., 653, 700, 703, 711, 767, IV 64 f., 69, 91, 92, 93, 99, 106, 134, 182, 183, 195, 204, 205, 210, 222, 234, 239, 241, 263, 279 f., 351, 368, 370, 406, 418 f., 431, 436, 437, 451 f., 474 f., 476, 519, 531, 551, 580, 598, 605 f., 692 f., 742, 758, 850, 858, 864, V 111, 112, 114, 130, 134, 287, 294 f., 302, 303, 304, 388, 488, 532, 540 f., 545, 573 f., 660 f., 667, 668, 687, 701, 725, 729, 748 f., 774, 776 f., 780, 783, 786 ff., 794, 811, 829, 831, 837, 841 f., 862, 874 f., 877 f., VI 53, 86 f., 112, 142, 198, 228, 232, 233, 294, 315, 317, 322, 349, 355, 356, 385, 387 f., 397, 593 f., 638 ff., 784 ff. — An-

wendung der Vorschriften der C.P.O. über Klageerhebung und Rechtshängigkeit auf Rechtsstreitigkeiten, welche nicht nach C.P.O. zu erledigen sind VI 408.
Clausula rebus sic stantibus I 631, 784.
Coburg-Gotha, Wildschadensgesetze II 821.
Code civil I 38, 327, 363, 382, 390, 455, 469, 623, 645, 657, II 16, 151, 154, 269, 323, 367, 418, 423, 442, 477, 600, 745, 799, 821, III 131, 198, 280, 296, 316, 382, 408, IV 89, 123, 272, 409, 421, 422, 423, 522, 610, 864, V 72, 77, 160, 334, 462, 715, 739, 761, VI 2, 194, 233, 541.
Condicto ob causam datorum I 337, II 689 f., 692, ob causam finitam, causa data causa non secuta I 652, II 41, 684, 692, 700, 712 f., IV 11, ob injustam causam I 782, indebiti II 690, 697, 700, possessionis V 707.
Constitutum possessorium II 14, 15, 16, 17, 18, III 196 ff., 209 f., 218, IV 186, VI 263. — C. zur Sicherung einer Forderung III 200 f., zur Begründung des Pfandrechts III 444, 519.
Contractus pignoraticius III 454.
Contre-lettres I 390.
Culpa levis in concreto I 188, in eligendo II 355, 356.

D.

Dampf. Schaden durch Explosion einer Dampfmaschine II 658. Zuführung von D. auf ein fremdes Grundstück III 123 f.
Dampfschiffahrtsunternehmungen, Fortbestand der Landesgesetze über Entschädigung seitens D. III 379, VI 428.
Damwild, Wildschaden II 806 ff.
Daraufgabe, Bedeutung für den Abschluß des Vertrags, im Zweifel nicht Reugeld I 769 f. — Anrechnung, Rückgabe der D. I 771 f. — Verschulden des Gebers der D. hinsichtlich Erfüllung des Vertrags, Unmöglichkeit derselben I 774 f. — Herabsetzung zu hoher D. I 775.
Daraufgeld I 769.
Darlehen II 41 ff.: Begriff, Gegenstand II 42. — Umwandlung einer anderen Schuld in D. II 42 f. — Zinsen II 43, VI 187, Rückerstattung, Kündigung II 43 ff., Einfluß eines Tilgungsplans auf das Kündigungsrecht II 44 f. — Kündigung des Schuldners II 46 f. — Darlehensversprechen, Rücktritt davon II 47 ff. — Hinterlegung vertretbarer Sachen als D. II 395 f., VI 193. — D. zu Spiel, Wette II 795 f. — Erfordernisse der hypothekarischen Eintragung von D. der Kreditanstalten III 544 f., VI 501, 511. — D. von Pfandleihern VI 380. — Meliorationsdarlehen VI 439.
Darlehenshypothek, Eintragung eines Widerspruchs wegen nicht erhaltener Valuta III 584, 647, IV 511, ausgeschlossen bei Sicherungshypothek III 682 f.
Darlehensschein II 42.
Darlehensversprechen II 46 ff.
Datum der Eintragungen im Grundbuche, Bedeutung für das Rangverhältniß III 88 f.
Dauer der Schwägerschaft I 36, des Kindesalters I 49.
Debitum conjugale IV 412.
Deckungsprinzip III 49 f.
Deflorationsanspruch IV 7 f., 694 f., VI 68.
Deichrecht, Fortbestand der Landesgesetze VI 372.
Délaissement par hypothèque V 761.
Delationsgründe der Erbschaft V 3 f.
Delegation, s. Schuldübernahme, Anweisung.
Deliktsobligation. Aufrechnung gegen Deliktsforderung I 374. S. auch Unerlaubte Handlung.
Deliktsunfähigkeit, Haftung für zugefügten Schaden trotz D. II 579 ff.
Denunziation der Forderungsübertragung I 377 ff.
Deposition, s. Hinterlegung
Depositum irregulare II 397 f.
Depotgeschäft II 396.
Depotschein, Verpfändung III 525 f.
Dereliktion von Grundstücken III 184 ff
Derogatorische Klausel V 5, 462.
Deszendenten, s. Abkömmlinge.
Detention, s. Besitz.
Deutsche. Pflicht zur Uebernahme der Vormundschaft IV 750. — Ausländische Todeserklärung VI 7 f., Entmündigung VI 32. — Unerlaubte Handlungen D. im Auslande VI 42 f., Verfügungen von Todeswegen VI 78, Bevormundung VI 71. — Gerichtsstand des D. (Civilprozeßordnung) VI 638 f.
Deutsche Sprache, Protokoll über Testamentserrichtung V 336 f., Unkenntniß derselben V 339 f.
Dienendes Grundstück, s. Grunddienstbarkeit.
Dienstbarkeiten III 286 ff. (s. Grunddienstbarkeiten, Nießbrauch, persönliche D.) — Gewährleistung für Nichtvorhandensein von D. bei Veräußerung von Grundstücken I 657. — D. einer Gemeinde zu Gunsten ihrer Mitglieder III 437 f. — Fortbestand der Landesgesetze über Ablösung rc. von D. VI 372 f., über Untersagung der Belastung mit D. VI 433 f., 608, über Besitzschutz bei D. VI 632.
Dienstberechtigter, s. Dienstvertrag.
Dienstboten, Dienstleute. Wohnsitz I 38 f. Formlose letztwillige Zuwendung an D. V 358 f. (S. Dienstvertrag, Gesinde.)
Dienste, Dienstleistung, gewerbsmäßige, Anspruchsverjährung I 203, 207, 211. — Vergütung für D. bei Rücktritt vom Vertrage I 788 f. — D. höherer Art II 277. — D. als Beitrag zur Gesellschaft II 417, 440 f. — Ersatz für D. welche der durch unerlaubte Handlung Verletzte einem Dritten kraft Gesetzes schuldete II 631. — D. als Reallast III 732 f.
Persönliche D. der Ehefrau IV 101 f., VI 272.

D. des Kindes im Hauswesen der Eltern IV 537 f. — D. des Vormundes IV 817.
Diensteinkommen, Abtretung von D. I 404.
Dienstverlaubniß für Kinder IV 537 f.
Dienstlohn, s. Dienstvertrag. Landesgesetze über Verjährung von D. VI 380.
Dienstsiegel auf Testamenten V 351.
Dienststunden für Einsicht des Vereinsregisters, Güterrechtsregisters VI 182.
Dienstverhältniß zum Erblasser, Auslegung letztwilliger Zuwendung V 35 f. — Uebergangsbestimmung für bestehendes D. VI 499 f. — Wirkung des Konkurses auf D. VI 760.
S. auch Dienstvertrag.
Dienstverpflichteter s. Dienstvertrag.
Dienstvertrag Minderjähriger I 64 f., VI 122, 143 f., von Mündeln IV 792 f., 796 f., 800 f., V 147.
D. im Allgemeinen II 276 ff.: Inhalt und Gegenstand, Vergütung, Taxe, Dienste höherer Art II 276 f. — Anzeigepflicht bei Ablehnung gewisser Dienste II 278. — Leistung der D. in Person, Unübertragbarkeit des Anspruchs auf D. II 278 f. — Zeit der Entrichtung der Vergütung II 279. — Annahmeverzug des Dienstgebers II 279 f. — Verhinderung des Dienstnehmers, Voraussetzung des trotzdem bestehenden Anspruchs auf Vergütung, Versicherung des Verhinderten, Betheiligung mehrerer Dienstgeber II 280 ff. — Kur- und Verpflegungskosten II 284 ff. — Schutz- des Dienstnehmers gegen Gefahren für Sittlichkeit, Leben, Gesundheit, Wohnräume, Schadensersatz, Unzulässigkeit vertraglicher Beschränkung oder Aufhebung dieser Haftung II 89 ff., VI 187 f. — Kündigung des D., Fristen dafür II 295 ff., bei Diensten höherer Art II 298 f. — Erkrankung des Angestellten II 299. — Kündigung eines D. auf Lebenszeit oder länger als fünf Jahre II 299 f., VI 188. — Stillschweigende Verlängerung des D. II 301. — Rücktritt ohne Kündigungsfrist, wichtiger Grund, Dienste höherer Art II 302 f. — Vergütung der Dienste bei unzeitiger Kündigung, bei Unmöglichkeit der Dienstleistung, vertragswidrigem Verhalten, Erstattung einer Vorausleistung II 304 ff. — Dienstzeugniß II 307 f. — Kündigung bei Konkurs des Dienstberechtigten II 308 f. — D. mit Geschäftsbesorgung II 376 f., VI 189. — Landesgesetze über Lohntermine und Kündigungsfristen bei gewissen D. VI 379. — Verhältniß der Verpflichtungen des Dienstberechtigten zu den Reichsversicherungsgesetzen VI 637. — Wirkung des Konkurses auf D. VI 760.
Dienstzeugniß II 307 f.
Dies incertus I 186. **Dies** interpellat pro homine VI 159.
Differenzgeschäft II 804.
Dilation V 663.
Dilatorische Einreden als Hemmung der Verjährung I 215 f., II 518, VI 141, 383.
Diligentia in suis I 304. Haftung der Eheleute gegen einander IV 108 f., 351, des Vaters gegenüber dem Kinde in seiner Gewalt IV 548, 561, 580. — D. des Vorerben V 96, des Gemeinschaftstheilhabers II 768 f.
(S. auch Sorgfalt.)
Dingliche Ansprüche, Verjährung I 195 f., 233, Einfluß der Rechtsnachfolge bei Verjährung I 231.
Maßgebende Gesetze für die Form dinglicher Rechtsgeschäfte VI 37. — Uebergangsbestimmungen für bestehende d. Rechte VI 516 f., 555 f.
Dinglicher Arrest bei Wegnahme als Mittel der Selbsthülfe I 243.
Dinglicher Vertrag III 56 f., Rechtsgrund desselben III 64 f.
Direkte Stellvertretung I 136 f.
Dispensation, s. Befreiung.
Dispositionsbeschränkung, s. (beschränkte) Geschäftsfähigkeit, Geschäftsunfähigkeit, Verfügungsbeschränkung.
Dissens über einen Punkt des Vertrags I 115 f.
Divorce IV 392.
Dolmetscher, Zuziehung bei Testamentserrichtung V 339 f.
Dominium sine re I 195, 197, 198, III 193, 235, 548.
Domizil, s. Wohnsitz.
Domicil élu. VI 490.
Donatio mortis causa IV 124, V 521, inofficiosa V 582 f.
Don manuel II 18.
Donner et retenir ne vaut II 14.
Doppelehe, Ehehinderniß IV 22 f., VI 268. — Nichtigkeit der Ehe wegen D. IV 57 f., Konvaleszenz bei Nichtigkeit der ersten Ehe IV 58 f. — Scheidungsgrund IV 399 ff.
Doppelter Wohnsitz I 38.
Dorftestament V 342 f., 428 f.
Draufgabe, s. Daraufgabe.
Drei Jahre, Kriegsverschollenheit I 6, Seeverschollenheit I 8, sonstige Lebensgefahr I 9, VI 111. — Verjährungsfrist von d. J. I 205 f., 211. — Verjährung der Ansprüche des Anweisungsempfängers gegen Angewiesenen II 385, des Schadensanspruchs aus unerlaubter Handlung II 609 f., des Vertragserben auf Herausgabe doloser Schenkung des Erblassers V 389 f., des Anspruchs auf Pflichttheil V 551, des Wiederkaufsrechts II 88 f.
Dreißig Jahre. Ausschließung der Anfechtung einer Willenserklärung wegen Drohung oder Betrug I 120, VI 122 f. — Ordentliche Verjährungsfrist I 194, 201. — Ausschließung der Anfechtung der durch Dritte geschehenen Bestimmung der Vertragsleistung I 467 f. — Erlöschen des Wiederkaufsrechts bei Grundstücken II 88 f. — Miethe auf länger

als d. J. II 217. — Vorlegungsfrist für Schuldverschreibungen auf den Inhaber II 542 f. — D. J. Eigenbesitz von Grundstücken III 190 ff., IV 588. — Kündigung der Rentenschuld nach d. J. III 781, IV 501.
— Ausschließung der Anfechtung letztwilliger Verfügung V 66, Unwirksamkeit der Nacherbfolge V 83 ff., 237 f., VI 91, des Vermächtnisses V 212 f., 237 f., VI 91, der Auflage V 241, der Verwaltung des Testamentsvollstreckers V 305 f., VI 91, von Verfügungen des Erblassers über Auseinandersetzung V 882.

Dreißigste, Recht des, V 617, 654 f.

Dritte. Schutz gutgläubiger D. bei Scheingeschäft I 97, bei Erlöschen von Vollmacht II 518 f. — Drohung oder Betrug Dritter bei Willenserklärung I 120. — Wahlrecht eines D. bei Alternativobligation I 285. — Leistung durch D. I 305, an D. I 334 f. — Vertrag über Sachen, Rechte, Handlungen eines D. I 455 f., über die Erbschaft eines lebenden D. I 456 f. — Bestimmung der Vertragsleistung durch D. I 467 ff., VI 156. — Wirkung der Eintragung der Vereinsvorstandsänderung gegen D. I 469. — Rechte Dritter am veräußerten Gegenstande, Gewährleistung I 654 f. — Versprechen der Leistung an D. I 749 ff., II 473, (s. Leistung). — Besitzausübung durch D. III 31 f. — Erlöschen der Rechte D. an einer veräußerten beweglichen Sache III 211 ff., bei Ersitzung III 237 f., bei Eigenthumserwerb durch Verbindung, Vermischung 2c. III 243 f.
— Schadensanspruch D. bei Verlöbnißbruch IV 6. — Befugniß D. zur Erhebung der Ehenichtigkeitsklage IV 64 f. — Wirkung der Ehenichtigkeit gegen D. IV 67 f. — Wirksamkeit des Ehevertrags gegen Dritte IV 223, 225. — Wirksamkeit der Verfügungsbeschränkungen der Frau über eingebrachtes Gut gegen D. IV 133, 198. — Anordnungen Dritter bezüglich Verwaltung des einem Kinde unter elterlicher Gewalt zugewendeten Vermögens IV 549, 558 f., 617 f., desgleichen einem Mündel IV 760.
— Letztwillige Zuwendung mit Bedingung zum Vortheile eines D. V 13 f. — Bestimmung D. über Geltung letztwilliger Verfügung V 15 f., über Person des letztwillig Bedachten V 23 ff., 30 f., des Gegenstandes der letztwilligen Zuwendung V 39 ff., bei Wahlvermächtniß V 193 ff. — Ernennung des Testamentsvollstreckers durch D. V 248, VI 95. — Schutz gutgläubiger D. durch den öffentlichen Glauben des Erbscheins V 684 f. — Erbauseinandersetzung nach Ermessen D. V 885. — Herausgabepflicht des D., welchem eine ungerechtfertigte Bereicherung unentgeltlich zugewendet ist VI 211 f.

Drohung bei Willenserklärung I 118 ff., VI 128; bei Bestimmung der Vertragsleistung durch Dritte I 467 ff., bei letztwilliger Verfügung V 52. — Anfechtung der Ehe wegen D. IV 72 ff., Rechtsstellung der Kinder aus solcher Ehe IV 670. — Außereheliche Beiwohnung IV 694 f. — Anfechtung der Annahme oder Ausschlagung der Erbschaft wegen D. V 630 f. — Bestimmung zum Testiren durch D. V 639.

Droit de suite II 723.

Drucken, Eigenthumserwerb III 239 f.

Dünger bei Beendigung der Pachtung II 264 f., 267. — D. als Zubehör eines Landguts III 17 f., 22.

Dulden als Gegenstand des Schuldverhältnisses I 280.

Durchschnittssumme bei Bestimmung der Vertragsleistung durch Dritte I 467 ff.

E.

Edition von Urkunden II 171 ff.

Ehe. Ehehindernisse IV 11 ff. (s. d. W.). — Schließung der Ehe VI 37 ff. (s. Eheschließung).
— Nichtigkeit der Ehe IV 53 ff., VI 269 f.: Formmängel IV 56 f., VI 589, einstweilige Gültigkeit bei Eintragung in das Heirathsregister IV 57, 62 f. — Geschäftsunfähigkeit IV 57, VI 269. — Doppelehe, Verwandtschaft IV 57 ff., VI 268. — Heilung der Nichtigkeit wegen Geschäftsunfähigkeit durch Bestätigung IV 59 f. — Bestätigung durch Wiederholung der Eheschließung bei Formmängeln IV 60 f. — Heilung der Formmängel durch Tod oder Zeitablauf IV 62 f., VI 529. — Nichtigkeit wegen Ehebruchs IV 64, VI 265. — Nichtigkeitsklage IV 64 ff. — Wirkung der Nichtigkeit gegen Dritte IV 67 f., unter den Ehegatten in vermögensrechtlicher Beziehung IV 69 ff., VI 269 f. — Unterhaltsanspruch bei Putativehe IV 532 ff.
— Anfechtbarkeit der Ehe IV 72 ff.: Drohung IV 72 f., Irrthum IV 72 f., VI 270, Täuschung IV 72 ff., mangelnder Ehewille IV 72, 73, 78, Eheunmündigkeit I 72, 79, Geschäftsunfähigkeit IV 72, 79, Verweigerung, Versagung kirchlicher Trauung IV 74, 79 ff., 95 ff. — Wirkung der Anfechtung IV 81, VI 392, Anfechtungsgegner IV 81, Verlust des Anfechtungsrechts durch Eheauflösung IV 81 f., durch Genehmigung, Bestätigung, Zeitablauf IV 82 ff., VI 270, Anfechtung durch den Vertreter IV 84 ff. — Geltendmachung der Anfechtung, Klage, Erklärung vor dem Nachlaßgerichte IV 90 f., V 133. — Wirkungen der Anfechtung unter den Ehegatten und gegenüber Dritten IV 92 f. — Rechtsstellung der Kinder IV 670.
— Wirkungen der Ehe im Allgemeinen: Eheliche Lebensgemeinschaft IV 94. — Entscheidung des Ehemanns, Mißbrauch seiner Rechte, Bestimmung von Wohnort, Wohnung IV 94 f. — Name und Stand der Frau IV 97 f. — Leitung des Hauswesens IV 99.

— Klage auf Herstellung des ehelichen Lebens IV 99 f. — Geschäftsfähigkeit der Ehefrau IV 100. — Uebernahme persönlicher Dienste durch die Ehefrau IV 101 ff.; VI 272. — Schlüsselgewalt der Frau IV 106 ff. — Haftung der Eheleute gegen einander für diligentia in suis IV 108 f. — Unterhaltspflicht der Ehegatten IV 109 ff., V 125, VI 270. — Vermuthung für Eigenthum des Mannes an den im Besitze eines oder beider Ehegatten befindlichen Sachen (praesumtio Muciana), Ausnahmen IV 112 f.

— Eheliches Güterrecht IV 116 ff. (s. unter e. G.).

— Ehescheidung IV 391 ff. (s. d. W.), Unterhaltspflicht nach Ehescheidung IV 515 ff.

— Eheauflösung zufolge Todeserklärung IV 452 ff. (s. Wiederverheirathung).

— Berufung der Eltern zur Vormundschaft über volljähriges Kind aus nichtiger Ehe IV 849.

— Uebergangsbestimmungen über Gültigkeit bestehender Ehen VI 526 ff., 634 f., 653 f., über Rechtsverhältnisse der Kinder aus geschiedenen, nichtigen, ungültigen Ehen VI 548.

— Verfahren in Ehesachen VI 668 ff.: Zuständigkeit VI 669, 790 f., bei Verlust der Reichsangehörigkeit durch den Mann VI 669 f., bei Ehe zwischen Ausländern VI 670 f. — Sühnetermin VI 672 f. — Prozeßfähigkeit VI 673 f. — Prozeßvollmacht VI 675. — Klagenverbindung VI 675. — Zurücknahme der Anfechtungsklage VI 675. — Ausschließung der Geltendmachung von Thatsachen in einem späteren Rechtsstreite VI 676 f. — Beschränkung der Verhandlungsmaxime und der Parteidisposition VI 677 f. — Aussetzung des Verfahrens über Scheidungsklagen IV 418 f., VI 678, 787, bei Klage auf Herstellung des ehelichen Lebens VI 679. — Berücksichtigung von Thatsachen von Amtswegen VI 679. — Scheidungsurtheil bei Ehebruch IV 437, VI 679. — Zustellung des Urtheils von Amtswegen VI 679 f. — Einstweilige Verfügung über Trennung der Ehegatten VI 680 f., IV 66 f., 451 f. — Tod eines Ehegatten vor Rechtskraft des Urtheils VI 681. — Wirkung der Rechtskraft des Urtheils VI 681. — Legitimation zur Nichtigkeitsklage VI 681 f., Verzicht auf dieselbe VI 682. — Versäumnißurtheil VI 682. — Ehefeststellungsprozeß VI 682, 787. — Aufhebung von Vorschriften des Einführungsgesetzes zur Civilprozeßordnung über Ehesachen VI 752 f.

Ehe zur linken Hand IV 97.

Eheauflösung, s. Ehescheidung.

Ehebruch als Ehehinderniß IV 27 ff. — Nichtigkeitsgrund IV 64, VI 265. — Scheidungsgrund IV 399 ff., Feststellung im Urtheil IV 437, VI 679. — E. als Grund zur Entziehung des Pflichttheils V 559.

Eheeinwilligung IV 16 f., 30 ff., 321 f., 715 f.

— Mangelnde E. als Grund der Pflichttheilsentziehung V 559.

Ehefrau. Wohnsitz I 41 f., VI 113, 638. — Name und Stand IV 97 f. — Leitung des Hauswesens IV 99. — Geschäftsfähigkeit IV 100. — Uebernahme persönlicher Dienste IV 101 ff. — Schlüsselgewalt IV 106 ff. — Einwilligung der E. des Vaters zur Ehelichkeitserklärung eines Kindes IV 708 f. — Berufung zur Vormundschaft über volljährigen Mann IV 849. — Volljährige Ehefrau unter Vormundschaft IV 849. — Gesetzliches Pfandrecht des Vermiethers an Sachen der E. des Miethers II 202 f. — Inventarfrist für eine E. V 806. — Erwerbsgeschäft einer E. IV 134, 135, 204, 207, 240, 242, 259, 264, VI 795, einer ausländischen E. VI 61 f. — Landesgesetze über Befugnisse einer Ehefrau zur Verfügung über eine für sie zum Staatsschuldbuch eingetragenen Forderung VI 411 ff., 612. — Beschränkte Geschäftsfähigkeit der E. nach bisherigem Rechte, Uebergangsbestimmung VI 536 f., 541. — Beleidigung der E., Strafantragsrecht VI 675. — Gewerbebetrieb einer E., für deren güterrechtliche Verhältnisse ausländische Gesetze gelten VI 579 f., 600. — Anträge einer Ehefrau zum Reichsschuldbuch VI 603 f. — Prozeßfähigkeit der E. VI 643. — Antrag auf Entmündigung einer E. VI 688. — Konkurs über das Vermögen einer E. VI 767 f.

Ehegatten. Anspruchsverjährung zwischen E. I 221 f. — Lebensgemeinschaft IV 94 ff. — Unterhaltspflicht IV 109 ff., 482, 485. — Einwilligung des E. zur Annahme an Kindesstatt IV 721. — Wirkung der Annahme durch ein Ehepaar IV 721, 729. — Berufung zur Vormundschaft über Volljährige IV 849. — Anfechtung letztwilliger Zuwendungen unter E. V 58 f. — Ausschließung von Mitwirkung bei Testamentserrichtung V 332 f. — Erbvertrag unter E. V 366 ff., 374 f., 379 f., 406 f., VI 100, Vermächtnißvertrag V 423, gemeinschaftliches Testament V 424 ff. — Gesetzliches Erbrecht V 471 ff., VI 100 f., 532, 534, 544. — Pflichttheilsrecht V 497 f., Entziehung des Pflichttheils V 580. — Erbverzicht unter E. V 601 f.

— Maßgebendes Recht für persönliche Rechtsbeziehungen der Ehegatten VI 51, Uebergangsvorschriften für bestehende Ehen VI 532 f., 635 f.

Ehegut IV 122 f., 141.

Ehegutsgelder, Anlegung IV 131.

Ehegutsverbindlichkeiten IV 135 ff.

Ehehindernisse. Allgemeines IV 11 ff. — Geschäftsunfähigkeit IV 16 f. — Nichteinwilligung des gesetzlichen Vertreters bei beschränkter Geschäftsfähigkeit IV 17 f. — Ehemündigkeit IV 19 ff. — Doppelehe IV 22 f., VI 268. — Wiederverheirathung bei Todeserklärung IV 23. — Verwandtschaft

und Schwägerschaft IV 23 ff., VI 314. — Ehebruch IV 27 ff. — Fehlen elterlicher Einwilligung IV 30 ff., bei angenommenen Kindern IV 34. — Adoptivverwandtschaft IV 34. — Wartezeit der Frauen IV 34 f. — Auseinandersetzungspflicht IV 35. — Militärpersonen, Beamte, Ausländer IV 35 f., VI 268. — Zuständigkeit für Befreiung von E. IV 37, IV 37, VI 266.

Eheliche Abstammung IV 456 ff. (s. eheliche Kinder).

Ehelicher Aufwand. Beitrag der Frau IV 125, 130, 141 f., 222 f., 226 ff., 234 f., VI 276. — Tragung durch den Mann IV 132, 175 f., 193 f., 222 f., 269 f., VI 275. — E. A. bei Errungenschaftsgemeinschaft IV 354.

Eheliche Gesinnung IV 94.

Eheliches Güterrecht IV 116 ff.: Gesetzlicher Güterstand IV 117 ff.: Eingebrachtes Gut, Verwaltung und Nutznießung des Mannes IV 122 f., 129, 140 f. — Ausschluß der Verwaltung und Nutznießung bei Ehe mit einer in der Geschäftsfähigkeit beschränkten Frau ohne Einwilligung des gesetzlichen Vertreters IV 124, 129, 141, VI 272. — Vorbehaltsgut IV 124 f., 129 f., 141 f. — — Verwaltung und Nutznießung des Mannes IV 125 ff., 130 ff. — Besitz des Mannes am eingebrachten Gute IV 126, 130, 165, Nutznießung IV 126, 130, 173. — Umfang des Verwaltungsrechts IV 126 f., 130 f., Zustimmung der Frau IV 126 ff., 130, 165 ff. — Prozeßrecht des Mannes IV 129, 130, 172, 175. — Ordnungsmäßige Verwaltung IV 129, 131, 175. — Belegung von Geldern, verbrauchbare Sachen IV 129, 131, 174, VI 272 f. — Erwerb von beweglichen Sachen mit Mitteln des eingebrachten Gutes, Ergänzung von Haushaltsgegenständen IV 131, 169 f., 184 ff., VI 273. — Verzeichniß des eingebrachten Gutes, Feststellung des Zustandes durch Sachverständige IV 131, 164, 191. — Auskunftspflicht des Mannes IV 131, 164, 174, 192. — Tragung der Erhaltungskosten IV 131, 175, 192. — Tragung der Lasten, Versicherung IV 131 f., 178, 192, VI 273. — Zinsen und wiederkehrende Leistungen IV 132, 179, 192, VI 273. — Gesammtschuldnerische Haftung des Mannes für seine Verpflichtungen neben der Frau IV 132, 179, 193, VI 275. — Tragung des ehelichen Aufwandes IV 132, 175 f., 193 f., VI 275. — Aufwendungen auf das eingebrachte Gut IV 132, 196. — Hinterlegung von Inhaberpapieren 2c. zur Sicherstellung der Frau, Umschreibung auf Namen IV 133, 178, 196, VI 275, 322. — Zustimmung zu Rechtsgeschäften der Frau über das eingebrachte Gut IV 133 f., 180, 196 ff., VI 276. — Sicherung der Frau IV 132, 176, 198 ff. — Geltendmachung von Ansprüchen auf dem Klagewege während der Verwaltung und Nutznießung des Mannes IV 133, 201 ff., VI 277, 392. — Ergänzung der Zustimmung des Mannes durch das Vormundschaftsgericht IV 133 f., 180 f., 203 f. — Selbstständiges Erwerbsgeschäft der Frau IV 134, 204. — Fälle der nicht erforderlichen Zustimmung des Mannes IV 134, 204. — Vertretung des bevormundeten Mannes durch den Vormund IV 134, 204. — Schuldenhaftung IV 134 ff., 204 ff., VI 277 f. — Keine Befriedigung der Gläubiger des Mannes aus eingebrachtem Gute IV 134, 204 f., Pfändung der Früchte des eingebrachten Gutes IV 134, 182, 204. — Voreheliche Schulden der Frau IV 135, 205. — Schulden aus Rechtsgeschäften der Frau während der Ehe IV 135, 205 f. — Verbindlichkeiten der Frau aus Erbschafts- und Vermächtnißerwerb IV 135, 207, aus Vorbehaltsgut IV 136, 207. — Verbindlichkeiten, welche im Verhältnisse der Ehegatten dem Vorbehaltsgute zur Last fallen IV 136, 183, 207 f. — Rechtsstreit zwischen Ehegatten, Frau und Dritten IV 132, 207 f. — Beendigung des Güterstandes auf Antrag der Frau IV 136, 210 ff., Konkurs, Todeserklärung des Mannes IV 137, 183, 213, Rechenschaftsablegung, Herausgabe IV 137, 174, 213, VI 278, Mieth- und Pachtverhältnisse IV 137, 175, 213 f., Fortsetzung der Verwaltung IV 137, 174, 214. — Wiederherstellung des gesetzlichen Güterstandes IV 137 f., 184, 214. — Verhältniß der Gütertrennung zum gesetzlichen Güterstande IV 214 f., 225 (s. Gütertrennung).

Eheverträge IV 215 ff. (s. Ehevertrag.) — Gütergemeinschaft IV 230 ff. (s. Gütergemeinschaft).

Inventarfrist für eine Ehefrau V 806 f. — Maßgebende Gesetze für e. G. nach internationalem Privatrechte VI 57 ff. — Uebergangsbestimmungen für das Güterrecht bestehender Ehen VI 535 ff.

Eheliche Kinder. Wohnsitz I 42 f. — Einwilligung der Eltern zur Eheschließung IV 30 ff.

Eheliche Kinder im Allgemeinen IV 456 ff.: Begriff IV 456. — Empfängnißzeit IV 457 ff., 484, VI 296. — Vermuthung für Ehelichkeit IV 457, 463, Gegenbeweis gegen diese Vermuthung IV 457, 463 f. — Empfängniß vor der Ehe IV 465. — Anfechtung der Ehelichkeit durch den Mann IV 465 ff., VI 296, Frist für dieselbe IV 469 f., 473. — Verlust des Anfechtungsrechts durch Anerkennung des Kindes IV 470 f., 474 f. — Anfechtung durch Vertreter IV 473 f. — Anfechtungsklage IV 474 ff. — Anfechtung durch Erklärung vor dem Nachlaßgerichte nach dem Tode des Kindes IV 458, 474, V 163 f. — Zurücknahme der Anfechtungsklage IV 474 f. — Wirkung des auf die

Anfechtungsklage ergangenen Urtheils IV 476. — Anfechtung der Anerkennung IV 477. — Vorzeitige Wiederverheirathung der Frau und Geburt eines Kindes innerhalb 270 Tagen nach Auflösung der ersten Ehe IV 478. — Rechtsverhältniß zwischen Eltern und ehelichen Kindern IV 535 ff. (s. Eltern) — Rechtsstellung der Kinder aus nichtigen Ehen IV 662 ff. (s. Kinder). — Maßgebendes Recht für Ehelichkeit der Kinder VI 62, 227 f. — Anfechtung der Ehelichkeit in Ansehung der Nachfolge in Fideikommiß- ꝛc. Güter VI 481 f. — Uebergangsbestimmung für das Rechtsverhältniß zwischen Eltern und e. K. VI 547, 636.

Eheliche Lebensgemeinschaft IV 94 ff. (s. Ehe). — Klage auf Herstellung IV 99 f. — Nichtherstellung als Scheidungsgrund IV 401 ff. — Hemmung der Frist zur Erhebung der Scheidungsklage, so lange e. L. aufgehoben ist IV 430, 432 f. — Unterhaltspflicht der nicht in e. L. lebenden Ehegatten IV 451.

Eheliche Nutznießung IV 126 ff. (s. Eheliches Güterrecht). — Anwendung der Vorschriften über e. N. im Verhältnisse von Vater und Kind hinsichtlich Schuldenhaftung des Kindesvermögens VI 581.

Eheliche Pflicht, Verletzung derselben, Scheidungsgrund IV 405 ff.

Ehelichkeitserklärung IV 704 ff. (s. Legitimation). — Einwilligung der Mutter zur Eheschließung nach dem Tode des Vaters nicht erforderlich IV 30 f. — Aussetzung der Erbtheilung vor Entscheidung über E. V 883.

Ehemann, Rechte desselben im Allgemeinen IV 94 ff. — Ausschließung vom Richteramte in Strafsachen VI 578.

Ehemündigkeit IV 19 ff. — Anfechtung der Ehe wegen mangelnder E. IV 72, 79. S. auch VI 530.

Eherechtliches Register IV 381 ff. (s. Güterrechtsregister).

Ehesachen, Verfahren in VI 668 ff. (s. Ehe).

Ehescheidung IV 391 ff.: Trennung von Tisch und Bett IV 391, 394 ff., 416 ff., 451. — Scheidung, konfessionelles Scheidungsrecht IV 391 ff. — Absolute Scheidungsgründe: Ehebruch, Doppelehe, widernatürliche Unzucht IV 399 ff., Lebensnachstellung IV 401, Bösliche Verlassung IV 401 ff. — Relative Scheidungsgründe IV 405 ff.: Verletzung der ehelichen Pflicht IV 405 ff., wechselseitige Einwilligung IV 408, 412, 420 f., Mißhandlung IV 413, ehrloses, unsittliches Verhalten IV 413 f. — Trauungsweigerung IV 414 f. — Geisteskrankheit IV 423 ff. — Verfahren bei E. IV 418 f. — Verzeihung IV 429. — Frist zur Erhebung der Klage, Unterbrechung derselben IV 430 ff., VI 290. — Gleichstellung der Ladung zum Sühnetermin mit Klagerhebung IV 436. — Geltendmachung von Scheidungsgründen im Laufe des Rechtsstreits trotz abgelaufener Frist für dieselbe IV 436. — Unterstützende Heranziehung von Thatsachen, auf welche die Scheidungsklage nicht mehr zu gründen IV 436. — Schuldiger Theil IV 436. — Feststellung des Ehebruchs als Scheidungsgrund im Urtheile IV 437. — Scheidung der Ehe mit Rechtskraft des Urtheils IV 437. — Herausgabe des eingebrachten Gutes, des Gesammtguts IV 437 f. — Widerruf von Schenkungen IV 438. — Vermögensauseinandersetzung nach der Scheidung, bei Verschulden, Geisteskrankheit IV 439 ff. — Namen der geschiedenen Frau IV 444 ff., V 163 f., VI 293. — Sorge für die Person der Kinder IV 448 f., VI 294. — Verkehr mit den Kindern IV 449. — Unterhalt der Kinder, Beitrag der Frau dazu IV 449 f. — Anfechtung und Scheidung der nach Todeserklärung geschlossenen neuen Ehe IV 452 ff. — Unterhaltspflicht bei E., Umfang, Geldrente, Kapitalabfindung, Wiederverheirathung, Uebergang auf die Erben, bei Scheidung wegen Geisteskrankheit IV 515 ff., VI 291 f., Voraussetzung der Bedürftigkeit IV 520 f., Aenderung der Verhältnisse IV 522 f., 528, Anwendbarkeit der Vorschriften über Unterhaltsanspruch der Verwandten IV 529, Abfindung in Kapital IV 529 f. — Pfändungsprivileg der geschiedenen Frau IV 531 f. — Elterliche Gewalt bei Scheidung wegen Geisteskrankheit IV 660 f. — Anfechtung letztwilliger Zuwendung unter Ehegatten bei E. V 58 f. — Ehescheidungsgründe als Gründe zur Entziehung des Pflichttheils V 580. — Internationales Privatrecht für E. VI 51 ff. — Uebergangsbestimmung für Scheidung bestehender Ehen VI 545 f., für Rechtsverhältnisse der Kinder aus geschiedenen Ehen VI 548. — — Verfahren bei E. s. unter Ehe. — Prozessualischer Begriff der E. VI 682. — Erhebung der Klage durch gesetzlichen Vertreter VI 792.

Eheschließung vor einem Standesbeamten IV 37 ff. — Zuständigkeit des Standesbeamten IV 47 f., V 132. — Ermächtigung eines anderen Standesbeamten IV 48. — Aufgebot IV 48, V 133. — Akt der Eheschließung IV 49 ff., VI 265 f., 588. — Eheschließung durch Stellvertreter IV 51 f.

Anwendung ausländischen Rechtes auf E. VI 46 ff. — Strafbestimmungen wegen verbotener E. VI 574.

Gesetz, betr. die E. von Bundesangehörigen im Auslande VI 48, Aenderungen VI 587 f.

(S. auch Personenstand.)

Ehevertrag. Entstehung von Vorbehaltsgut durch Ehevertrag IV 124, 129, 141. — Freiheit des Ehevertrags IV 215 ff. — Anwendbarkeit ausländischen Rechtes IV 217. —

Form des E. IV 217 ff. — Wirksamkeit des E. gegen Dritte IV 223, 225, VI 544. — E. auf fortgesetzte Fahrnißgemeinschaft IV 377 f. — Eintragung des E. in das Güterrechtsregister IV 382 ff. — Vorbehaltsgut durch E. IV 124, 129, 141, 234, 240, 349, 350, 375. — Verbindung von E. und Erbvertrag V 379 f. — E. von Ausländern VI 59 f., von Minderjährigen VI 279. — Uebergangsbestimmungen für E. VI 535 f., 542, 544.

Ehewille, mangelnder, Anfechtung der Ehe IV 72, 73, 78.

Ehre, Verletzung derselben II 566 f., 573, 637.

Ehrenrechte, aberkannte hindern Zeugenschaft bei Eheschließung IV 51. — Vereinsmitgliedschaft I 567. — Scheidungsgrund IV 413 f. — Unfähigkeit zum Amte des Vormundes IV 751, VI 563, zum Testamentszeugen V 334 f., VI 563. — Aenderung der Bestimmungen des Strafgesetzbuchs über die Wirkung der Aberkennung der E. VI 570 f.

Ehrloses Verhalten als Scheidungsgrund IV 405 f., 413, als Grund zur Entziehung des Pflichttheils V 562 f.

Eidliche Vernehmung, Unfähigkeit dazu macht unfähig zum Testamentszeugen V 334 f.

Eidesstatt, Verpflichtung des Vormundes durch Handschlag an E. IV 752, der Mitglieder des Familienraths IV 837, Versicherung an E. über Voraussetzungen des Erbscheins V 679.

Eideszuschiebung an Prozeßunfähige VI 664.

Eigenbesitz III 227 f. — Haftung des Eigenbesitzers für Beschädigung durch Gebäude II 655. — Dreißigjähriger E. von Grundstücken III 192 f., IV 588. — E. als Voraussetzung der Ersitzung III 228 f. — Fruchterwerb des Eigenbesitzers III 247 f., 349 f., V 654. — E. gegenüber dem Eigenthumsanspruche III 336 ff.

Eigener Nutzen, s. Verwendungen.

Eigenhändiges Testament V 326 f. (s. auch Holographisches T.)

Eigenmacht, s. Selbsthülfe, verbotene Eigenmacht.

Eigenschaft. Irrthum über E. der Person oder Sache I 114. — Haftung des Verkäufers für zugesicherte E. I 670 f., 686 f., 711 f., des Vermiethers II 131 f. — Irrthum über persönliche E. bei Eheschließung IV 72 f.

Eigenthum. Verschaffung des E. beim Kaufe II 50 ff. — Vorbehalt des E. beim Kaufe II 78 f. — E. am Gegenstande der Preisbewerbung II 351. — Erwerb des E. an Grundstücken III 52 ff. — Vereinigung des E. mit einem anderen Rechte am Grundstücke III 73. — Erwerb des E. an einem Grundstücke durch Ersitzung (Tabularersitzung) IV 588 f. — Inhalt des Eigenthums III 118 f., Einwirkung Dritter in Nothfällen I 247 f., 260 f., II 578, VI 212 f. — Inhalt und Begrenzung des Eigenthums an Grundstücken III 120 ff. (s. Grundstücke). — Erwerb des E. an Grundstücken III 168 ff., Verlust III 184 ff. (s. Grundstücke). — Eigenthumserwerb an beweglichen Sachen III 194 ff.: Uebergabe und Einigung (bei Besitz des Erwerbers) III 194 f., Vereinbarung mittelbaren Besitzes des Erwerbers (constitutum possessorium) III 196 f., Abtretung des Anspruchs auf Herausgabe III 201 f., 209, Zeitpunkt der Uebergabe bei Zwangsvollstreckung III 204 f. — Konvalescenz von Verfügungen Unberechtigter über die bewegliche Sache III 205, Erwerb der beweglichen Sache von einem Nichtberechtigten, guter Glaube des Erwerbers III 206 ff., IV 589 f., VI 263 f., 335. — Erlöschen der Rechte Dritter III 211 ff., VI 234. — Veräußerung gestohlener, verlorener, abhanden gekommener Sachen III 213 ff., Rückerwerb der vom Nichtberechtigten veräußerten Sachen III 214 f., VI 233. — Ansprüche des durch E.-übertragung Verletzten III 215 f. — E.-erwerb durch Ersitzung III 228 ff. (s. Ersitzung), durch Verbindung III 238 f., Vermischung, Vermengung III 239, Verarbeitung, Umbildung III 239 f., Miteigenthum in solchen Fällen III 238, 243, Anspruch des durch den E.-erwerb Verletzten III 244 f., VI 235, 388. — E.-erwerb an Erzeugnissen, Bestandtheilen III 245 ff. (s. Frucht). — E.-erwerb durch Aneignung III 250 ff. — E.-erwerb durch Fund III 255 ff. (s. Fund). — Miteigenthum III 274 ff. (s. d. W.) — Ansprüche aus dem E. III 328 ff. (s. Eigenthumsanspruch). — E. an Schuldscheinen, Hypothekenbriefen ꝛc. III 644 f. — Stellung des Eigenthümers des dienenden Grundstücks zur Reallast III 729 f., 735 f. — Anspruch gegen den Eigenthümer auf Eintragung desselben in das Grundbuch VI 223 f. — Erwerb des E. beweglicher Sachen durch Uebergabe seitens eines Gerichtsvollziehers VI 387.

Eigenthumserwerb des Kindes an den mit Mitteln seines Vermögens vom Vater erworbenen Sachen IV 571 f. — Erwerb des E. an nicht gebuchten Grundstücken VI 426 f., an Staats-, Kommunalgrundstücken VI 429. — Uebergangsbestimmungen für bestehende E.-Verhältnisse VI 516 f., 628 f. — Fortbestand der Landesgesetze über E.-Erwerb an Eisenbahnen VI 552 f.

Eigenthumsakte für Schiffsparte III 504 f.

Eigenthumsanspruch III 328 ff. — E. gegen den Pfandgläubiger verjährt nicht, so lange das Pfand besteht I 218. — E. des Miteigenthümers III 281. — Herausgabeanspruch gegen den Besitzer III 328 ff., VI 236. — Einreden des Besitzers III 334 f. — Haftung des Besitzers für Nutzungen und Schäden III 336 ff., VI 237. — Einfluß

der Rechtshängigkeit III 338, Haftung des unredlichen Besitzers III 339 f., mala fides superveniens III 340 f., Haftung des nunredlichen Besitzers bei Redlichkeit des mittelbaren Besitzers III 341 f., VI 388. — Unmöglichkeit der Herausgabe III 342 f. — Anzeigepflicht des unredlichen Besitzers an den Eigenthümer III 343 f. — Verzug des Besitzers III 344. — Ablieferung seitens des unredlichen Besitzers an die Polizeibehörde III 344 f. — Haftung des redlichen Besitzers III 345 f. — Verwendungen des Besitzers III 350 f., VI 237. — Aufrechnung der Nutzungen auf die Verwendungen III 353, Aufwendungen zur Bestreitung von Lasten III 353 f., Recht der Abtrennung von wesentlichen Bestandtheilen III 354 f., VI 238. — Bestellungskosten bei landwirthschaftlichen Grundstücken III 357. — Ersatz von Verwendungen eines Vorbesitzers III 357. — Haftung des jeweiligen Eigenthümers für die Gegenansprüche des Besitzers III 357 f., IV 591 f. — Zurückbehaltungsrecht des Besitzers III 357 f., IV 591 f. — Ausschlußfristen für Ersatzansprüche des Besitzers III 359 ff., IV 591 f., VI 389. — Aufforderung an den Eigenthümer zur Genehmigung der Verwendungen, Verkaufsrecht des Besitzers bei Verweigerung der Genehmigung III 364 f., VI 239. — Lösungsanspruch des gutgläubigen Erwerbers einer beweglichen Sache III 367 f., VI 233, des gutgläubigen Pfandnehmers III 369 f. — Annahmeverzug des Eigenthümers III 370. — Rechtsverhältniß des Eigenthümers zum mittelbaren Besitzer wegen Nutzungen und Schäden III 371 ff. — Eigenthumsanspruch wegen Störung ohne Besitzentziehung III 377 f. — Eigenthumsvermuthung zu Gunsten des Besitzers beweglicher Sachen III 380 ff. — Herausgabeanspruch des früheren Besitzers gegen den bösgläubigen Erwerber III 380 f., 383. — Pfändung des E. auf eine unbewegliche Sache VI 724.

Eigenthumsbeschränkungen bei Grundstücken III 120 ff. (s. Grundstücke), landesgesetzliche III 163 f., VI 428. — E. im öffentlichen Interesse VI 464 ff.

Eigenthumserwerb, preußisches Gesetz über den I 415, 463, III 511, 546, 551, 559, 576, 584, 700. — Erwerb des E. an Grundstücken III 52 ff., beweglichen Sachen III 194 ff., Früchten III 245 ff., Eisenbahnen, Landesgesetze VI 552 f.

Eigenthümer, s. Eigenthum.

Eigenthümergrundschuld III 712, IV 502. — Nießbrauch an der E. III 426 f., Pfandrecht III 536. — E. beim Vermächtnisse V 182 ff.

Eigenthümerhypothek III 591 ff., IV 507. — Nießbrauch an der E. III 426 f., Pfandrecht III 536. — Entstehung der E. bei Verzicht des Gläubigers auf Hypothek III 602 f., nicht bei Eintragung einer unwirksamen Hypothek III 603 f., wohl aber bei Ungültigkeit der Forderung III 604, IV 511. — Inhalt der E. III 610 f., IV 513, Geltendmachung III 611, IV 505, Uebertragung III 614. — Eigenthümergesammthypothek III 628 f., IV 508. — E. bei Kautionshypothek III 690 f., bei Arresthypothek III 706. — E. vor Aushändigung des Hypothekenbriefs an den Gläubiger III 729. — E. beim Vermächtnisse V 182 ff.

Eigenthümernießbrauch III 412.

Eigenthümerpfandrecht III 492.

Einbringung von Sachen bei Gastwirthen II 402 ff., VI 193 f. (s. Gastwirthe).

Einfahrt, gemeinschaftliche III 278 (vgl. 328).

Einfriedigungen, Ausbesserungspflicht des Pächters II 252 f.

Einführungsgesetz zur Civilprozeßordnung, Aenderungen VI 749 ff., 785 f., desgl. zur Konkursordnung VI 777 ff., 803 f.

Eingebrachtes Gut: Begriff IV 122 ff., 141, 349, 365 ff., 373 ff. (S. eheliches Güterrecht, Gütergemeinschaft, Errungenschaftsgemeinschaft, Fahrnißgemeinschaft.) — Herausgabe bei Ehescheidung IV 437 ff. — Verzeichniß des e. G. VI 442 f. — Zwangsvollstreckung in e. G. der Ehefrau VI 706, 716, 795, 796.

Eingebrachte Sachen des Miethers, Pfandrecht des Vermiethers an denselben II 200 ff., des Verpächters II 232, 258 f. — Haftung des Gastwirths für e. S. des Gastes II 402 ff., Pfandrecht des Gastwirths an denselben II 411.

Eingetragene Vereine I 554 ff. (s. Vereine). (S. im Uebrigen Eintragung.)

Einheitliches Grundstück III 13 f.

Einheitliche Sache, Herstellung durch Verbindung, Vermischung beweglicher Sachen III 238 f.

Ein Jahr, Seeverschollenheit I 6. — Verjährung des Anspruchs auf Wandelung, Minderung, Schadensersatz bei Gewährleistung für Immobilien V 674 f., des Bestellers aus Werkvertrag über Arbeiten an Grundstücken II 311, der Tochter auf Aussteuer IV 318.

Einigung der Betheiligten als Erforderniß einer Rechtsänderung bei Grundstücken III 52 ff., 176 f., des Eigenthumserwerbs bei beweglichen Sachen III 194 f.

Einkindschaft, IV 348, 646, V 370, 372.

Einkünfte bei Errungenschaftsgemeinschaft IV 365 f.

Einlage des Gesellschafters II 417, 440 f.

Einlassungspflicht des Erben nicht vor Annahme der Erbschaft V 660 f.

Einlösung von Inhaberpapieren, welche dem Nießbrauche unterliegen III 428 f.

Einlösungsrecht bei Pfand III 461 f.

Einnahme, Beschränkung des Offenbarungseides auf E. II 785.

Einrechnung der Ersitzungszeit des Rechtsvorgängers III 230, des Erbschaftsbesitzers III 230.

Einrede. Dilatorische E. als Hemmung der Verjährung I 215 f.; Ausnahmen I 216, II 518, VI 141, 383. — E. bei verjährtem Anspruch I 233. — Einfluß von E. auf die Aufrechnung I 361 ff. — E. gegen abgetretene Forderung I 387 ff. — E. des Schuldübernehmers I 419 ff. — E. des nicht erfüllten Vertrages I 628 ff. — E. der Wandelung und Minderung I 674 ff., 703 f. — E. des Versprechenden bei Versprechen der Leistung an Dritte I 750, 761, 768 f. — E. gegenüber angenommener Anweisung II 384. — E. des Bürgen aus Recht des Hauptschuldners II 463 ff., E. der Vorausklage II 468 f., 476 f., 518, VI 197. — E., welche die Anspruchsverjährung nicht hemmen II 518. — E. des Ausstellers von Schuldverschreibungen auf den Inhaber II 540 f. — Leistung einer Schuld, welcher eine dauernde E. entgegensteht II 682, 693 f. — E. gegen Forderung aus ungerechtfertigter Bereicherung, unerlaubter Handlung II 713 f. — E. im Besitzprozesse III 44, des Besitzers im Eigenthumsprozesse III 334 f. — E. des Verpfänders, welcher nicht persönlicher Schuldner ist III 460 f. — Anspruch auf Rückgabe des Pfandes bei peremtorischen Einreden gegen die Forderung III 490 f. — E. des Eigenthümers gegen die Hypothek III 580 f., IV 504, 511, III 601 f., IV 507, VI 253. — E. gegen Sicherungshypothek III 682 f. — E. des neuen Eigenthümers gegen Vormerkung III 748. — E. des Dritten gegen den dinglich Vorkaufsberechtigten III 763.
— E. der Anfechtbarkeit letztwilliger Verfügung V 70.
— Aufschiebende E. des Erben V 660 f., 784 f., 829 f., VI 340, 383, 661, 713 f.

Einrichtungen, Wegnahme von, s. Wegnahme.

Einschränkung von Dienstbarkeiten, Reallasten, Fortbestand der Landesgesetze VI 372 f., 375.

Einseitige Rechtsgeschäfte Minderjähriger I 57 ff., 62. — Anfechtungsgegner bei e. R. I 128. — E. R., welche in Vollmacht vorgenommen werden I 152 f., Unzulässigkeit der Vornahme durch Vertreter ohne Vertretungsmacht I 167 ff. — E. R. gegenüber Vertretern ohne Vertretungsmacht I 167 f., 173 f. — Einwilligung zu e. R. I 176 ff. — E. R. über eingebrachtes Gut IV 133, 198.

Einsetzung des Erben, s. Erbeinsetzung.

Einsicht des Vereinsregisters I 578, VI 118, der Gesellschaftsbücher II 425, des Güterrechtsregisters IV 382, VI 118, — Vorlegung von Urkunden zur E. II 771 f. — E. des Gegenvormundes in die Vormundschaftspapiere IV 759. — E. des Testaments V 357, der Anzeige über Verkauf der Erbschaft II 129, des Nachlaßinventars V 756, der Nachlaßverhandlungen VI 338 f. — E. der vom Inhaber vorgelegten Urkunden im Aufgebotsverfahren VI 742.

Einspruch der Verwaltungsbehörde gegen Eintragung eines Vereins I 558 ff. — E. des Mannes gegen Erwerbsgeschäft der Frau IV 134, 204, 240, 259.

Einstimmigkeit des Vereinsvorstandes I 507 f., 512 f., der Mitglieder bei Verfassungsänderung I 525, 527 f. — E. der Geschäftsführer bei Gesellschaft II 421.

Einsturz eines Gebäudes, Werkes, Schadensersatzpflicht II 650 f. — Drohender E. III 161.

Einstweilige Verfügungen. Schadensersatz aus ungerechtfertigten e. V. II 724 f. — E. V. zur Eintragung einer Vormerkung, eines Widerspruches in das Grundbuch III 110 f., VI 751 f., 800, zu Eintragungen überhaupt III 116 f.
— E. V. des Vormundschaftsgerichts zur Fürsorge für die Person eines Kindes in elterlicher Gewalt IV 620 f., 627 ff.
— E. V. im Ehescheidungsprozesse IV 66 f., 451 f., VI 660 f. — E. V. hinsichtlich Unterhaltsanspruchs des unehelichen Kindes vor der Geburt IV 689 f. — Vorschriften des bürgerlichen Rechtes über Zulässigkeit von e. V. VI 752.

Eintragung in das Grundbuch als Ersatz der Form des obligatorischen Vertrages über Eigenthum an einem Grundstücke I 458 ff. — E. als Voraussetzung des Eigenthumserwerbs III 52 ff. — E. aus Scheingeschäft III 67. — E. im Wege der Zwangsvollstreckung, des Arrestes, der einstweiligen Verfügung III 116 f. — Erwerb des Eigenthums durch E. und dreißigjährigen Besitz III 192 f., V 588. — E. des Erbbaurechts III 283 f., der Grunddienstbarkeit III 293 ff., 310 f., des Nießbrauchs III 384. — E. in das Schiffsregister III 499 f. — E. der Rente für Ueberbau III 136. — Inhalt der E. von Hypotheken in das Grundbuch III 544 f., IV 501, 511. — E. der Nichtertheilung eines Hypothekenbriefs III 641, IV 501, eines Widerspruchs gegen Darlehnsschuld bei nicht erhaltener Valuta III 584 f., 647, IV 511. — E. der Abtretung der Hypothek III 658. — E. der Reallast III 735, einer Vormerkung III 746 ff., des Vorkaufsrechts III 762. — E. veränderten Rangverhältnisses in das Grundbuch VI 221. — Anspruch gegen den Eigenthümer auf dessen E. in das Grundbuch VI 223 f. — E. im Wege der Zwangsvollstreckung VI 441. — E. einer Vormerkung, eines Widerspruchs durch einstweilige Verfügung III 110 f., VI 751 f., 800.
— E. der Eheschließung in das Heirathsregister IV 49, 53. — E. in das Güterrechtsregister IV 381 ff. — Eingetragene Ansprüche aus Schuldverhältnissen, Uebergangsbestimmung VI 501 f., 555. — Uebergangsbestimmung für nicht eingetragene Pfandrechte, Mieth- und Pachtrechte VI 521. — E. des Konkurses in das Grundbuch VI 766.

Eintragungsbewilligung III 52 ff., 60 f., eines Nichtberechtigten III 65. — Wirkung späterer Verfügungsbeschränkung auf E. III 65 f., IV 586 f. — Ersatz der E. durch Urtheil III 68 f. — Bezugnahme auf die E. bei der Eintragung III 310 f., 384, IV 586, VI 391. — E. für Vormerkung, Widerspruch III 110 f. — Bezugnahme auf E. bei Eintragung der Hypothek III 544 f., IV 501, 511, der Reallast III 735, des Vorkaufsrechts III 762.

Eintritt der Bedingung, Wirkung I 179 f., Beweislast I 263.

Ein und zwanzigstes Lebensjahr, Todeserklärung I 4 f., 107 f. — Volljährigkeit I 45 f.

Einwendung, s. Einrede.

Einweisung des muthmaßlichen Erben in den Besitz nach altem Rechte VI 472, 483, 625.

Einwilligung I 176 ff. — E. zur Volljährigkeitserklärung I 49 ff. — E. des gesetzlichen Vertreters zu Rechtsgeschäften Minderjähriger I 57 ff. — E. Dritter zu Verträgen und einseitigen Rechtsgeschäften I 176 ff., VI 138. — E. des Schuldners zur Forderungsabtretung I 377 ff. — E. des Bürgen oder Verpfänders in die Schuldübernahme I 421, 424. — E. des Vermiethers zur Untermiethe II 178 ff., des Verpächters zur Unterpacht II 233 ff. — E. des Beschädigten zur unerlaubten Handlung II 578, 632 f. — E. im voraus zu nothwendigen Maßregeln bei Gemeinschaft II 747 f.
— E. (freie) der Eheschließenden zur Ehe IV 16 f., des gesetzlichen Vertreters IV 17 ff., der Eltern IV 30 ff. — E. des Mannes zur Uebernahme persönlicher Leistungen durch die Frau IV 101 ff., zu Rechtsgeschäften der Frau über eingebrachtes Gut IV 180 ff., der Frau zu Rechtsgeschäften über Gesammtgut IV 251 ff., VI 280, des Mannes zu Rechtsgeschäften der Frau über Gesammtgut IV 242, 269 f. — Keine Pflicht der Eltern zur Ausstattung der Tochter bei deren Heirath ohne E. IV 317, 321.
— Wechselseitige E. zur Ehescheidung IV 412, 420 f. — E. des Kindes, der Mutter, der Ehefrau, des Vaters zur Ehelichkeitserklärung IV 708 f., des Ehegatten zur Annahme an Kindesstatt IV 721, desgl. der Eltern IV 721, VI 65. — E. des Nacherben zu Verfügungen über die Vorerbschaft V 109, VI 94. (S. auch Zustimmung, Genehmigung.)

Einwirkung auf fremde Grundstücke, zulässige I 247 f., 260 f., II 578, unzulässige III 157 f.

Einziehung gemeinschaftlicher Forderung III 757 f., einer dem Nießbrauch unterliegenden Forderung III 418, 423 f., einer dem Pfandrecht unterliegenden Forderung III 524 f., 530, 532. — E. eines unrichtigen Erbscheins V 683. — E. verlassener Grundstücke, Landesgesetze VI 429 f.

Eisenbahnbetrieb, Haftung des Unternehmers nach Landesgesetz VI 421.

Eisenbahn-Prioritäts-Obligationen III 668.

Eisenbahntransport, Wirkung auf Viehmängel I 727 f.

Eisenbahnunternehmungen. Anspruchsverjährung I 201 f., 207, 211. — Landesgesetze über Schadloshaltung durch E. II 604 f., III 379, VI 428, über Rechtsverhältnisse an E. VI 552 f., 611 f. — Landesgesetze über Nothweg zur Verbindung mit einer Eisenbahn VI 553 f.

Elchwild, Wildschaden II 806 ff.

Elsaß-Lothringen, Wildschadensgesetze II 821. — E. L. als Bundesstaat VI 363.

Eltern, elterliche Gewalt, elterliches Recht. Einwilligung des Inhabers der e. G. zur Volljährigkeitserklärung I 51. — Anspruchsverjährung zwischen E. und Kindern I 221 f. — Schadensanspruch der Eltern bei Verlöbnißbruch IV 6. — Einwilligung zur Eheschließung IV 30 ff. — Verwirkung der elterlichen Gewalt ist Aufhebungsgrund der fortgesetzten Gütergemeinschaft IV 250, 342 f. —
— Rechtsverhältniß zwischen Eltern und ehelichen Kindern im Allgemeinen IV 535 ff.: Familiennamen des Kindes IV 535. — Kindlicher Gehorsam IV 535 f. — Dienstleistungen des Kindes IV 537 f. — Gesindedienst des Kindes IV 537 ff. — Vermuthung, daß das volljährige Kind für Aufwendungen im elterlichen Hausstande Ersatz nicht beansprucht IV 538, 541 f. — Ueberlassung der Verwaltung des dem volljährigen Kinde zustehenden Vermögens an die Eltern IV 538, 541 f. — E. G. des Vaters IV 546 f., Fortdauer nach Volljährigkeit IV 546, 548. — Inhalt der E. G. IV 547. — Sorge für die Person des Kindes IV 547, 548, VI 547 f. — Anspruch auf Herausgabe des Kindes IV 547, 549. — Recht der Mutter auf Sorge für das Kind IV 547, 549, VI 547 f. — Verwaltung des Kindesvermögens IV 556 ff.: Vertretung des Kindes IV 557 f. — Zusammentreffen der e. G. mit einer Pflegschaft IV 557 f. — Ausschließung von der Vertretung IV 557 f. — Anordnung Dritter für die Vermögensverwaltung IV 549, 550, 558 f., 566. — Schenkungen für das Kind IV 549, 559. — Anlegung von Geldern IV 549, 559 f. — Grad der vom Vater aufzuwendenden Sorgfalt (diligentia quam suis) IV 548, 561. — Keine Verzinsungspflicht für verzögerte Geldanlage oder Verwendung in eigenem Nutzen IV 561 f. — Aufwendungen des Vaters IV 548, 561 f., V 143 f., VI 298. — Herausgabepflicht und Rechnungsablage IV 550, 562. — Vermögensverzeichniß IV 562 ff. — Entlassung des Kindes aus dem Staatsverbande IV 549, 565. — Sorge für die verheirathete Tochter IV 549, 565 f. — Genehmigung des Vormundschaftsgerichts zu Rechtsgeschäften für das Kind IV 549, 566 ff., VI 322 f., 394. — Neues Erwerbsgeschäft IV 549, 567. — Eigenthumsübergang der mit Mitteln des Kindes erworbenen

Sachen, Inhaberpapiere auf das Kind IV 571 f. — Freies Vermögen des Kindes IV 572 ff.: Nutznießung des Vaters, Anwendung der Vorschriften über Nießbrauch IV 575 f., Besitz des Vaters IV 575. — Pacht- und Miethsverhältnisse, landwirthschaftliches Grundstück, Landgut IV 576. — Nutznießung an verbrauchbaren Sachen, Geld IV 576 f., Inventarstücken eines Grundstücks IV 577, an einem Erwerbsgeschäfte IV 578 f., V 144. — Schuldenhaftung gegenüber den Gläubigern des Kindes, bei Verbrauch verbrauchbarer Sachen IV 580 f. — Verhältniß der Nutznießung zu einer Unterhaltspflicht des Kindes IV 580 f. — Anwendung der Vorschriften über eheliche Nutznießung auf das Verhältniß zwischen Vater und Kind in Ansehung der Haftung des Kindesvermögens IV 581. — Lasten der Nutznießung IV 581 f. — Nutznießung ohne Vermögensverwaltung IV 551, 582, VI 327. — Unübertragbarkeit der Nutznießung IV 582, V 144. — Beendigung der Nutznießung durch Heirath des Kindes mit elterlicher Einwilligung IV 582 f. — Verzicht auf die Nutznießung IV 583 f.

— Elterliche Gewalt der Mutter IV 555 f., 612 ff.: Beistand der Mutter IV 613 f., Bestellung VI 301, Wirkungskreis desselben IV 614, Rechte und Pflichten IV 614, Uebertragung der Vermögensverwaltung auf ihn IV 614 f., Mitwirkung bei Rechtsgeschäften, Genehmigung IV 615 f. — Inventarisationspflicht der Mutter IV 616. — Erforderliche Genehmigung des Vormundschaftsgerichts IV 556, 616. — Analogie der Vorschriften über Gegenvormund für den Beistand, Endigung seines Amtes IV 556, 616 f. — Stellung der Mutter neben Vormund und Pfleger VI 300 f.

— Fürsorge und Aufsicht des Vormundschaftsgerichts IV 617 ff.: Ueberwachung der Anordnungen Dritter IV 617 f. — Krankheit, Abwesenheit des Vaters IV 617 f. — Gefährdung der Person des Kindes, Unterbringung desselben, Entziehung der elterlichen Gewalt und Nutznießung IV 619 ff., 654 f. — Fürsorge bei Gefährdung des Kindesvermögens, Vermögensverzeichniß, Hinterlegung, Umschreibung von Inhaberpapieren, Sicherheitsleistung IV 553, 633, VI 298. — Auseinandersetzung bei Wiederverheirathung des Vaters IV 553, 635 f., VI 299. — Kosten der vormundschaftsgerichtlichen Anordnungen IV 554, 638. — Entziehung der Vermögensverwaltung. IV 554, 638. — Aenderung der Anordnungen IV 554, 638. — Anzeigepflicht des Gemeindewaisenraths IV 554, 638. — Beendigung der elterlichen Vermögensverwaltung durch Konkurs IV 549, 638.

— Ruhen der elterlichen Gewalt IV 638 ff.: Geschäftsunfähigkeit, beschränkte Geschäftsfähigkeit des Vaters IV 554, 638 f., thatsächliche Behinderung IV 554, 638 f. — Sorge für die Person des Kindes IV 638 f., Uebergang der e. G. auf die Mutter IV 639 ff., VI 300. — Ruhen bei Unbekanntschaft des Familienstandes des Kindes IV 554, 643 f.

— Beendigung der elterlichen Gewalt IV 644 ff.: Todeserklärung, Aufhebung derselben IV 644 f., 865 f. — Wiederverheirathung der Mutter IV 556, 645 f. — Verwirkung der elterlichen Gewalt IV 554, 648 ff.

— Nutznießung bei Ruhen der e. G. des Vaters IV 650 f., bei Verwirkung derselben IV 653 f.

— Elterliche Gewalt bei Scheidung wegen Geisteskrankheit IV 555, 660 f. — Unfähigkeit zur e. G. IV 662. — Verbot des Verzichts auf e. G. IV 662.

— Rechtsverhältniß von Eltern und Kindern bei nichtigen Ehen IV 662 ff. (s. Kinder). — Keine elterliche Gewalt der unehelichen Mutter IV 671.

— Einwilligung der Eltern zur Annahme an Kindesstatt IV 721; elterliche Gewalt der leiblichen Eltern bei derselben IV 733. — Berufung der Eltern zur Vormundschaft über Volljährige IV 849, befreite Vormundschaft in diesem Falle IV 850. — Pflegschaft für Personen, die unter elterlicher Gewalt stehen IV 855 f., Aufhebung derselben IV 859 f. — Zustimmung des Inhabers der e. G. zu Erbverträgen V 374 ff., zu deren Aufhebung V 407 f.

— Eltern als gesetzliche Erben zweiter Ordnung V 467, als pflichttheilsberechtigt V 497 f., 511 f. — Entziehung des Pflichttheils gegenüber E. V 579.

— Vermuthung, daß E. aus Unterhaltsgewährung an Abkömmlinge keinen Anspruch gewinnen wollen II 734, VI 190 f. Genehmigung des Vormundschaftsgerichts zu Erbverzichten von Personen, die unter e. G. stehen V 601 f.

— Maßgebendes Recht für Rechtsverhältniß zwischen Eltern und ehelichen Kindern VI 62, 227 f. — Uebergangsbestimmung für dasselbe VI 547, 636.

— Entlassung aus e. G. nach französischem oder badischem Rechte VI 186.

— Behördliche Beschränkungen der E. in der Sorge für das Kind; Uebergangsbestimmung VI 547.

— Feststellung des Rechtsverhältnisses zwischen E. und Kindern (Civilprozeßordnung) VI 683 ff.

— Unpfändbarkeit des in elterlicher Nutznießung stehenden Kindesvermögens, Pfändbarkeit der Früchte VI 725, 799.

Elterliche Nutznießung IV 575 ff., V 143 f. — Entziehung der e. N. IV 619 f., 625 f. — Verhältniß der e. N. zur Unterhaltspflicht des Kindes gegenüber Verwandten IV 580 f. — Vertragsmäßige Ausschließung der e. N. bei Annahme an Kindesstatt IV 735. — E.

N. bei Abwesenheit, Verschollenheit des Kindes IV 861 f.
Elterliche Vermögensverwaltung IV 550 ff. (s. Eltern).
Emanzipation, Wirkung der E. nach altem französischen oder badischen Rechte VI 486.
Empfangene, noch nicht geborene Personen als Erben V 4, 7, 463, 614, VI 335 f. — Noch nicht empfangene Personen als Nacherben V 7 f., 80 f., VI 90. — Unterhaltsanspruch gegen den Tödter des gesetzlich Unterhaltspflichtigen II 622 f. — Erbschaftsanfall V 614, Unterhaltsanspruch der Mutter V 614 f. — Aussetzung der Erbtheilung V 883.
Empfängnißzeit IV 457 ff., 678, 698 f., VI 296.
Empfangsbekenntniß, s. Quittung.
Empfangstheorie bei Willenserklärung I 69, 71, 85.
Empfehlung II 380, 664.
Emphyteuse, Fortbestand der Landesgesetze VI 472 ff., Anwendung der Vorschriften für Grundstücke VI 485 f.
Emtio spei II 51.
Ende des Monats I 189.
Endtermin bei Rechtsgeschäften I 186; Beweislast I 263. — E. bei Auflassung III 181 f. — E. bei Erbeseinsetzung als Bestimmung einer Nacherbfolge V 78 f.
Entbindungskosten IV 685 f., V 144 f., 617, VI 308 f.
Enteignungsrecht. Erstreckung der Hypothek auf die Entschädigung für Enteignung VI 250, 371 f., 375. — Landesgesetze über Entschädigung der Realberechtigten in Enteignungsfällen VI 464 ff., über Zwangsenteignung VI 470 f., 610.
Enterbung, s. Ausschließung, Entziehung. — E. in guter Absicht V 565 ff. — E. eines Abkömmlings bei fortgesetzter Gütergemeinschaft IV 246, 310 f.
Entfernung der dem Pfandrechte des Vermiethers unterliegenden Sachen II 197, 207 f. — Einfluß der E. von Bestandtheilen rc. auf die Hypothek III 556 f., 570, IV 502, 504.
Entführung eines Minderjährigen, Aenderung des Strafgesetzbuchs VI 576.
Entgelt für Dienstleistung II 276 f. (S. auch Vergütung.)
Enthebung, s. Entlassung.
Entlassung eines Kindes aus dem Staatsverbande IV 549, 565, eines Mündels IV 757 f., V 147, VI 590. — E. des Vormundes IV 831 f., des Gegenvormundes IV 834, eines Mitgliedes des Familienraths IV 837, des Testamentsvollstreckers V 260. — Entlassung aus der Gewalt nach französischem oder badischem Rechte VI 486.
Entleiher, s. Leihe.
Entmündigung I 31 ff., VI 112, 121. — E. des Mannes, Aufhebung des gesetzlichen Güterstandes IV 137, 213, der Gütergemeinschaft IV 273 ff. — E. des überlebenden Ehegatten bei fortgesetzter Gütergemeinschaft IV 250, 343, bei Errungenschaftsgemeinschaft IV 371. — E. des Vormundes IV 827 f. — Unfähigkeit zur Mitgliedschaft des Familienraths IV 836. — Anordnung der Vormundschaft bei E. IV 839, vorläufige Vormundschaft bei Antrag auf E. IV 850 ff. — Einfluß auf die Testirfähigkeit V 320 ff., VI 558, auf Erbvertrag V 374 f. — Betreiben der E. des Erblassers als Grund zur Entziehung des Pflichttheils V 564. — E. von Ausländern VI 29 f. — E. wegen Geisteskrankheit nach altem Rechte, Wirkung VI 486, 620 f., desgleichen wegen Verschwendung VI 488. — Berechtigung Entmündigter zur Stellung eines Strafantrags VI 572 f.
— Verfahren in Entmündigungssachen VI 686 ff.: Geisteskrankheit VI 686, Antragsrecht VI 687 ff., Zustellung des E.-Beschlusses, Wirksamkeit desselben VI 689 f., 701, Anfechtung VI 690, Offizialmaxime, Ausschließung des Parteieides VI 690 f., Wiederaufhebung, Wirksamkeit der Rechtsgeschäfte des Entmündigten VI 691. — Geistesschwäche VI 691 ff., 701. — Verschwendung VI 694 f., gerichtliche Besserungsermahnung VI 695, Bekanntmachung VI 699. — Trunksucht VI 696 f., Besserungsermahnung VI 698, Bekanntmachung 699 f. — Zuständigkeit für Wiederaufhebung der E. VI 792 f.
Entsagung, s. Ausschlagung, Verzicht.
Entschädigung, s. Schadensersatz. — E. der Realberechtigten in Enteignungsfällen VI 464 f., bei Schädigung durch Bergbau VI 469 f. — E. für Beeinträchtigung durch Gewerbebetrieb VI 581 f., 586 f., für Erwirkung ungerechtfertigten Arrestes VI 730.
Entschuldbarer Irrthum I 188.
Entsetzung des Thäters bei verbotener Eigenmacht III 38 f.
Entwässerung, Fortbestand der Landesgesetze VI 372.
Entwehrung, s. Gewährleistung.
Entziehung der Geschäftsführung bei Gesellschaft II 421, des Besitzes, Schutz III 43. — E. des Inventarrechts V 732. — E. Minderjähriger (den Eltern, dem Vormunde), Aenderung des Strafgesetzbuchs VI 575. — Beschränkung der Unterhaltspflicht auf Nothdurft bei Berechtigung zur E. des Pflichttheils IV 483, 494 f. — E. der elterlichen Gewalt IV 619 ff., 654 ff., der Vermögensverwaltung bei Annahme an Kindesstatt IV 731, der Vertretung des Vormundes IV 756, der Vermögensverwaltung bei Nacherbschaft V 121 f. — E. des Pflichttheils V 551 ff., VI 320 f., 328 f.
Entzündbare Stoffe, Aufbewahrung II 649 f.
Epilepsie, Anfechtung der Ehe IV 78.
Erbbaurecht III 281 ff.: Begriff III 281 f., Verbot der Beschränkung auf einen Theil des belasteten Grundstücks III 282, Er-

streckung auf unbebaute Grundstückstheile III 283. — Bestellung des E. III 283 f., V 444. — Kein Erlöschen mit Untergang des Bauwerkes III 284. — Schutz des E., Anwendung der Vorschriften über Grundstücke III 284. — Aufhebung des E. III 284 f. — Uebergangsbestimmung für bestehendes E. VI 516 f., 629.

Erbbescheinigung, s. Erbschein. Preußisches Gesetz über Ausstellung gerichtlicher E. V 696.

Erbe des Stifters, Widerruf der Stiftung I 591 f. — Mehrheit von E. auf einer Seite bei gegenseitigen Verträgen, Leistung I 627 f. — Uebergang des Vorkaufsrechts auf E. II 110. — E. des Miethers, Kündigungsrecht II 218 f., des Pächters II 249 f. — Anzeigepflicht der E. eines Gesellschafters II 439. — Auflassung eines Grundstücks durch den E. des eingetragenen Eigenthümers III 181.

— Uebergang der Unterhaltspflicht des schuldigen Theiles bei Ehescheidung auf dessen E. IV 515 ff., 525 ff., VI 293, der Unterhaltspflicht des unehelichen Vaters auf dessen E. IV 677, 684, der Pflicht desselben zur Zahlung von Entbindungs- rc. Kosten IV 688.

— Begriff des E. V 1 ff. — Bestimmung, Ausschließung in letztwilliger Verfügung V 5 f. — Ungewißheit bei mehreren eingesetzten Erben V 23 f. — Wahl des E. aus einer Mehrheit von Personen V 29 ff. — Einsetzung der „Verwandten, gesetzlichen Erben" als E. V 32 f. — Nichterforderniß des Wortes „Erbe" bei der Erbeinsetzung V 72, VI 347. — E. als Beschwerter bei Vermächtniß V 160 f. — Geltendmachung von Nachlaßverbindlichkeiten gegen den E. bei Vorhandensein eines Testamentsvollstreckers V 291 f., 532 ff.

— Gesetzliche Erben V 462 ff. (s. Erbfolge), Wegfall eines g. E. V 483. — Rechtsstellung des Erben V 613 ff. (Erbschaft). — Uebergang des Besitzes auf den E. V 650 f., Selbsthülferecht des E. V 653.

— Aufschiebende Einreden des E. gegenüber den Nachlaßgläubigern V 660 f., 784 ff., VI 383, 661, 713 f.

— Aufgebot unbekannter E. V 670. — Beschränkte Haftung des E. für Nachlaßverbindlichkeiten V 759 ff., VI 713, 796. — Ansprüche des E. im Nachlaßkonkurse V 769, Haftung desselben mit dem Ueberschusse nach beendetem Nachlaßkonkurse V 771 f. — Abzugseinrede V 759 f., 796 f.

E. als Nachlaßpfleger V 820.

Erbeinsetzung V 3. — E. eines noch nicht Lebenden V 7 f., noch nicht entstandener juristischer Personen V 8 f. — Alternative E. V 23 f. — E. der Verwandten, der gesetzlichen Erben V 32 f., der „Kinder" V 33 f., der „Abkömmlinge" V 33 f., einer Klasse von Personen V 35 f., der Armen V 36 f., unbestimmter Personen V 37 f. — Begriff der E., Wort „Erbe", E. oder Vermächtniß V 72 f., VI 347. — Gesetzliche Erbfolge neben E. bei Einsetzung auf die Erbschaft nicht erschöpfende Bruchtheile V 73 f. — Ausschließung eines einzelnen Vermögensgegenstandes als Vermächtniß an die gesetzlichen Erben V 74. — Einsetzung Mehrerer ohne Bruchtheile V 74. — E. auf Bruchtheile, die das Ganze übersteigen oder nicht erschöpfen V 74. — Einsetzung Mehrerer auf Bruchtheile und ohne solche V 74 f. — Einsetzung Mehrerer auf gemeinschaftlichen Erbtheil V 75. — Anwachsung V 75 ff. (s. d. W.). — Einsetzung als Ersatzerbe V 76 f. (s. d. W.). — Einsetzung als Nacherbe V 77 ff. (s. d. W.), im Erbvertrage V 401 f. — Zuwendung des Pflichttheils keine E. V 499 f. — Schutz Dritter bei anfechtbarer Erbeinsetzung V 726 f.

Erbeinsetzungsvertrag, s. Erbvertrag.

Erbengemeinschaft V 835, s. Miterben.

Erbentsagung, s. Ausschlagung, Verzicht.

Erbenzeugniß, s. Erbschein.

Erbfähigkeit V 4, 463, 614, VI 335 f.

Erbfall. Begriff V 1 ff. — Entstehung des Pflichttheilsanspruchs mit E. V 525 f. — E. maßgebend für Vermächtnißanspruch V 212.

Erbfolge V 1 ff. — Gesetzliche E. neben Erbeinsetzung V 73 f. — Gesetzliche E. im Allgemeinen V 462 ff.: Gesetzliche Erben erster Ordnung, Abkömmlinge, Erbfolge nach Stämmen V 463 ff., zweiter Ordnung, Eltern und deren Abkömmlinge V 467, Zugehörigkeit zu verschiedenen Stämmen V 467. — Dritte Ordnung, Großeltern und deren Abkömmlinge V 467 f. — Vierte Ordnung, Urgroßeltern und deren Abkömmlinge V 469 f., entferntere Voreltern V 469 f. — Verhältniß der Ordnungen zu einander V 471. — Gesetzliche E. der Ehegatten V 471 ff., VI 100 f., neben Verwandten der ersten bis dritten Linie V 476 ff., Wegfall bei Scheidungsgrund oder Klage V 472, 480, Voraus V 480 f. — Erbrecht unehelicher Kinder V 481 f. — Wegfall eines Erben V 483. — Anwachsung V 483. — Gesetzliches Erbrecht des Fiskus V 484 ff., 670, VI 338. — Voraussetzungen des Erbscheins bei gesetzlicher E. V 679. — E. in ein Landgut VI 330 f.

Erblegitimation, s. Erbschein.

Erblosigkeit, s. Fiskus.

Erblosung II 754.

Erbpachtrecht, Fortbestand der Landesgesetze VI 472 ff., 607 f., 651 f., Anwendung der Vorschriften über Grundstücke VI 485 f., 607 f., 651 f.

Erbrecht, gütergemeinschaftliches IV 245 ff. — Kein E. des an Kindesstatt Annehmenden IV 732. — Vertragsmäßige Ausschließung des E. des angenommenen Kindes IV 735 f. — Prozesse des Testamentsvollstreckers über

E. V 299 f. — Gesetzliches E. s. Erbfolge. — E. der Wittwe eines verstorbenen Sohnes V V 464 f. — E. unehelicher Kinder V 481 f., VI 550, — E. des Fiskus V 484 ff. — — Vertragsmäßige Uebertragung des Erbrechts eines Abkömmlings auf einen anderen V 610 f. — Anmeldung von E. auf öffentliche Aufforderung V 670 f., 681.

Erbrechtliche Rechtsgeschäfte von Ausländern VI 37 f.

E. im internationalen Privatrecht VI 72ff. Uebergangsbestimmung für erbrechtliche Verhältnisse VI 557.

Erbschaft. Begriff V 2. — Vertrag über die Erbschaft eines noch lebenden Dritten I 456 f. — Nießbrauch an E. III 436. — Schenkung einer E. VI 182 f. — Annahme oder Ausschlagung einer E. durch die Frau beim gesetzlichen Güterstande IV 134, 204, bei allgemeiner Gütergemeinschaft IV 240, 259, Verbindlichkeiten aus einer solchen IV 242, 264. — Verfügung über eine E. des Mündels IV 791. — Verfügung des Vorerben über die E. als solche V 97 f., 130 f. — Vermächtniß der E. eines beim Erbfall lebenden Dritten V 177 f. — Anfall der E. kraft Gesetzes V 613 f., an einen nasciturus V 614 ff. – Ausschlagung V 618 f. — Annahme V 618 f., VI 336 f., Ausschlagungsfrist V 620 f. — Vererblichkeit des Ausschlagungsrechts V 623, Form der Ausschlagungserklärung V 624, 626. — Zeit der Erklärung über Annahme oder Ausschlagung V 624 f. — Ausschagungsfrist des Pflichttheilsberechtigten V 627. — Annahme, Ausschlagung unter Bedingung, Zeitbestimmung V 627. — Unwirksamkeit der Annahme oder Ausschlagung eines Theiles der E. V 627, Annahme oder Ausschlagung bei Berufung zu mehreren Erbtheilen V 627 f., bei mehreren Berufungsgründen V 628 f., Unwiderruflichkeit der Erklärung V 630, Anfechtung der Annahme- oder Ausschlagungserklärung V 630 f., VI 395, Wirkung der Ausschlagung, Ausschlagung seitens in der Geschäftsfähigkeit beschränkter Personen V 632. — Annahme oder Ausschlagung durch den Gemeinschuldner V 632 f. — Handlungen während der Ausschlagungsfrist V 657 f. — Rechtsverfolgung gegen den provisorischen Erben V 660 f., 830 f. — Fürsorge des Nachlaßgerichts bis zur Annahme der E. V 664 ff., VI 338. — E., welche dem Gemeinschuldner vor Konkurseröffnung zugefallen ist VI 755 f., 764. — Gerichtsstand der E. VI 641, 785 f.

Erbschaftliches Liquidationsverfahren V 809, VI 557.

Erbschaftsanspruch V 696 ff.: Beklagter (Erbschaftsbesitzer) V 699 ff. — Auskunftspflicht des Erbschaftsbesitzers sowie desjenigen, der sich einmischt ohne E. zu sein V 704 f., 715 f. — E. gegen Testamentsvollstrecker, Nachlaßpfleger V 708 f. — Gegenstand der Herausgabe, Umfang der Herausgabepflicht V 710 f. — Sachen im Besitze des Erblassers V 710, Erwerb aus Rechten, die zur Erbschaft gehören V 711, Erwerb aus Rechtsgeschäften V 711 f. — Surrogation V 712 f., 719 f., VI 316, 324 f., Nutzungen V 714 f. — Auskunftspflicht, Offenbarungseid der Hausgenossen des Erblassers V 715 f. — Bereicherungsanspruch V 710, 716. — Verwendungen, Zurückbehaltungsrecht des Erbschaftsbesitzers V 716 f., Tilgung von Nachlaßschulden V 717 f. — Haftung bei bösem Glauben des Erbschaftsbesitzers, nach Rechtshängigkeit V 718 f., aus Verzug, strafbarer Handlung, verbotener Eigenmacht V 720 f. — Erbschaftliche Einzelansprüche, Universalanspruch V 722 f. — Ersitzung des Erbschaftsbesitzers III 236 f. — E. gegen den Erbschaftskäufer V 723 f. — E. zur Herausgabe des Vermögens eines irrthümlich für todt Erklärten V 725 f., VI 316 f. — Schutz Dritter bei anfechtbarer Erbeinsetzung V 726 f.

Erbschaftsbesitzer, Begriff V 699 ff. — Ersitzung des E. III 236 f., Anrechnung seiner Besitzzeit für den Erben III 236 f. — Haftung des E. welcher dem Erben weniger herausgiebt, als nach den Regeln des Auftrags, gegenüber den Erbschaftsgläubigern V 832 f. — Gerichtsstand für Ansprüche gegen den E. VI 642. (S. Erbschaftsanspruch.)

Erbschaftserwerb, s. Erbschaft.

Erbschaftsgegenstände bei Erbschaftsanspruch V 696 ff.

Erbschaftskauf II 112 ff.: Gegenstand II 112 f. — Vortheile aus Wegfall von Vermächtnissen, Auflagen, aus Ausgleichungspflicht II 113. — Familienpapiere, Familienbilder II 113. — Form des E. II 114 f., V 444. — Pflicht des Verkäufers zur Uebertragung der Sachen und Rechte II 115. — Abtretung von Pflichttheilsansprüchen II 115. — Herausgabe- und Ersatzpflicht, Surrogationsprinzip, Untergang, Verschlechterung II 115 ff., VI 182. — Verbrauch, unentgeltliche Verfügungen II 119 f. — Nutzungen, Früchte II 120 f. — Gewährleistung des Verkäufers II 121 f., VI 322. — Uebergang der Gefahr, Nutzungen und Lasten II 122. — Pflichten des Käufers, Nachlaßverbindlichkeiten, Lasten, Erstattung an den Verkäufer II 122 f. — Ersatz von Verwendungen II 124 f., VI 182. — Rechte der Nachlaßgläubiger II 126 f. — Inventarrecht des Käufers, Nachlaßkonkurs, Aufgebot der Nachlaßgläubiger II 127 f. — Verkaufsanzeige an das Nachlaßgericht II 129. — Wegfall der Folgen der Vereinigung von Rechten und Verbindlichkeiten II 129. — Anwendung der Vorschriften über E. auf ähnliche Verträge, Schenkung II 129 f.

— Verkauf eines Bruchtheils der Erbschaft II 130. — Erbschaftsanspruch gegen den Erbschaftskäufer V 723 f. — Haftung des Erbschaftskäufers im Nachlaßkonkurse V 767 f. — Antrag des Verkäufers auf Nachlaßkonkurs V 827; Konkurs VI 776.

Erbschaftsregister V 672.

Erbschein V 670 ff., Antragsberechtigter V 671 f. — Erbschaftsregister V 672. — Inhalt des E. V 677 f. — Voraussetzungen des E. bei gesetzlicher Erbfolge V 679, VI 357. — Beweis der Voraussetzungen, Offenkundigkeit, eidesstattliche Versicherung V 679. — Ermittelungen des Nachlaßgerichts V 679 f., Anhörung des Gegners bei anhängigem Rechtsstreite über das Erbrecht V 679 f., öffentliche Aufforderung zur Anmeldung von Erbrechten V 681. — Voraussetzungen des E. bei Erbfolge aus Verfügung von Todeswegen V 681 f., Beweis der Voraussetzungen V 681 f., Ermittelungen des Nachlaßgerichts, öffentliche Aufforderung zur Anmeldung von Erbrechten V 682 f. — Einziehung, Kraftloserklärung unrichtigen E. V 683, Herausgabe desselben V 683, VI 357 f. — E. für den Vorerben V 683 f. — Vermuthung für Richtigkeit des E. V 683. — Oeffentlicher Glaube des E., Schutz gutgläubiger Dritter V 684 ff., VI 222. — E. (Zeugniß) für den Testamentsvollstrecker V 688 f. — E. für einzelne Gegenstände im Inlande bei sonstiger Nichtzuständigkeit des Nachlaßgerichts für die Erbschaft V 691 f. — E. über den Nachlaß eines irrthümlich für todt Erklärten, Schutz gutgläubiger Dritter V 725 ff. — Anwendung der Vorschriften über E. auf Zeugniß über fortgesetzte Gütergemeinschaft V 729 f. — E. an den Fiskus VI 358.

Erbschleicherei als Grund zur Entziehung des Pflichttheils V 564.

Erbtheil. Begriff V 3. — Annahme oder Ausschlagung bei Berufung zu mehreren Erbtheilen V 627 f. – Erbschein über E. V 677 f. — Unstatthaftigkeit des Konkurses über einen E. VI 777.

Erbtheilung, s. Auseinandersetzung (unter Miterben). E.vertrag eines Mündels IV 791.

Erbtheilungsklage V 888 f.

Erbunwürdigkeit V 634 ff., VI 320 f. eines Abkömmlinges bei fortgesetzter Gütergemeinschaft IV 247, 314. — E. des Vermächtnißnehmers V 220. — Berücksichtigung der erklärten E. bei Berechnung des Pflichttheils V 514, 516 f. — Gründe der E. V 634 ff. — Geltendmachung der E. durch Anfechtung V 642 ff., VI 357, Anfechtungsklage V 645, Anzeigepflicht des Anfechtenden beim Nachlaßgerichte V 646 f. — Wirkung der E.erklärung V 647 f. — E. des Pflichttheilsberechtigten V 649. — Wegfall des Anfechtungsrechts bei Verzeihung V 649.

Erbverbrüderung V 369.

Erbverpfründungsvertrag V 370, 372.

Erbvertrag V 365 f.: Zulässigkeit V 365 ff., Nothwendigkeit der Erbeinsetzung der Vertragschließenden V 373 f. — Unzulässigkeit der Vertretung beim Abschlusse, Geschäftsfähigkeit V 374 ff. — Form der Errichtung, Verbindung mit Ehevertrag V 379 f., Stumme V 381. — Verwahrung, Verkündung V 381 f. — Anwendung der Vorschriften für letztwillige Zuwendungen und Auflagen V 382 f. — Willensmängel, Anfechtung V 383 ff. — Wirkung des E. auf das gesetzliche Erbrecht der Vertragschließenden V 387 f., auf Verfügungen unter Lebenden V 388 f., auf Schenkungen, Schenkungsversprechen V 389 f., VI 351, Ersatzansprüche des Vertragserben gegen Miterben V 393 f. — Aufhebung des E. wegen Verfehlungen des Vertragserben V 395 f., durch einseitige Verfügung V 397. — Anfechtung des E. nach dem Tode des anderen Theiles V 397 f. — Vererblichkeit der Rechte des Vertragserben V 398. — Einseitige letztwillige Verfügungen im E. V 398 ff., Erbeinsetzung V 401 f., Vermächtniß, Auflage, Nacherbschaft V 402 ff. — E. unter Ehegatten, Anfall der für den Todesfall des Längstlebenden angeordneten Zuwendungen V 406 f. — Aufhebung des E. durch Vertrag V 407 f., VI 100, Herausgabe der Vertragsurkunde V 409. — Aufhebung durch Rücktritt V 409 f., insbesondere bei Unterhaltsvertrag und ähnlichen Fällen V 410 f., bei Wegfall des einem Pflichttheilsberechtigten gegenüber bestandenen Enterbungsgrundes V 411 f., bei Verfehlungen des Vertragserben VI 351 f. — Gegenseitige Abhängigkeit vertragsmäßiger Verfügungen V 413 f., Aufhebung einseitiger Verfügungen durch vertragsmäßige Aufhebung des E. oder Rücktritt von demselben V 415 f., Einfluß der Aufhebung der bindenden Verfügungen auf die nicht bindenden V 417 f., Anfechtung einer bindenden Verfügung V 418, wegen Uebergehung eines Pflichttheilsberechtigten V 418 f. — E. mit Vorbehalt des Rücktritts V 421 f., Rücktritt bei exheredatio bona mente V 422. — Vermächtnißvertrag V 423. — Aufhebung eines E. unter Ehegatten durch gemeinschaftliches Testament V 446. — Verbindung von E. und Erbverzicht V 603. — Vertragsmäßiger Verzicht auf Zuwendung aus E. V 609 f. — E. im Auslande VI 80. — Uebergangsbestimmung VI 557, 636.

Erbverzicht eines Abkömmlinges auf seinen Antheil am Gesammtgute der fortgesetzten Gütergemeinschaft IV 247, 314. — Berücksichtigung des E. bei Berechnung des Pflichttheils V 516 f. — E. im Allgemeinen V 598 ff.: Vertrag mit dem Erblasser V 598 f.,

Form V 599 f., VI 322, 329, persönliche Fähigkeit des Erblassers V 601, Genehmigung des Vormundschaftsgerichts V 601 f., Verbindung mit einem Erbeinsetzungsvertrag oder Vermächtnißvertrage V 603. — E. zu Gunsten eines Anderen V 603 f., eines Abkömmlinges V 604, Wirkungen für die Abkömmlinge V 604 f., VI 321. — Verzicht auf Zuwendung aus Testament, Vermächtniß, Erbvertrag V 609 f. — Feststellung des Pflichttheils bei E. V 611 f. — E. im Auslande VI 80. — Uebergangsbestimmung VI 557 f., 636.

Erbzinsrecht, Fortbestand der Landesgesetze VI 472 ff., Anwendung der Vorschriften über Grundstücke VI 485 f.

Erdboden, unzulässige Vertiefung III 162.

Erdkörper, Verbindung eines E. mit einem Grundstücke III 12. — E. unter einem Grundstücke III 120 f.

Erfüllung, f. Leistung. — E. der Verträge I 623 ff. — Strafe für Nichterfüllung, nicht gehörige Erfüllung I 776 f.

Erfüllungsort, f. Ort.

Erfüllungsstatt. Annahme an E. I 333 f. — Leistung an E. durch einen Gesammtschuldner I 433, 435, an einen Gesamtgläubiger I 434, 443.

Erfüllungsübernahme I 426 f., II 473, 474 f.

Erfüllungszeit, f. Zeit.

Ergänzung der Sicherheitsleistung I 270. — E. des Inventars bei Grundstückspacht II 243 f., 259. — E. der Einlage eines Gesellschafters II 417.

E. mangelnder Einwilligung eines Ehetheils durch das Vormundschaftsgericht IV 127 f., 130, 169, 133 f., 180 f., 203 f., 230 f., 238, 239, 251, 258. — E. des Pflichttheils bei fortgesetzter Gütergemeinschaft IV 247, 314. — Vorbehalt der E. letztwilliger Verfügung V 21. — E. des Pflichttheils V 500 f., 581 ff., VI 104 f.

Erhaltung. Kosten der E. bei Verzug des Gläubigers I 333. — E. des Inventars bei Grundstückspacht II 243 f. — Kosten der E. bei Leihe II 271, 273, des gemeinschaftlichen Gegenstandes II 747 f., der Nießbrauchssache III 392, einer Anlage zur Ausübung der Grunddienstbarkeit III 312. — Kosten der E. des eingebrachten Gutes IV 131, 175, 192, der Vorerbschaft V 115 f., des Vermächtnißgegenstandes V 233.

Erhaltungspflicht des Vermiethers II 130, des Pächters II 252, des Entleihers II 271, bei Gemeinschaft II 746 f., des Nießbrauchers III 392 f., des Vorerben V 100, 115 f.

Erhebung von Mündelgeld, Genehmigung des Gegenvormundes, des Vormundschaftsgerichts IV 777 f.

Erhöhung des Beitrags des Gesellschafters II 417.

Erklärung der Anfechtung I 127. — E. der Zustimmung zu Rechtsgeschäften, Empfänger derselben I 177, des gesetzlichen Vertreters zu Verträgen Minderjähriger I 60.

Erklärungstheorie I 94, 137.

Erlaß der Schuld durch Vertrag I 376, durch Anerkennung des Nichtbestehens II 511. — Erlaßvertrag mit einem Gesammtschuldner I 433 f., 455 f., 441 f., einem Gesammtgläubiger I 434, 443. — Schenkweiser E. II 15, 18, 19.

Erlaubniß zu Dienst- und Arbeitsverträgen Minderjähriger I 64 f., zur Eheschließung von Militärpersonen und Beamten IV 35 f., VI 268, zur Uebernahme von Vormundschaften durch Beamte und Religionsdiener IV 751, 731 f.

Erlaubte Selbsthülfe I 241 ff.

Erlöschen der Vollmacht I 144 f. — E. des Schuldverhältnisses durch Leistung I 333. — E. der Stiftung I 599, 600, 605 ff. — Beendigung des Nießbrauchs durch E. der juristischen Person III 410 f. — E. der Hypothek III 604, der Gesammthypothek III 622 f.

Ermächtigung Minderjähriger zu selbständigem Erwerbsgeschäfte I 63 f. — Gerichtliche E. zum Pfandverkaufe III 471.

E. eines unzuständigen Standesbeamten IV 48.

Ermäßigung, f. Herabsetzung.

Ernennung von Testamentsvollstreckern V 248 f. S. auch Bestellung.

Erneuerung der Klagerhebung, Einfluß auf Verjährung I 226 f. — E. von Schuldverschreibungen auf den Inhaber II 554. — E. der Nießbrauchsache III 392, 393.

Erneuerungsschein mit dem Werthpapiere zur Sicherheitsleistung zu hinterlegen I 266, ebenso zur Sicherheit des eingebrachten Gutes IV 133, 178, 196, desgl. bei Mündelvermögen IV 783 f. — E. bei Schuldverschreibung auf den Inhaber II 551 f., Hinterlegung bei Nießbrauch am Papier III 427 f. — H. durch den Vorerben V 99, 106. — S. auch VI 507.

Ernstlich. Nichtigkeit nicht e. gemeinter Willenserklärung I 98.

Eröffnung des Testaments V 355 ff., des gemeinschaftlichen Testaments V 459, des Erbvertrags V 381.

Errichtung der Stiftung I 488 f., 586 ff.

Error in corpore, persona, qualitate I 118.

Errungenschaftsgemeinschaft IV 139 f., 349 ff., VI 289 f.: Gesammtgut, eingebrachtes Gut IV 349 f., 365 ff. — Unübertragbare Rechte IV 350. — Vorbehaltsgut der Frau IV 350 f., VI 326. — Verwaltung des Mannes IV 351 ff. — Lasten des Gesammtguts IV 354. — Vermuthung für Gesammtgut IV 354. — Verzeichniß des eingebrachten Gutes IV 355. — Gesammtgutsverbindlichkeiten IV 365, VI 289. — Zwangsvollstreckung in Gesammtgut IV 368. — Unterhaltspflicht der Ehegatten gegen Verwandte IV

368. — Gesammtgutsverbindlichkeiten im Verhältnisse der Ehegatten unter einander IV 368. — Ausstattung eines Kindes IV 368. — Zeitpunkt der Geltendmachung der Ausgleichungsansprüche unter den Ehegatten IV 368. — Beendigung der E., Antrag der Frau, des Mannes, Konkurs des Mannes, Todeserklärung IV 369 ff. — Auseinandersetzung IV 372. — Wiederherstellung der E. IV 372 f., VI 290. — Fortgesetzte E. IV 373, 378 f. — Auseinandersetzung nach Ehescheidung IV 438 ff. — Anerbenrecht bei E. VI 511 f.

Ersatz. E.ansprüche des Miethers II 174 ff., VI 185. — E. für Wildschaden II 806 ff. — Ersatz des Werthes eines Bestandtheils, zu dessen Abtrennung der Besitzer gegenüber dem Eigenthumsanspruche berechtigt ist III 355. — E. von Verwendungen I 310, Einfluß der Rechtshängigkeit auf den Anspruch darauf I 323.

— E. für verbrauchte Sachen des eingebrachten Gutes durch den Mann IV 129, 131, 179 f., bei Nacherbschaft V 114, 128 f. — Vermächtniß des Anspruchs auf E. für eine Sache V 169, E.ansprüche bei Vermächtniß bestimmter Sache V 179 f.

— Ersatzpflicht des Mannes bei allgemeiner Gütergemeinschaft für Verminderung des Gesammtguts IV 339, 267 f., des Erbschaftskäufers II 115 f. S. auch Schadensersatz.

Ersatzberufung, s. Ersatzerbe. — E. bei Vermächtniß V 237.

Ersatzerbe V 5. — Einsetzung V 76. — E. gilt für Nichtkönnen und Nichtwollen des eingesetzten Erben V 76. — Verhältniß zur Einsetzung als Nacherbe V 76. — E. geht dem Anwachsungsrechte vor V 76. — Wechselseitige Ersatzerbeinsetzung V 77. — Recht des Nacherben auf Ersatzerbschaft V 89 f. — Ausgleichungspflicht unter E. V 892 f., VI 340 f.

Ersatzgeld bei Pfändung, Landesgesetze VI 431 f., 616.

Erschütterungen, Zuführung auf ein fremdes Grundstück III 123 f.

Ersitzung. Erwerb des Eigenthums an Grundstücken durch E. (Tabularersitzung) III 192 ff., IV 588 f.

— E. beweglicher Sachen III 228 ff.: Eigenbesitz III 228 f., Ersitzungsfrist III 230, Besitzzurechnung III 230, Ersitzungshindernisse III 230 f., VI 234, Unterbrechung durch Besitzverlust III 231 f., guter Glaube, nachträglicher böser Glaube III 233 f., Unterbrechung durch Klagerhebung III 234 f., IV 585. — E. ohne Rücksicht auf guten Glauben in 30 Jahren III 235 f. — E. des Erbschaftsbesitzers III 236 f., Anrechnung seiner Besitzzeit für den Erben III 236 f. — Wirkung der E. auf Rechte Dritter III 237 f. — Vermuthung für E. einer bestehenden Grundgerechtigkeit III 304. — Keine E. neuer Grunddienstbarkeit III 305 f. — E. des Nießbrauchs III 385 f. — Keine E. der Reallast III 735.

— Anrechnung der Ersitzungszeit des Erblassers V 653 f. — Uebergangsbestimmung für E. beweglicher Sachen, des Nießbrauchs an solchen VI 520, 633, für Ersitzung von Rechten an Grundstücken VI 522 f.

Erstattung, s. Ersatz, Schadensersatz, Rückerstattung. — E.pflicht des Gläubigers bei begründeten Einwendungen des Schuldners im Zwangsvollstreckungsverfahren VI 711 f.

Ertragswerth eines Landguts, Feststellung für Erbfolge VI 330 f., Fortbestand der Landesgesetze über die Feststellung VI 448.

Erwählter Wohnsitz des französischen, badischen Rechtes VI 490.

Erwerb. Nachtheile im E. des durch widerrechtliche Handlung Verletzten II 635 f., 637 f., bei Rücktritt vom Verlöbnisse IV 4. — E. des Besitzes III 27 ff., des Eigenthums an Grundstücken III 168 ff., an beweglichen Sachen III 194 ff., VI 263 f., 335, von Erzeugnissen, Früchten III 245 ff., von herrenlosen Sachen III 250 ff., des Erbbaurechts III 283 f., der Grunddienstbarkeit III 286 ff., des Nießbrauchs III 385 f., 413 f., 429 f., der persönlichen Dienstbarkeit III 436 f., der Reallast III 729 f., des Pfandrechts III 441 f., 494 ff., 517 ff., der Hypothek III 538 ff., der Erbschaft V 613 ff.

Erwerbsbeschränkungen für geistliche Orden, Kongregationen, Landesgesetze VI 381, desgl. für juristische Personen VI 400 f., 612 f.

Erwerbsfähigkeit, Aufhebung, Minderung durch Körperverletzung, Ersatzanspruch II 627 f.

Erwerbsgeschäft, Pacht eines E., Unterpacht II 233 f. — E. als Gegenstand der Gesellschaft III 417 f. — E. selbstständiges Minderjähriger I 63 f., der Ehefrau IV 134, 135, 204, 207, 240, 242, 259, 264, VI 795. — Entstehung von Vorbehaltsgut durch E. der Frau IV 125, 129, 141. — Beitrag der Frau aus E. zum ehelichen Aufwande IV 226 ff., der geschiedenen Frau zum Unterhalte gemeinschaftlicher Kinder IV 449 f. — E. des Kindes in elterlicher Gewalt IV 549, 567, 573, 579 f., V 144, eines Mündels IV 760, 795, 796 f., 800 f. — E. einer ausländischen Ehefrau VI 61 f.

Erwerbsschädigung II 637 f.

Erwerbsunfähigkeit als Voraussetzung des Unterhaltsanspruchs IV 478 f.

Erwerbsverein, Umwandlung des eingetragenen Vereins in einen E. I 571 f.

Erwerbs- und Wirthschaftsgesellschaften, s. Genossenschaftsgesetz. — Inkraftbleiben des bayerischen Gesetzes über E. und W. VI 496 (vgl. VI 750).

Erzeugnisse. Zurücklassung landwirthschaftlicher E. bei Beendigung der Pacht II 265 f. — E. als Bestandtheile eines Grundstücks III 6 f. — E. einer Sache als Frucht III 23 f.

— Eigenthumserwerb an E. III 245 ff. — Pfandrecht an E. der Pfandsachen III 449 f. — Haftung der E. für Hypothek III 555 f., IV 502, VI 247 f., 284 f. — Uebergangsbestimmung für Eigenthum an stehenden Bodenerzeugnissen VI 518.
Erzieher, Dienstverhältniß II 296, 298 f., 301 f., 304 f.
Erziehungsanstalten, Anspruchsverjährung I 202, 204, 211. — Unterbringung eines Kindes IV 619 f. — Fortbestand der Landesgesetze betr. Vormundschaft der Vorsteher von E. IV 743 f., VI 445 f., 651. — Unterbringung eines Mündels in E. IV 800, eines Strafunmündigen VI 571 f.
Erziehungskosten als Gegenstand der Unterhaltspflicht IV 491 f., 671 f.
Erziehungsrecht, Pflicht aus elterlicher Gewalt IV 547, 548, 639.
Esel, Gewährleistung bei deren Verkauf I 718 ff.
Eviktion I 662 f. (s. Gewährleistung).
Ewiggeld III 779, 780.
Exceptio doli generalis I 238 f., 303; rei venditae et traditae I 335, non adimpleti contractus I 636 f., plurium concumbentium IV 673 f., 690 f., 701, VI 68, 303, 549.
Ex heredatio bona mente V 306 f., 422, 565 ff., VI 356.
Explosionsstoffe, Aufbewahrung II 649 f. — Explosion einer Dampfmaschine II 658.
Expropriation, s. Enteignung.
Exterritoriale. Wohnsitz I 40, VI 577, 638. Gerichtsstand VI 639, in Strafsachen VI 577 f.

F.

Fabrik, Zubehör III 17 f.
Fabrikanten, Anspruchsverjährung I 201 f., 211.
Fabrikarbeiter, Anspruchsverjährung I 202 f., 211.
Fahrkarten, Uebertragung I 384.
Fahrlässigkeit, geringe, grobe I 186 f. — F. Nichtleistung I 302 f. — Haftung des Schuldners im Verzuge für jede F. I 327, nur für grobe F. bei Verzug des Gläubigers I 331. — F. des Gastes, Einfluß auf Haftung des Wirthes II 403. — F. bei Verletzung der Amtspflicht II 658 f. — S. auch grobe Fahrlässigkeit.
Fahrnißgemeinschaft, IV 373 ff.: Rechtsverhältniß, Analogie der allgemeinen Gütergemeinschaft IV 373. — Eingebrachtes Gut IV 373 ff., unbewegliches Vermögen IV 375 f. — Kein Vorbehaltsgut des Mannes IV 376 f. — Die verschiedenen Gütermassen IV 376 f. — Fortgesetzte F. IV 377 f. — Auseinandersetzung nach Ehescheidung IV 438 ff. — Anerbenrecht bei F. VI 511 f.
Faksimilirte Unterschrift I 339.
Fall der Nacherbfolge V 78.
Fälligkeit des Anspruchs, Definition I 210. — F. des Anspruchs als regelmäßiges Erforderniß des Urtheils I 244 f. — Zahlung vor Fälligkeit I 309. — Verzinsung einer Geldschuld von F. an I 323. — Anrechnung der Zahlung bei Mehrheit gleichartiger Schuldverhältnisse auf die fälligen I 335. — F. des Darlehens II 43. — F. der Forderung als Voraussetzung der Befriedigung aus Pfandrecht III 463, 522 f., 541.
— Nichtfällige Verbindlichkeiten des Gesammtguts bei Auseinandersetzung IV 244, 283 f. — Klage vor F. VI 656 f.
Falsche Anzeige, Zeugniß, als Grund zur Entziehung des Pflichttheils V 558.
Fälschung von Urkunden über letztwillige Verfügungen, Erbunwürdigkeit V 635, 639.
Familie. Unterhalt der Familie des Unterhaltsberechtigten durch den Pflichtigen IV 492 f. — Unterbringung eines Kindes in einer F. IV 619 f., eines Mündels IV 800. — Aufnahme der F. bei Wohnungsrecht III 437.
Familienangehörige des Erblassers, Unterhaltsanspruch V 654 f.
Familienbilder bei Erbschaftskauf II 113, als Voraus des überlebenden Ehegatten V 480.
Familienerbstücke als Voraus des überlebenden Ehegatten V 480.
Familienfideikommisse, Fortbestand der Landesgesetze VI 369 f., 606, 743.
Familiennamen der Ehefrau IV 97 f., der geschiedenen Frau IV 444 ff., V 163 f., VI 293 des ehelichen Kindes IV 535, des unehelichen Kindes IV 670 f., VI 549, des angenommenen Kindes IV 729 f., 740 f.
Familienpapiere, s. Familienschriftstücke.
Familienrath IV 834 ff., VI 311, 312 (s. Vormundschaft). — Angabe der Bestellung eines F. in der Bestallung des Vormundes IV 752.
Familienrechtliche Ansprüche, Ausschluß der Verjährung I 194, 201. — F. Anordnungen in formloser, letztwilliger Verfügung V 358 f., 362. — F. Rechtsgeschäfte von Ausländern VI 37 f.
Familienschriftstücke, Verfügung über F. in formloser letztwilliger Verfügung V 358 f. — F. bei Erbschaftskauf II 113, bei Erbschaftstheilung V 886.
Familienstand des Kindes, Unbekanntsein desselben, Ruhen der elterlichen Gewalt IV 643 f., Bestellung der Vormundschaft für das minderjährige Kind IV 742 f.
Familienstiftung I 585, 588.
Fasanen, Wildschaden II 806 ff.
Faustpfandrecht, s. Pfandrecht an beweglichen Sachen.
Fehler, s. Gewährleistung. — F. eines Gebäudes, Werkes, Ersatzpflicht bei Beschädigung in Folge solcher II 650 ff.
Fehlerhafter Besitz III 36 ff.
Feiertage, Einfluß auf Termine und Fristen I 190 ff., 310.
Feldbereinigung, Fortbestand der Landesgesetze VI 372 f.
Feldfrevel, Pfändung VI 431 f.
Fernsprecher. Vertragsantrag mittelst F. I 78 f.

Festnahme des Verpflichteten als Mittel der Selbsthülfe I 241 ff.
Feststellung. Klage auf F. als Unterbrechung der Verjährung I 223 f. — F. des Zustandes des Nießbrauchsgegenstandes III 394. — F. des eingebrachten Gutes IV 131, 164, 191, 355, des Zustandes der Vorerbschaft V 94, 99. — F. des Erbrechts des Fiskus V 670, VI 338. — Feststellung des Rechtsverhältnisses zwischen Eltern und Kindern (Civilprozeßordnung) VI 683 ff.
Feststellungsklage, s. Feststellung. — F. auf Billigkeit der Leistung I 465. -- F. in Ehesachen VI 682
Festungen, s. Rayongesetz.
Feuerbestattungskosten als Gegenstand der Unterhaltspflicht IV 494.
Feuersgefahr, Versicherung der Nießbrauchsache gegen F. III 396 f.
Fideikommiß. F. ejus, quod supererit V 103. — Fortbestand der Landesgesetze VI 369 f. — Anfechtung der Ehelichkeit durch Fideikommißanwärter VI 481 f.
Fiduziarische Stiftung I 590, II 33 f. — F. Verhältnisse II 361 f.
Findelkinder, religiöse Erziehung IV 866 ff.
Finden, s. Fund.
Finderlohn III 261 ff., 272.
Firmung, Kosten derselben als Unterhalt IV 492.
Fische in Teichen III 254.
Fischereirecht, Fortbestand von Landesgesetzen II 806 f., VI 375 f.
Fiskus. Uebergang des Eigenthums hinterlegter Sachen auf den F. I 360. — Anfall des Vermögens erloschener Körperschaften I 539 f., 544 f., VI 116. — Haftung für Schaden durch Vertreter I 607 ff. — Aneignungsrecht an derelinquirten Grundstücken III 188 f., 190, VI 232 f., 429, 523. — Recht des F. am Erlöse aus Fundsachen III 273.
— F. gilt nicht als gesetzlicher Erbe bei Vermächtniß V 74, bei Nacherbfolge V 79. — Gesetzliches Erbrecht des F. V 484 ff., Feststellung desselben V 670, VI 338, 395. — Nachlaßpflegschaft für F. V 488, 820. — Erbschein an den F. VI 358. — Landesgesetze über Hypothekentitel des F. VI 437 f. — Rechte des F. am Nachlasse verpflegter Personen, Landesgesetze VI 446. — Uebertragung des gesetzlichen Erbrechts des F. auf andere juristische Personen, Landesgesetze VI 447 f., desgl. des Anspruchs auf das Vermögen eines aufgelösten Vereins VI 448.
Fixgeschäft I 626, 640 f., 646, 716.
Flößereirecht, Flötzrecht, Fortbestand der Landesgesetze VI 372.
Flurbücher III 13 f.
Flußbett, verlassenes, Fortbestand der Landesgesetze VI 372.
Folgepflicht der Ehegatten IV 94 f.
Forderung. Verpfändung von F. zur Sicherheitsleistung I 264 f. — Gewährleistung beim Verkauf einer F. I 669, II 475. — Schenkweiser Erlaß einer F. II 15. — Theilung einer gemeinschaftlichen F. II 759. — F. eines Theilhabers an den andern aus der Gemeinschaft II 759 f. — Nießbrauch an F. III 418 ff. — Uebergang des Pfandrechts mit der F. III 483 f. — Pfandrecht an F. III 522 ff. — F. als Erforderniß der Hypothek III 538 f., Uebertragung der Hypothek auf eine andere F. III 725 f., IV 513.
— Verfügung über F. des Mündels IV 781 f., über F. der Nacherbschaft durch Vorerben V 101 f., 130, 152. — Vermächtniß einer F. V 174 f. — Pfändung von F. VI 722 f., 797 f.
Form der Rechtsgeschäfte I 87 ff., VI 130 f. — Bedeutung der Formvorschriften, Nichtigkeit beim Mangel der Form I 87, 88. — Prinzip der Formfreiheit I 88, VI 134. — Gesetzlich vorgeschriebene Schriftform I 89 f., 91 f., gewillkürte I 90, 92, bei Verträgen I 90 f., Telegramm I 93 f. — F. der Zustimmung zu Rechtsgeschäften I 177. — Beweislast für Erfüllung der erforderlichen F. I 260. — F. der Verbürgung zur Sicherheitsleistung I 269 f. — F. der Quittung I 340. — F. des Vertrags über ein Vermögen I 458, über Erbschaft eines Dritten I 458, über Eigenthum an einem Grundstücke I 458 ff., über sonstige Rechte an Grundstücken I 459, 463 f. — F. der Vereinssatzung I 504, 506, 555, der Anmeldung zum Vereinsregister IV 578. — F. des Stiftungsgeschäfts IV 488, 586 f., 590. — F. der Verträge zu Gunsten Dritter I 769. — F. des Schenkungsversprechens II 9 f., der Ausübung des Vorkaufsrechts II 98 f., des Miethvertrags II 147 ff., 178 f., der Annahme der Anweisung II 384, der Uebertragung der Anweisung II 389 f., der Bürgschaft II 462, VI 196, des Schuldversprechens, Schuldanerkenntnisses II 504 f., 509 f., des Verzichts auf ein im Grundbuch eingetragenes Recht III 71, der Auflassung III 168 ff., der Erklärungen zum Schiffsregister III 503, der Abtretung der Hypothek III 649 f., IV 506.
— F. des Antrags zur Eintragung in das Güterrechtsregister IV 383, 389, V 163 f. — F. des Verlöbnisses VI 9 f., der Eheschließung IV 37 ff., 49 ff., VI 588, Nichtigkeit wegen Formmängel IV 56 f., 62 f., VI 588, des Ehevertrags IV 217 f., der Zustimmung des anderen Ehegatten zu letztwilligen Verfügungen, welche einen Abkömmling in der fortgesetzten Gütergemeinschaft beschränken IV 246, 313 f., des Verzichts eines Abkömmlinges auf seinen Antheil am Gesammtgute der fortgesetzten Gütergemeinschaft IV 247 f., 314, 316, der Erklärung des überlebenden Ehegatten zur Aufhebung der fortgesetzten Gütergemeinschaft IV 249, 342, VI 288, des Verzichts auf elterliche Nutznießung IV 583 f. — Behandlung der Kinder aus Ehen, welche wegen Formmängel nichtig sind IV 662 f. —

F. der Anerkennung der unehelichen Vaterschaft IV 678 f., 698 f., des Antrags und der Einwilligung zur Ehelichkeitserklärung IV 711, des Vertrags zur Annahme an Kindesstatt IV 724 f. — F. der Genehmigung einseitiger Rechtsgeschäfte des Vormundes durch das Vormundschaftsgericht IV 798. — F. der Anfechtung letztwilliger Verfügung V 66 f. — F. der Einwilligung des Nacherben zu Verfügungen über Vorerbschaft V 109, 130. — F. der Eheanfechtung vor Nachlaßgericht V 133. — F. der Erklärung der Wiederannahme des Familiennamens der geschiedenen Frau V 163 f., der Anfechtung der Ehelichkeit eines Kindes nach dessen Tode V 163 f. — F. der Bestimmung des Testamentsvollstreckers durch einen Dritten, den Testamentsvollstrecker selbst V 248, VI 95.
— F. des Testaments V 326 ff., des Erbvertrags V 379 f., der Anfechtung des Erbvertrags V 385 f., der Aufhebung des Erbvertrags V 407 ff., 416 f., des gemeinschaftlichen Testaments V 427 f., des Erbschaftskaufs II 114 f., V 144, des Erbverzichtvertrags V 599 f., VI 322, 329, der Erbschaftsausschlagung V 624.
— Maßgebende Gesetze für F. der Rechtsgeschäfte VI 32 f., für F. der Eheschließung VI 47 f., 49 f. — F. von Eheverträgen im Auslande VI 60, 80, von letztwilligen Verfügungen VI 77 ff., von Eheverträgen für bestehende Ehen VI 544.
Forstgesetze VI 432.
Forstrecht I 4.
Forstwirthschaftliche Genossenschaften I 612 ff.
Forstwirthschaftliche Grundstücke in Nutzung von Verbänden, Fortbestand der Landesgesetze VI 491 ff. — Anerbenrecht VI 510 ff.
Forstwirthschaftsbetrieb I 201 f., 204.
Fortgesetzte Gütergemeinschaft IV 246 f., 299 ff. (s. Gütergemeinschaft).
F. Fahrnißgemeinschaft IV 377 f.
F. Errungenschaftsgemeinschaft IV 373, 378 f. — Ablehnung der f. Gütergemeinschaft durch Gemeinschuldner VI 755 f.
— Konkurs bei f. G. VI 777.
Fortkommen, Nachtheile für das F. des durch unerlaubte Handlung Verletzten, Ersatzanspruch II 635 f., 637 f.
Frachtfuhrleute, Anspruchsverjährung I 201 f., 204, 211. — Auslieferung der Kaufsache an F., Uebergang der Gefahr II 67.
Frachtgelder bei Schiffspfandrecht III 503.
Französisches Recht, s. Code civil. — Wirkung der Emanzipation nach f. R. VI 486, der Verbeistandung wegen Geistesschwäche VI 486 f., 620 f., 749, wegen Verschwendung VI 488. — Erwählter Wohnsitz VI 490. — Uebergangsbestimmung für Vermögensabsonderung nach f. Rechte VI 544.
Frauen, Anspruch auf Schadensersatz bei hinterlistiger außerehelicher Beiwohnung II 640 f., IV 694 f.
— Ehemündigkeit IV 19 ff. — Wartezeit IV 34 f. (S. auch Ehefrau.) — Frau als Vormund des Mannes IV 240, 259 f. — Unterhalt der Frau des Berechtigten durch den unterhaltspflichtigen Verwandten IV 492 f. — Beschränkte Fähigkeit der Frau zum Amte des Vormundes IV 751, Ablehnung IV 751, Entlassung IV 831 f. — Testirfähigkeit V 318 f. — Gewerbebetrieb ausländischer F. IV 579 f., 600.
Frauengut IV 122 f., 141.
Freie Verfügung, Anordnung bei Nacherbfolge V 158.
Freies Belieben eines Dritten bei Bestimmung der Vertragsleistung I 467 ff., des Beschwerten bezüglich Erfüllungszeit des Vermächtnisses V 21.
Freies Vermögen des Kindes unter elterlicher Gewalt IV 572 f.
Freiheit, Verletzung derselben II 566 f., 572, 630 f., VI 213 f. — Ersatz für wegfallende Dienste des Verletzten II 631, immaterieller Schaden II 640.
Freiwillige Gerichtsbarkeit I 1 f. — Gesetz, betr. die II 780, III 394, 471, 480, 494 f., 497, 503, V 355, 357, 424, 430, 431, 692, 693 f., 742, 887, VI 66, 338 f., 342, 418, 454 f.
Freizügigkeit, Gesetz betr. die, Aenderungen VI 584.
Fremdes Recht, Anwendung VI 28 ff., 72 ff.
Frist. Auslegungsregeln über Fristbestimmungen I 188 ff., VI 138 f. — F. für Todeserklärung I 4 ff., für Anfechtung derselben I 25, 27. — F. für Genehmigung der Verträge Minderjähriger durch den gesetzlichen Vertreter I 61. — Bedungene Frist für Annahme eines Vertrags I 77. — F. für Anfechtung einer Willenserklärung wegen Irrthums I 112 f., VI 122 f., wegen Drohung oder Betrugs I 120 f. — F. zur Genehmigung eines ohne Vertretungsmacht abgeschlossenen Vertrags I 154; für Zustimmung Dritter zu Rechtsgeschäften I 178. — F. für Herstellung bei Schadensersatzpflicht I 293, 297, III 512. — Einfluß der Feiertage auf F. I 190 f., 310. — Fristbestimmung des Gläubigers zur Bewirkung der Leistung nach rechtskräftiger Verurtheilung des Schuldners I 321 f. — F. für Genehmigung des Gläubigers zur Schuldübernahme I 405 ff., zur Uebernahme von Hypotheken beim Verkauf eines Grundstücks I 413 ff. — F. für Anfechtung der durch einen Dritten geschehenen Bestimmung der Vertragsleistung I 471. — Bestimmte F. der Vertragserfüllung I 626, 640 f. — Bestimmung einer F. für Leistung des Schuldners im Falle Verzugs desselben bei gegenseitigen Verträgen IV 642 f. — F. für Erklärung der Wandelung und Minderung I 674 f., 800 f. — Gewährfristen beim Thierkauf I 718 ff., Anzeigefrist für Viehmängel

I 718, 736 f. — F. für Ausübung des Rücktrittsrechts I 796. — F. zur Erklärung über Annahme der Schenkung II 1 f. — F. für Kündigung des Darlehens II 43 f. — F. für Billigung bei Kauf auf Besicht oder Probe II 77 f., für Wiederkaufsrecht II 88 f., für Vorkauf II 111, V 841, für Kündigung des Miethverhältnisses II 214 f., für Kündigung des Dienstvertrags II 295 ff. — F. für Abhülfe von Mängeln bei Werkvertrag II 310 f., zur Nachholung einer dem Besteller obliegenden Handlung II 328 f. — F. für Vorlegung von Schuldverschreibungen auf den Inhaber, Zinsscheinen 2c. II 542 f., VI 386. — F. zur Beseitigung herüberragender Zweige III 142. — F. für Eigenthumserwerb an Grundstücken durch Eigenbesitz (Tabularersitzung) III 192 f., für Ersitzung beweglicher Sachen III 230, für Geltendmachung der Ersatzansprüche des Besitzers gegenüber dem Eigenthumsanspruche III 359 ff., IV 591 f., für Pfandverkauf nach Androhung desselben III 476.

— F. zur Anfechtung der Ehe IV 82 f., zur Erhebung der Scheidungsklage wegen böslicher Verlassung IV 401 ff., für die Ehescheidungsklage im Allgemeinen IV 429 ff., VI 290, 547, für die Anfechtung der Ehelichkeit eines Kindes IV 469 f., 473. — F. für Bestimmung des in letztwilliger Auflage Bedachten durch den Beschwerten V 30 f., 42 f., für Anfechtung letztwilliger Verfügung V 68 f., VI 396. — F. für Ernennung des Testamentsvollstreckers durch Dritte V 248, für Annahme oder Ablehnung dieses Amtes V 252, für Annahme oder Ausschlagung eines dem Pflichttheilsberechtigten zugewendeten Vermächtnisses V 505 f., für Anfechtung von Schenkungen, welche den Pflichttheil verkürzen V 587 f., für Ausschlagung der Erbschaft V 620 f., 627, für Anfechtung der Annahme oder Ausschlagung V 630 f., für Anfechtung des Erbschaftserwerbes wegen Erbunwürdigkeit V 642 f., für Anmeldung von Erbrechten V 670, für Inventarerrichtung V 732 f., für aufschiebende Einreden des Erben, Nachlaßpfleger V 661 f., 785 f., VI 340. — Landesübliche Kündigungsfristen VI 378 f. — Landesgesetze über Räumungsfristen VI 417. — Berechnung der F. der Civilprozeßordnung VI 649. — Bestimmung der F. für Leistung im Urtheil VI 655. — Landesgesetze über F. bei Aufgebot VI 748 f., 800, 802.

Frohnden III 732.

Frucht, Begriff III 23 f. — Vertheilung der F. III 24, VI 119. — Eigenthumserwerb des Eigenthümers an F. durch Trennung III 245, desgl. des dinglich Berechtigten III 245 f. — F.erwerb des redlichen Besitzers III 247 f., des obligatorisch Berechtigten III 249 f.

— Pfandrecht des Verpächters an den Früchten II 258 f. — F. bei Gemeinschaft II 746 f. — F. von Grenzbäumen III 132. — Ueberfallsrecht an F. III 148 f. — Herausgabe von F. bei Eigenthumsanspruch III 396 ff. — F.erwerb des redlichen Besitzers III 349 f., des Nießbrauchers III 388 f., VI 243. — Haftung der F. für Hypothek III 553 f., VI 390 f.

— Pfändung der F. des eingebrachten Gutes IV 134, 182, 204; VI 725. — Ordnungswidriger Bezug von F. durch den Vorerben V 126 f. — F. der vermachten Sache V 221 f., 230 f. — F. bei Erbschaftskauf II 120, bei Erbengemeinschaft V 861 f. — Pfändung der F. des in elterlicher Nutznießung stehenden Kindesvermögens VI 725, 799.

Fruchtgenuß, zeitliche Bestimmung darüber III 24, 26.

Fünf Jahre Verschollenheit als Voraussetzung der Todeserklärung I 4 f., VI 107 f., 110. — Verjährung der Ansprüche aus Werkvertrag über Bauwerk II 311 f., des außerordentlichen Pflichttheilsanspruchs V 584 f.

Führungszeugniß bei Dienstvertrag II 307 f.

Fürsorge des Dienstberechtigten II 289 ff., des Vormundschaftsgerichts IV 799 ff. (f. Vormundschaftsgericht). — F. für Leibesfrucht IV 857. — F. des Nachlaßgerichts V 666 f., VI 337, Landesgesetze VI 452.

Fund III 255 ff.: Anzeigepflicht III 255 f., Verwahrungspflicht III 258 f. — Haftung des Finders III 258, Ablieferung an Polizeibehörde III 259, an Verlierer III 259 f. — Surrogation des Versteigerungserlöses III 261. — Anspruch auf Finderlohn und Ersatz der Aufwendungen III 261 ff., Geltendmachung solcher Ansprüche, Zurückbehaltungsrecht III 265 ff. — Erlöschen des Herausgabeanspruchs III 268 f., Eigenthumserwerb des Finders III 271 f., VI 236. — Herausgabe der Bereicherung III 272. — Eigenthumserwerb der Gemeinde des Fundorts III 272 f. — Funde bei Behörden, Verkehrsanstalten III 273. — Schatz III 273 f.

Fungible, f. Vertretbare Sachen.

Furcht, f. Drohung.

Futterkosten bei Wandlung wegen Thiermängel I 719, 743 f., bei Miethe II 174, bei Leihe II 271, 273, bei Vermächtniß eines Thiers V 233.

G.

Ganerbenrecht III 754.

Garantiefrist, f. Gewährfrist.

Garantieversprechen I 158, 449, 687, II 461.

Garnisonort, Wohnsitz der Militairpersonen I 40.

Gase, Zuführung auf ein fremdes Grundstück III 123 f.

Gastwirthe. Anspruchsverjährung I 202, 204, 211. — Einbringung von Sachen bei G. II 402 ff., VI 193 f. — Haftung des Wirths, Fahrlässigkeit des Gastes, Ablehnung der

Haftung durch Anschlag II 402 f., 413 f. — Haftung für Gelder, Werthpapiere, Kostbarkeiten II 404 f. — Anzeigepflicht des Gastes bei Schaden II 410 f. — Gesetzliches Pfandrecht des G. II 411. — Haftung von Stallwirthen II 412.
Gattenmord als Ehehinderniß IV 28.
Gattung. Gattungsschuld I 285 ff., VI 180. — Subjektive Unmöglichkeit der Leistung I 314 f., Wirkung auf den Verzug des Schuldners I 325, Wirkung des Verzugs des Gläubigers I 331 f. — Kauf von Gattungssachen I 711 ff., VI 181, Gattungsthieren I 719, 748. — Gattungsvermächtniß V 196 ff., Gewährleistung bei solchem V 226 ff. — Haftung für Rechtsmängel bei Schenkung einer G. II 25 f., für Sachmängel II 28 f.
Gebäude, Ausbesserungspflicht des Pächters II 252 f. — Auswerfen ꝛc. aus einem G., Schadensersatz II 641 f., Einsturz eines G. II 650 f. — G. als Bestandtheil eines Grundstücks III 6, 9 f. — Zubehör von G. III 17 f., 22. Drohender Einsturz eines G. III 161. — Beeinträchtigung des Grundstückseigenthums durch G. III 377 f. — Wohnungsrecht III 437. — Landesgesetze über Miteigenthum an G. VI 437, über Herstellung zerstörter G. VI 440.
Gebäudeversicherung, Haftung für die Hypothek III 563 f., IV 503.
Gebot bei Versteigerung I 87.
Gebrauch. Veränderungen und Verschlechterungen der Miethsache durch vertragsmäßigen G. II 188. — Vertragswidriger G. der Miethsache II 187 f. — Nichtausübung des G.rechts durch den Miether II 186 f. — G. des gemeinschaftlichen Gegenstandes II 746 f. — Haftung des Unternehmers von Anlagen auf Grundstücken im öffentlichen G. VI 421.
Gebrauchsleihe, s. Leihe.
Gebrauchsrecht, s. persönliche Dienstbarkeit.
Gebrechen. Ablehnung der Vormundschaft IV 751. — Vormundschaft wegen G. IV 839 f., Pflegschaft IV 855 f., V 147 f., VI 311 f. — Vormundschaft wegen G. nach altem Rechte VI 189, 620 f.
Gebührenordnung für Zeugen ꝛc. I 206.
Geburt, vollendete als Beginn der Rechtsfähigkeit I 4, VI 106. — Zahl der vermittelnden Geburten als Bestimmungsgrund für den Grad der Verwandtschaft I 35. — Tag der G. bei Berechnung des Lebensalters I 188.
Geburtshelfer, Anspruchsverjährung I 202, 207, 211.
Geburtsurkunde VI 590.
Gefahr. Umkommen in gemeinsamer G. I 30. Uebergang der G. bei Gattungsschuld I 287. — G. der Geldzahlung I 306 f. — G. der Gattungsschuld bei Verzug des Gläubigers I 331 f. — Beginn der Gewährfrist für Thiermängel mit Uebergang der G. auf den Käufer I 718, 736 f. — Tragung der G. bei Rücktrittsrecht I 790 ff. — Uebergang der G. bei Kauf II 58 f., Transportgefahr II 67, bei Erbschaftskauf II 122. — G. des vom Pächter zum Schätzungswerthe übernommenen Inventars II 259. - Tragung der G. bei Werkvertrag II 329 ff., VI 189. — Verlust eines Gesellschafters aus G. bei der Geschäftsführung II 422 f. — Haftung des Geschäftsführers ohne Auftrag bei dringender G. II 727 f., Ansprüche desselben in diesem Falle II 729 f., 738 f. — G. der Vorlegung von Sachen, Urkunden II 775 f. — Tragung der G. bei unerlaubter Handlung II 607. — Zulässige Einwirkung Dritter auf fremde Sache zur Abwendung von G. I 247 f., 260 f., II 578. -- Anzeigepflicht des Nießbrauchers bei G. III 392.
Gefährdung des Gemeinwohls durch Verein I 572 f. — G. der Person des Kindes IV 619 f., 654 f.
Gefängnißstrafe, Verwirkung der elterlichen Gewalt IV 554.
Gefundene Sachen, s. Fund.
Gegenbeweis gegen die Vermuthung der Ehelichkeit eines Kindes IV 463 f.
Gegenleistung. Auslieferung des Hinterlegungsgegenstandes an den zu G. verpflichteten Gläubiger I 345 ff. — S. auch Vertrag.
Gegenseitige Verträge I 625 ff., (s. Vertrag). — G. Uebereinkunft, Ehescheidung IV 391, 420 f. — Gegenseitigkeit gegenüber dem Auslande VI 89.
Gegenstand. Irrthum über den G. eines Rechtsgeschäfts I 112.
Gegenvormund. Ablehnung der Vormundschaft bei zwei Gegenvormundschaften IV 752. — Bestellung des G. IV 754 f. — Rechte und Pflichten IV 757. — Mitwirkung beim Vermögensverzeichnisse IV 759. — Recht auf Auskunftsertheilung durch den Vormund IV 759 f. — Mitwirkung bei Anlegung von Mündelgeld IV 777 f. — Genehmigung zur Verfügung über Forderungen, Werthpapiere des Mündels IV 781 f. — Anhörung des G. durch das Vormundschaftsgericht IV 796. — Form der Genehmigung des G. IV 799. — Auskunftspflicht des G. IV 802. — Prüfung der Vormundschaftsrechnung IV 803, 819. — Ausschließung der Bestellung des G. IV 807 f. — Haftung des G. IV 816 f. — Auskunftspflicht des G. IV 819 f. — Entlassung des G. IV 834. — Antrag des G. auf Einsetzung eines Familienraths IV 835 f. — G. bei Pflegschaft IV 857. — G. bei Vormundschaft von Anstaltsvorständen VI 446 — S. auch VI 571.
Gegenwart. Bedingung, welche auf G. gestellt ist I 184 f.
Gehalt. Aufrechnung gegen Gehaltsforderung I 374 f., VI 409. — Abtretung von G. I 404, VI 409.
Geheimer Vorbehalt bei Willenserklärung I 94.
Geheimniß, Verkauf eines G. II 51 f.
Gehorsam, kindlicher IV 535.

Gehülfen, gewerbliche, Anspruchsverjährung I 202 f., 211. — Haftung für Verschulden von G. I 302 f., II 597 f., VI 154, bei Auftrag II 354 f. — G. bei unerlaubten Handlungen II 606. — Fortbestand der Landesgesetze über Haftung der Beamten für ihre G. II 670, VI 410, 611.
— G. des Richters oder Notars, Unfähigkeit zum Testamentszeugen V 334 f.

Geisteskrankheit, Entmündigung I 31 f., 47 f., VI 112, 121, 686 f., 701. — Geschäftsunfähigkeit I 55 f. — G. des überlebenden Ehegatten, Aufhebung der fortgesetzten Gütergemeinschaft IV 343. — Ehescheidung wegen G. IV 405, 406, 407, 408, 410, 423 ff., VI 546, Vermögensauseinandersetzung IV 439, 443 f., Unterhaltspflicht IV 515 ff., 532. — Elterliche Gewalt bei Scheidung wegen G. IV 660 f. — Vorläufige Vormundschaft IV 851 ff. — Testirfähigkeit V 321 f., VI 558. — Schadensersatz bei Verletzung der Aufsichtspflicht über G. II 593 f. — Wirkung der Entmündigung wegen G. nach altem Rechte VI 486, 620 f. — Sachverständige im Scheidungsprozesse wegen G. VI 677.

Geistesschwäche, Entmündigung I 32, VI 121, 691 f., 701. — Vormundschaft IV 839 f., Pflegschaft IV 855 f. — Testirfähigkeit V 321 f. — Geschäftsunfähigkeit I 55 f. — Wirkung der Verbeistandung wegen G. nach französischem oder badischem Rechte VI 486 f., 620 f., 749.

Geistesstörung, Geschäftsunfähigkeit I 55, VI 119 f. — Schadenszufügung II 579 f. — Nichtigkeit der Ehe VI 269.

Geistliche. Abtretung von Diensteinkommen 2c. I 404. — Kündigung des Miethverhältnisses bei Versetzung II 227, nicht des Pachtverhältnisses II 249 f. — G. (katholische), Verbot der Eheschließung IV 16. — Eheschließung durch G. IV 39 ff. — Erlaubniß zur Eheschließung IV 35 f. — Landesgesetze über Ansprüche und Verbindlichkeiten von G. aus dem Dienstverhältnisse VI 408 f., 611.

Geistliche Gesellschaften I 490, 619 — Erwerbsbeschränkungen für g. Orden, Landesgesetze VI 381.

Geld. Hinterlegung zur Sicherheitsleistung I 264 f. — G. zum Schadensersatz I 293 ff., II 511 f., bei nicht vermögensrechtlichem Schaden I 298. — Ort der Geldzahlung I 306 f., VI 153. — Hinterlegung von G. zwecks Erfüllung I 342 ff. — Geldentschädigung wegen Nichterfüllung von Verbindlichkeiten ohne Vermögenswerth I 620 f. — G. als Gegenstand des Darlehens II 42, der Anweisung II 380 f., des Hinterlegungsvertrags II 395 f., 399. — Haftung des Gastwirths für G. II 404 f., 414. — G. als Beitrag zur Gesellschaft II 417 f. — G.entschädigung für im materiellen Schaden bei unerlaubten Handlungen II 640 f. — Eigenthum an gestohlenem G. III 380 f. — Pfandrecht an G. III 467 f. — Einziehung einer verpfändeten G.sendung III 532 f.
— Verfügung des Mannes über eingebrachtes Geld IV 126, 129, 130, 131, 167 f., 171, 174, 220, VI 272 f., über G. des Kindes in elterlicher Gewalt IV 549, 559, 576. — Aufnahme von G. auf Kredit des Mündels IV 795. — Verzinsung vom Vormunde verwendeten G. des Mündels IV 817. — Anlegung des zur vormundschaftlichen Verwaltung erforderlichen G. VI 306 f.

Geldforderung, s. Forderung.

Geldrente als Leibrente, Vorausleistung II 486, als Erfüllung der auf den Thäter übergehenden Unterhaltspflicht eines widerrechtlich Getödteten II 624. — G. für Körperverletzung II 629, für Freiheitsentziehung II 630, für weggefallene, Dritten geschuldete Dienste des Verletzten II 631 f., als Entschädigung für Ueberbau III 133 ff., VI 229 f., für Nothweg III 149 ff., 155. — G. als Reallast III 732.
— G. zum Unterhalt IV 495 f., 515 f., 683, VI 297. — Landesgesetze über G. VI 433 f. — G. nach dem Haftpflichtgesetze VI 592 f. — Sicherheit für zuerkannte G. VI 661. — Vorläufige Vollstreckbarkeit von Urtheilen auf Entrichtung gewisser G. VI 701 f. — Unpfändbarkeit, beschränkte Pfändbarkeit gewisser G. VI 724. S. auch Rente.

Geldschuld, inländische, ausländische I 289 f., Münzsorte I 290. — Verzinsung einer G. von Rechtshängigkeit ab I 323 f. — Aufhören der Zinspflicht bei Annahmeverzug I 332.

Geldstrafe, s. Ordnungsstrafe.

Gemeinden. Aufrechnung gegen Forderungen der G. I 375. — Haftung für Schaden durch ihre Vertreter I 611, VI 410. — Rechte der G. des Fundorts am Funde III 272 f. — Grunddienstbarkeiten von G. zu Gunsten ihrer Mitglieder III 437 f. — G., in welcher das Pfand zu versteigern III 478. — Gesetzliches Erbrecht der G. V 484 f. — Konkurs von G. I 551 f., VI 407.

Gemeindetestament V 342 f., Landesgesetze VI 451 f.

Gemeindevorsteher, Testamentserrichtung vor dem G. V 342 f., VI 451 f.

Gemeindewaisenrath IV 838 f, VI 301. — Anzeigepflicht bei Mißbrauch der elterlichen Gewalt und Nutznießung IV 554, 538. — Landesgesetze über G. VI 446.

Gemeinheitstheilung, Fortbestand der Landesgesetze VI 372 f., 581, 743.

Gemeinnütziger Zweck, letztwillige Verfügung zu solchem V 37 f.

Gemeinsame Gefahr, Umkommen in I 18, 19.

Gemeinschaft II 743 ff.: G. nach Bruchtheilen II 743 f. — Verfügungsrecht der Theilhaber über Antheil, gemeinschaftlichen Gegenstand II 745. — Vorkaufsrecht der

Theilhaber II 745 f. — Gleiche Antheile II 746. — Verwaltung und Benutzung, Rechte des einzelnen Theilhabers, Stimmenmehrheit II 746 f. — Pflichten der Theilhaber, Lasten, Erhaltungskosten, Einwilligung im voraus zu nothwendigen Maßregeln II 747 f. — Verzicht auf Antheil II 748 f. — Aufhebung der G., Ausschließung derselben, Kündigung, Wirkung der Bestimmungen über Verwaltung und Benutzung für und gegen Sondernachfolger II 751 ff., VI 759. — Tod, Konkurs eines Theilhabers II 756. — Unverjährbarkeit des Anspruchs auf Aufhebung der G. II 756 f. — Mittel der Aufhebung der G., Naturaltheilung, Verloosung, Versteigerung, Theilung einer Forderung II 757 f., 767. — Forderung eines Theilhabers an einen anderen aus der G. II 759 ff. — Gesammtschuld der Theilhaber, Berichtigung aus dem gemeinschaftlichen Gegenstande II 760 ff., Ansprüche gegen Sondernachfolger eines Theilhabers II 764 f. — Gewährleistung hinsichtlich des zugetheilten Gegenstandes II 766 f. — Gesellschaftsverhältniß der Theilhaber II 767 f. — Maß der von den Theilhabern zu vertretenden Sorgfalt II 768 f. — Veränderung des Gegenstandes der G. durch einen Theilhaber II 769 f. — G. Besitz einer Sache III 33, 41 f. — Anwendung der Grundsätze der G. auf Grenzanlagen III 132. — G. an Grundstücken III 275 ff. — G. an Einfahrten, Brunnen III 278. — G.theilung bei Mündelgut IV 795.
— G. der Erben, s. Miterben.
— Uebergangsvorschrift für bestehende G. nach Bruchtheilen VI 504 f.
— Wirkung des Ausschlusses der Aufhebung der G. im Konkurse VI 759.
Gemeinschaft des beweglichen Vermögens und der Errungenschaft, s. Fahrnißgemeinschaft.
Gemeinschaftlicher Antheil bei Vermächtniß, Anwachsung V 215 f.
Gemeinschaftlicher Erbtheil V 75.
Gemeinschaftliche Rechte, Wirkung der Eintragung in das Grundbuch III 50 f.
Gemeinschaftliche Sache, s. Miteigenthum.
Gemeinschaftliches Testament V 423 ff. (s. Testament). Uebergangsbestimmung VI 557.
Gemeinschaftliche Urkunden, Vorlegung II 771 ff.
Gemeinschuldner, Unfähigkeit zum Vormunde IV 751. — Annahme oder Ausschlagung von Erbschaften V 632 f.
Gemeinwohl, Gefährdung durch Vereine II 572 ff.
Genehmigung I 176 ff. — Terminologie IV 799. — G. der Rechtsgeschäfte Minderjähriger durch den gesetzlichen Vertreter I 57 ff., VI 122, 124 f. — G. des anfechtbaren Rechtsgeschäfts I 133, eines vom Vertreter ohne Vertretungsmacht abgeschlossenen Vertrags I 154 f., VI 124. — G. von Verträgen und einseitigen Rechtsgeschäften I 176 ff., III 205, VI 124 f., 138. — G. des Gläubigers zur Schuldübernahme I 405 ff., II 472 f., zur Uebernahme von Hypotheken beim Grundstücksverkauf I 413 ff. — Staatliche G. für Verfassungsänderung konzessionirter Vereine I 526, 529. — Staatliche G. der Stiftung I 488 f., 586 ff., 595 f., 606. — G. eines verbotenen Kaufes II 75. — Staatliche G. der Ausgabe von Schuldverschreibungen auf den Inhaber II 555 f., VI 177. — G. der Geschäftsführung ohne Auftrag II 741.
— G. einer wegen Geschäftsunfähigkeit nichtigen Ehe IV 59 f., einer anfechtbaren Ehe IV 82 ff., VI 270. — G. des Mannes zu Verfügungen der Frau über eingebrachtes Gut IV 133 f., 180, 196 ff., des Beistandes zu Rechtsgeschäften der Mutter IV 615 f., desgl. des Vormundschaftsgerichts IV 556, 616. — G. des Vormundschaftsgerichts zum Vertrag über Unterhaltspflicht des unehelichen Vaters IV 677, 684, zur Ehelichkeitserklärung IV 710, zur Annahme an Kindesstatt IV 723. — G. des Gegenvormundes, des Vormundschaftsgerichts zur Anlegung von Mündelgeld IV 777 f., zur Verfügung über Forderungen ꝛc. des Mündels IV 781 f., 788 f., 797 ff., VI 311. — G. des Vormundschaftsgerichts bei Vormundschaft über Volljährige IV 849. — G. des Testamentsprotokolls V 338. — G. zu Erbverträgen V 374 f., zu deren Aufhebung V 407 f., zu Erbverzichten V 601 f. — Geschäfte des Konkursverwalters, welche der G. der Gläubiger bedürfen VI 766. (S. auch Einwilligung, Zustimmung.)
Generalversammlung, s. Mitglieder(versammlung).
Generische Obligation I 285 ff.
Genossenschaften, althergebrachte deutschrechtliche I 612 ff.
Genossenschaftsgesetz I 273, 478, 511, 513, 521, 528, 533, 535, 537, 539, 548, 554, 555, 557, 562, 567, 568, 569, 570, 571, 576, 577, II 438, 452, V 285, 880, 886, VI 115, 117, 118, 317, 496, 777.
Genus, s. Gattung.
Gerade Linie der Verwandtschaft I 35. — G. L. der Verwandtschaft und Schwägerschaft als Ehehinderniß IV 23 ff. — Unterhaltspflicht der Verwandten in g. L. IV 478. — Keine Mitwirkung von Verwandten in g. L. bei Testamentserrichtung V 332, 334.
Geräthschaften. Beschaffenheit der G. für Dienstverpflichtete II 289 ff. — G. als Zubehör III 17 f.
Geräusch, Zuführung auf ein fremdes Grundstück III 123 f.
Gerechtigkeiten, s. Berechtigung.
Gerichtliche Form, Beurkundung von Rechtsgeschäften I 89 f., V 429 ff. — G. F. des Vertrags über ein Vermögen I 458, über Erbschaft eines Dritten I 458, über Eigenthum an einem Grundstücke I 458 ff. — G. F. des Stiftungsgeschäfts I 590, des Schenkungs-

versprechens II 9 f., der Auflassung III 170 f., 173 f.
— G. F. des Ehevertrags IV 217 f., der Zustimmung des anderen Ehegatten zu letztwilligen Verfügungen, welche einen Abkömmling in der fortgesetzten Gütergemeinschaft beschränken IV 246, 313 f., des Verzichts eines Abkömmlinges auf seinen Antheil am Gesammtgute der fortgesetzten Gütergemeinschaft IV 247, 314. — G. F. des Antrags und der Einwilligung zur Ehelichkeitserklärung IV 711, des Vertrags zur Annahme an Kindesstatt IV 724 f., V 145 f., des Testaments V 330 ff., des Rücktritts vom Erbvertrag V 407 f., des Erbverzichtvertrags V 599 f., der Verfügung des Miterben über seinen Antheil V 837. — G. Beurkundung von Rechtsgeschäften, Landesrecht VI 454 f.
Gerichtliche Verwaltung, s. Verwaltung.
Gerichtsferien für Miethstreitigkeiten VI 565.
Gerichtskostengesetz III 188, Aenderungen VI 780 f.
Gerichtsschreiber bei Testamentseinrichtung V 330 ff., VI 450.
Gerichtsstand des zur Sicherheitsleistung tauglichen Bürgen I 269 f., der exterritorialen Deutschen VI 639, der Militairpersonen VI 639, der Ehefrauen, Kinder VI 639, der belegenen Sache VI 640, der Erbschaft VI 641, 785 f. — Fortdauer des G. einer erloschenen juristischen Person VI 750.
Gerichtsverfassungsgesetz II 189, 193, 214, 671, IV 392, VI 564 f. — Aenderungen VI 784 f.
Gerichtsvollzieher. Mittheilung einer Willenserklärung durch G. I 73. — Anspruchsverjährung I 202, 206, 211. — Oeffentliche Versteigerung I 356 f. — Eigenthumserwerb an beweglichen Sachen durch Uebergabe seitens eines G. VI 387, 729.
Gerüche. Zuführung auf ein fremdes Grundstück III 123 ff.
Gesammtanspruch bei wiederkehrenden Leistungen, Beginn der Verjährung I 212.
Gesammte Hand. Prinzip derselben bei Gesellschaftsvermögen II 426 ff., Erbengemeinschaft V 835 ff.
Gesammtgläubiger s. Gesammtschuldverhältniß.
Gesammtgrundschuld an mehreren Grundstücken, von welchen eines Gegenstand eines Vermächtnisses ist V 183 f., 189 f. — Abschreibung belasteter Trennstücke bei G. III 724.
Gesammtgut bei allgemeiner Gütergemeinschaft IV 232 ff. (s. Gütergemeinschaft), bei Errungenschaftsgemeinschaft IV 349 ff., VI 289 f. (s. Errungenschaftsgemeinschaft). — Herausgabe bei Ehescheidung IV 437 f. — Anrechnung von Zuwendungen aus G. auf den Pflichttheil V 525. — Schenkungen aus G., welche den Pflichttheil verkürzen V 596. — Ausgleichungspflicht für Zuwendungen eines Ehegatten aus dem Gesammtgute V 893. — G. der Miterben V 836. — Zwangsvollstreckung in G. VI 706 f., 795, 796, in Antheil am G. VI 728. — Behandlung der G. im Konkurse VI 753. — Konkurs über G. bei fortgesetzter Gütergemeinschaft VI 777.
Gesammtgutsverbindlichkeiten IV 244, 261 ff., 283 ff., 335 ff. (s. Gütergemeinschaft), 365, V 136 f., VI 289 f.
Gesammthypothek III 568, 573 f., 620 ff., IV 504, 513. — Erlöschen der G. III 622 f., IV 509. — Befriedigung des Hypothekengläubigers durch einen ersatzberechtigten Eigenthümer III 624 f., IV 309. — Eigenthümerg. III 628 f., IV 508. — Befriedigung der G. durch den persönlichen Schuldner III 631, IV 513, durch den Eigenthümer eines der verhafteten Grundstücke III 632 f., IV 508. — Eintragung der Zwangshypothek als G. III 703. — Abtheilung belasteter Trennstücke bei G. III 724. — G. bei vermachtem Grundstücke V 183, 189 f. — Aufgebot der G. VI 736.
Gesammtpreis. Wandelung bei Verkauf mehrerer Sachen zu G. I 693 f. — Herabsetzung des G. bei theilweiser Wandelung I 694, bei Minderung I 694 f. — G. bei Vorkauf II 105.
Gesammtrentenschuld bei vermachtem Grundstücke V 183, 189 f.
Gesammtschuldner, s. Gesammtschuldverhältniß.
Gesammtschuldverhältniß. Betheiligung mehrerer Schuldner oder Gläubiger bei theilbarer Leistung I 430 ff. — Vertragsmäßige Verpflichtung Mehrerer zu theilbarer Leistung I 430 ff. — Technischer Ausdruck „G." I 433. — Verschiedenheit des Inhalts der Rechte und Pflichten I 433. — Leistungspflicht der Gesammtschuldner I 433 ff. — Erfüllung durch einen G., Hinterlegung, Leistung an Erfüllungsstatt, Aufrechnung I 433, 435. — Erlaßvertrag mit einem G. I 433, 435 f. — Schuldübernahme durch einen G. I 435 f. — Verzug des Gesammtgläubigers I 433, 436. — Verzug eines Gesammtschuldners Unmöglichkeit der Leistung in seiner Person, Kündigung, Verschulden, Verjährung, Vereinigung, Urtheil I 433, 437 ff. — Verhältniß der Gesammtschuldner unter einander, Ausgleichung I 434, 440. — Schadensersatz als Gegenstand des G. I 440 f. — Anrechnung einer dem einzelnen Gesammtschuldner erlassenen Leistung auf die Ausgleichungspflicht I 441 f. — Verhältniß der Gesammtgläubiger zum Schuldner I 434, 442 f., Verzug eines Gesammtgläubigers I 434, 442. — Vereinigung von Forderung und Schuld in der Person eines Gesammtgläubigers I 434, 443. — Uebertragung der Forderung eines Gesammtgläubigers auf einen Anderen I 443 f. — Verhältniß der Gesammtgläubiger zu einander I 444. — Mehrheit von Schuldnern zu untheilbarer Leistung I 434, 445 f., desgl. von Gläubigern I 434, 447. — Gesammtschuldnerische Haftung

von Mitgliedern nicht rechtsfähiger Vereine I 553 f., II 452 f., aus unerlaubten Handlungen II 605 f., des Thierhalters und Aufsichtführers bei Beschädigung durch Thiere II 646 f., bei Einsturz 2c. eines Gebäudes, Werkes II 651 f. — Befriedigung einer Gesammtschuld der Theilhaber aus dem gemeinschaftlichen Gegenstande II 760 f. — G. Haftung Jagdberechtigter für Wildschaden II 835 f. — G. in Folge Theilung des dienenden Grundstücks bei Reallast III 735 f. — G. Haftung von Streitgenossen für Prozeßkosten VI 647, 786.

— Gesammtschuldnerische Haftung des Mannes neben der Frau für Verbindlichkeiten des eingebrachten Gutes IV 132, 179, 193, VI 275, bei Gütergemeinschaft IV 261 f., 280 f., bei Errungenschaftsgemeinschaft IV 365. — G. mehrerer Unterhaltspflichtiger IV 486 f., mehrerer Vormünder IV 816 f., mehrerer Vermächtnißnehmer V 23 ff., mehrerer Testamentsvollstrecker V 315, der Miterben V 867 f.

Gesandtentestament V 349 f., 428 f., VI 350, 452.

Geschäftsbetrieb Minderjähriger I 63 f.

Geschäftsbesorgung, gewerbsmäßige, Anspruchsverjährung I 202, 207, 211; desgl. öffentlich bestellte oder zugelassene I 202, 211.

Geschäftsfähigkeit I 53 ff. — Begründung des Wohnsitzes bei beschränkter G. I 39. — Beschränkte G. von Minderjährigen über 7 Jahre I 37 ff. — Willenserklärung gegenüber beschränkt Geschäftsfähigen I 62. — B. G. der entmündigten Verschwender, Trinker, der Schutzbedürftigen und vorläufig Bevormundeten I 67. — B. G. des Empfängers einer Willenserklärung I 71 f., VI 132, des Vertreters I 138, des Vertreters ohne Vertretungsmacht I 164. — Verjährung gegen beschränkt Geschäftsfähige I 219 f. — Eintretende beschränkte G. des Auftraggebers II 373, 516 f. — Beschränkte G. des Geschäftsführers ohne Auftrag II 729, des Geschäftsherrn II 739.

— Eheeinwilligung des gesetzlichen Vertreters bei b. G. IV 17 ff., Nichtigkeitsklage bei b. G. IV 66, Anfechtungsklage IV 84 ff. — G. der Ehefrau IV 100. — Ehe mit beschränkt geschäftsfähiger Frau ohne Einwilligung des gesetzlichen Vertreters, Nichteintritt der Verwaltung und Nutznießung des Mannes IV 124, 129, 141, VI 272. — Ehevertrag des in der G. beschränkten Ehegatten IV 218, 221. — Vertrag auf allgemeine Gütergemeinschaft IV 230 f., 238. — Anfechtung der Ehelichkeit eines Kindes bei beschränkter G. IV 473 f. — Ruhen der elterlichen Gewalt bei beschränkter G. des Vaters IV 554, 638 f. — Beschränkte G. bei Ehelichkeitserklärung IV 710, bei Annahme an Kindesstatt IV 723 f., bei Uebernahme von Vormundschaften IV 750, 753 f. — Beschränkte G. des Testamentsvollstreckers V 252, 257. Einfluß der b. G. auf Testirfähigkeit V 320 f., auf Erbvertrag V 374 f., auf Anfechtung desselben V 385, auf Aufhebung desselben V 407 ff. — G. von Ausländern, internationales Privatrecht VI 28 f.

Geschäftsführer, s. Geschäftsführung (ohne Auftrag).

Geschäftsführung des Vereinsvorstandes I 476, 506 f., 552 f., 578., II 377 f., der Gesellschafter II 420 ff. — Haftung eines Beamten für Geschäftsführung Dritter II 659, 663, 842 f. — Offenbarungseid bei G. II 783 f.

Geschäftsführung ohne Auftrag II 725 ff.: Pflichten des Geschäftsführers II 725 f. — G. gegen den Willen des Geschäftsherrn II 727. — Anzeigepflicht des Geschäftsführers II 727. — Haftung bei G. zur Abwendung einer Gefahr II 727 f. — Pflicht zur Rechenschaft und Herausgabe II 728. — Geschäftsunfähigkeit, beschränkte Geschäftsfähigkeit des Geschäftsführers II 729. — Ersatz von Aufwendungen II 729 f. — Kein Anspruch aus der G., wenn Geschäftsführer solchen nicht erlangen will, Vermuthung, daß bei Unterhaltsgewährung durch Eltern oder Abkömmlinge solcher Wille fehlt II 734, VI 190 f. — Analogie des Widerrufs von Schenkungen II 734 f. — G. wider Willen des Geschäftsherrn bei öffentlichem Interesse oder gesetzlicher Unterhaltspflicht II 735 f. — Geschäftsunfähigkeit, beschränkte Geschäftsfähigkeit des Geschäftsherrn II 739. — Irrthum über die Person des Geschäftsherrn II 739. — Bereicherung des Geschäftsherrn II 739 f., Wegnahmerecht des Geschäftsführers II 740, Genehmigung der G. II 741. — Eigenes Interesse an der Geschäftsbesorgung II 741. — G. im Auftrage eines Dritten II 741. — Behandlung eines fremden Geschäfts als eigenes, Besorgung in solcher Meinung II 741 f. — Anwendung der Vorschriften über G. auf Verwendungen des Nießbrauchers III 405 f., des Pfandgläubigers III 459 f.

— Anwendung der Vorschriften über G. o. A. auf Aufwendungen des Vorerben V 118 f., auf Handlungen während der Ausschlagungsfrist V 657 f.

Geschäftsherr, s. Geschäftsführung (ohne Auftrag).

— Haftung des G. für unerlaubte Handlungen der Angestellten II 597 f.

Geschäftsräume einer öffentlichen Behörde, Verkehrsanstalt, Fund in solchen III 273.

Geschäftssprache, preußisches Gesetz über die G. der Behörden V 341.

Geschäftsunfähigkeit. Begründung des Wohnsitzes bei G. I 39. — G. des Kindesalters I 46 f., 55, Geistesgestörter I 55 f., VI 119 f., wegen Geisteskrankheit Entmündigter I 55 f. — Willenserklärung gegenüber Geschäftsunfähigen I 62, VI 132. — Eintritt von G. nach Abgabe einer Willenserklärung I 70, G. des Empfängers I 71 f. — G. eines

Theils vor Vertragsannahme I 86 f., VI 122. — Verjährung gegen Geschäftsunfähige I 219 f., VI 141. — Eintretende G. des Auftraggebers II 373, 516 f., eines Betheiligten bei Anweisung II 389, des Ausstellers von Schuldverschreibungen auf den J. II 537 f. — G. des Geschäftsführers ohne Auftrag II 729, des Geschäftsherrn II 739. — Besitzerwerb bei G. III 33, Aufgeben desselben III 34. — Eintritt der G. nach Abschluß eines Vertrags über Grundstücke III 64.
— G. als Ehehinderniß IV 16 f. — Nichtigkeit der Ehe wegen G. IV 57, Bestätigung solcher Ehe IV 59 f. — Nichtigkeitsklage geschäftsunfähiger Ehegatten IV 66, Anfechtungsklage IV 84 ff. — Anfechtung der Ehelichkeit eines Kindes bei G. IV 473 f. — Ruhen der elterlichen Gewalt bei G. des Vaters IV 554, 638 f. — G. bei Ehelichkeitserklärung IV 710. — G. soll das Amt des Vormundes nicht erhalten IV 751, 753 f., 827 f., nicht zum Familienrathe berufen werden IV 836. — G. des Testamentsvollstreckers V 252, 257. — G. bei Erbvertrag V 374 f., bei Anfechtung eines solchen V 386, bei Aufhebung desselben V 407 f.
Geschäftsverhältniß zum Erblasser, Auslegung letztwilliger Zuwendung V 35 f.
Geschenke, s. Brautgeschenke, Schenkung.
Geschlechtsgemeinschaft, außereheliche als Ehehinderniß IV 24 f.
Geschlechtsvormundschaft VI 643.
Geschwister. Eheverbot IV 23 ff. — Unterhaltspflicht IV 478, 493, 494. — G. als Nacherben V 84 f., 237 f., Vermächtnißnehmer V 213 f., 238 f.
Geschwisterkinder, Ehe IV 26 f.
Gesellen, Anspruchsverjährung I 202 f., 211.
Gesellschaft. Anwendung der Vorschriften über die G. auf nicht rechtsfähige Vereine I 553 f. — G. im Allgemeinen II 415 ff.: Inhalt des Vertrags, Beiträge II 415 f., Dienste II 417, vertretbare Sachen II 417 f., VI 194. — Erhöhung der Einlage II 417. — Gemeinschaft der beigetragenen Gegenstände II 417 f., 425 ff. — Pflichten der Gesellschafter, Sorgfalt II 418 f. — Geschäftsführung, Führung durch einen oder mehrere Gesellschafter, Stimmenmehrheit, Widerspruch II 420 f. — Entziehung der Geschäftsführung, Kündigung II 420 f. — Rechte und Pflichten der geschäftsführenden Gesellschafter II 422 f., Vertretungsmacht II 424, Erwerb der G. durch den Vertreter II 424, Verhältniß der G. aus Rechtsgeschäft mit Dritten II 424 f. — Recht der Gesellschafter, sich über die G.angelegenheiten zu unterrichten, Einsicht der Bücher II 425. — Unübertragbarkeit der Ansprüche aus dem G.verhältnisse II 425. — Gesellschaftsvermögen, Prinzip der gesammten Hand II 426 ff., VI 194 f. — Schutz der Gesellschaftsschuldner, Aufrechnung II 427, 434. — Zwangsvollstreckung zu Gunsten der Privatgläubiger eines Gesellschafters II 427 f., 434 f. — Pfändung des Anspruchs eines Gesellschafters II 427, 436, 438 f., VI 317, 327 f. — Rechnungsabschluß, Antheile am Gewinn und Verlust II 437. — Kündigungsrecht des Gesellschafters II 437 f., 443 f., bei Gesellschaft auf Lebenszeit II 438, des Gläubigers eines Gesellschafters II 438. — Erledigung des Gesellschaftszwecks II 439. — Tod eines Gesellschafters II 439, 443 f., Konkurs II 439, 443, 517, VI 195, 711 f. — Fortdauer der Befugniß zur Geschäftsführung bei Auflösung außer durch Kündigung II 439 f., Rechte und Pflichten nach der Auflösung II 440. — Auseinandersetzung: Zurückgabe von Gegenständen, welche der G. zur Benutzung überlassen sind II 440, 441, Berichtigung der Schulden, Deckung eines Fehlbetrags II 440, 441 f., VI 195, Zurückerstattung der Einlagen II 440 ff., Vertheilung des Ueberschusses II 441, 443, Versilberung des Gesellschaftsvermögens II 440, 443. — Ausscheiden eines Gesellschafters, vertragsmäßiges Fortbestehen der G. II 443 f., Ausschließung eines Gesellschafters II 444, Auseinandersetzung mit dem Ausscheidenden II 444 ff., 518, Anwachsung von dessen Antheil zum G.vermögen II 445 f. — Erwerbsgeschäft als Gegenstand der G. II 447 ff. — Anwendung der Vorschriften über G. auf nicht rechtsfähige Vereine II 452 ff., VI 206 f. — Gesellschaftsverhältniß von Gemeinschaftstheilhabern II 767 f.
— G.vertrag des Mündels IV 795.
Gesellschaften mit beschränkter Haftung, Gesetz betr. die I 533, 535, 548, 552, 555, 568, 569, 577, II 452, V 880, VI 115, 117.
Gesellschafterinnen, Dienstverhältniß, Kündigung II 296, 298, 299, 301 f.
Gesellschaftsvermögen II 426 ff., VI 194 (s. Gesellschaft). Zwangsvollstreckung in G. VI 705, 727.
Gesetz. G. Formvorschrift für ein Rechtsgeschäft, Nichtigkeit beim Mangel I 88, g. Schriftform I 89 f., 91 f. — Leibrente kraft G. II 486 f.
Gesetzesverletzung, Schadensersatzpflicht II 566 ff.
Gesetzliche Erben, Erbfolge. Vertrag zukünftiger g. E. eines noch lebenden Dritten über dessen Nachlaß I 456 f. – Auslegung der Einsetzung der „g. E." V 32 f. — G. E. neben Erbeinsetzung V 73 f. — Ausschließung eines einzelnen Vermögensgegenstandes als Vermächtniß an die g. E. V 74.
S. im Uebrigen Erbe, Erbfolge, Erbrecht.
Gesetzliches Güterrecht IV 116 ff. (s. eheliches Güterrecht).
Gesetzliche Pfandrechte, Fortbestand bei Schuldübernahme I 425. — G. Pf. aus Hinterlegung I 266, des Vermiethers II 194 ff., des Pächters II 244 f., des Verpächters II 258 f., des Unternehmers II 321, des Gast-

wirths II 411. — Uebergangsbestimmung für nicht eingetragene g. Pf. VI 521.
Gesetzliches Verbot, s. Verbot.
Gesetzliche Vertreter, s. Vertreter.
Gesetzliche Zinsen I 290 f.
Gesinde. Wohnsitz I 39. Handgeld bei Gesindemiethe I 770 ff. — Beaufsichtigung II 594 f.
— Gesindedienstverhältniß von Kindern IV 537 f. — G. des Richters, Notars, Unfähigkeit zum Testamentszeugen V 334 f.
Gesindeordnung, preußische II 286.
Gesinderecht II 294 f., Fortbestand der Landesgesetze VI 379 f.
Geständniß I 262 f. — Quittung als außergerichtliches G. I 337 f.
Gestohlene Schuldverschreibung auf den Inhaber II 537 f. — G. bewegliche Sachen III 213 f., 367 f., 380 f.
Gesundheit. Gesundheitsgefährliche Wohnung, Miethe II 230. — Schutz der G. Dienstverpflichteter II 291. — Verletzung der G. II 566 f., 573, 627 f., VI 213 f., Ersatz für wegfallende Dienste des Verletzten II 631, immaterieller Schade II 640 f.
Getränkeverabreichung, gewerbsmäßige, Anspruchsverjährung I 202, 204, 211.
Getreide als Gegenstand des Hinterlegungsvertrags II 397, der Reallast III 732.
Gewährfristen beim Kauf I 701 ff., beim Kauf von Hausthieren I 718, 727 f., 735 f.
Gewährleistung für Mängel bei Annahme an Erfüllungsstatt I 333 f., bei Forderungsabtretung I 386 f. — G. des Stifters I 593.
Gewährleistung des veräußerten Rechtes (beim Kauf) I 653 ff., II 475: Haftung für Freiheit von Rechten Dritter I 654 f. — G. bei Werthpapieren I 655 f., II 475. — Zeitpunkt der G. I 656. — Oeffentliche Lasten und Abgaben von Grundstücken I 656 f. — Kenntniß des Käufers von dem Rechtsmangel I 658 f. — Verhältniß des Inhalts des Grundbuchs zur G. I 659 f. — Rechte des Käufers nach geschehener Entwehrung I 660 ff., VI 170. — Entwehrung von beweglichen Sachen und Rechten an solchen I 663 f. — Löschungen im Grundbuche und Schiffsregister I 664, III 749. — Beweislast des Käufers für den Rechtsmangel I 665. — Rechtsmängel, welche nach dem Vertragsschlusse entstanden sind I 665 f. — Verträge über G., Nichtigkeit bei Arglist I 667, 701. — G. bei anderen Verträgen I 668, bei Zwangsvollstreckung I 668, 701. — G. bei Forderungskauf I 669 f.
Gewährleistung wegen Mängel der Sache (beim Kauf) I 670 ff. — Haftung für zugesicherte Eigenschaften, erhebliche Mängel I 670 f. — Kenntniß des Käufers vom Mangel, Unkenntniß aus grober Fahrlässigkeit I 671 f. — Wandelung, Minderung I 673 ff., Vollzug derselben durch Erklärung I 674, VI 180. — Frist I 674 f., 800 f., VI 180. — Einrede der W. und M. I 674 ff. — Wahl zwischen W. und M. I 673, 686 f., 708 ff. — Schadensersatz statt W. oder M. bei fehlender zugesicherter Eigenschaft, bei Arglist I 686 f. — Zeitpunkt der G. I 688. — G. im Gewerbebetrieb I 689. — Annahme der Sache trotz Kenntniß des Mangels, spätere Entdeckung eines Mangels I 690 f. — Ausübung der W., Analogie des vertragsmäßigen Rücktrittsrechts I 692 f., 801 f., Zusicherung bestimmter Größe eines Grundstücks I 693. — W. beim Verkauf mehrerer Sachen, Gesammtpreis I 693 f. — Wandelung wegen Nebensache I 694. — Herabsetzung des Gesammtpreises bei theilweiser W. I 694. — Maßstab für die Minderung, verhältnißmäßige Herabsetzung des Kaufpreises, bei Gesammtpreis I 694 f., Veranschlagung von Leistungen, die nicht in Geld bestehen I 696 f. — Abwendung der Wandelung oder Minderung durch Nachlieferung I 697 f., 713 f. — Geltendmachung mehrerer nach einander entdeckter Mängel I 698 f., II 473, 475. — Mehrere Berechtigte oder Verpflichtete I 700. — Verjährung der Ansprüche auf G. I 701 ff., 746, II 312 ff., 714 f., Beginn I 702, Einreden des Käufers nach eingetretener Verjährung I 703, Unterbrechung durch Beweisaufnahme I 704, arglistiges Verschweigen von Mängeln I 704 f., Aenderung der Verjährungsfrist I 705 ff. — Recht des Käufers einer Gattungssache auf Lieferung mangelfreier Sache, auf Schadensersatz I 711 ff., VI 181.
Gewährleistung beim Verkauf von Hausthieren I 718 ff.: Gemeinrechtliches System I 721 f., Deutschrechtliches System I 723 f. — Thiergattungen I 726 f. — Hauptmängel, Gewährfristen, Festsetzung durch Kaiserliche Verordnung I 718, 726 f. — Vereinbarung über Mängelgewähr I 729 ff. — Beginn der Gewährfrist I 718, 736. — Vermuthung für Bestehen des innerhalb der Gewährfrist sich zeigenden Mangels bei Beginn derselben I 718, 736 f. — Anzeigepflicht, Frist I 737 f. — Wandelung, nicht Minderung I 718, 739 ff., VI 384 f. — Werthersatz, wenn Thier getödtet I 718, 740, 802 f. — Verkauf mehrerer Thiere I 719, 741 ff. — Folgen der Wandelung, Futterkosten, Kosten des Thierarztes, der Tödtung I 719, 743 f. — Versteigerung des Thiers, Hinterlegung des Erlöses I 719, 744. — Verjährung des Anspruchs auf Wandelung und Schadensersatz für Mangel zugesicherter Eigenschaft I 719, 745 ff. — Recht des Käufers eines Gattungsthiers auf Lieferung mangelfreien Thiers I 719, 748. — Vereinbarung über die Gewährfrist I 719, 748. — Uebernahme der Haftung für Fehler, die nicht zu den Hauptmängeln gehören I 719, 748.

G. bei anderen Verträgen I 748. — G. bei Schenkung II 25 ff. — G. bei Erbschaftskauf II 121 f., bei Miethe II 131 ff., bei Werksvertrag II 309 f., bei Gemeinschaftstheilung II 766 f., bei Pfandverkauf III 480 f., VI 717.
G. beim Vermächtnisse V 226 ff.
Gewahrsam, s. Besitz.
Gewalt, s. höhere G.
Gewalthaber, Einwilligung zur Volljährigkeitserklärung I 49 f. — S. elterliche Gewalt.
Gewerbebetrieb Minderjähriger I 63 f. — Gewährleistung im G. I 689. — Haftung aus G. für Angestellte 2c. II 597 ff. — Lösungsanspruch beim Erwerbe beweglicher Sachen im G. VI 233. — Landesgesetze über Sicherheitsleistung für G. VI 408. — G. von Ehefrauen, für deren güterrechtliche Verhältnisse ausländische Gesetze gelten VI 579 f., 600. — Schadloshaltung für Einwirkungen durch G. VI 581.
Gewerbliche Anlagen, Zubehör III 17 f., 22 f.
Gewerbliche Arbeiter, Anspruchsverjährung I 202, 211. — Schutz derselben II 289 ff.
Gewerblicher Betrieb Minderjähriger I 63 f. — Zubehör von Gebäuden zum g. B. III 22. — Pachtvertrag über g. B. Minderjähriger IV 790 f.
Gewerbeordnung I 192, 194, 558, 560, 562, 573 f., II 230, 232, 282, 290, 292, 299, 308, 770, 812, III 379, IV 102, 537, 539, 540, 574, 687, 801, 876, VI 62, 428. — Aenderungen VI 579 f., 586 f., 600 f.
Gewerbsmäßige Uebernahme von Diensten II 278.
Gewinn, entgangener als Gegenstand des Schadensersatzes I 291 ff. — G. und Verlust bei Gesellschaft II 437.
Gewinnantheilscheine mit dem Werthpapiere zur Sicherheitsleistung zu hinterlegen I 266. — G. von Mündelpapieren IV 783f., VI 310. — Vorlegungsfrist für G. von Schuldverschreibungen auf den Inhaber II 542 f., Aufgebot II 546 f., 548 f., VI 741. — Besitz der G. bei Nießbrauch am Inhaberpapiere III 427 f. — G. verpfändeter Werthpapiere III 534 f. — Uebergangsbestimmungen für G. VI 505 f., 627.
Gewinnvertheilung bei Gesellschaft II 437.
Gewohnheit der Rückkehr gezähmter Thiere III 254.
Gewohnheitsrecht I 3 f., VI 359 f. – G. der Agrargenossenschaften I 612, 618.
Glaubhaftmachen des Erlöschens der Vollmacht I 151.
Gleichartigkeit der Leistungen als Voraussetzung der Aufrechnung I 361 ff.
Gleichzeitigkeit des Todes in gemeinsamer Gefahr I 30. — Schenkung unter Bedingung gleichzeitigen Versterbens V 460.
Goldsachen, Pfandverkauf III 479.
Gottesdienstliche Gebäude, Platz darin, Landesgesetze VI 435.
Gottespfennig I 770.
Gräben zwischen Grundstücken III 129. — Ausbesserungspflicht des Pächters II 252.
Grad der Verwandtschaft I 35.
Graviren, Eigenthumserwerb III 239 f.
Grenze, Abmarkung III 125 f., Ermittelung bei Grenzverwirrung III 126. — Grenzanlagen III 129 f. — Grenzgestell im Walde III 129, 131. — Grenzbaum III 132 f. — Grenzüberbau III 133 ff., IV 589. — Landesgesetzliche Vorschriften über Entfernung von Anlagen von der G. der benachbarten Grundstücke III 163 f. (vgl. III 377 f.).
Grobe Fahrlässigkeit I 186 f. — Haftung des Schenkers II 21, des Verleihers II 269. — G. F. bei Ersitzung III 233. — G. F. des Finders III 258. — G. F. schließt den guten Glauben bei Eigenthumserwerb aus III 206 f. — G. F. der Eltern bei nichtigen Ehen, Einfluß auf die Rechtsstellung der Kinder IV 664.
Großeltern, Berufung zur Vormundschaft IV 746 f., 849. — Gesetzliche Erben dritter Ordnung V 467 f., in Konkurrenz mit Ehegatten V 479.
Großjährigkeit, s. Volljährigkeit.
Großmutter, s. Großeltern.
Großvater, s. Großeltern.
Grundbuch. Eintragung in das G. als Ersatz der Form des Vertrags über Eigenthum an einem Grundstücke I 458 ff. — Verhältniß des Inhalts des G. zur Gewährleistung bei Veräußerung I 659 f. — Löschungen im G. als Gegenstand der Gewährleistung I 664. — Eintragung des Käufers in das G. vor Uebergabe, Einfluß auf die Gefahr II 59 f. — Kosten der Eintragung in das G. bei Kauf II 68. — Eintragung des Miethverhältnisses in das G. II 135, 136, 162 f., 169 ff. — Vermuthung für Richtigkeit des G. III 48 f. — Gemeinschaftliche Rechte im G. III 50 f. — Erforderniß der Eintragung in das G. zum Rechtserwerb an Grundstücken III 50 ff. — Oeffentlicher Glaube des G. III 75 ff., VI 226, 386. — Kenntniß der Unrichtigkeit des G., Einfluß auf den Rechtserwerb III 84 f. — Rangordnung der eingetragenen Rechte III 88 ff., Rangänderung III 91 ff., Rangvorbehalt III 99 f. — Berichtigung des G. III 102 ff., VI 386. — Vormerkung, Widerspruch III 107 ff., 740 ff. — Eintragung im Wege der Zwangsvollstreckung, des Arrestes, der einstweiligen Verfügung III 116 f. — Unverjährbarkeit der Ansprüche aus eingetragenen Rechten III 117 f. — Ersitzung des Eigenthums durch Eintragung in das G. (Tabularersitzung) IV 588 f. — Keine Eintragung der Rente für Ueberbau in das G. III 136. — Auflassung vor dem Grundbuchamte III 168 ff., Verzicht auf Eigenthum vor demselben III 184 ff. — Eintragung der rechtsgeschäftlichen

Regelung der Benutzung 2c. gemeinschaftlichen Grundstücks in das G. zur Bindung des Sondernachfolgers III 276 f. — Bestellung des Erbbaurechts vor dem G.amte III 283 f. — Eintragung der Grunddienstbarkeit in das G. III 293 ff., des Nießbrauchs III 384, 418 f. — Berichtigung des G. nach Befriedigung des Hypothekengläubigers III 610, IV 512, Eintragung der Uebertragung einer Gesammthypothek III 636 f., Eintragung der Nichtertheilung des Hypothekenbriefs III 641 f., IV 501, des Widerspruchs bei Darlehnshypothek III 584 f., 647, IV 511. — Eintragung der Abtretung der Hypothek in das G. III 658. — Ersichtlichkeit der Unrichtigkeit des G. aus dem Hypothekenbriefe wirkt gleich eingetragenem Widerspruche III 659 f., IV 504 f. — Vervollständigung des Hypothekenbriefs aus dem G. III 663. — Eintragung des Gläubigervertreters für Inhaberhypothek in das G. III 674 f., IV 510, des Vorkaufsrechts III 762. — Berichtigung des G. bei allgemeiner Gütergemeinschaft IV 232, 238, VI 393. — Eintragung des Rechtes des Nacherben in das G. V 109 f., 157, der Beschränkung des Erben durch Testamentsvollstrecker V 531 f. — Anspruch gegen den Eigenthümer auf seine Eintragung in das G. VI 223 f. — Eintragung eines Ultimats VI 242. — Staats- und Anstaltsrechte ohne Eintragung in das G. VI 372 f. — Eigenthumsübergang von Grundstücken, die nicht im G. verzeichnet sind, Landesgesetze VI 426 f. — Eintragung des Konkurses in das G. VI 766. — Uebergangsbestimmung über Anlegung des G. VI 520 ff., 633 f.

Grundbuchamt, s. Grundbuch.

Grundbuchbeamte, Haftung des Staates für deren Versehen III 767 f.

Grundbuchblatt für Erbbaurecht III 283 f., 285, für vererbliche und veräußerliche Nutzungsrechte VI 525 f.

Grundbuchordnung I 464, II 662, III 13 f., 48, 50 f., 55 f., 64, 69, 73 f., 89 f., 116 f., 311, 518, 540, 544, 575, 588, 638, 642, 646, 647, 648, 650, 658, 660, 662 f., 665, 666, 668, 673 f., 676 f., 707, 724, 768, IV 605 f., V 110, 531, 682, VI 223, 246 f., 339, 426.

Grunddienstbarkeiten III 286 ff., VI 240 f. — Verkauf einer G. II 52. — Bestellung III 291 f., Eintragung neu bestellter G. III 293 ff., Bestellung bei Veräußerung oder Theilung mehrerer zusammengehöriger Grundstücke III 295 f. — Eintragungsfreiheit bestehender G. III 300 ff., Eintragung zwecks Erhaltung des in der G. enthaltenen Verbietungsrechts III 303, Vermuthung für Ersitzung einer G. III 304, Aufhebung der nicht eingetragenen G. durch Verzicht III 304. — Keine Ersitzung neuer G. III 305 f., Tabularersitzung III 307 f. — Begrenzung des Inhalts der G., causa perpetua III 308 f. — Untheilbarkeit der G. III 310. — Schonende Ausübung III 311 f. — Unterhaltung baulicher Anlagen III 312 f. — Verlegung des Ausübungsorts III 314 f. — Theilung des belasteten Grundstücks III 317, desgleichen des berechtigten III 317 f. — Schutz des Besitzes der G. III 318 f., VI 241, für nicht eingetragene G. III 319, für unständige G. III 320. — Zusammentreffen von G. mit solchen oder anderen Nutzungsrechten III 321. — Subjektiv-dingliche Natur der G. III 321. — Aufhebung der G. III 321 ff., durch Nichtausübung III 322 f., durch eine die Ausübung hindernde Einrichtung III 324 f. — Zustimmung der Gläubiger des herrschenden Grundstücks zur Löschung III 326. — Beeinträchtigung der G. III 327. — G. bei Grundstücken im Miteigenthum III 327 f. — Anwendung der Vorschriften über G. auf persönliche Dienstbarkeiten III 437. — G. von Gemeinden zu Gunsten ihrer Mitglieder III 437 f. — Fortbestand der Landesgesetze über Ablösung 2c., von G. VI 372 f., über Untersagung der Belastung mit G. VI 433 f., 608. — Uebergangsbestimmung für bestehende G. VI 516 f., 521, 630, für Besitzschutz derselben VI 523 f., 632. — S. auch VI 565, 568.

Grundloses Haben, Herausgabepflicht II 510 f., 682, 684.

Grundkreditinstitute, Anlegung von Mündelgeld IV 761 ff.

Grund und Boden, mit demselben verbundene Sachen III 6 ff. — Vertiefung III 162.

Grundschuld. Allgemeines III 508 ff., 708 ff. — Redaktionelle Erwägungen IV 497 ff. — Verpfändung zur Sicherheitsleistung I 264 f., 268. — Uebernahme einer G. durch den Erwerber eines Grundstücks I 418. — G. auf einer veräußerten Sache I 658 f. — Nießbrauch an einer G. III 426 f., Pfandrecht III 536. — Verwandlung der Hypothek in G. bei Vereinigung derselben mit dem Eigenthume III 610 f., IV 513. — Begriff der G. III 708 f., IV 501, Anwendung der Vorschriften über Hypothek III 709 f., IV 511. — Bedingung, Zeitbestimmung bei G. III 710. — Kündigung, Zahlungszeit III 710, IV 505, Zahlungsort III 511. — Verzug bei G. III 711 f., IV 505, rückständige Zinsen IV 712. — Eigenthümergrundschuld III 712, IV 502. — Inhabergrundschuld III 712 f., IV 509. — Blankozession der G. III 713 f. — Umwandlung der G. in eine Hypothek und umgekehrt III 720 f., IV 513, desgl. in eine Rentenschuld III 782 f., IV 501. — Geltendmachung des Anspruchs aus G. im Urkundenprozesse VI 668, im Mahnverfahren VI 701. — Zwangsvollstreckung aus Urkunden über G. VI 715, 718 f., 797, in eine G. VI 727. — Aufgebot des Grundschuldgläubigers VI 735. — G. bei Fahrnißgemeinschaft IV 374 f. —

Anlegung von Mündelgeld in G. IV 761 ff., 790 f. — Verfügung des Vorerben über G. V 101 ff., 130, 152. — G., die dem Erblasser am vermachten Gegenstande zusteht V 182 ff. — Landesgesetzliche Beschränkung der G. VI 431, 433 f. — Entschädigung für G. in Enteignungsfällen VI 465, 468. — Uebergangsbestimmung für bestehende G. VI 524.

Grundschuldbrief III 709. — Eigenthum am G. III 644 f.

Grundstücke. Aufgeben des Besitzes eines herauszugebenden G. durch den Schuldner bei Verzug des Gläubigers I 332. — Uebernahme von Hypotheken durch den Erwerber eines G. I 413 ff., II 473 f. — Form des Vertrags über Eigenthum an einem G. I 458 ff., VI 416, über sonstige Rechte an G. I 459, 463 f. — Gewährleistung bei Veräußerung von G. für öffentliche Lasten und Abgaben, Dienstbarkeiten, Reallasten I 656 f. — Verpflichtung des Verkäufers eines Grundstücks zur Löschung von Rechten im Grundbuch I 664. — Zusicherung bestimmter Größe eines verkauften G. I 693. — Uebergang der Gefahr des G. auf den Käufer bei dessen Eintragung in das Grundbuch vor Uebergabe II 59 f. — Kosten der Auflassung beim Kauf von G. II 68. — Zeitgrenze des Wiederkaufsrechts bei G. II 88 f. — Sicherheitsleistung des Vorkaufsberechtigten bei Stundung des Kaufpreises für G. II 105 f. — Haftung für Größe des vermietheten G. II 131. — Grundstücksmiethe II 134 ff. — Form des Miethvertrags über G. II 147 ff., 178, Zeit der Miethzahlung II 185 f., kein Zurückbehaltungsrecht bei Miethe von G. II 189. — Einfluß der Veräußerung des Miethgrundstücks auf das Pfandrecht des Vermiethers II 210 f. — Kündigungsfristen für G.miethe II 214 f. — Pacht von G. II 243 ff. — Anlagen und Betriebe auf G. im öffentlichen Gebrauche, Landesgesetze über Schadenshaftung des Unternehmers II 605. — Beschädigung durch G. II 650 f. — Wesentliche Bestandtheile eines G. III 6 ff., VI 119. — Verbindung eines Erdkörpers mit einem G. III 12. — Einheitliches G. III 13 f. — Rechte als Bestandtheile von G. III 17. — Zwangsvollstreckung in Zubehör eines G. III 23. — Verlust des Besitzes an G. III 35 f.

— Allgemeine Vorschriften über Rechte an Grundstücken III 48 ff.: Erwerb der Rechte an G., Vertrag und Eintragung in das Grundbuch III 52 ff., 288 ff. — Bindung durch den Vertrag III 60 f., Rechtsgrund des dinglichen Vertrags III 64 f. — Eintragungsbewilligung eines Nichtberechtigten III 65. — Wirkung späterer Verfügungsbeschränkung auf die Eintragungsbewilligung III 65 f., IV 586 f. — Eintragung aus Scheingeschäft III 67. — Ersatz der Eintragungsbewilligung durch Urtheil III 68 f. — Erfordernisse der Aufhebung von Rechten an G. III 69 f., 284 f., 322 f., VI 221, Zustimmung berechtigter Dritter III 70 f., 284 f., 326 f. — Vereinigung des Eigenthums mit einem anderen Rechte am G. III 73. — Löschung der auf Lebenszeit beschränkten Rechte an G. III 73 f. — Schutz des Rechtserwerbes durch den öffentlichen Glauben des Grundbuchs III 75 ff., VI 222, nicht eingetragene Veräußerungsverbote III 76. — Schutz des Erwerbes im Wege der Zwangsvollstreckung oder Arrestvollziehung III 77 f., Voraussetzung des guten Glaubens des Erwerbers III 79 f., Schutz desselben auch bei unentgeltlichem Erwerbe III 82 f., Versagung des Schutzes bei Kenntniß der Unrichtigkeit des Grundbuchs III 84 f., Ausdehnung des Schutzes über den Erwerb von Rechten hinaus auf Leistungen an den nach dem Grundbuche Berechtigten III 86 f. — Rangordnung der Rechte an G. III 88 ff., VI 221, Rangänderung III 91 ff., Rangvorbehalt III 99 f. — Berichtigung des Grundbuchs III 102 ff. — Vormerkung, Widerspruch III 107 ff., 740 ff., VI 222. — Eintragung im Wege der Zwangsvollstreckung, des Arrestes, der einstweiligen Verfügung III 116 f. — Unverjährbarkeit der Ansprüche aus eingetragenen Rechten III 117 f. — Ersitzung durch Eintragung in das Grundbuch (Tabularersitzung) IV 588 f. — Eintragung eines Ultimats für ein Recht am G. VI 242.

— Inhalt und Begrenzung des Eigenthums an Grundstücken III 120 ff.: Räumliche Erstreckung III 120 f., VI 125 f., Einwirkungen durch Dämpfe ꝛc. III 123 f., VI 231, Grenzabmarkung III 125 f., Grenzverwirrung III 126, Unverjährbarkeit der Ansprüche aus Grenzen III 127 f. — Grenzanlagen III 129 f. — Grenzbaum III 132 f. — Wasserabfluß III 133. — Ueberbau III 133 ff., IV 589, VI 229 f., 231. — Wurzeln und Zweige von Nachbargrundstücken III 138 ff., Waldgrundstücke III 144 f. — Ueberfall von Früchten III 148 f. — Nothweg III 149 ff. — Unzulässige Einwirkung durch Anlagen III 157 ff. — Drohender Einsturz eines Gebäudes III 161: — Vertiefen des Erdbodens III 162, VI 232. — Weitere landesgesetzliche Beschränkungen des Nachbarrechts III 163 f. — Ausschluß der Verjährung verschiedener Ansprüche aus Eigenthumsrechten VI 231 f. — Aufsuchen, Abholen einer Sache von einem G. III 164 f., VI 220.

— Erwerb des Eigenthums an G. III 168 ff., V 444: Auflassung III 168 ff., Landesgesetze über deren Form III 173 f., Erforderniß gleichzeitiger Erklärung III 176 f. — Urtheil auf Abgabe der Auflassungserklärung III 177. — Erstreckung der Auflassung auf Zubehör III 178 f., 216 f. — Auflassung durch den Erben des eingetragenen

Eigenthümers III 181. — Unzulässigkeit der Bedingung oder Zeitbestimmung III 181 f. — Verlust des Eigenthums an G. III 184 ff.: Verzicht und Aneignung III 184 ff., VI 232, 429 f., 644, 715, Aufgebot III 190 ff., VI 232, 734 ff. — Erwerb des Eigenthums oder eines Rechts durch Eintragung und dreißigjährigen Besitz III 192 f., 307 f., IV 588. — Verbindung einer beweglichen Sache mit einem G. III 238. — Belastung eines im Miteigenthume stehenden Grundstücks für den Miteigenthümer III 275 f. — Vereinbarung über Benutzung und Verwaltung, Ausschließung der Theilung, Kündigung bei gemeinschaftlichen G. III 276 ff. — Anwendung der Vorschriften über G. auf Erbbaurecht III 284. — Eintragung des Nießbrauchs an einem G. III 384 f., 418 f., Tabularersitzung desselben III 384 f., Rückgewähr bei Nießbrauch an G. III 401, Aufhebung des Nießbrauchs an G. durch Rechtsgeschäft III 412. — Dienstbarkeiten an G. III 286 ff., 436 f. — Pfandrecht am G., Allgemeines III 508 ff. — Pfändung des Zubehörs eines G. III 560. — Reallasten an G. III 729 ff. — Vorkaufsrecht an G. III 751 ff. — Mieth- und Pachtverhältnisse über Grundstücke des eingebrachten Gutes IV 137, 213 f. — Einwilligung der Frau zu Rechtsgeschäften über G. des Gesammtguts der allgemeinen Gütergemeinschaft IV 252 f. — G. bei Fahrnißgemeinschaft IV 373 f. — Anlegung von Mündelgeld in inländischen G. IV 761 ff. — Verfügung über G. des Mündels, Rechte an solchen, Forderungen auf solche IV 796 f. — Verfügung des Vorerben über G. oder Rechte an solchen V 97 ff., 130, 152. — Belastungen vermachter Grundstücke V 181 ff., VI 396. — Gewährleistung bei vermachten G. V 226 ff. — Inländische G., welche zu einer außerdeutschen Erbschaft gehören, Erbschein V 691 f. — Verfügung von Ausländern über ausländische G. VI 37 f. — Fortbestand von Landesgesetzen über verschiedene Rechte an Grundstücken VI 372 ff., 743, über Haftung des Unternehmers von Anlagen auf G. im öffentlichen Gebrauche VI 421, über Zuwiderhandlung gegen Strafgesetze zum Schutze von G. VI 422, über Zuständigkeit von Behörden und Beamten für die Aufnahme von Verträgen über G. I 458 f., VI 416 f., 424 f., 650, über Eigenthumsübertragung nicht gebuchter G. VI 426 f., über Eigenthumsübertragung von Kommunalverbänden auf Staat und umgekehrt VI 429, über Einziehung verlassener G. VI 429 f., über Beschränkungen des Rechtes zum Verzicht auf Grundstücke VI 430, über Theilung und Belastung von G., unkündbare Hypotheken und Grundschulden, Dienstbarkeiten, Reallasten VI 433 f., 608. — Beschränkungen des Eigenthums an G. im öffentlichen Interesse VI 464 ff. — Anwendung der Vorschriften über Grundstücke auf Erbpacht und ähnliche Nutzungsrechte VI 485 f. — Erwerb des Eigenthums an G. in der Zeit zwischen Inkrafttreten des B.G.B. und Anlegung des Grundbuchs VI 522 f. — Fortbestand der Landesgesetze über G. von Eisenbahnen VI 552 f. — Rangverhältniß der bestehenden Rechte an G., Uebergangsbestimmung VI 555 f. — Für den Fiskus ꝛc. bestehende Reallasten bei Theilung eines G. VI 609 f.

Grundstücksmiethe II 134 ff.

Gutachten, s. Anhören, Sachverständige.

Guter Glaube. Schutz des gutgläubigen Erwerbers durch rechtskräftiges Urtheil I 258. — G. G. des Erwerbers von Rechten an Grundstücken bezüglich der Richtigkeit des Grundbuchs III 79 f. — G. G. des Erwerbers beweglicher Sachen von Nichtberechtigten III 206 f., 210 f., IV 589 f. — G. G. als Erforderniß der Ersitzung III 233 f., 235 f. — G. G. des Besitzers gegenüber dem Eigenthumsanspruche III 338 f., 345 f. — G. G. bei Erwerb aus Pfandverkauf III 482. — G. G. bei Erwerb von Schiffspfandrechten III 499 f.

Schutz gutgläubiger Dritter bei Nichtigkeit der Ehe IV 67 ff., desgl. gutgläubiger Ehegatten IV 69 f., gutgläubiger Dritter bei Entziehung der Verwaltung der Vorerbschaft V 126, gutgläubiger Dritter durch den Erbschein V 684 f., 725 f., gutgläubiger Dritter bei Veräußerung oder Belastung von Gegenständen, über welche dem Berechtigten nur beschränkte Verfügung zusteht VI 371, 607, bei Litigiosität VI 659.

Gütergemeinschaft, allgemeine IV 230 ff.: Entstehung durch Ehevertrag, Abschluß durch Vertreter, Genehmigung des Vormundschaftsgerichts IV 230 f., VI 279. — Gesammtgut: Begriff, Eintritt der Gesammtgutseigenschaft kraft Gesetzes, Rechte, welche in das Grundbuch einzutragen sind IV 232, 238, VI 393. — Ausschluß der Theilung des Gesammtguts, Aufrechnung gegen Forderungen desselben IV 233 f., 238. — Vorbehaltsgut IV 234 f., Anwendung der Vorschriften über Gütertrennung IV 235 f., 240. — Sondergut (welches durch Rechtsgeschäfte nicht übertragen werden kann) IV 235 f., 240. — Verwaltung des Gesammtguts durch den Mann, Rechtsstreitigkeiten, keine persönliche Verpflichtung der Frau durch seine Verwaltungshandlungen IV 238 f., VI 279. — Einwilligung der Frau zu Rechtsgeschäften über das Gesammtgut im Ganzen IV 239, 251, 254 ff., VI 279, über Grundstücke IV 239, 252 ff., zu Schenkungen IV 239, 251, 257 f., VI 280, Bürgschaftsverträgen und Stiftungen IV 251, 257 f., Ergänzung der Einwilligung durch das Vormundschaftsgericht IV 239, 251, 258. —

Verfügungen des Mannes ohne erforderliche Einwilligung der Frau IV 239, 259, VI 280. — Annahme oder Ausschlagung von Erbschaften, Vermächtnissen, Verzicht auf Pflichttheil, Ablehnung von Vertragsanträgen, Schenkungen durch die Frau IV 240, 259. — Selbstständiges Erwerbsgeschäft der Frau IV 240, 259. — Fortsetzung eines Rechtsstreits IV 240, 259. — Rechtsgeschäfte in Vertretung des kranken, abwesenden Mannes IV 240, 259 f., VI 280. — Vertretung des Mannes durch den Vormund, durch die Frau als Vormund IV 240, 259 f. — Schuldenhaftung: Schulden des Mannes, Gesammtgutsverbindlichkeiten, persönliche Haftung des Mannes IV 241, 261 f. — Zwangsvollstreckung in das Gesammtgut IV 263, Konkurs IV 263. — Schulden der Frau IV 242, 264, Schulden ihres Vorbehaltsguts IV 242, 264. — Unterhaltspflicht der Ehegatten IV 242, 265 ff. — Ersatzpflicht des Mannes IV 239, 267 f. — Verwendungen des Mannes aus Gesammtgut in Vorbehaltsgut und umgekehrt IV 243, 269. — Zustimmung des Mannes zu Rechtsgeschäften der Frau IV 241, 269 f. — Ersatzforderungen zwischen den Ehegatten IV 243, 271, VI 281. — Ausstattungen aus dem Gesammtgute IV 243, 271 f. — Geltendmachung der gegenseitigen Ansprüche erst bei Auflösung der G. IV 243, 272. — Beendigung der Gütergemeinschaft: Auflösung der Ehe, Ehevertrag IV 272, Gründe für Antrag der Frau auf Auflösung IV 244, 273 ff. — Vermögensverfall der Frau IV 273, 279. — Rechtsverhältniß nach Auflösung der Gütergemeinschaft: Fortdauer des Gesammtguts bis zur Auseinandersetzung IV 244, 279 f., V 135, VI 393. — Zwangsvollstreckung gegen Gesammtgut nach Auseinandersetzung IV 280 f., Konkurs IV 281. — Erlöschen der Haftung des Mannes IV 281 f. — Auseinandersetzung IV 244 f., 282 ff., VI 282. — Berichtigung der Verbindlichkeiten, streitige, nicht fällige Schulden, Unzulänglichkeit des Gesammtguts IV 244, 283 f., VI 282, 326. — Theilung des Ueberschusses IV 245, 285 f., Ausstattung V 135 f. — Maßgebender Zeitpunkt für die Auseinandersetzung IV 245, 286. — Haftung für unberichtigt gebliebene Verbindlichkeiten nach der Theilung IV 245, 286 ff., V 136 f. V 828. — Haftung der Ehegatten gegen einander in diesem Falle IV 245, 291 f. — Gerichtliche Auseinandersetzung IV 245, 292 f. — Güterstand nach Auflösung der G. IV 293, VI 281. — Gütergemeinschaftliche Erbfolge IV 245 ff., 294 ff.: Unbeerbte Ehe IV 245, 294 ff. — Fortgesetzte Gütergemeinschaft IV 246 f., 299 ff. — Gemeinschaftliche Abkömmlinge IV 246, 299 ff., VI 283. — Ablehnung der f. G. durch den überlebenden Ehegatten IV 246, 308 f., VI 285 f., 755 f. — Ausschließung der f. G. durch letztwillige Verfügung IV 246, 369, VI 286. — Ausschließung eines Abkömmlinges durch letztwillige Verfügung IV 246, 309 f., V 137 f., Minderung des Antheils eines Abkömmlinges durch letztwillige Verfügung auf die Hälfte IV 246, 310 f., Entziehung solchen Antheils IV 246, 310 f., Bestimmung der Uebernahme des Gesammtguts oder einzelner Gegenstände durch einen Abkömmling gegen Werthersatz IV 246, 310 f., VI 393, Ausschluß eines Abkömmlinges in guter Absicht IV 311, 312, Zustimmung des anderen Ehegatten zu solchen Verfügungen IV 247, 313 f., VI 287, 394. — Ergänzung des Pflichttheils IV 247, 314. — Erbunwürdigkeit eines Abkömmlinges IV 247, 314. — Verzicht eines Abkömmlinges auf seinen Antheil IV 247, 314. — Ausgleichung des Vorempfangs IV 314 f. — Erbfolge in Vorbehaltsgut IV 315. — Bestand des Gesammtguts der f. G. IV 247, 316, VI 287. Vorbehaltsgut des überlebenden Ehegatten IV 247, 316. — Tod eines Abkömmlinges, Verbleib seines Antheils am Gesammtgute IV 248, 316. — Verzicht eines Abkömmlinges auf seinen Antheil IV 248, 316 f., VI 393, 394, Abfindung dafür IV 248, 316, 328 f. — Letztwillige Verfügungen eines Ehegatten über Gesammtgut IV 323 f., über Vorbehaltsgut ohne Berücksichtigung pflichttheilsberechtigter Abkömmlinge IV 325 f. — Ausstattung aus dem Gesammtgute IV 326 ff., Abschichtung von Abkömmlingen IV 328 ff. — Rechtsstellung des überlebenden Ehegatten und der Abkömmlinge in der f. G. IV 335 ff., V 140. — Haftung für die Schulden des überlebenden Ehegatten, für die Gesammtgutsverbindlichkeiten IV 336 ff., VI 295. — Haftung des überlebenden Ehegatten gegenüber den Abkömmlingen IV 339 ff., Ausstattung IV 341 f. — Beendigung der f. G.: Erklärung des überlebenden Ehegatten vor dem Nachlaßgerichte IV 249, 342, VI 288, Wiederverheirathung IV 249, 342, Tod IV 342, Antrag der Abkömmlinge IV 250, 342 ff. — Auseinandersetzung IV 250, 344 ff., VI 287 f., 289, Uebernahme des Gesammtguts ganz oder zum Theil durch den überlebenden Ehegatten nach Schätzung IV 250, 344 f., VI 289. — Haftung der Abkömmlinge für Gesammtschulden nach Verhältniß ihres Antheils am Gesammtgute IV 250, 346 f., V 828. — Maßgebender Zeitpunkt für die Auseinandersetzung IV 251, 347. — Theilung unter den Abkömmlingen, Ausgleich des Vorempfangenen IV 251, 347 f., VI 289. — Letztwillige Anordnungen des überlebenden Ehegatten über den Antheil der Abkömmlinge IV 348. — Vermögensauseinandersetzung nach Ehescheidung IV 438 ff. — Zeugniß über f. G. V 729 f. — Anerbenrecht bei G. VI 511 f. — Zwangsvollstreckung

nach Beendigung der G. VI 707. — Konkurs über Gesammtgut bei fortgesetzter G. VI 777.
Gütergemeinschaftliche Erbfolge IV 245 ff., 294 ff. (s. Gütergemeinschaft).
Gütergemeinschaftliches Erbrecht IV 245 ff., 294 ff. (s. Gütergemeinschaft).
Güterrechtsregister IV 381 ff.: Eintragung beim Amtsgerichte, Gegenstand derselben, Registerführung IV 384 f. — Ort der Eintragung IV 382, 385 f., V 140 f., VI 290. — Antrag auf Eintragung IV 387 ff., VI 290. — Form IV 383, 389, V 163. — Wirkung mangelhaften Antrags IV 389 f. — Veröffentlichung der Eintragung IV 390. — Einsicht des Registers, Abschriften IV 382, VI 118.
Wirkung des Ehevertrags gegen Dritte abhängig von Eintragung in das G. IV 223, 225. — S. auch VI 536 f., 544 f.
Güterstand, gesetzlicher IV 116 ff. (s. eheliches Güterrecht). — Uebergangsbestimmungen für den G. bestehender Ehen VI 535 ff.
Güterstandsverzeichniß IV 381.
Gütertrennung IV 214 f., 222, 225. — Beitragspflicht der Frau zum ehelichen Aufwande IV 222 f., 226, VI 278, Rechte der Frau bei Gefährdung des Unterhalts durch den Mann IV 222 f., 227. — Freiwillige Bestreitung des ehelichen Aufwandes durch die Frau IV 130, 214, 224, 227 f. — Ueberlassung der Verwaltung des Frauenvermögens an den Mann IV 222, 224, 228 f. — G. nach Auflösung der Gütergemeinschaft IV 223, 225, 293, VI 281, der Errungenschaftsgemeinschaft IV 369 f., VI 281, der Fahrnißgemeinschaft IV 373.
Gute Sitten, s. Sitte.
Gutsherrlich — bäuerliche Verhältnisse, Fortbestand der Landesgesetze VI 372 f.
Gutsüberlassung mit Leibgedings- 2c. -verträgen VI 419.
Gutsübernahme mit Abfindung Dritter I 751, 753 f., 763, 764, 765, 768.

H.

Haager Konferenzen von 1894 zur Regelung verschiedener Fragen des internationalen Privatrechts VI 48 f., 53, 65, 75, 78.
Haft zur Erzwingung des Offenbarungseides II 790.
Haftgeld I 769, 772.
Haftpflicht, Haftung. H. bei nichtiger oder anfechtbarer Willenserklärung I 98 f., desgl. bei irrthümlicher I 103, 107 f., 117. — H. des Vertreters ohne Vertretungsmacht I 156 ff., Wegfall derselben I 162 f. — H. für Verschulden des Vertreters I 302 f., VI 154. — Haftung des Schuldners im Verzug I 327 f., bei Verzug des Gläubigers I 331 f. — H. der Hinterlegungsstellen I 360. — H. für Schulden bei Uebernahme eines Vermögens I 427 ff. — H. des Vereins für Handlungen des Vorstandes I 521 f., der Liquidatoren eines Vereins I 551, desgl. bei Stiftungen I 604, bei Fiskus und Stiftungen, Körperschaften, Anstalten des öffentlichen Rechtes I 607 ff. — H. für Rechtsmängel I 653 ff., für Sachmängel I 670 ff. (s. Gewährleistung). — Versprechen der Haftung für Fehler beim Thierkauf I 729 ff. — H. des Schenkers II 21. — H. des Erbschaftskäufers gegenüber Nachlaßgläubigern II 126 f. — H. des Vermiethers nach Veräußerung des Miethgrundstücks II 143 f., des Miethers für den Untermiether II 185. — H. des Verleihers II 269, des Entleihers II 275. — H. bei Werkvertrag II 309 ff. — H. für Verschulden des Gehülfen bei Auftrag II 354. — H. des Verwahrers II 393 f., des Gastwirths II 402 ff., der Mitglieder eines nicht rechtsfähigen Vereins II 452 f., 459 f. — H. aus unerlaubten Handlungen II 566 ff., bei versäumter Aufsichtspflicht II 593 f., für Beauftragte II 597 f., 842 f. — H. des Geschäftsführers ohne Auftrag II 725 ff., des Finders III 258, des Besitzers gegenüber dem Eigenthumsanspruche III 336 ff. — H. für Mängel bei Pfandverkauf III 480 f., des bisherigen Pfandgläubigers bei Uebergang der Forderung III 483 f. — H. des Grundstücks für Reallast III 730 f., des Eigenthümers III 735 f.
H. des Staates für Beamte, s. Staat.
H. der Eheleute gegen einander IV 108 f., des Mannes für Verminderung des Gesammtguts IV 239, 267 f. — H. des Vormundes und Gegenvormundes IV 816 f., des Vormundschaftsrichters IV 820 ff., der Mitglieder des Familienraths IV 837. — H. des Nacherben V 132, des Vorerben V 149 f., des Beschwerten bei Vermächtniß V 226 f., des Testamentsvollstreckers V 315. — H. des Erschaftsbesitzers V 716 ff.
Beschränkte H. der Erben, bei Nachlaßkonkurs, Nachlaßverwaltung, Nachlaßpflegschaft V 759 ff. — H. der Miterben als Gesammtschuldner für Nachlaßverbindlichkeiten V 867 f. — Landesgesetze über H. der Beamten für Stellvertreter und Gehülfen VI 410, 611, der Unternehmer von Eisenbahnen und ähnlichen Betrieben VI 421.
Haftpflichtgesetz II 600, 668. — Aenderungen VI 590 f., 601.
Halbbürtige Geschwister, Eheverbot IV 23 ff.
Halbjahr, Fristberechnung I 189.
Halbtheilung bei Auflösung der Gütergemeinschaft IV 244, 283 f., bei Auflösung der fortgesetzten Gütergemeinschaft IV 250, 344 f.
Halftergeld I 753, 768.
Hamburgisches Einführungsgesetz zum Handelsgesetzbuch I 430, Gesetz betr. die nichtständige Gerichtsbarkeit V 251. — Wildschadensgesetz II 821.
Handarbeiter, Anspruchsverjährung I 202 f, 211.

Handelsgesellschaft, Erwerbsgesellschaft, welche nicht H. im Sinne des Handelsgesetzbuchs ist II 447 f.
Handelsgesetzbuch I 85, 137, 158, 191, 198, 207, 273, 292, 306, 311, 341, 344, 386, 409, 430 f., 444, 474, 475, 511, 521, 528, 533, 535, 537, 539, 548, 552, 554, 556, 570, 630, 636, 640, 644, 645, 650, 652, 679, 681, 690, 701, 705, 706, 731, 747, 754, 756, 772, 775, 783, II 52, 53, 57, 63, 68, 69, 70, 76, 78, 210, 278, 282, 299, 333, 338, 343, 353, 358, 361, 362, 363, 364, 367, 371 f., 394, 417, 418, 423, 435, 436, 438, 444, 449, 450, 451, 452, 469, 532, 541, 600, III 198, 208, 209, 382, 442, 450, 471, 472, 473 f., 477, 500, 502, 506, 527, 531, 668, 715, IV 102, 282, 290, 568, V 256, 664, 839, 886, VI 42, 62, 114, 115, 117, 194, 210, 233, 313, 317, 364 f., 559 f, 581, 585.
Handelsregister, Eintragung von Erwerbsgesellschaften II 447 f.
Handgeld I 769 f., 772.
Handkauf I 668, II 54 f., des Vormundes IV 783.
Handlungen eines Dritten als Gegenstand des Vertrags I 455 f., Zwangsvollstreckung zur Erreichung von H. VI 728.
S. auch Leistung, unerlaubte Handlung.
Handlungsfähigkeit I 53, 55. — S. im Uebrigen Geschäftsfähigkeit.
Handschlag an Eidesstatt, des Vormundes IV 752, der Mitglieder des Familienraths IV 836.
Hand wahre Hand III 350, 369, V 725.
Handwerker, Anspruchsverjährung I 201 f., 211.
Handzeichen unter Urkunden über Rechtgeschäfte, Beglaubigung I 89 f.
Hannover, Wildschadensgesetze II 821.
Hauptmängel beim Verkaufe von Hausthieren I 718, 727 f.
Hauptsache III 17 ff. — Wandelung wegen Mängel der Hauptsache I 694. — H. bei Verbindung beweglicher Sachen III 239.
Hauptschuldner, s. Bürgschaft.
Hausgenossen des Erblassers, Unterhaltsanspruch V 654 f., Auskunftspflicht V 715 f. — Besitzausübung durch H. III 31 f., VI 219.
Hausgesetze der souveränen Häuser, des hohen Adels VI 367 ff., 605 f., 743.
Haushaltsgegenstände, Ergänzung IV 171, 184 ff., VI 273. — Bestimmung über H. in formloser letztwilliger Verfügung V 358 f. — H. als Voraus des überlebenden Ehegatten V 480 f. — H. im Konkurse VI 802.
Hauskinder, s. Elterliche Gewalt. — Strafantragsrecht bei Beleidigungen von H. VI 575.
Häuslerrecht, Fortbestand der Landesgesetze VI 472 ff., 607 f., 650 f., Anwendung der Vorschriften über Grundstücke VI 485 f., 607 f., 650 f.
Häusliche Gemeinschaft, s. Ehe, eheliche Lebensgemeinschaft. — H. G. des Dienstnehmers mit dem Dienstgeber, Pflichten des Letzteren II 284 f. — Unterhaltsanspruch der mit dem Erblasser in h. G. Stehenden V 654 f. — H. G. mit dem Erblasser, Auskunftspflicht, Offenbarungseid V 715 f.
Häuslicher Wirkungskreis der Frau IV 99 ff.
Hausstand. Ausstattung zur Begründung eines selbstständigen H. IV 317 ff., 326 f.
Hausthiere, Gewährleistung beim Verkauf derselben I 718 ff. (s. Gewährleistung.) — Beschädigung durch H. II 646 f.
Hausverfassungen des hohen Adels VI 367 f., 605 f., 743.
Hauswesen, Leitung durch die Frau IV 99, 106 f.
Hebammen, Anspruchsverjährung I 202, 207, 211.
Hecke zwischen Grundstücken III 129.
Heerde, Verkauf I 719, 741 f.
Heilanstalten, Anspruchsverjährung I 202, 204, 211.
Heilungskosten, aufgewendete bei widerrechtlicher Tödtung II 615, bei Körperverletzung II 628.
Heirath macht nicht mündig I 52. S. auch Verheirathung.
Heirathsgut, Anfechtbarkeit der Sicherstellung bei Konkurs VI 762 f.
Heirathsregister, Eintragung der Eheschließung IV 49 f., 53. — Gültigkeit einer Ehe mit mangelnder Form bei Eintragung in das H. IV 57, 62 f., VI 529. — Heilung der Nichtigkeit in diesem Falle durch Wiederholung der Eheschließung IV 60 f. — Schutz Dritter bei nichtiger, nichteingetragener Ehe IV 68, Wirkung solcher Ehe unter den Ehegatten IV 69 f. — Behandlung der Kinder aus Ehen, welche nicht in das H. eingetragen sind IV 662 f.
Heirathsurkunde VI 589.
Hemmung der Verjährung I 212, 215 ff., II 518, VI 141, 383, bei Gesammtschuldverhältniß I 433, 437 f., 434, 443, aus Kauf, Werkvertrag II 313 ff., bei Schuldverschreibungen auf den Inhaber II 548, der Tabularersitzung durch Eintragung eines Widerspruchs III 193. — H. der Verjährung des Eigenthumsanspruchs, Einfluß auf Ersitzung III 230, VI 234. — H. der Verjährung des Pflichttheilsanspruchs V 551.
Herabfallen von Sachen aus einem Gebäude, Schadensersatzpflicht II 541 f.
Herabsetzung des Kaufpreises, s. Minderung (unter Gewährleistung). — H. zu hoher Draufgabe I 775, zu hoher Vertragsstrafe I 780 ff.
Herausgabe des als Ersatz vom Schuldner Erlangten bei eintretender Unmöglichkeit der Leistung I 316 f. — Pflicht zur H. eines bestimmten Gegenstandes, Wirkungen der Rechtshängigkeit I 323. — H.pflicht bei Erbschaftskauf 115 f., bei ungerechtfertigter Bereicherung II 684 ff., VI 211 f., bei Geschäftsführung ohne Auftrag II 728. — Abtretung des Anspruchs auf H. beweglicher

Sachen zur Eigenthumsübertragung III 200 f., 209 f. — H.anspruch des Miteigenthümers III 281, des Eigenthümers III 328 ff., des früheren Besitzers beweglicher Sachen gegen den unredlichen Erwerber III 283. — Bestellung des Pfandrechts durch Abtretung des Anspruchs auf H. der Sache III 441 f. — H. des eingebrachten Gutes IV 137, 174, 213. — H. eines Kindes IV 547, 549, des Kindesvermögens IV 562, des Mündelvermögens nach beendeter Vormundschaft IV 819, der Vorerbschaft V 95 f., 128, 150 f. — H.pflicht des Testamentsvollstreckers V 312 f. — H. des Erbvertrags aus amtlicher Verwahrung V 409. — H. des Geschenkes zur Ergänzung des Pflichttheils V 593. — H. unrichtigen Erbscheins V 683. — H. ungerechtfertigter Bereicherung, s. Bereicherung. — Verbindung der Klagen auf H. und Rechnungslegung VI 654.
Heres ex certa re V 73, VI 348.
Herkommen bei Auslegung von Vereinssatzungen I 531.
Herrenlose Grundstücke III 184 ff., 188 f., VI 232, 429, 523, Sachen III 250 ff., Thiere III 254 f.
Herrschendes Grundstück, s. Grunddienstbarkeit.
Herstellung des früheren Zustandes als Schadensersatz I 293 ff. — H. von Sachen, s. Verarbeitung, auch Wiederherstellung.
Hessen, Wildschadensgesetze II 821, Ausführungsgesetz zur Civilprozeßordnung III 573.
Heuerlingsverhältnisse II 236 f.
Hinauswerfen aus einem Gebäude, Schadensersatz II 641.
Hinkende Inhaberpapiere II 532.
Hinterbliebene von Beamten 2c., Fortbestand der Landesgesetze über Ansprüche derselben VI 408 f., 433 f., 611.
Hinterlegung von Geld oder Werthpapieren zur Sicherheitsleistung I 264 f. — Hinterlegung zur Erfüllung: Gegenstand und Voraussetzungen I 342 ff., VI 164. — Auslieferung an den Gläubiger bei dessen Verpflichtung zu Gegenleistung I 345 ff. — Ort der H., Anordnung der H., H. durch Aufgabe zur Post I 348 f. — Ungewißheit über die Person des Gläubigers I 346, 349 f. — Zurücknahmerecht des Schuldners I 350 ff., VI 165, keine Pfändung desselben I 352 f. — Einfluß des schuldnerischen Konkurses I 352 f. — Recht des Gläubigers auf Auslieferung der hinterlegten Sache I 354 f. — Erlöschen des Gläubigerrechts VI 165. — Oeffentliche Versteigerung eines zur H. nicht geeigneten Leistungsgegenstandes und H. des Erlöses I 342 f., 356 ff., IV 590, VI 165. — Freihändiger Verkauf VI 166. — Kosten der H. und des Verkaufs I 358 f. — Vorbehalt für die Landesgesetzgebung über Hinterlegungsstellen I 359 ff., VI 461 ff. — H. durch einen Gesammtschuldner I 433, 435, für einen Gesammtgläubiger I 434, 443, einer untheilbaren Leistung für die Gesammtgläubiger I 434, 446. — H. für bekannte Gläubiger bei Liquidation eines Vereins I 551, VI 116, 568 ff. — H. des Erlöses für ein in Folge Wandelung versteigertes Hausthier I 719, 744. — H. der ausgelobten Belohnung bei Anspruch Mehrerer auf dieselbe II 348 f. — H. von Nießbrauchkapitalien III 423 f., eines dem Nießbrauch unterliegenden Inhaber-, Orderpapiers III 427 f., der Pfandsache III 454 f. — Befriedigung des Pfandgläubigers durch Hinterlegung seitens des Verpfänders III 462, des Hypothekengläubigers durch H. III 577, 579, IV 503, 512. — H. des Betrags bei Aufgebot des Hypothekengläubigers III 619. — H. von Inhaberpapieren des eingebrachten Gutes zur Sicherstellung der Frau IV 133, 178, 196, des Kinderguts IV 553, 635. — H. von Unterhaltsbeträgen für das uneheliche Kind, von Entbindungskosten vor der Geburt IV 689 f. — H. von Inhaberpapieren 2c. des Mündels IV 783 f., 786 f., 789 f., V 146 f., VI 310, 323, Befreiung davon IV 812 f. — H. der Leistung aus Nachlaßanspruch bei Erbengemeinschaft V 862 f., von Werthpapieren der Vorerbschaft V 106 f., VI 93 f. — Landesgesetze über Hinterlegungswesen VI 461 ff., 618 ff.
Hinterlegungsschein über Testament V 351.
Hinterlegungsstellen I 342 ff., 348 f., 355, 359 ff. — Anlegung von Mündelgeld IV 773 f., V 146 f. — Landesgesetze über H. VI 461 f.
Hinterlegungsvertrag II 391 ff.: Inhalt II 391 f. — Vergütung II 393, 401 f. — Haftung des Verwahrers II 393 f. — H. des Verwahrers bei einem Dritten II 394 f. — Art der Aufbewahrung II 395. — H. vertretbarer Sachen als Darlehensvertrag II 395 f., VI 193. — Ort der Rückgabe II 399. — Verzinsung verbrauchten Geldes II 399. — Ersatz von Aufwendungen des Verwahrers II 399 f., Schadensersatz an denselben II 400 f. — Jederzeitige Zurückforderung II 402, Forderung der Zurücknahme, Kündigung II 402.
Hinterlistige Verführung einer Frauensperson IV 695 f.
Hinüberragen von Wurzeln und Zweigen in fremdes Grundstück III 138 f.
Hinzuschlagung eines Grundstücks zu einem anderen, Einfluß auf Hypotheken III 551 f.
Hochzeitsgeschenke als Voraus des überlebenden Ehegatten V 480 f.
Höchstbetrag der Kautionshypothek, Angabe im Grundbuch III 689 f.
Höhere Gewalt. Wegfall der Anfechtung von Willenserklärung wegen h. G. I 117. — Nichtigkeit der Willenserklärung wegen h. G. durch Drohung I 119. — H. G. als Hemmung der Verjährung I 218, 227. — Einfluß auf Werkvertrag II 329 ff.
Hoher Adel VI 367 ff., 605 f., 743.

Holographisches Testament V 326 f., 349, 353, 359 ff., 428, VI 397, 601.

Holschuld I 329, IV 570.

Holzungen I 612 ff.

Honorar von öffentlichen und Privatlehrern, Anspruchsverjährung I 202, 206, 211. — H. bei Auftrag II 352.
— H. des Vormundes IV 817 f.

Hören, s. Anhören.

Hülfskassen. Gesetz über H. I 562, IV 532. — Keine Aufrechnung gegen Forderungen aus H. I 374 f.

Hypothek, Allgemeines III 508 ff., 538 ff. — Redaktionelle Erwägungen IV 497 ff. — Verpfändung von Forderungen, für welche eine H. besteht, zur Sicherheitsleistung I 264 f., Bestellung einer H. zur Sicherheitsleistung I 264 f., 268. — Uebernahme von H. durch den Käufer eines Grundstücks I 413 ff., II 473 f. — Erlöschen der H. bei Schuldübernahme I 421 f. — Verzicht des Gläubigers auf H., Einfluß auf Bürgschaft II 480 f. — Erfordernisse der H. III 538 f., IV 511. — H. für künftige oder bedingte Forderung III 543. — H. am Bruchtheile eines Miteigenthümers III 543 f., IV 501. Bezeichnung der Forderung im Grundbuche III 544 f., IV 501, 511. — Tabularersitzung von H. III 546 f. — Nachträgliche Eintragung von Zinsen bis fünf v. H. III 548, IV 502, 602. — Haftung des Grundstücks für Zinsen und Kosten III 549, IV 502. — Haftung des Grundstücks in seinem jeweiligen Bestande, Zuschreibung eines Grundstücks III 550 ff., IV 504, VI 252. — Haftung der Mieth- und Pachtzinsen III 553 f., 556, 560 ff., IV 502, der Früchte III 553 f., getrennter Bestandtheile, des Zubehörs III 555 f., 570, IV 502, 504, der Forderung aus Versicherung III 555, 562 ff., IV 503, VI 243 f. — Erlöschen der Haftung getrennter Bestandtheile, Erzeugnisse, Zubehörs III 556 f., IV 502, VI 247 f., 284. — Haftung des Rechtes auf wiederkehrende Leistungen III 562, IV 503. — H. an mehreren Grundstücken, Untheilbarkeit der Haftung III 568, IV 504. — Gefährdung der hypothekarischen Sicherheit durch drohende Verschlechterung des Grundstücks III 568 f., IV 504. — Befriedigung des H.gläubigers aus dem Grundstücke III 571 f., IV 505. — Unzulässigkeit des Antrags auf Zwangsvollstreckung seitens des Eigenthümers bei Vereinigung von Forderung und Eigenthum III 572 f., IV 505. — Unzulässige Vereinbarungen (Nichtveräußerung, Nichtbelastung, Ausschließung der Zwangsvollstreckung, Eigenthumsübertragung) III 573, IV 504, 506. — Wahlrecht des Gläubigers hinsichtlich Befriedigung bei Gesammthypothek III 573 f., IV 504, 513. — Kündigung der H. III 574, IV 505, 511. — Vermuthung bei Kündigung und Rechtsverfolgung, daß der eingetragene Eigenthümer es wirklich ist III 575 f., IV 506. — Keine persönliche Haftung des Eigenthümers für Zinsen III 576. — Befriedigung des Gläubigers durch den Eigenthümer III 577 f., 767, IV 505, 512, durch einen Dritten Ablösungsrecht, Uebergang der Forderung III 577 f., IV 506, 603 f., Ablösung eines Theiles der Forderung III 579, Hinterlegung, Aufrechnung III 579. — Schutz des Gläubigers gegen Einwendungen durch den öffentlichen Glauben des Grundbuchs III 580, IV 511. — Einreden des Eigenthümers III 580 f., IV 504, 511, VI 253. — Eintragung des Widerspruchs nicht erhaltener Valuta bei Darlehnshypothek III 584 f., 647, IV 511. — Rang der Theilhypotheken III 584, IV 506. — Uebergang der H. mit Uebertragung der Forderung IV 585 f., IV 512, durch Abtretung III 586, 647 f., VI 249 f., durch Ueberweisung im Wege der Zwangsvollstreckung III 587 f., IV 605, 606. — Rechtsverhältniß zwischen Eigenthümer und neuem Gläubiger, Grundsätze der Abtretung III 589 f., IV 512, Uebertragung von Zinsen und Nebenleistungen III 591, IV 604 f., VI 253 ff., 391. — Erlöschen der H. III 591 ff.: Verzicht des Gläubigers, Entstehen der Eigenthümerhypothek III 591 ff., IV 507, Anspruch auf den Verzicht bei einer dem Eigenthümer zustehenden peremtorischen Einrede III 601 f., IV 507. — Eigenthümerh. entsteht nicht durch Eintragung einer unwirksamen H. III 603 f., wohl aber bei Ungültigkeit der Forderung III 604 f., IV 511. — Erlöschen der H. bei Befriedigung des Gläubigers aus dem Grundstücke III 604, VI 257. — Uebergang der H. auf den persönlichen Schuldner bei Befriedigung des Gläubigers durch diesen III 605, IV 512. — Vormerkung zur Erhaltung des Rechtes auf Löschung einer H. III 605 f., IV 509. — Uebergang der Forderung auf den den Gläubiger befriedigenden Eigenthümer, welcher nicht persönlicher Schuldner ist III 607 f., IV 512. — Theilweise Befriedigung des H.-gläubigers III 608 f., IV 512, VI 253. — Befreiung des persönlichen Schuldners bei Verzicht des Gläubigers auf die H. III 609 f., IV 512. — Verpflichtung des befriedigten Gläubigers zur Herausgabe des Briefes zum Zwecke der Berichtigung des Grundbuchs III 610, IV 505. — Inhalt der Eigenthümerhypothek, Zinsen, Zahlungszeit III 610 f., IV 513, Geltendmachung derselben III 611, IV 505. — Benachrichtigung des persönlichen Schuldners von der Zwangsversteigerung III 611 f., IV 512. — Erlöschen der Ansprüche auf Rückstände von Zinsen und sonstigen Nebenleistungen bei Vereinigung von H. und Eigenthum III 614, IV 605. — Unzulässigkeit der Eintragung einer neuen H. an Stelle der erloschenen, Vorrücken der

Nachhypothek III 614. — Aufhebung der H. durch Rechtsgeschäft III 615 f., IV 509. — Aufgebot des Hypothekengläubigers wegen Nichtausübung seines Rechtes, Hinterlegung des Betrags III 617 f., IV 507 f., VI 257, 735. — Verjährung der H. III 620. — Gesammthypothek III 620 ff.: Erlöschen der G. III 622 f., IV 509, Befriedigung des Hypothekengläubigers durch einen ersatzberechtigten Eigenthümer, Aufrechterhaltung der H. III 624 f., IV 509, Eigenthümergesammthypothek bei nicht entstandener, bei erloschener Forderung, Recht der Eigenthümer auf Theilung der H. III 628 f., IV 508, Theilung der G. durch den Gläubiger, Verzicht desselben auf G. an einem der Grundstücke III 629 f., IV 508, Folgen der Befriedigung, des Verzichts wegen eines Theilbetrags III 630, Befriedigung für G. durch den persönlichen Schuldner III 631, IV 513, durch den Eigenthümer eines der belasteten Grundstücke III 632 ff., IV 508. Uebertragung der G., Eintragung in das Grundbuch III 636 f. — Briefhypothek III 638 ff., VI 250 f.: Hypothekenbrief III 638 f., IV 501, Ausschließung der Ertheilung des Briefes IV 641 f., Aufhebung der Ausschließung III 642 f., Umwandlung der Briefhypothek in Buchhypothek III 643, Anwendung der Vorschriften für Buchhypothek auf Briefhypothek 643. — Eigenthum an dem Hypothekenbriefe III 644 f. — Erwerb der H. erst mit Uebergabe des Hypothekenbriefs III 646, 729, IV 501. — Abtretung der Briefhypothek, Uebergabe des Hypothekenbriefs, schriftliche Abtretungserklärung, Blankoabtretung II 647 ff., IV 506, Abtretung rückständiger Zinsen III 653. — Ueberweisung der Briefhypothek im Wege der Zwangsvollstreckung III 653 f. — Besitz des Hypothekenbriefs mit beglaubigten Abtretungserklärungen als Ersatz der Eintragung III 654 ff., IV 506, VI 267. — Eintragung der Uebertragung in das Grundbuch III 658. — Kenntniß einer Unrichtigkeit des Grundbuchs aus dem Inhalte des Hypothekenbriefs, Wirkung, wie wenn ein Widerspruch eingetragen, Widerspruch zwischen Brief und Grundbuch III 659 f., IV 504. — Vormerkung, welche nicht im Hypothekenbrief enthalten ist III 662 f. — Vervollständigung des Hypothekenbriefs aus dem Grundbuche III 663. — Legitimation des Gläubigers zur Geltendmachung der H. durch Vorlegung des Hypothekenbriefs III 663 f., IV 506, zur Mahnung, Kündigung III 664 f. — Aushändigung des Hypothekenbriefs gegen Befriedigung III 665. — Uebertragung der H. auf eine andere Forderung III 725 f., IV 513. — Löschung mit Vorbehalt der Eintragung einer anderen H. gleichen Betrags III 726 f. — Theilhypothekenbrief III 665 f., IV 506, VI 253. — Aufgebot, Kraftloswerden des Hypothekenbriefs III 666, IV 507. — Inhaberhypothek für Schuldverschreibung auf den Inhaber III 667 ff., VI 259 f.: Bestellung III 672. — Verhältniß zwischen Inhaber und Eigenthümer, Ausschließung des Inhabers III 672, IV 509, Uebertragung III 672, Vermerke hypothekarischer Verfügungen der einzelnen Inhaber auf dem Papiere III 672 f., Vertreter der jeweiligen Gläubiger (Treuhänder) III 674 ff., IV 510, VI 259. — Form der Eintragung der Inhaberhypothek III 677, hypothekarische Sicherung von Wechseln und indossablen Papieren III 678. — Sicherungshypothek III 678 ff., IV 513 f., VI 259 f.: Unzulässigkeit des Hypothekenbriefs III 682, Unanwendbarkeit verschiedener Vorschriften über H. (Einreden, Kündigung, Uebertragung) III 682 f., Anwendung der Vorschriften über Eigenthümerhypothek und Uebergang der H. auf den den Gläubiger befriedigenden Schuldner III 685 f., Ausschließung des Uebergangs der H. III 688, Kautionshypothek III 688 f., IV 514, Angabe des Höchstbetrags im Grundbuche III 689, Abtretung der gesicherten Forderung III 690, eines Theilbetrags III 690. — Umwandlung der Sicherungshypothek in eine gewöhnliche H. III 692 f., IV 514. — Zwangshypothek III 694 ff., 711, Eintragung als Gesammthypothek III 703 f. — Arresthypothek III 700 f. — H. bei Fahrnißgemeinschaft IV 374 f. — Anlegung von Mündelgeld in H. IV 761 ff., 790 f. — Verfügung des Vorerben über H. V 101 ff., 130, 152. — H., die dem Erblasser an dem vermachten Gegenstande zusteht V 182 ff. — Belastung des vermachten Grundstücks mit H. V 182, 188 f. — Verzugszinsen der H. III 711 f., IV 505. — Umwandlung der H. in eine Grundschuld und umgekehrt III 720 f., IV 513. — Urkundenprozeß aus der H. III 767. — Erstreckung der H. auf die Enteignungsentschädigung VI 250. — Landesgesetzliche Beschränkung der H. VI 431, 433 f. — Landesgesetze über Hypothekentitel des Fiskus, von Körperschaften 2c. VI 437 f. — Uebergangsbestimmung für bestehende H. VI 524. — H. für Forderungen aus Schuldverschreibungen auf den Inhaber VI 554. — Geltendmachung des Anspruchs aus H. im Urkundenprozesse VI 668, im Mahnverfahren VI 701. — Zwangsvollstreckung aus Urkunden über H. VI 715, 718 f., 797. — Pfändung einer durch H. gesicherten Forderung VI 722, 797, Ueberweisung VI 723, 797. — Entschädigung für H. in Enteignungsfällen VI 465, 468.

Hypothekenbanken III 671.

Hypothekenbrief III 638 ff. (s. Hypothek unter Briefhypothek). Eigenthum am H. III 644 f. — Nichtvorlegung bei Eintragung eines Wider-

spruchs VI 246. — Uebergabe an den Gläubiger VI 247, 267.
Hypothekenurkunden, vollstreckbare aus den vor Inkrafttreten des B.G.B. entstandenen Hypotheken VI 781 f., 804.

J.

Jagdenklaven II 833 f., 840.
Jagdrecht. Ersatzpflicht für Wildschaden II 806 ff. — Fortbestand von Landesgesetzen II 806 ff., VI 375 f.
Jagdverbände II 834.
Jahr, Fristberechnung I 189. — Erlöschen des Widerrufsrechts bei Schenkung nach einem J. II 39 f. — Erlöschen der Ansprüche aus verbotener Eigenmacht nach einem J. III 44. — Einfluß des Ablaufs eines J. bei Fundsachen III 271 f.
Ideelle Theile, s. Bruchtheile.
Illaten, s. Eingebrachtes Gut, eingebrachte Sachen.
Illoyale Handlung, Schadensersatz II 575 f., VI 201.
Immaterieller Schaden I 298, 621, Ersatz bei unerlaubten Handlungen II 640 f.
Immission, s. Zuführung.
Impensen, s. Verwendungen.
Inbegriff, bewegliche Sachen, welche zu einem Sachinbegriffe gehören, gelten als verbrauchbar III 2.
— Herausgabepflicht bei einem J. von Sachen, Offenbarungseid II 779 ff., 786 f.
— Inventar bei Nießbrauch an J. III 394 f.
— Vermächtniß eines J. von Sachen V 179 f.
In diem addictio II 78.
Indignität, s. Erbunwürdigkeit.
Indossament. Schiffspfandrecht für indossables Papier IV 611 f. — Forderungspfandrecht an indossablen Papieren III 527 f., 536. — Hypothekarische Sicherung indossabler Papiere III 678.
— Verpflichtung aus J. durch den Vormund IV 795.
Infantia I 47.
Inhaber. Werthpapiere, welche auf J. lauten, als Mittel der Sicherheitsleistung I 266. — Rechte des J. von Schuldverschreibungen auf den J. II 529 f., 549 f., 558 f., Legitimationspapieren II 562 f., VI 198 f., 209 f.
Inhaberaktien VI 364 f.
Inhabergrundschuld III 712 f., IV 509.
Inhaberhypotheken III 536 f., 667 ff., IV 514 (s. Hypothek).
Inhaberpapiere als Mittel der Sicherheitsleistung I 266. — Gestohlene J. III 380 f. — Nießbrauch an J. III 427 f. — Schiffspfandrecht für J. IV 611 f. — Forderungspfandrecht an J. III 527 f., 536. — Sicherungshypothek für J. III 667 ff., IV 509, 510, 514.
— Vermuthung für Eigenthum des Mannes an J. im ehelichen Besitze IV 112. — Erwerb von J. aus Mitteln des eingebrachten Gutes IV 184 ff. — Hinterlegung von J. zur Sicherheit der Frau IV 133, 178, 196. — Erwerb von J. mit Mitteln des unter elterlicher Gewalt stehenden Kindes IV 571 f., Hinterlegung derselben bei Gefährdung IV 553, 635. — Hinterlegung von J. des Mündelvermögens V 783 f., VI 323. — J. der Vorerbschaft V 106 f., VI 93 f. — Gesetz betr. J. mit Prämien VI 585. — Aufgebot von J. (Civilprozeßordnung) VI 740 f., 744 f. (S. auch Schuldverschreibung auf den Inhaber.)
Inhabung III 26 f. (s. Besitz.) — Uebergangsbestimmung für bestehende J. VI 516 f.
Inhalt der Schuldverhältnisse I 279 ff., aus Verträgen I 623 ff.
Inkrafttreten des bürgerlichen Gesetzbuchs VI 358.
Inland. Ausländische Geldschuld, im Inlande zahlbar, Währung I 289 f. — Anlegung von Mündelgeld in i. Grundstücken 2c. IV 761 ff. — J. Schuldverschreibungen auf den Inhaber, Erfordernisse der Ausgabe III 555 ff., VI 41 f., 177 f. — Erbschein für einzelne Gegenstände im J. V 691 f.
Inselbildung, Fortbestand der Landesgesetze VI 372.
Interesse, Umfang bei einem ohne Vertretungsmacht abgeschlossenen Vertrag I 158 f. — J. als Erforderniß der Obligation I 280 f. — Mangelndes J. des Gläubigers aus gegenseitigem Vertrag an der Leistung bei Verzug des Schuldners I 642 f. — Berücksichtigung des J. des Eigenthümers des dienenden Grundstücks bei Ausübung der Grunddienstbarkeit III 311 f. — Ersatz des J. bei Vertrag auf unmögliche Leistung I 450 f. — Berücksichtigung berechtigten J. bei richterlicher Herabsetzung der Vertragsstrafe I 780 f. — Berechtigtes J. an Mittheilung unwahrer Thatsachen II 637.
— J. als Voraussetzung letztwilliger Auflage V 241, 243, öffentliches J. an Vollziehung derselben V 245.
Internationales Privatrecht I 2, VI 1 ff.
Invaliditätsversicherung, s. Altersversicherung.
Invecten, Illaten, s. Eingebrachtes Gut, eingebrachte Sachen.
Inventar. Grundstückspacht mit J. II 243 f., Pfandrecht des Pächters an demselben II 244 f., Pfandrecht des Verpächters am J. II 258. — Uebernahme des J. durch den Pächter zum Schätzungswerthe II 259, 516. — J. bei Nießbrauch an Inbegriff von Sachen III 394 f., 436. — J.ersatz bei Nießbrauch an Grundstücken III 396.
— Verfügung des Mannes über J. eines zum eingebrachten Gute gehörenden Grundstücks IV 126, 150, 167. — J. über eingebrachtes Gut IV 164, bei Errungenschaftsgemeinschaft IV 355, bei Endigung der fortgesetzten Gütergemeinschaft IV 249, 342, über Kindesvermögen IV 562 f. — Nutzung von J. eines

zum Kindesvermögen gehörenden Grundstückes IV 576 f. — J. eines zur Nacherbschaft gehörenden Grundstücks V 100, 114. (S. auch Inventarrecht.)
Inventarerbe, s. Inventarrecht.
Inventarerrichtung V 732 f. — J. bei Nacherbfolge V 98 f. — J. keine Voraussetzung des Aufgebots der Nachlaßgläubiger V 775 f. (S. auch Inventarrecht.)
Inventarfrist V 732 f. — Keine J. für den Nachlaßpfleger V 667 f. — J. für eine Ehefrau V 806 f.
Inventarrecht V 731 ff. — Einrede des Bürgen aus J. des Hauptschuldners II 466. — J. des Nacherben V 149, des Erbschaftskäufers II 127 f., des Fiskus V 488 f. — Pflicht des Erben zum Inventar gegenüber dem Pflichttheilsberechtigten V 520. — Einfluß der Nachlaßpflegschaft auf das J. des Erben V 667 f. — Entziehung des J. durch den Erblasser, durch Vertrag V 732, Verzicht V 732, 783 f. — Inventarerrichtung, Inventarfrist V 732 ff., VI 395. — Hemmung der J.frist V 734. — Anzeige der Bestimmung an das Vormundschaftsgericht V 734. — Wahrung der Frist durch einen Miterben V 734. — Aufnahme V 734 f. — Bezugnahme auf ein vorhandenes Inventar V 735. — Inhalt des Inventars, Werthangabe V 735 f. — Aufnahme durch Beamten V 737. — Unvollständigkeit des Inventars, falsche Angaben über Nachlaßverbindlichkeiten V 738 f. — Auskunftspflicht des Erben V 754 f. — Einsicht des Inventars V 756. — Vermuthung für Richtigkeit des Inventars V 757. — Offenbarungseid des Erben V 757 f. — J. bei Berufung zu mehreren Erbtheilen V 805. — Nichtverlust des J. als Voraussetzung der Anordnung der Nachlaßpflegschaft V 810. — Landesgesetzliche Ausschließung der Zuständigkeit des Nachlaßgerichts für Inventarerrichtung VI 454, 461.
Irrthum bei Willenserklärung I 102 ff.: Keine Nichtigkeit, sondern Anfechtbarkeit I 105 ff., VI 122. — Kenntniß oder verschuldete Unkenntniß des Gegners I 106 f. — Beachtlicher J. I 108, wesentlicher J. I 109. — J. über Art des Rechtsgeschäfts, des Gegenstandes, der Person I 112, über Eigenschaften der Person oder Sache I 114 f. — J. im Beweggrunde I 118. — Begriffliche Bestimmungen des J. I 188. — J. bei Selbsthülfe I 244. — Einfluß eines J. des Schuldners auf eintretende Unmöglichkeit der Leistung I 319. — J. bei Bestimmung der Vertragsleistung durch Dritte I 467 ff., bei Vergleich II 521 f., VI 198. — J. des Thäters bei unerlaubten Handlungen II 579, 584, 586 f. — J. über die Person des Geschäftsherrn II 739.
— Anfechtung der Ehe wegen J. IV 72 ff., VI 270, desgl. letztwilliger Verfügung V 44 ff., Erbvertrag V 385 f. — J. über den Grund der Berufung zur Erbschaft V 629, Anfechtung der Annahme oder Ausschlagung der Erbschaft wegen J. V 630 f., der Schenkung VI 183 f.
Jugend, Berücksichtigung bei unerlaubten Handlungen II 580 ff.
Junge von Thieren bei Grundstückspacht mit Inventar II 243 f.
Jungvieh als Zubehör eines Landguts III 18.
Juristische Personen I 476 ff., 497, 578 ff. — Wohnsitz I 43. — Verjährung gegen j. P. I 219 f. — J. P. des öffentlichen Rechtes IV 607 ff. — Erlöschen der j. P., Beendigung des Nießbrauchs III 410 f. — Erbeinsetzung noch nicht entstandener j. P. V 8 f., 80 f., VI 90, 335. — Unwirksamkeit der Nacherbfolge von j. P. V 83, 89, 308, VI 92.
— Ausländische j. P. VI 22 f. — Erwerbsbeschränkungen von j. P., Fortbestand der Landesgesetze VI 400 f., 612 f. — Landesgesetze über Rechte j. P. am Nachlasse verpflegter Personen VI 446, über Uebertragung des gesetzlichen Erbrechts des Fiskus auf andere j. P. VI 447 f. — Anwendung von Bestimmungen des B.G.B. auf bestehende j. P. VI 490 ff. — Fortbestand des sächsischen Gesetzes, betr. die j. P. VI 497 (vgl. VI 750). — Fortdauer des Gerichtsstandes einer erloschenen j. P. VI 750. — Konkurs einer j. P. VI 770.
Jus offerendi, s. Ablösungsrecht.
Jus tollendi, s. Wegnahmerecht.

K.

Kabinetsscheidung IV 391, 421.
Kaiserliche Verordnung über Hauptmängel und Gewährfristen beim Verkaufe von Hausthieren I 718, 728 f.
Kalenderzeit. Verzug des Schuldners bei Bestimmung der Erfüllungszeit nach K. I 324, desgl. des Gläubigers I 329 f.
Kapital. Verjährung der Zinsenrückstände, welche zur Abtragung des K. dienen I 208 f., 212 f. — Abfindung in K. bei rechtswidriger Tödtung, Verletzung II 625. — Anlegung von Kapitalien, welche einem Nießbrauch unterliegen III 423 f.
— K.abfindung bei Unterhaltspflicht nach Ehescheidung IV 515 f., 526 f., 529 f. — Erhebung von K. des Mündels IV 781 f.
Karten auf den Inhaber II 561 f. — Landesgesetze über Kraftloserklärung, Zahlungssperre VI 505 f., 627, 628.
Kassabuch des Vormundes IV 759 f.
Kassatorische Klausel, s. Rechtsverwirkung.
Kassen, Zahlung aus öffentlichen K. und an solche I 307 f., VI 408. — Benachrichtigung von Abtretung von Diensteinkommen 2c. I 404.
Katholische Kirche, Ehehindernisse IV 11 ff., 30. — Ehescheidung IV 391 ff.
Kauf. Gewährleistung für Rechtsmängel I 653 ff. (s. Gewährleistung), für Sachmängel

I 370 ff. (s. ebenda) — Kauf eigener Sache I 667.
— Kauf im Allgemeinen II 50 ff.: Begriff und Wirkung, Gegenstand, Uebergabe, Abnahme, Handkauf II 50 ff. — Kaufpreis II 56 f. — Marktpreis II 57 f. — Auskunftspflicht des Verkäufers, Herausgabe von Beweisurkunden II 58. — Uebergang der Gefahr, der Lasten und Nutzungen II 58 ff. — Verwendungen des Verkäufers II 64 f., VI 170. — Transportgefahr II 67 f. — Kosten der Uebergabe, Messen, Wägen, Abnahme, Versendung, der Begründung und Uebertragung eines verkauften Rechtes, der Auflassung eines verkauften Grundstücks, Eintragungen im Grundbuch II 68 f. — Verzinsung des Kaufpreises II 69. — Rücktrittsrecht des Verkäufers bei gestundetem Kaufpreise II 69 f. — Verbot der Theilnahme an einem Verkauf aus Zwangsvollstreckung, aus Auftrag nach gesetzlicher Vorschrift, Genehmigung des K. II 72 ff. — K. nach Probe oder Muster II 77, auf Probe, Besicht I 793, II 77 f. — Vorbehalt eines besseren Gebots II 78, des Eigenthums II 78 f. — Wiederkauf II 81 ff. (s. d. W.). — Vorkauf II 93 ff., III 751 ff. (s. d. W.). — Erbschaftskauf II 112 ff. (s. d. W.). — Kauf bricht nicht Miethe II 137 ff., VI 501 f. — Anwendung der Vorschriften über K. auf Werkvertrag bei Lieferung des Stoffes durch den Unternehmer II 337 ff.
Kaufähnliche Verträge, Gewährleistung I 748.
Kaufleute, Anspruchsverjährung I 201 f., 203, 207, 211.
Kaufpreis II 56 f. Uebernahme von Verbindlichkeiten in Anrechnung auf den K. I 413 ff., 426 f. — Verzinsung des K. II 69. — Zurückbehaltungsrecht wegen des K. bei dinglichem Vorkaufsrechte III 758 f.
Kaution, s. Sicherheitsleistung.
Kautionshypothek III 508 ff., 678 ff., 688 f. (s. Hypothek).
K. bei vermachtem Grundstücke V 191.
Kellerrecht, s. Erbbaurecht.
Kennenmüssen I 98, 106 f., 188. — K. der Unmöglichkeit der Vertragsleistung, Ersatzpflicht I 450 ff., desgl. des Verbots der Leistung I 455. — K. bestimmt sich nach der Person des Vertreters I 139.
Kies, Anlagen des Nießbrauchers zur Gewinnung von K. III 391 f.
Kinder. Wohnsitz I 42 f., VI 113. — Anspruchsverjährung zwischen Eltern und K. I 221 f. — Gesetzliches Pfandrecht des Vermiethers an Sachen der K. des Miethers II 202 f. — Haftung der K. für zugefügten Schaden II 579 f. — Einwilligung der Eltern zur Eheschließung IV 30 ff. — Auseinandersetzung mit K. früherer Ehe vor Eingehung einer neuen IV 35. — Sorge für die Person der K. nach Ehescheidung IV 448, Verkehr mit denselben IV 449. — Beitrag der geschiedenen Frau zum Unterhalte gemeinschaftlicher K. IV 449 f. — Eheliche K. IV 456 ff. (s. d. W.). — Art der Unterhaltsgewährung an unverheirathete K. IV 495 f. — Herausgabe von K. IV 547, 549. — Rechtsstellung der K. aus nichtigen Ehen IV 662 ff.: Behandlung als eheliche K., Ausnahmen bei Formmängeln der Ehe, bösem Glauben der Ehegatten IV 662 f. — Grobe Fahrlässigkeit der Eltern IV 664, Beweis des guten Glaubens IV 664. — Rechtsverhältniß der K. zu den Eltern, Analogie der Ehescheidung IV 664. — Böser Glaube des Vaters, elterliche Gewalt der Mutter IV 664 f. — Böser Glaube der Mutter, Beschränkung auf die Sorge für das Kind IV 664 ff. — Rechtsstellung der nicht als ehelich geltenden K., Unterhaltsanspruch gegen den Vater IV 667 ff. — Rechtsstellung der K. aus anfechtbarer Ehe IV 670. — Rechtsverhältniß der unehelichen K. IV 670 ff. (s. uneheliche K.). — Vier eigene Kinder berechtigen zur Ablehnung der Vormundschaft IV 751.
Religiöse Erziehung der Kinder IV 865 ff., VI 441. — Auslegung der Erbeinsetzung der „Kinder" V 33 f. — Rechtsverhältnisse der Kinder aus geschiedenen, aus ungültigen Ehen, Uebergangsbestimmung VI 548. — Ausschließung gewisser K. von der Nachfolge in Familienfideikommisse 2c. VI 606. — Gerichtsstand der Kinder VI 639. — Feststellung des Rechtsverhältnisses zwischen Eltern und K. (Civilprozeßordnung) VI 683 ff.
Kindergelder, Anlegung IV 549, 559 f.
Kindesalter I 45 ff., 55, II 579 ff.
Kindesstatt, s. Annahme an K.
Kindesverhältniß, s. Kinder, eheliche Kinder, uneheliche Kinder.
Kindesvermögen, Verwaltung bei elterlicher Gewalt IV 556 ff., Zwangsvollstreckung in dasselbe VI 708. — Verpfändbarkeit des Nutzungsrechts am K. VI 725, 799.
Kindlicher Gehorsam IV 535 f.
Kindskauf, Vorkaufsrecht bei K. II 101, 104.
Kirchenbaulast, Landesgesetze VI 435.
Kirchengut, Veräußerungsbeschränkungen VI 436.
Kirchenrechtliche Vorbehalte der Landesgesetze VI 435 f.
Kirchenstühle, Landesgesetze VI 435.
Kirchliches Recht der Ehehindernisse IV 11 ff. — K. Eheschließung IV 38 ff., 74, 79 ff., 95 ff., 407.
Kirchlicher Zweck, letztwillige Verfügung zu dessen Gunsten V 37 f.
Kirchen- und Schuldiener, Erlaubniß zur Eheschließung IV 36.
Klagen. Erhebung der der K. als Unterbrechung der Verjährung I 223 f.; Einfluß der Zurücknahme, Abweisung auf Verjährung I 226 f.;

Dauer der Unterbrechung I 228 f. — Erhebung als Ersatz der Mahnung I 324.
Kl. der Frau auf Aufhebung der ehemännlichen Verwaltung und Nutznießung IV 136, 210 f., auf Aufhebung der Gütergemeinschaft IV 244, 273 f., der Abkömmlinge auf Aufhebung der fortgesetzten Gütergemeinschaft IV 250, 342 f.
Klagabtretung im Verhältnisse der Gesammtschuldner zu einander I 434, 440.
Klagenverbindung in Ehesachen VI 675, 682.
Klagerhebung als Unterbrechung der Verjährung I 223 f., VI 264, Erhebung einer neuen K. I 226 f.; Dauer der Unterbrechung I 228 f.; als Ersatz der Mahnung I 324, Anzeige von Thiermängeln I 718, 739. — K. als Unterbrechung der Ersitzung III 234, IV 585. — Landesgesetze über Wirkungen der K. bei Rechtsstreitigkeiten, welche nicht der Civilprozeßordnung unterliegen VI 408.
Klagverjährung, s. Anspruchsverjährung, Verjährung.
Klagzurücknahme. Einfluß auf Verjährung I 226 f. — K. in Ehesachen VI 675.
Klassen von Personen, letztwillige Zuwendung V 35 f.
Kleidungsstücke der Frau sind Vorbehaltsgut IV 126, 130. — K. bei Theilung des Gesammtguts IV 244, 285. — K. des Kindes als freies Vermögen IV 573. — Formlose letztwillige Verfügung über K. V 358 f.
Kleinbahnunternehmen, Fortbestand der Landesgesetze VI 552.
Knappschaftskassen. Unzulässigkeit der Aufrechnung gegen Hebungen aus K. I 374 f.
Knappschaftsvereine. Unzulässigkeit der Aufrechnung gegen Hebungen aus Kassen der K. I 374 f.
Kodifikationsprinzip VI 365.
Körperliches Gebrechen, s. Gebrechen.
Körperlicher Gegenstand ist Sache III 1 f.
Körperschaften I 476 ff., 490, 497, 505, 619. — System der freien Körperschaftsbildung I 492 ff. — K. des öffentlichen Rechtes, Haftung für Vertreter, Konkurs I 607 ff. (s. auch Vereine, Stiftungen). — Anlegung von Mündelgeld bei kommunalen K. IV 761 ff. — Haftung einer K. des öffentlichen Rechtes für Vormundschaftsrichter IV 821 f., für Beamte II 670. — Landesgesetze über Hypothekentitel der K. VI 437 f., über gesetzliches Erbrecht einer K. VI 447 f., über Rechte einer K. am Vermögen eines aufgelösten Vereins VI 448.
Körperverletzung II 566 f., 573, 627 ff., VI 213 f., mit tödtlichem Ausgange II 614 f. — Entschädigung für wegfallende Dienste des Verletzten II 631, immaterieller Schaden II 640 f.
Kollation, s. Ausgleichungspflicht.
Kollision, s. Zusammentreffen.
Komité, Pflegschaft bei den Sammlungen eines sog. K. VI 313 f.
Kommanditgesellschaft, die nicht Handelsgesellschaft ist II 447 f.
Kommodat, s. Leihe.
Kommissionaire II 361, Anspruchsverjährung I 207, 211.
Kommorienten I 30.
Kommunen, s. Körperschaften.
Kommunalverbände. Aufrechnung gegen Forderungen der K. I 375. — Haftung für Schaden durch ihre Vertreter I 611, VI 410. — Landesgesetze über Beamte von K. als Vormünder IV 743 f. — Anlegung von Mündelgeld bei K. IV 761 ff. — Landesgesetze, betr. die Uebertragung des Eigenthums an Grundstücken der K. VI 429.
Kompensation, s. Aufrechnung.
Kompetenzeinrede des Schenkers II 21 f.
Konfirmation, Kosten derselben als Unterhalt IV 492.
Konfusion, s. Vereinigung.
Kongregationen I 564, 619. — Erwerbsbeschränkungen geistlicher K. VI 381.
Konkurs. Anmeldung im K. als Unterbrechung der Verjährung I 223 f., 230, 231, VI 759. — Einfluß des K. des Schuldners auf dessen Recht zur Rücknahme des hinterlegten Gegenstandes I 352 f. — Antrag auf Eröffnung des K. bei Ueberschuldung des Vereins I 523 f. — K. des Vereins I 539, 551 f., 577, VI 118, der Stiftung I 604 f., von Stiftungen, Körperschaften, Anstalten des öffentlichen Rechts I 607 ff., VI 407. — K. des Miethers II 221 ff., des Dienstberechtigten II 308 f., des Auftraggebers II 374 f., 517, eines Gesellschafters II 439, 443 f., 517, VI 195, des Hauptschuldners, Einfluß auf Bürgschaft II 476. — K. des zur Herausgabe ungerechtfertigter Bereicherung Verpflichteten II 721 f. — K. eines Theilhabers bei Gemeinschaft II 756. — Einfluß des K. auf eine zuvorige Eintragungsbewilligung III 65 f., auf die Wirksamkeit einer Vormerkung III 112 f., 740 f.
— K. des Mannes als Beendigungsgrund für den gesetzlichen Güterstand IV 137, 213. — K. des Mannes bei allgem. Gütergemeinschaft IV 242, 263, 273, 277, eines Ehegatten nach Auflösung derselben IV 281. — Endigung der Errungenschaftsgemeinschaft durch K. des Mannes IV 369 f., Wiederherstellung IV 372 f. — K. des Unterhaltspflichtigen IV 515, 528, 538. – K. des Inhabers der elterlichen Gewalt, Endigung der Vermögensverwaltung IV 549. — Einfluß des K. auf die Fähigkeit zum Amte des Vormundes IV 751 f. — K. des Testamentsvollstreckers V 258, Antrag desselben auf Eröffnung des K. V 284 f., des Erbschaftskäufers II 127 f., des Nachlaßpflegers V 668. — K. über den Nachlaß, s. Nachlaßkonkurs. S. auch die Aenderungen der Konkursordnung VI 753 ff. — K. einer juristischen Person V 770, einer Ehefrau VI 767 ff.

Konkursmasse VI 753. — Erwerb von Rechten an Gegenständen der K. VI 756.
Konkursordnung, Aenderungen I 124, 182, 551 f., II 164, 168, 200, 213, 219, 222 f., 225 f., 245, 246, 308 f., 374, 426, 517, 721 f., 752, 756, III 109, 110, 276, IV 112 ff., 210, 242, 263, 368, 370, 571, V 112, 114, 632 f., 668, 732, 750 f., 759, 762 ff., 766 ff., 783, 823 ff., 831, 841 f., 880, 883, 894, VI 258, 286, 295, 315 f., 324, 407, 498, 753 ff., 802 f.
Konkursverwalter. Verfügung des K. über ein Recht während schwebender Bedingung I 184, über den Vertragsgegenstand, Ausschluß des Rücktrittsrechts I 794 f. — Vorkaufsrecht bei Verkauf durch K. II 107 f., III 757 f. — Kündigung von Miethverträgen II 223 f. — Verfügung über Gegenstände der Nacherbschaft V 112, VI 92. — Geschäfte des K., welche der Genehmigung der Gläubiger bedürfen VI 766.
Konnexität bei Zurückbehaltungsrecht I 310 ff.
Konnossement III 442.
Konsolidation, s. Vereinigung.
Konsulargerichtsbarkeit, Gesetz über die, Aenderungen VI 598, 601 f.
Konsul, Konsulat, Testament V 349 f., VI 598, 601. — Konsulatsgesetz VI 563, Aenderungen VI 584.
Konsumtibilien, s. verbrauchbare Sachen.
Kontokurrent I 366 f., 475.
Kontrahiren des Vertreters mit sich selbst I 174 f., 517 ff., II 73 f., IV 186, VI 644, 786.
Konvaleszenz von Verfügungen Nichtberechtigter durch Zustimmung des Berechtigten I 178, 334 f., III 205. — K. einer wegen Doppelehe nichtigen Ehe bei Nichtigkeit der ersten Ehe IV 58 f. — K. der Schuldübernahme I 410 f. — K. bestehender Ehen, Uebergangsvorschriften VI 527 ff.
Konventionalstrafe I 775 f. (s. Vertragsstrafe). — Wegfall bei Verzug des Gläubigers I 332. — Nichtigkeit bei Verlöbniß IV 9.
Konversion eines nichtigen Rechtsgeschäfts I 126.
Konzessionssystem für juristische Personen I 490 f., 558 ff.
Korporationen, s. Körperschaften.
Korrealhypothek, s. Gesammthypothek.
Korrealobligation, s. Gesammtschuldverhältniß.
Korrespektivtestament V 428, 446 f., 448 f.
Kostbarkeiten. Hinterlegung von K. zwecks Erfüllung I 342 ff. — K. des Mündelvermögens IV 788 f., 812 f. — Haftung des Gastwirths für K. II 404 f., 414.
Kosten des Aufgebotsverfahrens zwecks Todeserklärung I 15 f., VI 731, der Anfechtung derselben I 28. — K. der Geldzahlung I 306. — K. des Angebots, der Aufbewahrung und Erhaltung bei Verzug des Gläubigers I 333. — Verrechnung einer Zahlung auf K. der Hauptforderung I 336 f. — K. der Quittung I 340, VI 164. — K. der Hinterlegung und des Verkaufs nicht hinterlegbarer oder solcher Sachen, welche einen Börsen- oder Marktpreis haben I 358 f. — K. der Urkunde über Forderungsabtretung I 387. — Ersatz der K. des Vertragsschlusses bei Wandelung I 692. — K. der Fütterung zc. von Hausthieren bei Wandelung I 719, 743 f. — K. des Kaufes II 68 f. — Kosten des Gebrauchs bei Leihe II 271 f. — Haftung des Bürgen für K. II 466, 518, VI 196. — K. der Neuausstellung aufgebotener Schuldverschreibungen auf den Inhaber II 548, des Umtausches beschädigter II 554 f. — K. des wiederholten Verkaufs zwecks Gemeinschaftstheilung II 767. — K. der Vorlegung von Sachen, Urkunden II 775 f., der Abnahme des Offenbarungseides II 791, der Berichtigung des Grundbuchs III 102, der Grenzabmarkung III 125, der Unterhaltung von Grenzanlagen III 130 f., der Beseitigung eines Grenzbaums III 132, der Verlegung des Ausübungsorts einer Grunddienstbarkeit III 314 f., der Erhaltung der Nießbrauchssache III 392, des Wirthschaftsplanes bei Nießbrauch an Wald III 392, der Feststellung des Zustandes der Nießbrauchssache III 394, des Inventars bei Nießbrauch an Inbegriff III 395. — Haftung des Pfandes für K. III 445 f., des Schiffspfandrechts III 503, der Hypothek III 549, IV 502, VI 256. — K. der Beglaubigung bei Abtretung der Hypothek III 650. — K. der Fruchtgewinnung VI 119. — K. des Rechtsstreits, der Vertheidigung der Ehefrau IV 132, 134, 136, 179, 183, 205 f., 207 f., 242, 243, 264, 271, 365, VI 61. — K. der Erhaltung und Nutznießung des eingebrachten Gutes IV 131, 175, 192. — K. des Rechtsstreits, Strafverfahrens aus Kindesvermögen IV 581, der vormundschaftsgerichtlichen Anordnungen hinsichtlich des Kindesvermögens IV 554, 638. — K. der Entbindung und des Wochenbetts der unehelichen Mutter IV 685 f. — K. des Vermögensverzeichnisses bei Annahme an Kindesstatt IV 731. — Erhebung von K. für den Mündel IV 783. — K. der Hinterlegung, Umschreibung von Mündelgeld IV 788, 790, der Sicherheitsleistung des Vormundes IV 804. — K. des Vermögensverzeichnisses bei Nacherbfolge V 93, der Feststellung des Zustandes der Erbschaft V 94, der Erhaltung der Vorerbschaft V 115 f., des Vermögensverzeichnisses bei Testamentsvollstrecker V 310 f., des Nachlaßverzeichnisses bei Berechnung des Pflichttheils V 520. — K. der Todeserklärung des Erblassers im Nachlaßkonkurse V 768. — K.vorschuß für Nachlaßpflegschaft V 810. — K. der Aufforderung zur Anmeldung von Ansprüchen an den Nachlaß V 878. — K. der Vorbildung zum Berufe, Ausgleichungspflicht V 890. — K. der Beglaubigung der Einwilligung des Nacherben zu Verwaltungsmaßregeln VI 94. — Landesgesetze über Rückerstattung der K. eines Verfahrens VI 422 f.

Kostenanschlag bei Werkvertrag, Ueberschreitung desselben II 335 f.
Kraftloserklärung der Vollmachtsurkunde I 149 ff., VI 135. – Gewährleistung bei veräußerten Werthpapieren, daß dieselben nicht zwecks K. aufgeboten sind I 654 f., II 475. — K. von Schuldverschreibungen auf den Inhaber II 547 f., VI 385, von Marken, Karten II 561 f., von Legitimationspapieren a. d. J. II 563 f., von Hypothekenbriefen III 666, IV 507, eines unrichtigen Erbscheins V 683. — Landesgesetze über K. von Schuldverschreibungen auf den Inhaber VI 411 ff., von Legitimationspapieren VI 420, Uebergangsbestimmung VI 505 f., 515 f., 627, 652. — Prozessualische Vorschriften über Aufgebot zwecks K. von Urkunden VI 740 f.
Krankengeld, s. Krankenkassen.
Krankenhäuser, s. Heilanstalten.
Krankenkassen. Unzulässigkeit der Aufrechnung gegen Hebungen aus K. I 374 f. — Anrechnung des dem Dienstverpflichteten aus K. zukommenden Betrags auf Vergütung II 280, 284.
Krankenversicherung der Arbeiter, Gesetz betr. die I 375, 562, II 282 f., 284 f., IV 531, 686, 693. — Anrechnung der Bezüge aus K. auf Dienstlohn II 280 f.
Krankheit des Dienstverpflichteten II 284 f., 299. — K. eines Verlobten, Unterbleiben des Aufgebots zur Eheschließung IV 48. — K. des Mannes, Uebernahme persönlicher Leistungen durch die Frau IV 161 ff. — K. der Frau, Verfügungen des Mannes über eingebrachtes Gut IV 127 ff., 130, 169. — Rechtsgeschäfte der Frau bei allgemeiner Gütergemeinschaft in K.fällen des Mannes IV 240, 259 f., VI 280. — K. des Vaters bei Ausübung der elterlichen Gewalt IV 617 f. — Ablehnung der Vormundschaft IV 751.
Kredit. Aufnahme von Geld auf K. des Mündels IV 795, des Kindes IV 549, 566. — Gefährdung des K. II 637 f.
Kreditanstalten. Zinsen aus Zinsen I 472, 475. — Zinsen der Schuldverschreibungen auf den Inhaber I 472, 475. — Anlegung von Mündelgeld bei K. IV 761 ff. — Erfordernisse der hypothekarischen Eintragung von Darlehen der K. III 544 f., IV 501, 511.
Kreditauftrag II 485 f.
Kreditkauf des Vormundes IV 783.
Kreditrente III 773 f.
Kreditschädigung II 637, VI 201.
Kriegsverschollenheit I 6 f.
Kündigung. Verjährung von Ansprüchen, die von K. abhängig sind I 209, 210. — K. als Mahnung I 324. — Verzug des Gläubigers, welcher eine nach K. vorzunehmende Handlung verabsäumt I 329 f. — K. des Cedenten nur wirksam bei Vorlegung der Cessionsurkunde I 396 f. — K. bei Gesammtschuldverhältniß I 433, 434, 437 f., 443. — Kündigungsrecht des Schuldners bei Zinsfuß über 6 Prozent I 472 f. — K. des Darlehens II 43 f. — K. des Miethvertrags II 141 f., 147 ff., 163 f., 179 f., 214 f., 218 f., 221 ff., 227 f., 513 f., des Pachtvertrags II 246 f., der Leihe II 275, des Dienstvertrags II 295 ff., VI 188, des Auftrags II 371, des Hinterlegungsvertrags II 402, der Geschäftsführung des Gesellschafters II 421 f., der Gesellschaft durch einen Gesellschafter II 437 f., 443 f., durch den Gläubiger eines Gesellschafters II 438. – Haftung des Bürgen für Kosten der K. II 467, 518. — K. der Gemeinschaft II 752 ff. — K. von Miethe und Pacht bei Beendigung des Nießbrauchs III 402 f. — K. einer dem Nießbrauch unterliegenden Forderung III 418, 423 f. — Haftung des Pfandes für Kosten der K. III 445 f. – K.recht bei Pfandrecht an Forderungen III 525 f., 530. — K. der Hypothek III 574, IV 505, 511, 664, der Sicherungshypothek III 683 f., der Grundschuld III 710, IV 505, der Rentenschuld III 780 f., IV 501.
— K.recht des Ehemanns bei Uebernahme persönlicher Leistungen durch die Frau IV 101 ff. — K. von Mündelgeld IV 782, von Kapitalien durch den Vorerben V 104. — K. des Testamentsvollstreckers V 259 f. — K. auf Grund eines Erbscheins V 686 f. — Landesübliche Kündigungsfristen VI 378 f. — Uebergangsbestimmungen für K. von Dienst-, Mieth- und Pachtverhältnissen VI 499 f. — Prozessualisches Verfahren bei Ansprüchen, welche K. voraussetzen VI 655 f. — K. von Mieth- und Pachtverträgen im Konkurse VI 759 f.
Künftige Verbindlichkeit, Bürgschaft für solche II 461 f., Vormerkung im Grundbuch für k. Anspruch III 108 ff. — Pfandrecht für k. Forderung III 440, 451 f., Hypothek III 543, IV 511, Vormerkung III 740, 746. — Klagen auf k. Zahlung, Räumung VI 655 f., Aenderung der Verurtheilung VI 660.
Kundgebung der Vollmacht I 145 f., des Erlöschens derselben I 147 f.
Kunstgewerbe, Anspruchsverjährung I 201 f.
Kupons, s. Zinsscheine.
Kurhessen, Wildschadensgesetze II 821.
Kurkosten bei Dienstvertrag II 284 f.
Kurswerth, Voraussetzung des Geeignetseins von Werthpapieren zur Sicherheitsleistung I 266. — K. zur Umrechnung ausländischer Währung bei Geldschuld I 289 f.
Kürzung des Vermächtnisses V 237, von Vermächtnissen und Auflagen bei Pflichttheil V 546 f., 550.

L.

Ladeschein III 442.
Ladung zum Offenbarungseide II 790.
Landesbeamte. Erlaubniß zur Eheschließung IV 35 f., VI 268.
Landesgesetze über Aufrechnung von Gehaltsansprüchen I 375, über Abtretung von solchen

I 385, über Beurkundung von Verträgen über Grundstücke I 458 ff., über Erlaubniß zur Eheschließung von Beamten IV 35 f., über Anlegung von Mündelgeldern IV 771 f., über Wildschaden II 806 ff., 820 ff., über Grenzabmarkung III 125. — Vorbehalt für L. VI 362, Verhältniß zum B.G.B. VI 363, 365. — Aenderung in Kraft bleibender L. VI 497, 651.

Landesherrn. Ehescheidung aus landesherrlicher Machtvollkommenheit IV 391, 421, Sonderrechte, Verhältniß zum B.G.B. VI 367 ff., 743.

Landesrecht. Vorbehalt für das L. VI 362. — Nach L. vollstreckbare Schuldtitel VI 721 f.

Landesregierung. Zuständigkeit für Dispensation von Ehehindernissen IV 37. — Bestimmung der Zuständigkeit für Ehelichkeitserklärung IV 704 f., VI 304. — Dispensation von Erfordernissen der Annahme an Kindesstatt IV 719, 720 VI 67, 304 f.

Landesübliche Kündigungsfristen, Zahlungstermine VI 378 f.

Landgut, Begriff VI 448 f. — Bestimmungen über Rückgewähr nach beendeter Pachtung eines L. II 264 ff. — Zubehör eines L. III 17 f., 22. — Rückgewähr nach beendetem Nießbrauch III 392, 401. — Herausgabe eines zum eingebrachten Gute gehörenden L. IV 137, 174, 213, eines zum Kindesvermögen gehörenden L. IV 576. — Pachtvertrag des Mündels über ein L. IV 791 f. — Herausgabepflicht des Vorerben V 100. — Erbfolge in ein L. VI 330 f. — Uebernahme eines L. aus fortgesetzter Gütergemeinschaft VI 393, Landesgesetze über Feststellung des Ertragswerths eines L. VI 448. S. auch V 847 ff. (Anerbenrecht).

Landrecht, s. Preußisches L.

Landsässiger Adel in Württemberg VI 368.

Landschaften, preußische III 545.

Landwirthschaftliche Erzeugnisse als Zubehör eines Landguts III 17 f. — Rückgewähr bei Beendigung der Pacht II 264 f.

Landwirthschaftliche Genossenschaften I 612 ff.

Landwirthschaftliche Grundstücke, Pacht II 251 ff., 516. — Bestellungskosten des Besitzers gegenüber Eigenthumsanspruch III 357. — Rückgewähr nach beendetem Nießbrauch III 392, 401. — Verbände zur Nutzung l. G., Fortbestand der Landesgesetze VI 491 f. — Anerbenrecht VI 510 ff. — Herausgabe eines zum eingebrachten Gute gehörenden l. G. IV 137, 174, 213; VI 278, eines zum Kindesvermögen gehörenden l. G. IV 576. — Pachtvertrag des Mündels über l. G. IV 791 f. — Herausgabepflicht des Vorerben V 100.

Landwirthschaftsbetrieb. Anspruchsverjährung I 201 f., 204, 211.

Längst Leib, längst Gut IV 296.

Lasten. Oeffentliche L. von Grundstücken, Gewährleistung bei Veräußerung I 656 f. — Uebergang der L. beim Kaufe II 58 f., bei Erbschaftskauf II 122 f. — L. der vermietheten Sache II 178, des gemeinschaftlichen Gegenstandes II 747 f. — Vertheilung der L. einer Sache III 24 f. — Ersatz der vom Besitzer bestrittenen L. gegenüber Eigenthumsanspruch III 353 f. — L. bei Nießbrauch III 399. — Oeffentliche Lasten des eingebrachten Gutes IV 131 f., 178, 192, VI 273, des Gesammtguts bei Errungenschaftsgemeinschaft IV 354. — L. elterlicher Nutznießung am Kindesvermögen IV 581 f. — L. der Vorerbschaft V 115 f., des Vermächtnißgegenstandes V 233 f.

Laudatio auctoris VI 646.

Leben. Schutz des L. Dienstverpflichteter II 291. — Verletzung des L. II 566 f., 573, VI 213 f. — L. zur Zeit des Erbfalls als Voraussetzung der Erbfähigkeit V 4, 7, 463, 614, VI 335 f.

Lebensalter. Berechnung desselben I 188. — In das Grundbuch eingetragene Rechte, welche auf ein bestimmtes L. beschränkt sind III 75. — L. für Testamentserrichtung V 317 f., für Testamentszeugen V 334.

Lebensberuf. Kosten der Vorbildung zu einem L. als Unterhaltskosten IV 941.

Lebensdauer, muthmaßliche I 28 f.

Lebensfähigkeit eines Kindes IV 461.

Lebensgefahr, Verschollenheitserklärung I 9, VI 111. — Umkommen in gemeinsamer L. I 30.

Lebensgemeinschaft, eheliche IV 94 ff. (s. Ehe).

Lebensjahr, Bedeutung für Todeserklärung I 4 ff., VI 107 ff. — L. für Testamentserrichtung V 317 f. — Haftung für unerlaubte Handlungen II 580 f.

Lebensnachstellung als Ehescheidungsgrund IV 401, als Grund der Entziehung des Pflichttheils V 557.

Lebensunterhalt, selbständige Beschaffung durch Minderjährige I 66.

Lebensvermuthung I 18 ff., VI 112.

Lebensversicherung zu Gunsten Dritter I 751, 753 f., 759 f., V 364.

Lebenswandel, ehrloser, unsittlicher als Grund zur Entziehung des Pflichttheils V 562 f.

Lebenszeit, Miethvertrag auf L. II 217, Dienstvertrag II 299 f., Gesellschaft II 438, Gemeinschaft II 752, 756, Leibrente II 486. — Löschung der auf L. beschränkten Rechte an Grundstücken III 73 f.

Legitimation unehelicher Kinder durch nachfolgende Ehe IV 698 ff.; Stellung des ehelichen Kindes von Eheschließung an IV 698. — Bestimmung, Anerkennung der Vaterschaft IV 698 ff., V 304. — L. bei Nichtigkeit der nachfolgenden Ehe IV 793 f. — Wirkungen der L. für die Abkömmlinge des Kindes IV 704. — L. durch Ehelichkeitserklärung IV 704 ff.: Verfügung der Staatsgewalt, Zuständigkeit IV 704 f., VI 66, 304, Antrag, Anerkennung des Vaters IV 705 f.

— Ehelichkeitserklärung nach dem Tode des Vaters IV 706 f., 711 f. — Unzulässigkeit der L., wenn die Ehe zwischen den Eltern wegen Verwandtschaft oder Schwägerschaft verboten war IV 707. — Einwilligung des Kindes, der Mutter, der Ehefrau des Vaters, Ersetzung derjenigen der Mutter durch das Vormundschaftsgericht IV 708 f. — Vertretung bei Stellung des Antrags IV 710. — Geschäftsunfähigkeit beschränkte Geschäftsfähigkeit, Genehmigung des Vormundschaftsgerichts IV 710. — Form des Antrags und der Einwilligung IV 711. — Versagung der E., Gnadensache IV 711. — Unwirksamkeit der E. wegen Mangels gesetzlichen Erfordernisses IV 711. — Unzulässigkeit von Bedingung oder Zeitbestimmung IV 711. — Tod des Kindes vor E. IV 712 f. — Wirkung der E. auf die Verwandten des Kindes und des Vaters IV 713 f., auf die Mutter IV 714 f., Zustimmung derselben zur Ehe des Kindes IV 715 f. — Unterhaltspflicht des Vaters IV 716. — Verheirathung des Vaters, Auseinandersetzung IV 716 f. — Sorge des minderjährigen Vaters für die Person des Kindes IV 717 f. — Anfechtung der Ehelichkeitserklärung IV 718. — L. des Mündels, Endigung der Vormundschaft IV 825 f. — Beurtheilung der L. nach deutschem Rechte VI 63 f. — Uebergangsbestimmung für Rechte legitimirter Kinder VI 556.

Legitimationspapiere auf den Inhaber II 562 ff., VI 198 f., 209 f., 746. — Landesgesetze über Aufgebot VI 420, 515 f.

Lehm, Anlagen des Nießbrauchers zu dessen Gewinnung III 391 f.

Lehen, Fortbestand der Landesgesetze VI 369, 605, 743.

Lehranstalten, s. Unterrichtsanstalten.

Lehrer, Anspruchsverjährung I 202, 206, 211. — Abtretung von Diensteinkommen rc. I 404. — Kündigung des Miethverhältnisses bei Versetzung II 227, nicht des Pachtverhältnisses II 249 f. — Art des Vertrags mit L. II 276, 302 f. — Erlaubniß zur Eheschließung IV 35 f. — Landesgesetze über Ansprüche und Verbindlichkeiten öffentlicher Lehrer aus dem Dienstverhältnisse VI 408 f., 611.

Lehrherrn, Lehrmeister, Anspruchsverjährung I 202, 206, 211.

Lehrlinge, Anspruchsverjährung I 202 f., 211.

Lehrlingsverhältniß, Verjährung der Ansprüche aus solchem I 202, 206, 211. — Auflösung desselben nach der Gewerbeordnung VI 583 f.

Lehrvertrag von Mündeln IV 792 f., 796 f., V 147.

Leibesfrucht, Gegenbeweis gegen die Vaterschaft aus der Beschaffenheit der L. IV 676. — Pflegschaft für eine L. IV 857, Aufhebung der Pflegschaft IV 859.

Leibgedingsvertrag, Landesgesetze VI 419. — Nießbrauch an Leibgeding III 417.

Leibrente, Leibrentenvertrag zu Gunsten Dritter I 751, 753 f. — Dauer der L. II 486, VI 195, Vorausentrichtung II 486, Betrag II 486. — L. durch Verfügung von Todeswegen, Gesetz, Urtheil II 486 f. — Nießbrauch an L III 417. — L. als Reallast III 732. — Vermächtniß einer L. II 487, V 201.

Leibzuchtsvertrag, Landesgesetze VI 419. — Nießbrauch an Leibzucht III 417. S. auch V 510.

Leihe, Leihvertrag II 269 ff.: Begriff und Inhalt II 269. — Haftung des Verleihers II 269 f. — Vertragswidriger Gebrauch des Entleihers II 270. — Kosten des Gebrauchs, Verwendungen II 271 ff., VI 185. — Verjährung der beiderseitigen Ansprüche aus dem L. II 273 f. — Zurückbehaltungsrecht des Entleihers, Rückgewähr II 275. — Haftung des Entleihers II 275. — Zeit der Rückgabe II 275. — Rücktrittsrecht des Verleihers II 275. — Prekarium II 275 f.

Leihhausschein, Verpfändung III 525.

Leistung. Verjährung von Rückständen aus wiederkehrenden L. I 208 f., 211, 212, 230. — L. an Sonn- und Feiertagen I 192 f. — L. als Gegenstand der Forderung aus einem Schuldverhältnisse I 279 f., VI 150, Vermögensinteresse derselben I 280 f., Erzwingbarkeit I 280 f., Verpflichtungswille I 281, Vertragsfreiheit I 281. — Alternative L. I 281 ff. — L. einer Gattung I 285 ff., VI 250, einer Geldschuld, Währung I 289 f., Münzsorte I 290, Zinsfuß I 290 f. — L. von Schadensersatz I 291 ff. — L. nach Treu und Glauben und Verkehrssitte I 302 f., VI 150 f., Fahrlässigkeit I 302 f. — L. in Person I 305, durch Dritte I 305. — Theilleistung I 305 f. — Ort der L., Zahlungsort I 306 f., VI 153. — Zeit der L. I 309. — L. Zug um Zug I 312 f., VI 703, 709 f., 795. — Unmöglichkeit der L. I 314 ff., 683 ff., VI 155, theilweise I 319 f. — Eintritt der Unmöglichkeit nach rechtskräftiger Verurtheilung des Schuldners zur L. I 321 f., VI 155. — Erfüllung des Schuldverhältnisses durch L. I 333. — Annahme anderer L. an Erfüllungsstatt I 333 f. — L. an einen Dritten I 334 f. — Verrechnung der L. bei mehreren Schuldposten I 335 f., Verrechnung auf Zinsen und Kosten I 336 f. — Quittung I 337 ff., VI 164. — Rückgabe, Mortifikation des Schuldscheins I 341 f. — Hinterlegung des Gegenstandes der L. I 342 ff. — Aufrechnung von L. I 361 f. — L. des Schuldners an den bisherigen Gläubiger bei abgetretener Forderung I 391 f. — Konkurrenz mehrerer Schuldner oder Gläubiger zu theilbarer L. I 430 ff. — L. durch einen Gesammtschuldner I 433, 435. — Unmöglichkeit der L. in der Person eines Gesammtschuldners I 433, 437 f. — L. an einen Gesammtgläubiger I 434, 443. — Gesammtschuldverhältniß bei untheilbarer L. I 434, 444 ff. — Vertrag auf unmögliche

L. I 448 ff. — Bestimmtheit der L. im Vertrage I 464. — Bestimmung der L. durch einen der Vertragschließenden I 464 f., desgl. der Gegenleistung I 465 ff., Bestimmung durch Dritte I 467 ff., VI 156. — L. ohne Vermögenswerth I 620 f. — L. nach Treu und Glauben, Verkehrssitte I 623 f., zu bestimmter Zeit, Frist I 626. — L. Zug um Zug, Vorleistung I 626 ff., L. bei Betheiligung Mehrerer auf einer Seite bei gegenseitigen Verträgen I 627 ff. — Einrede des nicht erfüllten Vertrags, bei theilweiser L. I 628 ff. — Annahme einer L. als Erfüllung, Beweislast unrichtiger, unvollständiger Erfüllung I 636 f. — Unmöglichkeit der L. aus gegenseitigen Verträgen I 638 f., L. zu bestimmter Zeit, Frist I 640 f., Rücktrittsrecht bei verschuldeter Unmöglichkeit, bei Verzögerung der L. I 650 ff. — Versprechen der Leistung an einen Dritten I 749 ff.: Unmittelbare Berechtigung des Dritten, darauf gerichteter Vertragswille I 412 f., Lebensversicherungs-, Leibrentenvertrag, Vermögens-, Gutsübernahme zu Gunsten des Dritten, Fürsorge für den Dritten I 751, 753 ff. — Anspruch des Versprechensempfängers I 749, 750, 751, 756. — Entstehung der Forderung des Dritten I 757 ff. — L. nach dem Tode des Versprechensempfängers I 749, 759 f. — Tod des Dritten vor dem Versprechensempfänger, Zulässigkeit einer Verfügung von Todeswegen bei Vorbehalt der Substitution I 759 f., 765. — Aufhebung des Versprechens durch die Vertragschließenden, Beitritt des Dritten zum Vertrag I 749, 761 ff. — Versprechen der L. an einen noch nicht Geborenen I 749, 765 f. — Zurückweisung des Rechtes durch den Dritten I 749 f., 767 f. — Einwendungen gegen den Dritten I 750, 761, 768 f. — Form der Verträge zu Gunsten Dritter I 769. — Rückgewähr der L. bei Rücktritt vom Vertrag I 788 f. — L. aus Anweisung II 387 f. — L. ohne Rechtsgrund, Herausgabepflicht II 684 f. (s. im Uebrigen Bereicherung). — Nießbrauch an Rechten auf L. III 414, an der L. bei Nießbrauch an Forderung III 418 f. — Pfandrechtsbestellung an Rechten auf eine L. III 518. — Umfang der L., welche Gegenstand der Reallast sein können III 731 f. — Rechtsgeschäfte der Frau, welche dieselbe zu L. verpflichten, ohne Zustimmung des Mannes IV 133, 196 f. — L. an den Mündel, Verfügung über solche IV 781 f., VI 307. — Wiederkehrende L. aus dem Vermögen volljähriger Bevormundeter IV 849. — L. als Gegenstand letztwilliger Auflage V 6 f. — Verweigerung der L. aus anfechtbarer letztwilliger Verfügung V 70. — Vermächtniß des Anspruchs auf L. einer Sache V 169. — Schutz von L. auf Grund eines Erbscheins V 686 f. — L. aus Nachlaßanspruch bei Erbengemeinschaft V 862 f. — Bestimmung der Frist für L. im Urtheile VI 655. — Abänderung des Urtheils auf künftige L. VI 660. — Verbot der L. bei Aufgebot von Inhaberpapieren VI 745, 746.

Leistungsort I 306 f. Aufrechnung bei verschiedenen L. I 371 f., bei bestimmtem L. I 372.

Leistungszeit I 309. Aufrechnung bei bestimmter L. I 372. — L. für Unterhaltsansprüche unehelicher Kinder IV 689 f. — Beliebige L. für Vermächtnisse, Auflagen V 21.

Leitung zur Zuführung von Gasen rc. auf fremdes Grundstück III 123 f.

Lesensunkundige I 89 f., bei Testament V 339.

Letzter Wille, s. letztwillige Verfügung, Testament.

Letztwillige Verfügung. Begriff V 4 f. L. V. als Stiftungsgeschäft I 588, 593. — L. V. bei Versprechen einer Leistung an einen Dritten mit Vorbehalt der Substitution I 759 f. — L. V. zur Ausschließung der fortgesetzten Gütergemeinschaft IV 246, 309, zur Ausschließung eines Abkömmlinges von der fortgesetzten Gütergemeinschaft IV 246, 309 ff. — Bestimmung durch l. V., daß ein Abkömmling bei Theilung des Gesammtguts einzelne Sachen nach Werth übernehmen soll IV 246, 310 f. — Anerkennung eines Kindes durch l. V. IV 471. — Benennung eines Vormundes durch l. V. IV 747 f., Anordnung befreiter Vormundschaft IV 814. — Widerruflichkeit der l. V. V 4 f. — Nichtigkeit des Vertrags auf Errichtung oder Aufhebung der l. V. V 5. — Bestimmung, Ausschließung des Erben V 5 f., Vermächtniß V 6. — Auflage V 6. — Bedingung, Zeitbestimmung bei l. V. V 11 ff. — Unzulässigkeit der Abhängigkeit der Geltung oder der Bestimmung der bedachten Person von Willkür Dritter V 15 f. — Vorbehalt der Ergänzung V 21. — Ungewißheit der Person des Bedachten V 22 f. — Auslegungsregeln für l. V. V 32 ff., 43 f. — Bestimmung des Gegenstandes der Zuwendung durch einen Dritten V 39 ff. — Irrthum bei l. V. V 44 f., Drohung, Täuschung V 52. — Anfechtung wegen Uebergehung eines Pflichttheilsberechtigten V 52 f. — Anfechtung von l. V. unter Ehegatten und Verlobten V 58 f. — Anfechtungsberechtigter V 59 ff., Form der Anfechtung V 66 f., IV 344, Frist V 68 f., VI 396. — Theilweise Unwirksamkeit l. V. V 69 f. — Einrede der Anfechtbarkeit V 70. — Anfechtungsgegner bei Auflage V 70 f. — Persönliche Errichtung l. V. V 317 (s. Testament). — Formerleichterungen für bestimmte l. V. V 357 ff. — L. V. durch Vertrag V 365 ff. (s. Erbvertrag). — Einseitige l. V. im Erbvertrage V 398 ff. — Verbotene Verträge über l. V. V 462. — Entziehung des Pflichttheils durch l. V. V 580 f. —

Vertragsmäßiger Verzicht auf Zuwendung aus l. V. V 609 f. — Voraussetzungen des Erbscheins bei Erbfolge aus l. V. V 681 f. — L. V. zur Erbtheilung V 885. — L. V. von Ausländern VI 72 ff. — Auseinandersetzung unter Miterben durch l. V. VI 346 f. — Fortbestand der Landesgesetze über Urkundspersonen bei l. V. VI 450 f. — L. V. über Anerbengut VI 510, 513 f. — Uebergangsbestimmung für l. V. VI 557 f., 636.
Letztwillige Zuwendung V 11 f.
Leugnen, indirektes des rechtsgeschäftlichen Klagegrundes, Beweislast I 262.
Leute, Haftung des Gastwirths für seine L. II 405 f., 409, 413 f., VI 194.
Lex commissoria, f. Verfallvertrag.
Lex rei sitae VI 80 f.
Liberation von Verbindlichkeiten für Aufwendungen III 365. — Liberationslegat V 5.
Lichte Augenblicke Geisteskranker, Testirfähigkeit V 321 f.
Lieferungskauf II 338 f.
Lieferungstheorie bei Gattungsschuld I 286.
Linien der Verwandtschaft I 34 f., der Schwägerschaft I 36, 37, der gesetzlichen Erbfolge V 463 ff.
Liquidation des Vereinsvermögens I 546 ff.: durch Vorstand oder besondere Liquidatoren I 547 f. — Pflichten der Liquidatoren I 548 f., Bekanntmachung des Erlöschens I 550, Wartejahr I 550, Hinterlegung geschuldeter Beträge, Sicherheitsleistung I 551. — Pflicht zur Beantragung des Konkurses I 551, Haftung der Liquidatoren den Gläubigern gegenüber I 551. — L. des eingetragenen Vereins IV 577. — Eingehung neuer Geschäfte durch Liquidatoren VI 136 f. — L. von Eisenbahnunternehmungen, Landesgesetze VI 552 f.
Litigiosität, Eintragung in das Grundbuch III 107. — Schutz gutgläubiger Erwerber bei L. VI 659.
Litispendenz, Verjährung derselben I 228 f.
Locus regit actum V 346 f., VI 34 f., 78.
Lohnbeschlagnahmegesetz IV 524.
Lohnkutscher, Anspruchsverjährung I 201 f., 204, 211.
Lohntermine nach Landesgesetz für Dienstverträge VI 379.
Lombardfähige Papiere, Sicherheitsleistung I 266.
Loos. Entscheidung durch L. bei Ansprüchen Mehrerer auf die ausgelobte Belohnung II 348, bei Gemeinschaftstheilung II 759.
Löschung, Löschungsbewilligung III 69 f. — L. der auf Lebenszeit beschränkten Rechte an Grundstücken III 73 f. — L. des zurücktretenden Rechtes bei Rangänderung III 97 f. — L. im Schiffsregister III 503. — Vormerkung zur Erhaltung des Rechtes auf L. einer Hypothek III 605 f., IV 509. — L. der Hypothek III 615 f., 726 f., IV 509, der Vormerkung VI 222.
Lösungsanspruch des gutgläubigen Erwerbers einer beweglichen Sache gegenüber Eigenthumsanspruch III 367 f., VI 233, des gutgläubigen Pfandnehmers III 369 f., des Erbschaftsbesitzers V 723 f., des Pfandleihers VI 380.
Losgerissener Erdkörper, f. Anlandung.
Lotterieloose, Vertrieb solcher, Anspruchsverjährung I 202, 207, 211.
Lotterievertrag II 804 f.
Lübeck, Wildschadensgesetze II 821.
Luftraum über einem Grundstück III 120 f.

M.

Mädchennamen der geschiedenen Frau IV 446 f.
Mahnung als Voraussetzung schuldnerischen Verzugs, Ersatz derselben durch Zeitablauf I 234. — M. des Cedenten nur wirksam bei Vorlegung der Cessionsurkunde I 396 f. — Legitimation des Hypothekengläubigers zur M. III 664.
Mahnverfahren als Unterbrechung der Verjährung I 223 f., 228. — Geltendmachung eines Anspruchs aus Hypothek, Grundschuld, Rentenschuld im M. VI 701.
Majoritätsbeschlüsse der Mitgliederversammlung eines Vereins I 524 ff.
Mäkler, Mäklervertrag II 342 ff.: Begriff und Inhalt II 342, aufschiebende Bedingung II 342. — Thätigkeit des M. für beide Theile II 342 f. — M.lohn, stillschweigende Vereinbarung, Taxe II 345 f., Aufwendungen II 345 f.
Mala fides, f. böser Glaube. — **M. f. superveniens** des Besitzers gegenüber Eigenthumsanspruch III 340 f., 343, bei Ersitzung III 233.
Malen, Eigenthumserwerb III 239 f.
Mandat, f. Auftrag.
Mängel im Rechte, M. der Sache f. Gewährleistung. — M. einer gemietheten Wohnung II 230, VI 184. — M. bei Werkvertrag II 309 ff. — M. bei Gattungsvermächtniß V 226 f.
Formmängel, f. Form.
Mann. Ehemündigkeit IV 19 ff. — Eheliche Rechte desselben im Allgemeinen IV 94 ff.
Marine. Letztwillige Verfügungen von Angehörigen der M. VI 596. — Aenderung des Reichsgesetzes betr. Fürsorge für Wittwen rc. der M. VI 650.
Marinetestament VI 596.
Marken auf den Inhaber II 561 f. — Landesgesetze über Zahlungssperre, Kraftloserklärung VI 420.
Markenschutzgesetz VI 42.
Marktpreis II 57 f. — Verkauf verpfändeter Sachen zum M. III 477, 531 f., hinterlegter VI 166.
Maschinen als Zubehör III 17 f.
Masseschulden im Nachlaßkonkurse V 768.
Materielle Rechtskraft I 255.
Matrimonium non existens, nullum IV 56.

Mauer zwischen Grundstücken III 129.

Maulesel, Maulthiere, Gewährleistung bei deren Verkauf I 718 ff.

Mecklenburg, Wildschadensgesetze II 821.

Mediatisirte, s. Reichsunmittelbare.

Mehrfacher Wohnsitz I 38.

Mehrheit von Aufgebotsanträgen zwecks Todeserklärung I 16. — M. von Urkunden über Verträge I 90 f. — M. von Leistungen, Wahlrecht I 281 ff. — M. von gleichartigen Schuldverhältnissen, Verrechnung einer nicht zur Tilgung derselben ausreichenden Leistung I 335 f. — Kosten der Quittung bei Eintritt einer M. von Gläubigern in das Schuldverhältniß I 340. — Aufrechnung mit einer von mehreren Forderungen I 368 ff. — M. von Gläubigern und Schuldnern I 430 ff. (s. auch Gesammtschuldverhältniß). — M. von Dritten zur Bestimmung der Vertragsleistung I 467 f., 470. — M. von Betheiligten auf einer Seite bei gegenseitigen Verträgen auf theilbare Leistung I 627 f. — Wandelung bei Verkauf einer M. von Sachen zu Gesammtpreis I 693. — M. von (nacheinander entdeckten) Mängeln I 698 f. — M. von Berechtigten oder Verpflichteten bei Wandelung und Minderung I 700. — Gewährleistung bei Verkauf mehrerer Thiere I 741 ff. — M. von Betheiligten beim Rücktrittsrecht I 796 f., von Berechtigten zum Wiederkauf II 91 f., VI 174, zum Vorkauf II 111. — M. von Ansprüchen aus Auslobung II 348 f. — M. von Nutzungsberechtigten bei Nießbrauch III 387. — Pfandrecht an M. von Sachen III 449 f. — Verkauf des Pfandes bei M. von Pfandgläubigern III 466. — Verkauf bei M. von Pfändern III 479. — M. von Pfandrechten an einer Forderung III 532. — M. von Grundstücken als Gegenstand der Hypothek, s. Gesammthypothek. — M. von Unterhaltsberechtigten IV 482, 485, Unterhaltspflichtigen IV 482, 485 f., VI 297, von unehelicher Beiwohnung IV 671 ff. — M. von Vormundschaften, Ablehnungsgrund IV 752. — M. letztwilliger Bedachter, Ungewißheit der Person V 22 ff. — Wahl des Erben aus einer M. von Personen V 29 ff. — M. von Bedachten bei Vermächtniß V 41 ff., 163. — M. von Erben, s. Erbeinsetzung, Miterben. — M. von Beschwerten bei Vermächtniß V 161. — M. von Vermächtnissen, Annahme, Ausschlagung V 217, 218 f. — M. von Testamentsvollstreckern V 255 f., 315. — M. von Erbtheilen, Annahme, Ausschlagung V 627 f., Inventarrecht V 805. — M. von Prätendenten derselben Forderung (Civilprozeßordnung) VI 645. — Zwangsvollstreckung in den Nachlaß bei M. von Erben VI 708, 727.

Meineid als Grund zur Entziehung des Pflichttheils V 558, VI 320.

Meiningen, Wildschadensgesetze II 822.

Meinungsverschiedenheit zwischen Eltern hinsichtlich der Sorge für die Person des Kindes IV 547, 549, zwischen dem Vater und dem Pfleger eines Kindes IV 548, 558, zwischen Mitvormündern IV 756 f., zwischen Testamentsvollstreckern V 255 f.

Meliorationsdarlehen, Landesgesetze VI 439, 609.

Mengekauf, Vorkaufsrecht II 105.

Mentalreservation I 94, IV 46, V 384, bei der Eheschließung IV 73, 79, bei letztwilliger Verfügung V 46 f.

Mergel, Anlagen des Nießbrauchers zu dessen Gewinnung III 391 f.

Messen beim Kaufe, Kosten II 68.

Metus, s. Drohung.

Miethe II 130 ff.: Inhalt des Vertrags II 130 f. — Gewährleistung für Sachmängel, Rechte des Miethers, Miethe eines Grundstücks, zugesicherte Eigenschaft II 131 f. — Schadensersatzanspruch des Miethers II 132. — Kenntniß des Miethers vom Mangel, Anzeigepflicht desselben II 132 f., VI 184, 186. — Vertrag über die Gewährleistung II 132 f. — Gewährleistung für Rechtsmängel II 133 f. — Grundstücksmiethe II 134 ff. — Kauf bricht nicht Miethe II 137 ff., VI 501 f., Eintritt des Erwerbers in das Miethverhältniß II 138, Uebergang der Rechte des Vermiethers II 139, Haftung des Erwerbers II 139 f., mündliche Abreden neben schriftlichem Vertrage II 140 f., Kündigungsrecht des Miethers II 141 f., Nichterfüllung des Vertrags seitens des Erwerbers, Mithaftung des Vermiethers II 142 f., Vorausverfügungen des Vermiethers über Miethzins II 144 f., Aufrechnung II 145 f., Anzeige von der Eigenthumsübertragung II 147. — Form des Miethvertrags II 147 ff., 178 f., Auskunftspflicht des Miethers gegenüber dem Erwerber II 157 f., Belastung des Miethgrundstücks mit dem Rechte eines Dritten II 159 ff., Stellung des Miethers, wenn vor Ueberlassung des Grundstücks an ihn dasselbe veräußert oder Rechte daran bestellt sind II 162 f. — Eintragung der M. in das Grundbuch II 135, 136, 162, 169 ff. — Einfluß der Zwangsversteigerung auf M. II 163 ff., 268, Weiterveräußerung des Miethgrundstücks II 174. — Auslagen bei M. beweglicher Sachen, Fütterungskosten, Verwendungen, Wegnahmerecht des Miethers II 174 ff., 263, 273, VI 185, Verjährung der Ersatzansprüche des Miethers II 177 f., 272 f., VI 185. — Lasten der vermietheten Sache II 178. — Untermiethe, Erlaubniß des Vermiethers, Kündigungsrecht des Miethers bei deren Versagung, Haftung des Miethers für den Untermiether II 178 ff. — Zeit der Zahlung des Miethzinses II 185 f., Zahlung desselben trotz Nichtausübung des Gebrauchsrechts seitens des Miethers, Abrechnung ersparter Aufwendungen II 186 f. — Vertragswidriger Ge-

brauch der Miethsache durch den Miether, Klage auf Unterlassung II 187 f. — Anzeigepflicht des Miethers bei Mängeln der Sache, nothwendigen Ausbesserungen II 187. — Rückgewähr der Miethsache II 188 ff., kein Zurückbehaltungsrecht des Miethers an Grundstücken II 189, Rückgewährsanspruch des Vermiethers gegen Untermiether, Wirkung der Verurtheilung des Miethers gegen Untermiether II 190 f. — Verjährung der Ersatzansprüche aus M. II 194. — Pfandrecht des Vermiethers II 194 ff.: Forderungen, für die das Pfand haftet II 198 ff., Verhältniß bei Pfändung für einen anderen Gläubiger des Miethers II 200, Beschränkung auf Sachen des Miethers II 200 ff., auf pfändbare Sachen II 206 f., Erlöschen des Pfandrechts durch Entfernung der Sachen II 207 f., Selbsthülfe gegen solche Entfernung, Zurückschaffung II 208 f., VI 564 f., Abwendung des Pfandrechts durch Sicherheitsleistung II 209 f., Einfluß der Veräußerung des Miethgrundstücks auf das Pfandrecht II 210 f., 260 f., Pfandrecht des Vermiethers im Falle der Untermiethe II 212 f. — Beendigung des Miethverhältnisses durch Zeitablauf, Kündigung II 214 f. — Besichtigung der Miethsache zu Wiedervermiethung II 216. — M. auf länger als 30 Jahre, Lebenszeit II 217. — Stillschweigende Verlängerung des M.vertrags II 217 f. — Vorenthaltung der M.sache nach Beendigung des Vertrags, Anspruch auf Miethzins, Schaden II 218. — Tod des Miethers, Kündigungsrecht des Vermiethers und der Erben II 218 f. — Konkurs des Miethers II 221 ff., Pfandrecht des Vermiethers im Konkurse II 225 f. — Kündigungsrecht versetzter Militairs, Beamten 2c. II 227 f. — Rücktritt ohne Kündigung bei vertragswidrigem Gebrauche der Sache II 228, 513 f., bei Nichtzahlung der M. II 228. — Rücktrittsrecht des Miethers bei Vorenthaltung des Gebrauchs II 229, 514 f. — Gestaltung des Rücktrittsrechts II 229 f., 513 f. — Ungesunde Wohnung II 230 f. — Pfandrecht des Vermiethers bei Eigenthumsübertragung an beweglichen Sachen III 212 f. — M. bei Nießbrauch III 402 f. — Verhältniß der M. zu den Hypothekengläubigern III 553, 560 ff., IV 503. — Miethverhältniß bei Aufhebung des gesetzlichen Güterstandes IV 137, 213, bei Endigung der väterlichen Nutznießung des Kindesvermögens IV 576. — Miethverträge für den Mündel IV 791 f., über Vermögen volljähriger Bevormundeter IV 849. — Miethverhältniß bei Nacherbschaft V 129, bei Vermächtniß V 180 f. — Landesgesetze über Räumungsfristen bei Miethswohnungen VI 417. — Uebergangsbestimmung für bestehendes Miethverhältniß VI 499 f. — Einfluß der Veräußerung auf bestehendes Miethverhältniß VI 501 f. — Uebergangsbestimmung für nicht eingetragene Miethrechte VI 521. — Zuständigkeit für Miethsstreitigkeiten, Einfluß der Gerichtsferien auf dieselben VI 564 f. — Wirkung des Konkurses auf Miethverträge VI 759 f.

Miethzins. Verjährung rückständiger M. I 208 f., 211. — Vorausverfügung des Vermiethers über M. bei Veräußerung des Miethgrundstücks II 144 f., Aufrechnung des Miethers in diesem Falle II 145 f. — Zeit der Zahlung des M. II 185 f. — Rücktrittsrecht bei Nichtzahlung II 228. — Haftung für Hypotheken III 556, 560 ff., IV 502, 503.

Milde Stiftung, s. Stiftung.

Militairpersonen. Wohnsitz I 40. — Abtretung von Diensteinkommen 2c. I 404. — Kündigung des Miethverhältnisses bei Versetzung II 227, nicht des Pachtverhältnisses II 249 f. — Gerichtsstand VI 639. — Erlaubniß zur Eheschließung IV 35 f., VI 268.

Militairtestament V 349.

Minderjährige I 45 ff., 49. — Volljährigkeitserklärung I 49 ff. — Rechtsgeschäfte von M. über 7 Jahre I 57 ff., Verträge I 60 ff. — Selbstständiger Gewerbebetrieb I 63 f. — Dienst- und Arbeitsverträge I 64 f., VI 122, 143 f. — Selbständige Beschaffung des zum Lebensunterhalte und zur Ausbildung Erforderlichen I 66. — Vertragsleistung aus Mitteln zur freien Verfügung des M. I 66, VI 122. — Vertretung durch M. I 138. — Haftung für unerlaubte Handlungen von M. bei versäumter Aufsichtspflicht II 593 f. — Zustimmung, Genehmigung von Rechtshandlungen M. VI 124 ff. — Auseinandersetzung mit m. Kindern vor neuer Eheschließung IV 35. — Unterhaltsanspruch m. Kinder gegen die Eltern IV 479. — Eingehung eines Dienst- oder Arbeitsverhältnisses durch m. Hauskinder IV 537 f. — Elterliche Gewalt über M. IV 546 f. — M. als Inhaber der elterlichen Gewalt IV 638 f. — Vormundschaft über M. IV 742 ff. (s. Vormundschaft). — Testamentserrichtung V 317 ff., 336, Erbvertrag V 374 f., Ehevertrag VI 279. — M. als Zeugen bei Testamentserrichtung V 334 f. — Landesgesetze über Zwangserziehung von M. VI 441 f. — Berechtigung von M. zu Strafanträgen VI 572 f. — Entziehung von M. (den Eltern, dem Vormunde), Aenderung der Bestimmungen des Strafgesetzbuchs VI 575. — Entführung einer M., Aenderung der Bestimmungen des Strafgesetzbuchs VI 576. — Eideszuschiebung an M. VI 665.

Minderung I 673 ff. (s. Gewährleistung). — M. bei Wiederkauf II 86, bei Werkvertrag II 310. — M. des Werthes der Pfandsache, Rückforderungsrecht des Verpfänders III 457, Verkaufsrecht des Pfandgläubigers III 457 f.

Mineralien, Landesgesetze über Abbau von M. VI 434.
Mißbilligung, s. Billigung.
Mißbrauch der Rechte des Ehemanns IV 94, 101 f., 106 f. — M. seitens des Nießbrauchers III 399 f., des Pfandgläubigers III 454.
Mißhandlung als Ehescheidungsgrund IV 401, 405 ff., 413, Widerrufsgrund für Schenkung II 36, Grund für Pflichttheilsentziehung V 557, 559 ff.
Mißlungenes Scheingeschäft I 98.
Mitbenutzung von Grenzanlagen III 130.
Mitbesitz III 33, Schutz desselben III 41 f., VI 220. — Bestellung des Pfandrechts durch Einräumung des M. III 443 f., VI 206 f. — Verkauf eines im M. befindlichen Pfandes III 463.
Mitbieten des Gläubigers, Eigenthümers, Schuldners bei Pfandverkauf III 479, der mit einem Verkauf im Wege der Zwangsvollstreckung Beauftragten II 72.
Mitbürgen, gesammtschuldnerische Haftung II 467 f., Verhältniß untereinander II 477. — Verzicht des Gläubigers auf M., Einfluß auf Bürgschaft II 480.
Miteigenthum III 274 ff. — Entstehung durch Verbindung, Vermischung beweglicher Sachen III 238, 243. — Begriff des M., Bruchtheile III 274 f. — Belastung des M. für einen Miteigenthümer eines gemeinschaftlichen Grundstücks III 275 f., VI 240. — Uebertragung und Belastung eines Antheils III 276. — Regelung der Verwaltung und Benutzung, Ausschließung der Theilung, Kündigung bei Grundstücken III 276 ff., VI 240. — Zueignung und Aufgebot eines Antheils am M. III 279 f. — Schutz des M. III 281. — Grunddienstbarkeit bei Grundstücken im M. III 327 f. — Nießbrauch am M. III 387, IV 597 f. — Pfandrecht am M. III 482, Hypothek III 543, IV 501, Reallast III 734. — Landesgesetze über M. an Gebäuden VI 437. — Uebergangsbestimmungen für bestehendes M. VI 516 f.
Miterben V 835 ff. — Erbschein für M. V 677 f. — Wahrung der Inventarfrist durch einen M. V 734. — Wirkung des Aufgebots der Nachlaßgläubiger für M. V 784. — Abzugseinrede gegenüber den M. V 805. — Gemeinschaft der M. V 835 f. — Verfügungsmacht des M. über seinen Antheil V 837 f. — Vorkaufsrecht der M. V 839 ff., VI 318, 328. — Gemeinschaftliche Verwaltung der M., Theilung der Früchte V 861. — Nachlaßansprüche, Hinterlegung der Leistung V 862 ff. — Verfügung über Nachlaßgegenstände, Aufrechnung des Nachlaßschuldners gegen Forderung gegen den einzelnen M. V 865 f. — Surrogation V 866 f. — Gesammtschuldnerische Haftung der M. für die Nachlaßverbindlichkeiten V 867 f., Haftung vor der Theilung V 871 ff., VI 714, nach der Theilung V 875 f. — Aufforderung der Nachlaßgläubiger zur Anmeldung ihrer Ansprüche V 877 f. — Haftung gegenüber einem im Aufgebotsverfahren ausgeschlossenen Gläubiger V 879. — Unzulässigkeit des Nachlaßkonkurses während Erbengemeinschaft V 879 f. — Miterbschaft in ein Landgut, Bestimmungen des Erblassers VI 330 f. — Ausgleichungspflicht V 889 ff., VI 340 f. — Auseinandersetzung durch Nachlaßgericht VI 342. — Antrag auf Nachlaßpflegschaft VI 342 f. — Auseinandersetzung durch letztwillige Anordnung VI 346 f. — Zwangsvollstreckung in Antheil eines M. am Nachlasse VI 727. — Auseinandersetzung V 881 ff.: Einfluß des Aufgebots der Nachlaßgläubiger, der Anmeldungsfrist V 882. — Beschränkende Verfügungen des Erblassers, zeitliche Gültigkeit derselben V 882 f. — Unzulässigkeit der Auseinandersetzung bei Unbestimmtheit der Erbtheile (Erwarten eines posthumus, ausstehende Entscheidung über Ehelichkeitserklärung, Annahme an Kindesstatt, Stiftung) V 883 f. — Anordnungen des Erblassers über die Theilung V 885. — Berichtigung der Nachlaßverbindlichkeiten V 885 f. — Vertheilung des Ueberschusses V 886. — Familienschriftstücke V 886. — Vermittelung des Nachlaßgerichts V 887 f. — Auseinandersetzung durch Testamentsvollstrecker V 272 f. — Ausgleichungspflicht der Abkömmlinge V 889 ff. (s. Ausgleichungspflicht).
Mitglieder eines Vereins, Bestellung des Vorstandes durch deren Versammlung I 506 f., 511 f. — Versammlung der M. I 524 ff.: Beschlußfassung I 526, Majoritätsbeschluß, Ankündigung des Berathungsgegenstandes I 526 f. — Schriftliches Stimmen I 527, 529. — Wegfall des Stimmrechts I 524, 525, 527. — Schutz der Sonderrechte der M. I 524, 525, 529 f. — Berufung der M.versammlung I 532 ff., 570. — Unübertragbarkeit und Unvererblichkeit der Mitgliedschaft, Austrittsrecht I 534 ff. — Klagerecht bei verfassungswidrigen Beschlüssen I 536 f. — Beschluß über Auflösung des Vereins I 538 f., 570. — Anfall des Vereinsvermögens an M. I 544 f. — M.verzeichniß eingetragener Vereine I 557, 567 f.
Mithut III 321.
Mitschuldner, Rechte der Gläubiger gegen M. bei Zwangsvergleich VI 766 f.
Mitte des Monats I 189.
Mittelbare Beschädigung I 298. — M. Stellvertretung I 138, 299, II 360 (Anm.). — M. Schaden bei unerlaubten Handlungen II 574.
Mittelbarer Besitz III 196 ff., 219 ff., 329 f., 334 f., 371 f., 441 f., IV 584 f. — Eigenthumsklage gegen mittelbaren Besitzer VI 236, 388, Wirkung des Urtheils VI 663.
Mittelsperson. Willenserklärung durch M. I 116 f.

Mitthäter bei unerlaubten Handlungen II 606.
Mittheilung, s. Anzeige.
Mittlere Art, Güte bei Leistung aus einer Gattungsschuld I 285, eines Vermächtnisses V 197 f.
Mitvollstrecker des Testaments V 248 f.
Mitvormund. Ablehnung der Vormundschaft IV 752. — Verhältniß von Mitvormündern IV 756 f. — Haftung des M. IV 816 f.
Mitwirkende Personen bei Testamentserrichtung, dauernde Anwesenheit V 331.
Mobilmachung, Wirkung auf Verjährung I 219.
Modus acquirendi III 64. (S. auch Auflage.)
Monat, Fristberechnung I 189. — Miethverhältniß nach M. II 214 f., Dienstvertrag II 296 f. — Frist von einem M. für Pfandverkauf nach Androhung desselben III 476.
Moralischer Schaden I 623.
Moratoriengesetze I 217.
Mortifikationsschein I 341.
Mortuus saisit vivum V 625.
Mühle, Zubehör III 17 f. — M. in Nutzung von Realgemeinden VI 493 f.
Mühlenrecht, Fortbestand der Landesgesetze VI 372.
Mündel. Anspruchsverjährung zwischen Vormund und M. I 221 f. — Annahme des Mündels an Kindesstatt durch den Vormund IV 723. — Religiöse Erziehung des M. IV 877 f. (S. im Uebrigen Vormund, Vormundschaft.)
Mündelgelder, Anlegung IV 760 ff., V 146 f., VI 306 (s. Vormundschaft). — Werthpapiere der Gattung, in der M. angelegt werden, als Mittel der Sicherheitsleistung I 266, desgl. Hypotheken, Grundschulden, Rentenschulden I 268. — Vorschriften über Anlegung von M. für Kapitalien der Vorerbschaft V 104 f., des eingebrachten Gutes VI 272 f. — Anwendung der Vorschriften über M. auf Kindergelder IV 549, 559 f., auf Anlegung von Nießbrauchkapitalien III 423 f. — Landesgesetze über Anlegung von M. bei Sparkassen VI 618 f.
Mündelvermögen, Verfügung über M. als Ganzes oder Bruchtheil IV 791.
Mündigkeit I 46, 49.
Münzsorte, nicht mehr umlaufende einer Geldschuld I 290.
Muster, Kauf nach M. II 77.
Mutter. Einwilligung zur Eheschließung IV 30 ff. — Ausstattungspflicht IV 317 ff. — Verhältniß der Unterhaltspflicht der Mutter zu derjenigen des Vaters IV 482, 485 f. — Sorge der M. für die Person des Kindes IV 547, 549, 556, 638 f., VI 547 f. — Elterliche Gewalt der M. IV 612 ff. (s. elterliche Gewalt), IV 664 ff. (s. Kinder). — Verhältniß der M. zu unehelichen Kindern IV 670 ff. (s. auch uneheliche Kinder), Entbindungs-, Wochenbettkosten IV 685 ff., VI 308 f., Deflorationsanspruch IV 7 f., 694 f. — Einwilligung der M. zur Ehelichkeitserklärung eines Kindes IV 708 f., zur Annahme an Kindesstatt IV 721. — Benennung eines Vormundes IV 745 ff. — Anordnung befreiter Vormundschaft IV 805 f., der Einsetzung eines Familienraths IV 835. — Benennung eines Vormundes für das volljährige Kind IV 849, Berufung zu solcher Vormundschaft IV 849, befreite Vormundschaft der Mutter in diesem Falle IV 850. — Fürsorge für Leibesfrucht IV 857. — Entziehung des Pflichttheils V 579. — Ausschließung der M. von der Vormundschaft durch den Vater, Uebergangsbestimmung VI 548.
Mystisches Testament VI 602.

N.

Nachbarrecht, Nachbargrundstücke III 123 ff. — Landesgesetzliche Beschränkungen des N., Fortbestand III 163 f., VI 428. — (S. auch VI 565, 568).
Nachteile bei verbotener Eigenmacht III 38.
Nacherbe, Nacherbschaft V 5, 77 ff. — Einsetzung noch nicht erzeugter Personen als N. V 7 f., VI 90, desgl. noch nicht entstandener juristischer Personen V 8 f., VI 90. — Verhältniß der Einsetzung als Ersatzerbe zu derjenigen als N. V 76 f. — Begriff der N. V 78. — Einsetzung eines N. durch Anordnung der Herausgabe der Erbschaft für bestimmten Fall V 78, durch Verbot der Verfügung von Todeswegen V 78 f. — Auflösende Bedingung, Endtermin für das Recht des Erben ohne weitere Bestimmung gilt als Einsetzung der gesetzlichen Erben zu N. V 79 f. — Aufschiebende Bedingung oder Anfangstermin für das Recht des Erben ohne weitere Bestimmung gilt als Einsetzung der gesetzlichen Erben zu Vorerben V 80. — Eintritt der N. V 80 f. — Uebergang der Rechte des nach dem Erbfall verstorbenen N. auf dessen Erben V 81 f. — Einsetzung von N. für kinderlose Abkömmlinge V 82 f. — Unwirksamkeit der N. mit Ablauf von 30 Jahren seit dem Erbfall, Ausnahmen V 83 ff., 237 ff., VI 91. — Zulässigkeit mehrfacher N. V 85 f. — Recht des N. auf Anwachsung, Ersatzerbschaft, nicht auf Vorausvermächtniß V 89 f. — Rechtsverhältniß zwischen Vorerben und N., Analogie des Nießbrauchs V 90 f. — Inventarisationspflicht V 93 f. — Feststellung des Zustandes der Erbschaft V 94. — Herausgabepflicht und Verwaltungspflicht des Vorerben V 95 f., 128. — Grad der Sorgfalt des Vorerben V 96. — Auskunftspflicht des Vorerben V 96 f. — Verfügungsrecht des Vorerben, Beschränkungen für Grundstücke, für Erbschaft im Ganzen, unentgeltliche Verfügungen V 97 ff. — Kündigung und Einziehung von Hypotheken rc. V 104, Anlegung von Geldern V 104 f., Verfahren bei Inhaberpapieren, Order-

papieren, Buchforderungen gegen Reich oder Bundesstaat V 106 ff., VI 93 f. — Einwilligungspflicht des Nacherben V 109, 130. — Erweiterung der Rechte des Vorerben durch den Erblasser V 109. — Eintragung des Rechtes des Nacherben in das Grundbuch V 109 f. — Rechtsbeständigkeit der Verfügungen des Vorerben bei Eintritt der N. V 111 f., solcher durch Zwangsvollstreckung, Arrestvollziehung, Konkursverwalter V 112 f., VI 92. — Erwerb, Ersatz für Erbschaftssachen (Surrogation) II 114 f., VI 319, 324 f. — Kosten, Erhaltungskosten, Aufwendungen, Wegnahme von Einrichtungen V 115 ff. — Sicherheitsleistung des Vorerben V 121 ff. — Entziehung der Verwaltung V 121 ff., VI 319. — Vertragsmäßiger Ersatz der Sicherheitsleistung, Verzicht auf Verfügung über zinstragende Forderungen V 125 f. — Schutz des guten Glaubens der Schuldner bei Verwaltungsentziehung V 126. — Uebermäßiger Fruchtbezug des Vorerben V 127 f. — Wald als Gegenstand der N. V 127 f., Bergwerk VI 344. — Werthersatz für verbrauchte Sachen V 128 f. — Gebrauchsverschlechterung V 128. — Verpachtung, Vermiethung von Grundstücken V 129. — Pfleger für den Nacherben V 129, 158 f. — Wirkung eines zwischen Vorerben und Dritten erlassenen Urtheils gegenüber dem Nacherben V 130, VI 661 f. — Verkauf der Erbschaft seitens des Vorerben V 130. — Ausschlagung des N. V 131. — Aufhebung der Wirkungen der Vereinigung bei Eintritt der N. V 131. — — Vermächtnisse als Lasten der N. V 132. — Haftung des Nacherben V 132. — Inventarrecht des N. V 149, 829. — Schuldenhaftung des Vorerben V 149 f., 829. — Anzeige des Vorerben von Eintritt der N. V 149 f. — Aufgebot der Nachlaßgläubiger V 150. — N. auf den Ueberrest V 150 ff., Herausgabepflicht des Vorerben in diesem Falle V 150 ff., Vermögensverzeichniß V 151, Auskunftsertheilung V 152, Verfügungsmacht des Vorerben V 152, Unwirksamkeit von Pfändungen V 152, Herausgabe der Bereicherung V 153 f., Verwendungen V 153 f., Schenkungen V 157. — Eintragung der Befreiungen des Vorerben in das Grundbuch V 157, Schadensersatzpflicht bei Mißbrauch der Bestimmungen V 157 f. — Einsetzung mit freier Verfügung V 158. — Testamentsvollstrecker bei N. V 309, VI 99. — N. im Erbvertrage V 403, 422. — Beschränkung des Pflichttheils durch Einsetzung eines N. oder des Berechtigten als N. V 506 ff. — Einsetzung des Berechtigten als N., Berücksichtigung bei Berechnung des Pflichttheils V 514 f. — Anordnung einer N. als exheredatio bona mente V 565 ff., 570 f. — Berücksichtigung eines nasciturus und dessen Mutter bei N. V 614 f. — Anfechtung des Erbschaftserwerbs wegen Erbunwürdigkeit des N. V 642 f. — Erbschein bei N. V 683 f. — Vollstreckbare Urtheilsausfertigung für und gegen N. VI 704. — Stellung des Vorerben im Nachlaßkonkurse bei Eintritt der N. VI 775.

Nacherbfolge V 77 ff. (s. Nacherbe).

Nachfolgende Ehe, Legitimation durch IV 698 ff. (s. Legitimation).

Nachlaß. Verjährung für und gegen N. I 221. — Vertrag über N. eines noch lebenden Dritten I 456 f. — Ersitzung gegen einen N. III 230 f. — Zwangsvollstreckung in den N. bei Mehrheit von Erben VI 708, 727, vor Annahme der Erbschaft VI 713.

Nachlaßansprüche bei Erbengemeinschaft V 862 f. — Landesgesetze über N. des Fiskus 2c. gegen verpflegte Personen VI 446.

Nachlaßgericht. Einholung der Genehmigung einer Stiftung von Todeswegen durch das N. I 594 f. — Erklärung der Eheanfechtung gegenüber dem N. bei Tod des zur Anfechtung nicht berechtigten Theiles IV 90 f., V 133, des Verzichts eines Abkömmlinges auf seinen Antheil am Gesammtgute der fortgesetzten Gütergemeinschaft IV 248, 316 f., der Aufhebung der fortgesetzten Gütergemeinschaft durch den überlebenden Ehegatten IV 249, 342, VI 288. — Erklärung der Anfechtung der Ehelichkeit eines verstorbenen Kindes IV 458, 474. — Fristbestimmung zur Ausübung der Wahl mehrerer Beschwerter bei Vermächtniß V 42 f. — Erklärung der Anfechtung letztwilliger Verfügung gegenüber dem N. V 66 f. — Anzeige von Eintritt der Nacherbfolge an das N. V 149. — Ernennung des Testamentsvollstreckers durch N. V 250 f. — Erklärung der Annahme oder Ablehnung des Amtes als Testamentsvollstrecker gegenüber N. V 252. — Entscheidung des N. bei Meinungsverschiedenheit mehrerer Testamentsvollstrecker V 255. — Kündigung des Testamentsvollstreckers V 259 f., Entlassung desselben V 260. — Eröffnung des Testaments, Abgabe an N. V 356 f. — Mittheilung seitens des N. bei Anfechtung des Erbvertrags nach Tod des anderen Theiles V 397 f. — Anzeige vom Erbschaftsverkauf an N. II 129. — Erklärung der Erbschaftsausschlagung V 624, der Anfechtung der Annahme oder Ausschlagung V 630 f. — Anzeige an N. von Anfechtung wegen Erbunwürdigkeit V 646. — Fürsorge des N. bis zur Annahme der Erbschaft V 664 ff., VI 338. — Thätigkeit des N. bei Ertheilung des Erbscheins V 679 ff., Zeugniß über fortgesetzte Gütergemeinschaft V 729 f. — Inventaraufnahme V 734 f., Gestattung der Einsicht des Nachlaßinventars V 756, VI 338 f. — Anordnung der Nachlaßpflegschaft V 807 ff. — Vermittelung des N. bei Erbtheilung V 887 f., VI 342. — Landesgesetze über Fürsorge des N. VI 452, über Ueber-

tragung der Funktionen des N. auf andere Behörden VI 455 f., 556, über Ausschließung der Zuständigkeit des N. zur Aufnahme des Inventars VI 454, 461.

Nachlaßgläubiger. Anzeige von Eintritt der Nacherbfolge V 149 f. — Aufgebot der N. bei Nacherbfolge V 150, durch den Testamentsvollstrecker V 286. — N. gegenüber dem Testamentsvollstrecker V 291 f., gegenüber dem Erbschaftskäufer II 126 f. — Antrag auf Bestellung eines Nachlaßpflegers V 666. — Aufrechnung gegen Forderung des Erben im Nachlaßkonkurse V 769, 792 f. — Aufgebot der N. V 774 ff., VI 737 f., nicht betroffene Verbindlichkeiten V 774 f., 777 f., VI 775 f., Aufgebot durch Testamentsvollstrecker V 286, 777, durch Nachlaßpfleger V 777. — Anmeldung des N. V 780. — Rechtsverhältniß des ausgeschlossenen N. zum Erben V 780 f. — Ausschlußandrohung im Aufgebote V 783. — Wirkung des Aufgebots für alle Erben V 784. — Wirkungen des Aufgebotsantrags, aufschiebende Einrede des Erben V 784 ff., VI 340. — Verspätete Geltendmachung einer Forderung V 795 f. — Abzugseinrede des Erben V 759 f., 796 ff. — Aufforderung der N. zur Anmeldung ihrer Ansprüche bei Erbengemeinschaft V 877. (S. auch Nachlaßkonkurs, Nachlaßpflegschaft, Nachlaßverbindlichkeiten.)

Nachlaßinventar, s. Inventarrecht.

Nachlaßkonkurs V 759 f., 762 ff. — N. bei Erbschaftskauf II 127 f. — Antrag des Nachlaßpflegers V 668. — Verantwortlichkeit des Erben nach Eröffnung des N. V 765 f. — Masseschulden im N. V 768. — Aufhebung der Vereinigung von Rechten und Verbindlichkeiten II 768. — Ansprüche des Erben im N. V 769. — Aufrechnung eines Nachlaßgläubigers gegen Forderung des Erben V 769. — Ausdehnung des N. auf alle Nachlaßverbindlichkeiten V 769. — Haftung des Erben mit dem Ueberschusse nach beendigtem N. V 771 f. — Rechte des Erben bei Unthunlichkeit des N. wegen mangelnder Masse V 796 f. — Beendigung der Nachlaßpflegschaft durch N. V 819 f. — Beantragung des N. durch einen Nachlaßgläubiger, wenn über das Vermögen des Erben Konkurs eröffnet ist (beneficium separationis) V 820 ff. — Anhörung der Erben bei Antrag auf N. V 827. — N. bei Erbengemeinschaft V 879 f. — Zahlungsunfähigkeit kein Grund des N. V 880. — Widerspruch des Erben gegen Eröffnung des N. VI 803. — S. auch VI 771 f.

Nachlaßpflegschaft V 759 ff., 807 ff. — N. auf Antrag des Fiskus als gesetzlichen Erben V 488. — Bestellung der N. V 664 ff.: auf Antrag eines Nachlaßgläubigers V 666, Anwendung der Vorschriften über Pflegschaft V 667, Vertretungsmacht des Nachlaßpflegers V 667. — Keine Inventarfrist bei N. V 667 f. — Befugniß zum Aufgebot der Nachlaßgläubiger V 668, zum Antrag auf Konkurseröffnung V 668. — Pflichten bei unzureichendem Nachlasse V 668 f. — Auskunftspflicht V 669. — Aufhebung der N. V 669. — Erbschaftsanspruch gegen N. V 708 f. — Aufgebot der Nachlaßgläubiger V 777, 816 f. — Aufschiebende Einreden des N. V 785 f., 829 f., VI 334. — Anordnung der N. V 809 f., Ablehnung bei ungenügender Masse V 810. — Verwaltungs- und Verfügungsmacht, Prozeßfähigkeit des Erben während N. V 811. — Bekanntmachung der Anordnung V 808. — Verwaltung, Berichtigung der Nachlaßverbindlichkeiten V 813. — Haftung des Nachlaßpflegers gegenüber den Gläubigern V 814 ff. — Haftung des Erben nach Beendigung der N. V 816 f. — Ausantwortung des Nachlasses vor Berichtigung der Verbindlichkeiten V 819. — Beendigung der N. durch Nachlaßkonkurs V 819 f. — Vergütung des Pflegers V 820. – Bestellung des Erben zum Pfleger V 820. — Abzugseinrede bei N. V 826. — N. bei fortgesetzter Gütergemeinschaft VI 295. — Antrag auf N. bei Miterben VI 342 f. — Vorhandensein einer N., Einfluß auf Unterbrechung des Prozesses VI 654.

Nachlaßregulirung, s. Auseinandersetzung, Miterben. — Amtliche N. VI 453.

Nachlaßverbindlichkeiten, Haftung des Vorerben, Nacherben V 132, 149 f., 731. — Geltendmachung gegen den Testamentsvollstrecker V 291 f. — Tragung durch den Erbschaftskäufer II 122 f., 126 f. — Vererblichkeit der N. V 649 f. — Kosten der Beerdigung des Erblassers V 654, Dreißigste V 654 f. — Frist für den Erben zur Erfüllung der N. V 661 f. — Verschweigen von N. im Inventar V 738 f. — Beschränkte Haftung des Erben für N. V 759 ff. — Ausdehnung des Nachlaßkonkurses auf alle N. V 769. — Berichtigung der N. bei Erbtheilung V 885 f. — Gesammtschuldnerische Haftung der Miterben für N. V 867 ff. — N. im Anerbenrecht VI 510 f. — Gerichtsstand für N. VI 642.

Nachlaßverhandlungen, Einsicht VI 338 f.

Nachlaßverwaltung V 759 ff., 809 ff., VI 342 f.

Nachlaßverzeichniß bei Nacherbfolge V 93 f., des Testamentsvollstreckers V 310 f., bei Berechnung des Pflichttheils V 519 f. — Landesgesetze über N. VI 452.

Nachlieferungsrecht des Verkäufers bei Wandelung und Minderung I 697 f., 713 ff.

Nachvermächtniß V 237. — N. als Maßregel der exheredatio bona mente V 566, 570.

Nachweis der Gelegenheit zum Vertragsabschlusse II 342.

Nachzettel V 357 ff., VI 602.

Nadelgeld bei Errungenschaftsgemeinschaft IV 367.

Nahrungsmittelgesetz I 729.

Name der Ehefrau IV 97 f., der geschiedenen Frau IV 444 f., V 163 f., VI 293, des ehelichen Kindes IV 535, des unehelichen Kindes IV 670 f., des angenommenen Kindes IV 729 f., 740 f., des eingetragenen Vereins I 556. — N. der Mitwirkenden im Testamentsprotokolle V 336 f. — N. des Gesellschafters als Einlage II 417. — Umschreibung von Schuldverschreibungen, die auf den Inhaber lauten, auf den N. II 555.

Namenpapiere als Mittel der Sicherheitsleistung I 266.

Namenrecht I 43 f., IV 448, VI 113, 115, 119.

Namensunterschrift bei Urkunden über Rechtsgeschäfte I 89 ff.

Nasciturus. Versprechen einer Leistung an einen N. I 765 f. — Pflegschaft IV 857. — N. als Erbe V 47 f., 463, 614, VI 335 f., als Vermächtnißnehmer V 210 f., 212 f., 238 f. — Erbschaftsanfall V 614, Unterhaltsanspruch der Mutter V 614 f. — Aussetzung der Erbtheilung V 883.

Nassau, Hausgesetze des herzoglichen Hauses VI 369.

Naturaltheilung bei Gemeinschaft II 757 f.

Naturalrestitution als Schadensersatz I 293 ff.

Natürliche Personen I 4. — N. Kinder, s. Kinder.

Nebenansprüche, Nebenleistungen. Verjährung mit dem Hauptanspruch I 236. — Klagbarkeit von N. nach vorbehaltloser Annahme der Hauptleistung oder rechtskräftiger Entscheidung über letztere I 246. — N. bei Wiederkauf II 87, bei Vorkauf II 100 f. — Eintragung von N. aus der Hypothek in das Grundbuch III 544 f. — N. bei Uebergang der Hypothek III 591, IV 604 f., VI 253 f. — Erhebung von N. für den Mündel IV 781 f.

Nebenintervention des Erben bei Prozessen des Testamentsvollstreckers V 289, 296.

Nebenrechte, Uebertragung mit der Forderung I 385 f. — Verzicht des Gläubigers auf N., Einfluß auf Bürgschaft II 480 f.

Nebensache, Wandelung wegen N. I 694.

Negativer Anerkennungsvertrag II 511.

Negatives Interesse bei einem ohne Vertretungsmacht abgeschlossenen Vertrag I 158 f., bei Kenntniß von Unmöglichkeit der Vertragsleistung I 450 f. — Ersatz des n. J. bei Schenkung II 27.

Negotiorum gestio I 156, 169.

Nemo pro parte testatus, pro parte intestatus decedere potest (aufgehoben) V 73 f.

Nichtausübung, Nichtgebrauch der Grunddienstbarkeit III 322.

Nichtberechtigter. Verfügung eines N. I 86 f., III 65, 205 ff., VI 199 f., 263 f., 335, 371.

Nichtdeutsche, s. Ausländer.

Nichtigkeit. Begriff I 125. — N. der Willenserklärung Geschäftsunfähiger I 55, 57, einseitiger Rechtsgeschäfte Minderjähriger ohne Genehmigung I 62. — N. des Rechtsgeschäfts wegen Formmangels I 88. — N. des Scheingeschäfts I 95 f., der nicht ernstlich gemeinten Willenserklärung I 98 f., Schadensersatz I 98 f. — Keine N. der Willenserklärung wegen Irrthums I 105. — N. der Rechtsgeschäfte gegen gesetzliches Verbot I 122 f., 448, gegen die guten Sitten I 123, 448. — Theilweise N. I 134. — N. des Vertrags auf unmögliche Leistung I 448 f., des Vertrags über die Erbschaft eines lebenden Dritten I 456 f. — N. des Vertrags über Gewährleistung bei arglistigem Verschweigen des Mangels I 667. — N. der Ehe IV 53 ff., V 134, VI 269 f., 575, 634 (s. Ehe). — Rechtsstellung der Kinder aus nichtigen Ehen IV 662 ff., VI 548 (s. Kinder). — Legitimation durch nachfolgende nichtige Ehe IV 703. — Anfechtung letztwilliger Zuwendung unter Ehegatten bei N. der Ehe V 58 f.

Nichtigkeitsklage (bei der Ehe) IV 64 ff, V 134, VI 268 ff., 681 f., 787.

Nichtschuld, Leistung einer II 682, 693 f (s. Bereicherung).

Nichtstreitige Rechtspflege, s. freiwillige Gerichtsbarkeit.

Niederlassung, Begründung des Wohnsitzes durch N. I 37 f., Zwangsvollstreckung am Orte der N. des Hauptschuldners, sonst. Einrede der Vorausklage des Bürgen II 468 f.

Nießbrauch III 383 ff. — Bestellung eines N. am künftigen, gegenwärtigen Vermögen I 457 f. — Nießbrauch an Sachen III 383 ff.: Begriff III 383 f., N. an Bruchtheilen III 384. — Eintragung in das Grundbuch, Bezugnahme auf Eintragungsbewilligung III 384. — Bestellung des N. an beweglichen Sachen III 385 f., Ersitzung III 385 f. — Besitz des Nießbrauchers III 387. — N. am Antheile eines Miteigenthümers III 387, IV 597 f. — Zusammentreffen mehrerer Nutzungsberechtigter III 387. — Erstreckung des N. auf Zubehör III 385, 387 f. — Fruchterwerb III 388 f., VI 243, übermäßige Nutzung eines Waldes III 390 f., neue Anlagen zur Gewinnung von Bodenbestandtheilen III 391 f., IV 597. — Schatz III 392. — Pflichten des Nießbrauchers für Erhaltung und Rückgewähr, Anzeigepflicht bei Eingriffen III 392, 401, VI 244. — Wirthschaftsplan bei N. am Walde III 392 f., Ausbesserung der Sache III 393 f. — Feststellung des Zustandes der Sache III 394. — Verzeichniß bei N. an Inbegriff von Sachen III 394 f. — Inventarersatz bei N. an Grundstücken III 396. — Versicherung der Sache III 396 f., VI 243 f., — Lasten, Zinsen III 399. — Klage wegen vertragswidrigen Gebrauchs der Sache III 399. — Sicherheitsleistung des Nießbrauchers

III 399, VI 389. — Ausübung des N. durch gerichtlichen Verwalter (Sequestration) III 399 f. — Veränderungen, Verschlechterungen bei ordnungsmäßigem Gebrauche III 401. — N. an Bergwerken III 401 f., VI 242. — Einfluß der Beendigung des N. auf Miethe und Pacht III 402 f., bei Verzicht des Nießbrauchers III 405. — Verwendungen, Wegnahmerecht des Nießbrauchers III 405 f., VI 94. — Verjährung der Ersatzansprüche des Eigenthümers und des Nießbrauchers III 407. — Unübertragbarkeit des N., Uebertragung der Ausübung III 407 ff. — Erlöschen des N., Tod, Erlöschen der juristischen Person III 410 f. — Vereinigung von N. und Eigenthum III 412, VI 390. — Aufhebung durch Rechtsgeschäft III 412, Wirkung auf Zubehör des Grundstücks III 412. — Verjährung des nicht in das Grundbuch eingetragenen N. III 412. — N. an verbrauchbaren Sachen III 413. — Vermuthung für das Eigenthum des Bestellers zu Gunsten des Nießbrauchers III 494, IV 593, 609. — N. an Rechten III 413 ff.: Bestellung III 413, nicht an unübertragbaren Rechten III 413 f. — N. an Rechten auf Leistung III 414 f. — Zustimmung des Nießbrauchers zur Aufhebung und Aenderung des belasteten Rechtes III 415 f., VI 245. — Beendigung des N. durch Vereinigung, Rechtsgeschäft III 416. — Uebergang von Ansprüchen gegen Dritte auf den Nießbraucher III 416. — N. an Leibrente, Auszug rc. III 417 f. — N. an Forderung III 418 ff.: N. nach der Leistung an den Nießbraucher III 418 f., N. an Forderung auf Leistung verbrauchbarer Sachen III 421 f., N. an einer gegen den Nießbraucher bestehenden Forderung III 422, Vereinigung von Forderung und Schuld III 422, N. an einer verzinslichen Forderung III 423 f., IV 598, an amortisirbaren Forderungen III 425 f., an einer Grundschuld III 426 f., an Inhaber- und Orderpapieren III 427 f., IV 785. — N. an einem Vermögen III 429 f.: Bestellung III 429 f., Befriedigung der Gläubiger des Bestellers, Rückgabe der zu derselben erforderlichen Gegenstände, direkte Befriedigung durch den Nießbraucher III 430 ff., IV 598 f., 609 f., VI 348, Befriedigung bei N. an verbrauchbaren Sachen III 432 f., Zinszahlung, Entrichtung wiederkehrender Leistungen durch den Nießbraucher III 433 f. — Erstreckung des N. auf Surrogate III 434 f. — N. an einer Erbschaft III 436. — Anwendung der Vorschriften über N. auf persönliche Dienstbarkeiten III 437. — Erlöschen des N. durch Pfandverkauf III 480. — Verhältniß des N. zu den Hypothekengläubigern III 553. — N. bei Fahrnißgemeinschaft IV 374 f. — Analogie des N. bei elterlicher Nutznießung IV 575 f., bei ehemännlicher Nutznießung IV 357 f., beim Verhältnisse von Vor- und Nacherben V 90 f. — Beschränkung des Ehegatten auf den N. am Pflichttheil V 497 f. — Vermächtniß des N. an einen Pflichttheilsberechtigten V 510 f. — Entschädigung des N. in Enteignungsfällen VI 467. — Uebergangsbestimmung für Ersitzung des N. VI 520, 633. — Zwangsvollstreckung in Gegenstände des N. VI 706, 716, 794.

Nießbraucher. Haftung für Schaden durch Gebäude II 657. — Besitz des N. III 221, 385 f.

Nonusus I 196, 198, III 322.

Normativbestimmungen für juristische Personen I 491 f., 495 f.

Notare. Beurkundung von Rechtsgeschäften I 89 f., V 429 ff. — Anspruchsverjährung I 202, 206, 211. — Notarielle Form des Vertrags über das Vermögen I 458, über Erbschaft eines Dritten I 458, über Eigenthum an einem Grundstück I 458 ff. — Form des Stiftungsgeschäfts I 590, des Schenkungsversprechens VI 9 f., der Auflassung III 170 f., 173 f. — Form des Ehevertrags IV 217 f., der Zustimmung des anderen Ehegatten zu letztwilligen, einen Abkömmling in der fortgesetzten Gütergemeinschaft beschränkenden Verfügungen IV 246, 313 f., des Verzichts eines Abkömmlinges auf seinen Antheil am Gesammtgute der fortgesetzten Gütergemeinschaft I 247, 314, des Antrags und der Einwilligung zur Ehelichkeitserklärung IV 711, des Vertrags zur Annahme an Kindesstatt IV 724 f., V 145 f. — N. bei Vermögensverzeichniß des Vormundes IV 759, des Testamentsvollstreckers V 310 f. — Testamentserrichtung V 330 ff., VI 450. — Erbvertrag V 379 f., Anfechtung desselben V 385 f., Rücktritt von demselben V 409 f. — Aufnahme des Nachlaßverzeichnisses zur Feststellung des Pflichttheils V 519. — Form des Erbverzichtvertrags V 599 f., der Inventarerrichtung V 734, 737, der Verfügung des Miterben über seinen Antheil V 837. — Verträge über Grundstücke, Auflassung vor N., Landesgesetze VI 424 f., 650. — N. als Testamentsvollstrecker VI 453. — Beurkundung von Rechtsgeschäften, Landesrecht VI 454 f. — Zwangsvollstreckung aus Notariatsurkunden VI 715 f.

Nothdürftiger Unterhalt IV 483, 494 f., VI 291 f., 297.

Notherben, s. Pflichttheil.

Nothstand I 240 f., 247 ff. 260 f, II 578 f., VI, 212 f.

Nothtestament V 342 f., VI 451 f.

Nothtrauung IV 39 ff.

Nothweg III 149 ff., VI 568. — Landesgesetze über N. zur Verbindung mit einer Wasserstraße oder Eisenbahn VI 553 f.

Nothwehr I 240 f., 251, des Besitzers III 38 f.

Nothzucht II 640, IV 694.

Nutznießung eheliche, s. eheliches Güterrecht.

N. aus elterlicher Gewalt IV 546 f., 575 f., 650 f., 653 ff., 735 f., VI 547 f.
Nutzungen, Begriff III 24. — Beschränkte Haftung des Schuldners für N. bei Verzug des Gläubigers I 332. — N. der Mitglieder von Realgemeinden, Landesgesetze I 612 ff. — Ersatz von N. bei Rücktritt vom Vertrag I 788 f., bei Wandelung eines Thierkaufs I 802 f. — Uebergang beim Kaufe II 58 f. — N. bei Wiederkauf II 84, bei Erbschaftskauf II 120, 122. — N. von Gegenständen als Beitrag zur Gesellschaft II 440 ff. — Herausgabe von N. bei ungerechtfertigter Bereicherung II 708 f. — Herausgabepflicht, Offenbarungseid II 783. — Zusammentreffen von N. mit Grunddienstbarkeit III 321. — Herausgabe der N. bei Eigenthumsanspruch III 336 ff. — Ausschließung von N. bei Nießbrauch III 383 f. — Erhebung von N. des Mündelvermögens IV 783. — N. der Vermächtnißsache V 221 f., 230 f. — N. des bona mente Enterbten V 573 ff.
Nutzungspfandrecht III 452 f., 521.
Nutzungsrechte. Fruchterwerb bei dinglichem N. III 245 f. — Zusammentreffen von N. und Grunddienstbarkeit III 321. — Dauerndes N. an Grundstücken, Pflicht zum Ersatze des Wildschadens VI 377. — Fortbestand der Landesgesetze über veräußerliche und vererbliche N. an Grundstücken VI 472 ff., Anwendung der Vorschriften über Grundstücke auf dieselben VI 485 f., 607 f., Anlegung von Grundbuchblättern VI 525 f. — Unpfändbarkeit des ehemännlichen, elterlichen N. VI 725, 799.

O.

Oberfläche eines Grundstücks III 120 f.
Oberlehnsherrlichkeit, Fortbestand der Landesgesetze VI 373.
Obervormundschaft, s. Vormundschaftsgericht.
Obligation, s. Schuldverhältniß.
Observanz, s. Herkommen.
Obstbaum III 139, Landesgesetze über Nachbarrecht an O. VI 428.
Oefen III 19.
Oeffentliche Abgaben, Landesgesetze über Rückerstattung VI 422 f.
Oeffentliche Anstalt, Anfall von Vereinsvermögen I 542. — Anspruchsverjährung I 202. — Rechte öffentl. A. an Grundstücken ohne Eintragung in das Grundbuch, Fortbestand der Landesgesetze VI 372 ff. — Landesgesetze über Hypothekentitel der ö. A. VI 437 f.
Oeffentliche Aufforderung zur Anmeldung von Erbrechten V 670, 681, 682, von Ansprüchen an den Nachlaß V 877 f.
Oeffentliche Beglaubigung von Handzeichen I 89, 102, Beurkundung von Verträgen V 430 ff., VI 131, der Abtretungserklärung von Hypotheken III 654 f., IV 506.
Oeffentlicher Gebrauch, Anlagen und Betriebe auf Grundstücken im ö. G., Landesgesetze über Schadenshaftung des Unternehmers II 605, VI 421.
Oeffentlicher Glaube des Grundbuchs III 75 ff., 580, 588, VI 222, 386, des Erbscheins V 684 f., VI 222.
Oeffentliche Hinterlegung I 265, 342 ff.
Oeffentliches Interesse bei Schenkung unter Auflage II 30 f., Geschäftsführung gegen den Willen des Geschäftsherrn II 735 f., bei letztwilligen Auflagen V 245. — Landesgesetze über Eigenthumsbeschränkungen im ö. J. VI 428.
Oeffentliche Lasten, s. Lasten.
Oeffentliche Ordnung. Rechtsgeschäfte gegen ö. O. I 124. — Ausländische Gesetze, welche gegen ö. O. verstoßen VI 81 f.
Oeffentliche Sammlung, s. Sammlung.
Oeffentliche Stiftung I 489 f., 585 f., 607 ff.
Oeffentliche Versteigerung einer zur Hinterlegung nicht geeigneten geschuldeten beweglichen Sache und Hinterlegung des Erlöses I 342 f., 356 ff., des Pfandes III 476 f.
Oeffentliche Zustellung von Willenserklärungen I 73 f.
Oesterreichisches Gesetzbuch II 168, 241, 333, 418, III 424, IV 230, 546, V 462, 565, VI 185, 233.
Offenbarungseid II 779 ff., bei Herausgabe eines Inbegriffs von Sachen II 783, 786 f., Nutzungen II 783, Geschäftsführung II 783 f., Rechnungslegung II 784 f. — Beschränkung des O. auf Einnahmen II 785, Nichtausdehnung auf Belege II 785 f. — Beschränkung der Eidespflicht II 786 f. — Abnahme des Eides, Aenderung der Eidesnorm, Zuständigkeit, Ladung, Eidesweigerung, Zwang zur Leistung, Kosten II 788 f. — Verbindung der Klage auf Herausgabe mit derjenigen auf Rechnungslegung und Leistung des O. II 792 f. — O. der Hausgenossen des Erblassers V 715 f., des Erben bei Inventarerrichtung V 757. — Zuständigkeit der Amtsgerichte für O. VI 457, 460, 556, 728. — Beibehaltung von Vorschriften des bürgerlichen Rechts über Pflicht zur Leistung des O. VI 752.
Offene Erwerbsgesellschaft II 447 f.
Offenkundigkeit der Voraussetzungen des Erbscheins V 679.
Offenlegung. Verbot der O. des Vermögensverzeichnisses durch den Erblasser des Mündels IV 815 f.
Offizialmaxime beim Verfahren zwecks Todeserklärung I 23 f., 28, bei Entmündigung VI 690 f.
Okkupation dereliquirter Grundstücke III 184 ff., 188, herrenloser Sachen III 250 ff.
Onkel, Ehe mit Nichte IV 24, 26.
Operae liberales, illiberales I 280, II 276.
Orden I 490, 564, 619. — Mitglieder katholischer geistlicher Orden, Eheschließungsverbot

IV 16. — Erlaubniß zur Eheschließung von Ordenspersonen IV 36. — Ordensadel IV 99. — Erwerbsbeschränkungen geistlicher O. VI 381.
Ordentliche Testamentsform V 326 ff.
Orderpapiere als Mittel der Sicherheitsleistung I 266. — Nießbrauch an O. III 427 f., Forderungspfandrecht III 527 f. — O. im ehelichen Besitze, Vermuthung für Eigenthum des Mannes IV 112. — Erwerb von O. aus Mitteln des eingebrachten Gutes IV 184 ff. — Hinterlegung zur Sicherstellung der Frau IV 133, 178, 196. — Erwerb von O. mit Mitteln des unter elterlicher Gewalt stehenden Kindes IV 571 f. — Behandlung von O. des Mündels IV 783 f., der Vorerbschaft V 106 f., VI 93.
Ordnungen der gesetzlichen Erben V 463 ff.
Ordnungsmäßig, Bedeutung V 278.
Ordnungsstrafen gegen Vorstand und Liquidatoren von Vereinen IV 577, zur Erzwingung der Uebernahme der Vormundschaft IV 750, gegen Vormünder IV 800, gegen Mitglieder des Familienraths IV 837.
Ort der Leistung I 306 f., VI 153, der Hinterlegung I 348 f. — Verschiedene O. der Leistung, Aufrechnung I 371 f. — O. der Schenkungserfüllung II 30. — Versendung der Kaufsache an einen anderen als den Erfüllungsort, Gefahr II 67. — O. der Rückgabe hinterlegter Sachen II 399, der Vorlegung von Sachen, Urkunden II 775 f., der Leistung des Offenbarungseides II 788 f. — O. der Ausübung einer Grunddienstbarkeit, Verlegung III 314 f. — O. der Pfandversteigerung III 478, der Zahlung der Grundschuld III 711, IV 505. — O. der Testamentserrichtung, Aufnahme in das Protokoll V 336 f. — Gesetze des O. der Vornahme eines Rechtsgeschäfts VI 32 ff., 38 f., der Eheschließung VI 49 f.
Ortsüblichkeit bei Abmarkung der Grenze III 123.

P.

Pacht II 232 ff. — Eintragung in das Grundbuch II 169 f. — Inhalt des Vertrags, Anwendung der Vorschriften für Miethe II 232 f. — Unterpacht II 233 f. — Pfändung des Pachtrechts II 237 f. — Minderung des Ertrags durch Zufall, Pachterlaß II 238 ff. — Grundstückspacht mit Inventar, Ergänzung desselben, Junge von Thieren II 243 f., Pfandrecht des Pächters am Inventar, Abwendung desselben durch Sicherheitsleistung II 244 f. — Kündigung der Pacht eines Grundstücks oder Rechtes II 246 f., 515 f. — Zurückbehaltungsrecht des Pächters am Grundstücke II 248 f. — Kein Kündigungsrecht bei Tod des Pächters, Versetzung von Beamten II 249 f. — Pachtzinszahlung bei P. eines landwirthschaftlichen Grundstücks II 251 f., Ausbesserungspflicht des Pächters II 252 f., Bewirthschaftung, Rückgewähr II 253 ff., 259. — Nichtrückgabe des Pachtgegenstandes nach beendeter P., Weiterzahlung des Pachtzinses II 256 f. — Pfandrecht des Verpächters II 258 f. — Uebernahme des Inventars durch den Pächter zum Schätzungswerthe, Gefahr, Zurückgewährung II 259, 516, Rechtsverhältniß einer P.kaution bei Veräußerung des Grundstücks II 260 f. — Wegnahmerecht des Pächters II 263, Ersatz von Bestellungskosten II 264, Rückgewähr von Vorräthen, Zurücklassung landwirthschaftlicher Erzeugnisse, Dünger, Stroh, Ersatzansprüche des Pächters dafür II 264 ff. — Viehverstellung, Viehpacht II 268 f. — Pachtung eines Landguts, von Vorräthen nach Schätzung, Rückgewähr II 269. — Ersatz von Wildschaden bei P. II 829 ff. — P. bei Nießbrauch III 402 f. — Verhältniß der P. zu den Hypothekengläubigern III 553, VI 390 f. — P.verhältniß bei Aufhebung des gesetzlichen Güterstandes IV 137, 213, bei Endigung der väterlichen Nutznießung am Kindesvermögen IV 576. — P.verträge des Mündels IV 791 f., über Vermögen volljähriger Bevormundeter IV 849. — P.verhältniß bei Nacherbschaft V 129, bei Vermächtniß V 180 f. — Uebergangsbestimmung für bestehendes P.verhältniß VI 499 f. — Einfluß der Veräußerung auf bestehendes P.verhältniß VI 501 f. — Uebergangsbestimmung für nicht eingetragene P.rechte VI 521. — Pfändung eines P.rechts VI 724. — Wirkung des Konkurses auf P.verträge VI 759 f.
Pachterlaß II 238 ff.
Pachtjahr II 246 f., 515 f.
Pachtkaution II 260 f.
Pachtremission II 238 ff.
Pachtzinsen. Verjährung rückständiger P. I 208 f., 211. — Zahlungszeit bei landwirthschaftlichen Grundstücken II 251 f. — Haftung für Hypotheken III 556, IV 502, III 560 f., IV 503.
Pactum de non cedendo I 384, de contrahendo II 96, de deponendo II 392.
Parentelensystem V 463 ff.
Parteieid, Ausschluß im Entmündigungsverfahren VI 690.
Parteien. Verjährung des Anspruchs aus Vorschuß an Rechtsanwälte I 202, 211.
Partikulares Gewohnheitsrecht I 3.
Patentrecht, Uebertragung III 257. — Nießbrauch III 417. — Verpfändung III 520.
Patria potestas IV 628.
Patronatrecht, Landesgesetze VI 435 f.
Pension. Abtretung von P. I 404.
Peremtorische Einreden hemmen nicht Verjährung I 216 (s. auch Einrede).
Personalservituten, s. persönliche Dienstbarkeiten, Nießbrauch.
Persönliche Angelegenheiten der Frau IV 133 f., 180 f., 203 f., 241, 269 f.

Persönliche Dienstbarkeiten III 436 f.: Begriff, Umfang III 436, Untheilbarkeit III 436. — Unveräußerlichkeit, Ueberlassung der Ausübung III 436 f. — Anwendung der Vorschriften für Grunddienstbarkeiten, für Nießbrauch III 437. — Wohnungsrecht III 437. — P. D. von Gemeinden zu Gunsten ihrer Mitglieder III 438 f. — Pfändung von p. D. VI 727.
Persönliche Eigenschaften, Irrthum über solche, Anfechtung der Ehe IV 72 ff.
Persönliche Leistung der Verbindlichkeit I 305. — Uebernahme von p. L. durch die Ehefrau IV 101 ff., VI 272. — P. L. beim Dienstvertrage II 278 f., beim Auftrage II 354, als Reallast III 732 f.
Persönlichkeitsrechte, Verletzung II 566 f.
Personalstatut VI 6, der Ausländer VI 12 ff.
Personen, natürliche I 4 ff. — Irrthum über P. bei Rechtsgeschäften I 112, über Eigenschaften der P. I 114. — Sorge für die P. der Kinder nach Ehescheidung IV 448 f. — Ungewißheit der P. des letztwillig Bedachten V 22 f. — Letztwillige Zuwendung an eine Klasse von P. V 35 f., an unbestimmte P. V 37 f.
Personenstand, Gesetz über die Beurkundung 2c. IV 12 ff., 21, 29, 39, 40, 41, 42, 49, 392, 447, V 133, VI 50, 52, 118, 305, 363. — Aenderungen VI 596 f. — Aenderungen des Gesetzes über die Beurkundung 2c. im Auslande VI 587 f.
Personenvereine I 505. — P. sächsischen Rechts VI 497.
Pertinenz, s. Zubehör.
Perzeption, s. Trennung.
Petitorische Klage, Unstatthaftigkeit der Verbindung der Besitzklage mit derselben VI 658.
Pfändung. Keine Pf. des Rücknahmerechts des Schuldners bei Hinterlegung I 352 f. — Keine Aufrechnung gegen Forderungen, deren Pf. nicht geschehen kann II 374, desgl. keine Abtretung solcher I 384 f. — Pf. des Pachtrechts II 237, des Anspruchs eines Gesellschafters II 436, 438, VI 317, 327 f. — Pf. von Rechten, die in das Grundbuch eingetragen sind III 77 f. — Pf. des Zubehörs eines Grundstücks III 560. — Pf. der Früchte des eingebrachten Gutes IV 134, 182, 204. — Pf.-privileg der geschiedenen Frau IV 531 f. — Pf. in Nacherbschaft V 152, in die dem bona mente Enterbten zustehenden Nutzungen V 573 ff. — Beschränkung der Pf. des Pflichttheils durch Anordnungen des Erblassers VI 354 f. — Landesgesetzliches Privatpfändungsrecht VI 431 f., 616. — Pf. von Sachen, an welchen ein Nichtbesitzer ein Pfandrecht hat VI 716, welche sich im Besitze des Schuldners oder eines zur Herausgabe bereiten Dritten befinden VI 717. — Pf. von Forderungen VI 722 f., 797 f., des Anspruchs auf Uebertragung des Eigenthums an einer unbeweglichen Sache VI 724, des Pachtrechts VI 724, der Früchte des ehemännlichen, elterlichen Nutzungsrechts VI 725, des Pflichttheilsanspruchs VI 726, der Nutzungen der Vorerbschaft VI 726, unübertragbarer, der Ausübung nach übertragbarer Rechte VI 726 f., persönlicher Dienstbarkeiten VI 727.
Pfand, s. Pfandrecht.
Pfandbestellung als Unterbrechung der Verjährung I 222 f.
Pfandbriefe III 536 f., 671. — Pfandbriefinstitute III 545.
Pfandgeld, Landesgesetze VI 431 f., 616.
Pfandgläubiger, Besitz desselben III 221 f., IV 584. — Stellung bei Aufgebot der Nachlaßgläubiger V 777 f.
Pfandindossament III 528.
Pfandleiher, Pfandleihanstalten, Fortbestand der Landesgesetze VI 380 f., über Lösungsanspruch bezüglich der ihnen verpfändeten Sachen III 369 f., VI 380 f.
Pfandrecht. Fortbestand nach Verjährung des dadurch gesicherten Anspruchs I 236. — Pf. an hinterlegtem Gelde 2c. I 266. — Uebergang des Pf. mit Abtretung der Forderung I 386. — Erlöschen des Pf. bei Schuldübernahme I 421 ff. — Pf. an einer veräußerten Sache I 658 ff. — Gesetzliches Pf des Vermiethers II 194 ff., III 212 f. VI 781, im Konkurse des Miethers I. 225 f., des Pächters am mitverpachteten Inventar II 244 f. — Pf. des Verpächters II 258 f., des Unternehmers beim Werkvertrage II 321, des Gastwirths II 411. — Ausübung des Pf. gegen den Hauptschuldner, Einrede der Vorausklage des Bürgen II 468 f., 476, VI 197. — Verzicht des Gläubigers auf Pf., Einfluß auf Bürgschaft II 480 f. — Pf. für Verwendungen des Nießbrauchers III 407. — Pf. an beweglichen Sachen III 440 f.: Begriff und Inhalt, Begründung für künftige, bedingte Forderung III 440. — Pf. an Bruchtheilen III 441, 482. — Bestellung durch Besitzübergabe III 441 f., bei mittelbarem Besitze III 442, durch Einräumung des Mitbesitzes III 443 f., VI 260 f. — Umfang der Haftung des Pfandes III 445 f., IV 606 f., für Nebenleistungen III 446, Aenderungen und Erweiterungen der Hauptverbindlichkeit III 447, bei Pfandbestellung für fremde Schuld III 448 f., IV 606 f. — Pf. an mehreren Sachen, an getrennten Erzeugnissen III 449 f., Surrogationsprinzip III 449 f., Versicherungsgelder III 449 f. — Rang des Pf. für künftige oder bedingte Forderung III 451 f. — Vorzug des Pf. vor Rechten Dritter III 452. — Besitzrecht des Pfandgläubigers III 452. — Nutzungspfandrecht III 452 f. — Schutz des Pfandgläubigers III 454, Verwahrungs- und Rückgabepflicht desselben, Verhältniß zum Eigenthümer und Verpfänder, Hinterlegung, Verwahrung der Pfandsache III 454 f., IV 599. — Verderb, Werthminderung des Pf., Rücknahmerecht des Verpfänders III 457 f., Anzeigepflicht des Gläubigers,

Versteigerungsbefugniß derselben III 458 f., Surrogation des Erlöses III 459. — Rückgabe des Pfandes nach Erlöschen des Pf. III 459. — Verwendungen, Wegnahmerecht des Pfandgläubigers III 459 f. — Haftung des Verpfänders für den durch die Beschaffenheit des Pfandes verursachten Schaden III 464 f. — Verjährung der Ersatzansprüche des Verpfänders und des Pfandgläubigers III 460. — Einreden des Verpfänders, welcher nicht persönlicher Schuldner ist III 460 f. — Einlösungsrecht des Verpfänders III 461, der Realberechtigten III 461 f., Befriedigung des Pfandgläubigers durch Hinterlegung, Aufrechnung III 462. — Uebergang der Forderung auf den Befriedigenden, welcher nicht persönlicher Schuldner III 462 f. — Pfandverkauf III 463 ff.: Verkaufsberechtigung III 463, Verkauf eines im Mitbesitze befindlichen Pfandes III 463, beneficium excussionis realis des Schuldners III 464. — Haftung des Verpfänders wegen Beschaffenheit des Pfandes III 464 f. — Zurückbehaltungsrecht des Pfandgläubigers III 465 f. — Zusammentreffen mehrerer verkaufsberechtigter Pfandgläubiger III 466. — Verfallvertrag III 467. — Befriedigung aus Pf. an Geld III 467 f. — Ausführung des Verkaufs III 470 ff., vollstreckbarer Titel III 471, gerichtliche Ermächtigung III 471 f., Privatverkauf III 473 f. — Verfahren bei vollstreckbarem Titel gegen den Eigenthümer III 474 f. — Androhung des Verkaufs III 476. — Versteigerung III 476 f., Verkauf aus freier Hand zu Börsen-, Marktpreis III 477. — Ort der Versteigerung III 478 f. — Benachrichtigung des Eigenthümers und dritter Berechtigter III 479. — Gebote des Eigenthümers und des Pfandgläubigers III 479. — Gold- und Silbersachen III 479. — Baarzahlung, Rechtsverwirkung bei Nichtzahlung III 479. — Verkauf mehrerer Pfänder III 479. — Abweichung von den Verkaufsvorschriften nach Vereinbarung III 479, VI 391, im Interesse der Betheiligten III 479 f. — Benachrichtigung des Eigenthümers vom Verkaufe III 480. — Wirkung des Verkaufs für den Erwerber III 480. — Ausschluß der Gewährleistung III 480 f. — Unrechtmäßiger Pfandverkauf, Schadensersatz III 482. — Erwerb aus Pfandverkauf in gutem Glauben III 482. — Rechte des Pfandgläubigers am Erlöse III 482. — Pf. am Antheil eines Miteigenthümers III 482, IV 600. — Uebergang des Pf. mit der Forderung III 483 f., bei Ueberweisung im Wege der Zwangsvollstreckung III 485 f. — Erlöschen des Pf. III 487 ff.: durch Rechtsgeschäft, Ausschließung bei Uebertragung der Forderung III 487, Rückgabe des Pfandes III 487 ff., Anspruch auf Rückgabe bei Erlöschen der Forderung III 490 f., bei peremtorischen Einreden III 490 f. — Vereinigung von Pf. und Eigenthum III 492. — Kein Zurückbehaltungsrecht wegen anderer Forderungen III 492. — Vermuthung für Eigenthum des Verpfänders beim Pfandverkaufe III 492 f. — Wirkung des Urtheils zwischen Pfandgläubiger und Verpfänder gegen den dritten Eigenthümer III 493 f. — Pf. (Registerpf.) an Schiffen III 494 ff.: Eintragung in das Schiffsregister III 499 ff., VI 391, 503, 739, Anwendbarkeit der Vorschriften über Pf. an Sachen III 502, Haftung des Zubehörs des Schiffes III 503. — Kein Besitz des Gläubigers am Schiffe III 503, 740. — Löschung, Form der Erklärungen III 503. — Erstreckung des Pf. auf Zinsen und Kosten III 503. — Fortbestand des Pf. auch bei Veräußerung und Belastung des Schiffes, Löschung mit Unrecht III 504. — Berichtigung des Schiffsregisters III 504. — Befriedigung aus dem Schiffe durch Zwangsvollstreckung III 504, IV 611, des Gläubigers durch den Verpfänder III 739. — Pf. für Schuldverschreibung auf den Inhaber, indossable Papiere IV 611 f. — Rangverhältniß der Pf. III 506 f., 739. — Aufgebot des Schiffspfandgläubigers III 507 f., 739, VI 391, 736. — Pf. an einem im Bau begriffenen Schiffe III 507. — Zwangshypothek an Schiffen III 740. — Pfändung des Zubehörs eines Schiffes III 560. — Pf. an Schiffspart III 504 f. — Pf. an Grundstücken III 508 ff. (s. Hypothek, Grundschuld, Rentenschuld). — Pf. an Rechten III 517 ff.: unübertragbare Rechte III 517. — Bestellung bei Rechten auf eine Leistung III 518, bei Schuldbuchforderungen III 518. — Zusammentreffen mehrerer Pfandgläubiger III 519. — Ausschluß des constitutum possessorium III 519. — Anzeige der Verpfändung an den Schuldner III 519 f. — Zustimmung des Pfandgläubigers zur Aufhebung, Aenderung des verpfändeten Rechts III 520 f. — Nutzungspfandrecht III 521. — Zwangsvollstreckung zur Befriedigung des Pfandgläubigers III 521. — Erlöschen des Pf. durch Rückgabe der übergebenen Sache III 521. — Pf. an Forderungen III 522 ff.: Einziehungsrecht des Pfandgläubigers nach Fälligkeit III 524 f., 530. — Kündigungsrecht bei nicht auf Geld gehenden Forderungen III 525 f., bei Geldforderungen III 527. — Pf. an Werthpapieren, Wechseln und sonstigen Orderpapieren III 527 ff., 536, VI 262 f. — Kündigungsrecht des Schuldners bei einer verpfändeten Forderung III 530. — Einziehung bei Mehrheit von Pf. an einer Forderung III 532. — Benachrichtigung des Gläubigers von der Einziehung III 532. — Pf. am Gegenstande der geschehenen Leistung III 532 f. — Sicherungshypothek bei Verpfändung der Forderung auf Uebertragung des Eigenthums an einem Grundstück III

532 f. — Wiederanlegung eingezogener Gelder III 534. — Erstreckung des Forderungspf. auf Zinsen, Zins-, Renten-, Gewinnantheilscheine III 534 f. — Vereinigung von Forderung und Verbindlichkeit III 536. — Pf. an Eigenthümerhypothek, Grundschuld III 536. — Uebergangsbestimmung für nicht eingetragene gesetzliche Pf. VI 521, für Pf. an Grundstücken VI 524, 631 f. — Beschränkung der Zwangsvollstreckung bei Pf. des Gläubigers an einer beweglichen Sache des Schuldners VI 712. — Pfändung von Sachen, an welchen einem Nichtbesitzer ein Pf. zusteht VI 716. — Ueberweisung einer durch Pf. gesicherten Forderung VI 723. — Aufhebung der Bestimmungen des Einführungsgesetzes zur Konkursordnung über Wirksamkeit von Pf. im Konkurse VI 778.

Pfandschuld, Verjährung I 236.

Pfandverkauf III 463 ff.

Pfandvertrag III 441 f.

Pferde, Gewährleistung bei deren Verkauf I 718 ff.

Pflanzen als Bestandtheile des Grundstücks III 7, 8, 9 f. — Wegnahmerecht des Besitzers gegenüber Eigenthumsanspruch III 354 f.

Pflege von Hausthieren, Ersatz der Kosten bei Wandelung I 719, 743 f.

Pflegepersonal, Aufnahme bei Wohnungsrecht III 437.

Pflegschaft über den Mann, Aufhebung des gesetzlichen Güterstandes IV 137, 213. — Zusammentreffen von Pf. mit elterlicher Gewalt IV 548, 557. — Pf. für Auseinandersetzung mit den Kindern der früheren Ehe bei Wiederverheirathung IV 635 f. — Annahme des Pfleglings an Kindesstatt durch den Pfleger IV 723. — Pflegschaft im Allgemeinen IV 855 ff.: für Personen, die unter elterlicher Gewalt oder unter Vormundschaft stehen, bei Hinderung des Gewalthabers oder Vormundes, für besondere Vermögensverwaltung nach Anordnung des Zuwendenden IV 855. — Anzeigepflicht bei Bedürfniß der Pf. IV 855. — Pf. für Gebrechliche IV 855 f., V 147 f., VI 311 f., für Abwesende IV 856, für eine Leibesfrucht IV 857, für ungewisse Betheiligte IV 857. — Anwendung der Vorschriften für Vormundschaft IV 857. — Keine Berufung zur Pf. IV 857, nach dem Willen des Zuwendenden IV 857. — Bestellung eines Gegenvormundes IV 857. — Prozeßfähigkeit des Pflegebefohlenen IV 858 f. — Beendigung der Pf., Aufhebung IV 859 f., VI 312. — Pf. für den Nacherben V 129, 158 f., für den Testamentsvollstrecker V 252, 257. — Nachlaßpf. V 664 ff. — Pf. über Ausländer VI 68 f. — Pf. bei Sammlungen eines f. g. Komité VI 313 f. — Pf. wegen Gebrechen nach altem Rechte VI 489. — Uebergangsbestimmung für bestehende Pf. VI 557, 636. — S. auch VI 571, 575 f. — Ausschließung des Pflegers vom Richteramt in Strafsachen VI 578.

Pflichttheil. Nichtigkeit des Vertrags über Pf. aus dem Nachlasse eines noch lebenden Dritten I 456 f. — Form des Vertrags über Pf. unter zukünftigen gesetzlichen Erben I 456 f. — Verzicht auf Pf. durch die Frau bei allgemeiner Gütergemeinschaft IV 240, 259. — Ergänzung des Pf. bei fortgesetzter Gütergemeinschaft IV 247, 314. — Berechtigung zur Entziehung des Pf. als Aufhebung der Pflicht zur Ausstattung von Töchtern auf IV 318, 320. — Verfügung über Vorbehaltsgut der allgemeinen Gütergemeinschaft ohne Berücksichtigung des Pf. der Abkömmlinge IV 325 f. — Beschränkung der Unterhaltspflicht auf Nothdurft bei Berechtigung zur Entziehung des Pf. IV 483, 494 f. — Prozesse des Testamentsvollstreckers über Pf.recht V 299 f. — Pf. im Allgemeinen V 490 ff.: Konstruktion des Pf.rechts V 490 ff., Berechtigte, Abkömmlinge, Eltern, Ehegatten, Höhe des Pf. V 497 f. — Pf.anspruch V 498 f., 500 ff. — Zuwendung des Pf. keine Erbeinsetzung V 499 f. — Ergänzung des Pf. V 500 f. — Bedenkung mit einem Vermächtnisse, Recht zur Ausschlagung V 503 f., 510 f. — Erbeinsetzung des Berechtigten unter Beschränkungen, Beschwerungen, Belastungen, als Nacherbe V 506 ff., 514 f., VI 319, 354. — Pf.recht entfernterer gesetzlicher Erben V 511 f. — Berechnung des Pf., mitzuzählende Personen: der ausschlagende Erbe, Einsetzung des Berechtigten als Nacherbe, der erbunwürdige und der ausgeschlossene Erbe, Erbverzicht V 513 ff., 611 f., Zeitpunkt der Berechnung V 518, aufschiebend bedingte, ungewisse Rechte V 518, Berücksichtigung des Voraus des überlebenden Ehegatten V 518, Auskunftspflicht des Erben, Nachlaßverzeichniß V 519 f., Anrechnung von Zuwendungen V 521 ff., 892, VI 102 f., 320, 351, Zuwendungen aus Gesammtgut V 525. — Vererblichkeit, Uebertragbarkeit des Pf.anspruchs V 525 f. — Verhältniß der Pf.last zu Vermächtnissen und Auflagen, Kürzung derselben, Beeinträchtigung des pf.berechtigten Erben V 546 ff. — Haftung des Vertragserben V 548. — Verhältniß mehrerer Erben, Ausschließung des Pf.berechtigten V 548 f. — Ausschlagung eines Vermächtnisses, der Erbschaft durch den Pf.berechtigten, Kürzung der Vermächtnisse und Auflagen V 550 f. — Abweichende Anordnungen des Erblassers V 551. — Verjährung des Pf.anspruchs V 551. — Entziehung des Pf. gegenüber Abkömmlingen V 551 ff., VI 320 f., Pf.beschränkung in guter Absicht (exheredatio bona mente) V 565 ff., VI 356, Entziehung des Pf. gegenüber Eltern V 579, Erlöschen des

Entziehungsrechts durch Verzeihung V 579 f., Entziehung gegenüber dem Ehegatten V 580, Anordnung der Entziehung durch letztwillige Verfügung, Angabe des Grundes, Beweislast V 580 f., VI 328. — Verkürzung des Pf. durch Schenkungen, außerordentlicher Pf.anspruch V 581 ff., VI 104 f. — Ergänzung des Pf. V 589, Haftung des Erben für dieselbe V 589 ff., VI 105 f. — Haftung des Beschenkten, mehrerer nach einander Beschenkten V 592 ff., Schenkungen aus Gesammtgut V 596, ausgenommene Schenkungen V 596. — Stiftungen, welche den Pf. verkürzen V 596 f. — Vertragsmäßige Uebertragung des Pf.rechts eines Abkömmlinges V 610 f. — Feststellung des Pf. bei Erbverzicht V 611 f. — Ausschlagungsfrist des Pf.berechtigten V 627, Anfechtung der Ausschlagung V 631, VI 319, 328. — Berechnung des Pf. bei fortgesetzter Gütergemeinschaft VI 283. — Feststellung des Werthes eines Landguts für Berechnung des Pf. VI 330 f. — Beschränkung der Pfändung des Pf. durch Anordnung des Erblassers VI 354 f. — Pf. im Anerbenrechte VI 510.

Pflichttheilsanspruch V 498 f., 500 ff., 525 ff. — Vertrag über Pf. aus dem Nachlaß eines noch lebenden Dritten I 456 f. — Pf. gegenüber Testamentsvollstrecker V 299 f., 537, bei Erbschaftskauf II 115. — Außerordentlicher Pf. V 581 ff. — Pf. bei Aufgebot der Nachlaßgläubiger V 774. — Gerichtsstand für Pf. VI 642. — Beschränkte Pfändbarkeit des Pf. VI 726. — Behandlung eines dem Gemeinschuldner zustehenden Pf. VI 753 f., 802.

Pflichttheilsberechtigte V 497 f. (f. Pflichttheil). — Uebergehung in letztwilliger Verfügung V 52 f., Anfechtung von Erbverträgen V 385 f., Anfechtung solcher wegen Verfehlungen des pf. Vertragserben V 395 f. — Rücktritt vom Erbvertrage bei Wegfall des gegenüber einem Pf. bestandenen Enterbungsgrundes V 411 f., Anfechtung des Erbvertrags wegen Uebergehung eines Pf. V 418 f. — Erbunwürdigkeit des Pf. V 649.

Pfründenrecht, Landesgesetze VI 435 f., 611.

Piae causae I 585, letztwillige Zuwendung V 37.

Planke zwischen Grundstücken III 129.

Politische Vereine I 558 ff., 572 ff.

Polizeibehörde, Anzeige von Funden III 256, von der Versteigerung gefundener Sachen III 258, Ablieferung an P. III 259, Ersatzansprüche der P. III 271. — Ablieferung einer Sache seitens des unredlichen Besitzers an P. III 344 f.

Possessor pro herede V 699 f., 709 f., pro possessore V 704 f.

Post. Hinterlegung durch Aufgabe zur P. I 348, 360. — P.-Reglement I 754.

Potestativbedingung bei letztwilliger Verfügung V 15 ff.

Praecipuum, f. Voraus, Vorausvermächtniß.

Prädialservitut, f. Grunddienstbarkeit.

Prälegat, f. Vorausvermächtniß.

Prämie eines dem Nießbrauche unterliegenden Inhaberpapiers III 427 f. — Gesetz betr. Inhaberpapiere mit P. VI 585.

Pränumeration, f. Vorausleistung.

Präsentationsregister zum Grundbuche III 90 f.

Präsumtion. Praesumtio juris et de jure I 264. — Praesumtio Muciana IV 112, VI 61. (S. Vermuthung.)

Präterition, f. Uebergehung.

Preisbewerbung II 350 f.

Prekarium II 275 f.

Preußisches Landrecht I 191, 234, 296, 311, 336, 363, 430, 457, 513, 514, 535, 588, 632, 644, 652, 659, 665, 669, 688, 698, 709, 778, 779, 789, II 44, 58, 65, 88, 102, 104, 106, 110, 113, 115, 121, 124, 125, 138, 151, 155, 168, 178, 181, 186, 221, 248, 273, 278, 334, 355, 418, 478, 485, 570, 694, 745, 797, 805, 821, III 8, 21, 198, 241, 294, 297, 299, 309, 316, 325, 332, 335, 338, 400, 404, 424, IV 71, 84, 89, 98, 103, 423, 543, 610, 622, 678, 713, V 4, 21, 34, 35, 77, 162, 189, 192, 197, 353, 380, 387, 409, 447, 457, 508, 558, 575, 659, 840, 864, 887, 893, VI 185, 186, 210, 336, 432, 506, 518, 562, 602.

Priorität, f. Rangordnung.

Prioritätsanleihen von Schiffahrtsgesellschaften IV 611.

Privatbank, Anlegung von Mündelgeld IV 773 f.

Privatbeamte, Dienstverhältniß, Kündigung II 296, 298 f., 302 f.

Privatdienste, Verjährung der Ansprüche aus solchen I 202, 211.

Privateisenbahnen, Fortbestand der Landesgesetze VI 552 f.

Privatlehrer, Dienstverhältniß, Kündigung III 296, 298 f., 302 f.

Privatgewässer, Fische in P. III 254.

Privatpfändungsrecht der Landesgesetze VI 431 f., 616.

Privatrechtliche Stiftungen I 585 f.

Privattestament V 326 f., Minderjähriger V 336, gerichtliche Verwahrung V 351, Rückgabe V 353 f. — Gemeinschaftliches P. von Ehegatten V 426 f.

Privatverkauf des Pfandes III 472 f.

Probe. Kauf auf P. I 793, II 77, VI 172, nach P. II 77.

Procurator in rem suam I 163.

Pro herede gestio V 619 f., 660.

Prokura. Ertheilung durch Vormund IV 795.

Protestation, f. Vorbehalt, Vormerkung.

Protokoll über Testamentserrichtung V 336 ff., Testamentsverkündung V 356 f., Erbvertrag V 379 f., über gerichtliche oder notarielle Beurkundung von Rechtsgeschäften V 429 ff.

Protokollführer bei Verkauf in Folge Zwangsvollstreckung, Verbot des Kaufes II 72.
Provisionsansprüche, Verjährung I 207, 211. — P. des Mäklers II 345 f.
Prozeßfähigkeit von Personen, die in der Geschäftsfähigkeit beschränkt sind, Einfluß auf die Anspruchsverjährung I 219 f. — P. der unter Pflegschaft Gestellten IV 858. — P. des Erben während Nachlaßpflegschaft V 811. — P. der Ehefrau VI 643. — Prozeßunfähigkeit eines vertretenen Pflegebefohlenen VI 644. — Eideszuschiebung an Prozeßunfähige VI 664. — P. in Ehesachen VI 673 f. — (S. auch VI 786.)
Prozeßführung, f. Rechtsstreit. — P. ohne Vollmacht VI 647. — P. eines Vertreters mit sich selbst VI 644, 786.
Prozeßgericht, Abnahme des Offenbarungseides II 788 f.
Prozeßkosten bei nicht bekannt gegebener Abtretung eines Anspruchs VI 647. — Gesammtschuldnerische Haftung von Streitgenossen für P. VI 647, 786. (S. auch Kosten.)
Prozeßvollmacht in Ehesachen VI 675.
Prozeßzinsen I 323 f.
Pseudonym I 45.
Publizianischer Anspruch III 383.
Punktation I 74.
Punkte des Vertrags I 74. — Dissens über einen P. des Vertrags I 115 f.
Putativehe, vermögensrechtliche Wirkungen IV 67 ff., Unterhaltsanspruch IV 532 f., Kinder IV 662 f.
Putativerbe, keine Ersitzung gegen den Erben III 236 f.

Q.

Quarta Falcidia V 218.
Quasidesertion IV 402.
Quasi ususfructus III 413, 421 f., 427 f., 432 f.
Querela inofficiosae donationis V 582 f.
Quinquennalfakultäten IV 13.
Quittung I 102, 337 ff., IV 819, VI 164. — Q. als Empfangsermächtigung I 341. — Q. beim Kaufe II 54 f. — Ersatz der Q. des Hypothekengläubigers durch Ausschlußurtheil III 618 f. (S. auch VI 210.)

R.

Rain auf der Grenze von Grundstücken III 129.
Rangänderung im Grundbuche III 91 ff., der Theilhypotheken III 585, IV 506.
Rangordnung der Rechte im Grundbuche III 88 ff., VI 221, Aenderung derselben III 91 ff. — R. des durch Vormerkung geschützten Rechtes III 112. — R. der Pfandrechte III 451 f., der Schiffspfandrechte III 506 f., 739, der Pfandrechte an Rechten III 519. — R. der Hypotheken bei Vereinigung von Grundstücken III 550 f., IV 504. — R. bei Abzugseinrede des Erben V 800 f. — R. der bestehenden Rechte an Grundstücken, Uebergangsbestimmungen VI 555 f., 631.
Rangverhältniß, f. Rangordnung.
Rangvorbehalt im Grundbuche III 99 ff.
Räume, Anwendung der Vorschriften über Miethe II 131, 133. — R. für Dienstverpflichtete II 289 ff. — Schutz des Besitzes von R. III 41.
Räumliche Herrschaft der Rechtsnormen, Gesetzentwurf VI 8 ff.
Räumungsfristen bei Miethswohnungen, Landesgesetze VI 417.
Räumungsklagen VI 655 f.
Rath, Ertheilung II 380, 664.
Rauch, Zuführung auf ein fremdes Grundstück III 123 f.
Raum, Eigenthum des R. über und unter der Oberfläche eines Grundstücks III 120 f. — Schutz des Besitzes abgesonderter R. III 41. — Miethe von R., Beschaffenheit II 133, 230 f.
Rayongesetz VI 469, 587, 605.
Realgemeinden. Fortbestand der Landesgesetze über R. I 612 ff., VI 491 ff.
Realgewerbeberechtigungen, Fortbestand der Landesgesetze VI 378.
Reallasten III 729 ff. — Gewährleistung für Nichtvorhandensein von R. bei Veräußerung von Grundstücken I 657. — Rangänderung von R. im Grundbuche III 96 f. — Begriff der R. III 729 f., Anwendung der Vorschriften über rückständige Hypothekenzinsen III 730 f., 738, zulässiger Inhalt III 731 ff., Unterlassen als Gegenstand der R. III 734. — R. an Bruchtheil III 734. — Eintragung III 735. — Ersitzung III 735. — Schutz der dinglichen Ansprüche des Berechtigten III 735. — Persönliche Haftung des Eigenthümers während seiner Besitzzeit, Gesammtschuldverhältniß bei Theilung III 735 f. — R. zu Gunsten des jeweiligen Eigenthümers eines Grundstücks III 729, 731, Theilung dieses Grundstücks III 736 f. — R. zu Gunsten einer bestimmten Person III 738. — Aufhebung der R. durch Rechtsgeschäft, Verjährung III 738. — Aufgebot des Berechtigten III 738. — Fortbestand der Landesgesetze über Ablösung 2c. von R. VI 372 f., über Untersagung der Belastung mit R. VI 433 f., 608. — Entschädigung für R. in Enteignungsfällen VI 465, 468. — Uebergangsbestimmung für bestehende R. VI 516 f., Landesgesetze über R. des Fiskus 2c. bei Theilung des Grundstücks VI 609 f. — Besitzschutz bei R. VI 632. — Zwangsvollstreckung in R. VI 727. — Aufgebot des Reallastberechtigten VI 736.
Realoblation der Leistung I 329.
Realservitut, f. Grunddienstbarkeit.
Rechenschaft II 258 f., 778 f., bei Auftrag II 357 f., bei Geschäftsführung ohne Auftrag II 728. — Offenbarungseid bei R. II 784 f. — R. bei Nutzungspfandrecht III 453.

— R. des Mannes bei Beendigung des gesetzlichen Güterstandes IV 132, 213, des Vormundes bei Beendigung der Vormundschaft IV 819. — R. des Erbschaftsbesitzers V 715. — S. auch Rechnungslegung.

Rechnungsabschluß bei Gesellschaft II 437.

Rechnungslegung II 778 f. — R. des Beauftragten II 357 f., bei Geschäftsführung ohne Auftrag II 728. — Offenbarungseid bei R. II 784 f., 792 f. — R. bei Nutzungspfandrecht III 453. — R. bei elterlicher Vermögensverwaltung IV 562, 635. — R. des Vormundes IV 802 f., Befreiung davon IV 809 f., bei Herausgabe der Vorerbschaft V 100, 128, des Testamentsvollstreckers V 314 f. — Verbindung der Klagen auf Herausgabe und R. VI 654. — S. auch Rechenschaft.

Rechte eines Dritten als Gegenstand des Vertrags I 455 f. — Uebertragung von R., Analogie der Uebertragung von Forderungen I 404. — Verkauf von R. I 654 f., 669 f., II 475, von R. an beweglichen Sachen I 660 f. — Bestellung von R. Dritter an Miethgrundstücken II 159 ff. — Kündigung eines verpachteten R. II 246 f. — R. als Bestandtheile von Grundstücken III 17. — Früchte von R. III 23 f. — Nießbrauch an R. III 413 ff. — Pfandrecht an R. III 517 ff. — Uebergangsbestimmungen für bestehende R. an fremden Sachen und an R. VI 516 f., 555 f., für Erwerb von R. an Grundstücken VI 522 f. — Grundbuchblatt für R. an Grundstücken VI 525 f. — Erwerb von R. an Gegenständen der Konkursmasse VI 756 f.

Rechtsanwälte, Anspruchsverjährung I 202, 206, 211. — Verjährung des Anspruchs der Partei aus einem dem R. gegebenen Vorschuß I 202, 211. — Art des Vertrags mit R. II 276, 303, 379.

Rechtsanwaltsordnung II 278, 379.

Rechtsbedingung I 185.

Rechtsbesitz bei Grunddienstbarkeiten, Schutz III 327.

Rechtsfähigkeit, Beginn, Endigung I 4, VI 106. — Erlangung der R. für Vereine mit nicht wirthschaftlichem Zwecke I 498 f., 580 f. — Entziehung der R. eines Vereins I 572 ff. — Vereine ohne R. I 553 f., II 452 f., VI 117, 206 f., 639, 705. — Internationales Privatrecht über R. VI 28. — S. auch Geschäftsfähigkeit.

Rechtsgeschäfte I 53 ff. — Begriff I 55. — R. von Minderjährigen I 57 ff. — Form I 87 ff., Willenserklärung I 68 ff., Willensmängel I 94 ff. — Irrthum über das R. bei Willenserklärung I 112. — Unerlaubte R. I 122 ff. — Ungültigkeit der R. I 125 ff. — Anfechtung I 127 ff., Anfechtungsgegner I 129. — R. zwischen Verein und Vorstandsmitgliedern I 517 f., zwischen Vereinsmitgliedern und Verein I 524, 525, 527. — Beschränkung der Verfügung über veräußerliche Rechte durch R. III 26, 256 f. — R. der Ehefrau im häuslichen Wirkungskreise IV 106 f., über eingebrachtes Gut IV 133 f., 180 ff., 196 ff., Errungenschaftsgemeinschaft IV 365. — Aufhebung der Gütergemeinschaft wegen R. des Mannes ohne Einwilligung der Frau IV 244, 273. — R. des Vaters für das Kind IV 549, 566 f. — Genehmigung des Beistandes zu R. der Mutter bei Ausübung der elterlichen Gewalt IV 615 f. — R., bei welchen der Vormund den Mündel nicht vertreten kann IV 756. — R. des Vormundes, welche der Genehmigung des Vormundschaftsgerichts bedürfen IV 790 ff. — R. des Erben während der Ausschlagungsfrist V 657 f. — R. auf Grund des Erbscheins V 684 f. — Maßgebende Gesetze für Form der R. VI 32 f., für Schuldverhältniß aus R. unter Lebenden VI 38 f. — Erwerb aus R. des Erbschaftsbesitzers VI 324 f. — Gerichtliche oder notarielle Beurkundung von R., Landesgesetze VI 454 f.

Rechtsgrund, Mangel des R. einer Leistung, Herausgabepflicht II 684 f., Weigerung der Erfüllung II 683, 714 f.

Rechtshandlung I 55. — R. des Gemeinschuldners nach Konkurseröffnung VI 756, 764.

Rechtshängigkeit. Wirkung der R. bei Pflicht zur Herausgabe eines bestimmten Gegenstandes I 323, auf Verzinsung einer Geldschuld I 323 f., des Rückforderungsanspruchs aus ungerechtfertigter Bereicherung II 717 f. — R. beim Eigenthumsanspruche III 338 f., beim Erbschaftsanspruche V 718 f. — Wirkung der R. bei Klagen auf Aufhebung der Nutznießung und Verwaltung des Mannes, auf Aufhebung der Gütergemeinschaft IV 363, 437 f., auf Forderung von Unterhalt für die Vergangenheit IV 496 f., bei Testamentsvollstrecker V 287, 294. — Landesgesetze über Wirkungen der R. bei Rechtsstreitigkeiten, welche nicht der Civilprozeßordnung unterliegen VI 408.

Rechtsirrthum I 188.

Rechtskraft. Verjährung rechtskräftig festgestellter Ansprüche I 230. — Wirkung des rechtskräftigen Urtheils I 253 f. — Rechtskräftig Zuerkanntes, Aberkanntes I 255. — Verzicht auf R. I 255 f. — Subjektiver Umfang der R. I 257 f. — Rechtskräftige Verurtheilung des Schuldners, Schadensersatzpflicht I 321, ebenso zur Vollziehung letztwilliger Auflage V 31 f. — Umfang der R. des Urtheils VI 660, 661, 789. — R. des Urtheils im Eheprozesse VI 681.

Rechtsmängel. Gewährleistung für R. bei Veräußerung I 653 ff. — R. bei Schenkung II 25 f., VI 183, bei Leihe II 270, bei Erbschaftskauf II 121 f., bei Erbschaftsschenkung II 129 f., bei Vermächtniß V 226 f.

Rechtsmittel, Unterlassung des Gebrauchs bei Ersatzpflicht aus Amtsmißbrauch II 659, 662.

Rechtsnachfolge in dingliche Ansprüche, Einfluß der Verjährung I 231. — Wirkung des Urtheils für und gegen R. I 258. — R. bei Erbschaftsbesitz III 236 f. — Vollstreckbare Urtheilsausfertigung für und gegen R. VI 703.
Rechtsnormen I 2 ff., VI 359.
Rechtssache, Verletzung der Amtspflicht bei R. II 658 ff.
Rechtsstreit zwischen Verein und Vorstandsmitgliedern I 517 f., zwischen Vereinsmitgliedern und Verein I 524, 525, 527. — R. von nicht rechtsfähigen Vereinen II 460. — R. des Mannes über eingebrachtes Gut IV 129, 130, 172. — R. der Frau IV 132, 134, 136, 179, 183, 205 f., 207 f., 240, 242, 243, 259, 264, 271, 365, VI 61, 277. — R. des Mannes über Gesammtgut IV 238 f., VI 279. — R. über Kindesvermögen IV 581. — R., in welchem der Vormund den Mündel nicht vertreten kann IV 756. — R. des Testamentsvollstreckers V 287 ff., 532 ff. — R. gegen den Erben vor Annahme der Erbschaft V 660 f. — R. über Erbschaft, Ertheilung des Erbscheins V 679 f.
Rechtsverfolgung, Haftung des Bürgen für Kosten der R. II 467. — Beschränkung der Einrede der Vorausklage bei erschwerter R. gegen den Hauptschuldner II 476. — Anspruch des Bürgen auf Befreiung in diesem Falle II 479.
Rechtsverjährung I 196 f.
Rechtsverletzung, Schadensersatzpflicht II 566 ff., 572 f., 658 f., 663.
Rechtsvermuthung, s. Vermuthung.
Rechtsverweigerung II 663.
Rechtsverwirkung, Vorbehalt der R. I 798 ff., beim Pfandverkaufe III 479.
Rechtsverzögerung II 663.
Rechtsweg. Antrag auf Vorentscheidung einer Behörde über Zulässigkeit des R., Einfluß auf Verjährung I 226 f., 231. — Aenderung der betreffenden Bestimmungen des Gerichtsverfassungsgesetzes VI 565 ff., 785.
Redhibition, s. Wandelung.
Redlicher Besitzer III 336, 345 f., 349 f., 352.
Redlicher Glaube, s. Guter Glaube.
Regalien, Fortbestand der Landesgesetze VI 378.
Regelmäßige Verjährungsfrist I 201.
Regionalsystem bei Regelung des ehelichen Güterrechts IV 117, 138.
Registerpfandrecht III 440, an Schiffen III 494 ff.
Registrirte Gesellschaften des bayerischen Rechtes VI 496, 778.
Regreß in Wildschadenssachen II 837 f. — R. der Unterhaltspflichtigen untereinander IV 489 f. — S. auch Rückgriff.
Regula Catoniana V 172.
Regulirung, s. Auseinandersetzung, Grenzverwirrung. — R. der Wege, gutsherrlich-bäuerlicher Verhältnisse, Fortbestand der Landesgesetze VI 372 f.
Rehwild, Wildschaden II 806 ff.
Reich. Aufrechnung gegen Forderungen des R. I 375. — Anlegung von Mündelgeld in Schuldverschreibungen des R. IV 761 ff., 783 f., 787 f., desgl. bei Vorerbschaft V 106 f.
Reichsadel, früherer, Sonderrechte VI 367 f., 605 f., 743.
Reichsangehörigkeit als Voraussetzung der Todeserklärung VI 6 f. — Eheliches Güterrecht nach Erwerb der R. durch die Ehegatten VI 60 f. — R. in den Schutzgebieten VI 577. — Zuständigkeit in Ehesachen, wenn der Mann die R. verliert VI 669.
Reichsanzeiger, Bekanntmachung des die Todeserklärung aussprechenden Urtheils I 24. — Aufforderung zur Anmeldung von Ansprüchen an den Nachlaß V 878.
Reichsbank. Anlegung von Mündelgeld IV 773 f., V 146 f. — Hinterlegung der einem Nießbrauche unterworfenen Inhaber- 2c. Papiere III 427 f.
Reichsbeamte, Erlaubniß zur Eheschließung IV 36.
Reichsbeamtengesetz I 40, II 662, Aenderung VI 596.
Reichsfiskus, Erbrecht V 484 f.
Reichsgesetze, Verhältniß zum B.G.B. VI 363, 560 f., 599 f.
Reichskanzler, Bestimmung des zuständigen Standesbeamten V 132, des Wohnsitzes exterritorialer Deutscher VI 577.
Reichsmilitairgesetz, Aenderungen VI 596.
Reichsschuldbuch. Verpfändung der in das R. eingetragenen Forderungen zur Sicherheitsleistung I 264 f., 267. — Anlegung von Mündelgeld IV 761 ff., 783 f., 787 f., 794. — Forderungen der Nacherbschaft V 99, 106 f. — S. auch VI 275. — Aenderungen des Gesetzes betr. das R. VI 603 f.
Reichsunmittelbare, Sonderrechte der früheren r. Häuser VI 367 f., 605 f., 743.
Reichswährung bei Geldschuld I 289 f.
Reifegrad eines Kindes IV 460, 464.
Reihenfolge, s. Rangordnung. — R. der Unterhaltsberechtigten IV 482, 485, der Unterhaltspflichtigen IV 482, 485 f., der Berufung zum Vormunde IV 745 f.
Rei vindicatio III 166, 329 f.
Rekurs bei Einspruch der Verwaltungsbehörde gegen Eintragung eines Vereins I 558 ff.
Relatives Veräußerungsverbot, Verfügung gegen solches I 124.
Religion. Berücksichtigung der R. des Mündels bei Auswahl des Vormundes IV 749 f.
Religionsdiener. Bestellung zum Vormunde IV 751, 831 f.
Religionsgesellschaft, Landesgesetze I 490, 619, VI 381 f.
Religiöse Erziehung des Mündels IV 749 f., 877 f. — Fortbestand der Landesgesetze über r. E. der Kinder IV 865 ff., VI 441.
Religiöse Vereine I 490, 558 ff., 572 ff., 619. —

Erwerbsbeschränkungen der r. V., Landesgesetze VI 381.
Relocatio tacita VI 500.
Remuneratorische Schenkung, Widerruf II 36 f.
Renten. Verjährung rückständiger R. I 208 f., 211. — R.pflicht des widerrechtlich Getödteten, Uebergang auf den Thäter II 629. — Nießbrauch an R. III 417. — S. auch Geldrente.
Rentenbriefe III 781.
Rentengüter III 754 f. — Wiederkaufsrecht an R., Landesgesetze III 766. — Landesrecht über R. VI 472 ff. — Preußisches Gesetz über R. III 766, VI 473.
Rentenkupons, s. Rentenscheine.
Rentenscheine, Hinterlegung mit dem Werthpapiere zur Sicherheitsleistung I 266. — R. von Mündelpapieren IV 783 f. — Vorlegungsfrist für R. einer Schuldverschreibung auf den Inhaber II 542 f., Aufgebot II 546 f., 548 f., VI 741. — Besitz der R. bei Nießbrauch an Inhaberpapieren III 427 f. — R. verpfändeter Werthpapiere III 534 f. — Landesgesetze über verlorene R. VI 420. — Uebergangsbestimmungen für R. VI 505 f., 627.
Rentenschuld III 508 ff., 771 ff., IV 510. — Redaktionelle Erwägungen IV 497 ff. — Verpfändung zur Sicherheitsleistung I 264 f., 268. — Nießbrauch an einer R. III 426 f., Pfandrecht III 536. — Begriff der R. III 771 ff., IV 510, Angabe der Ablösungssumme im Grundbuche III 779. — Ablösungsrecht des Eigenthümers, Unkündbarkeit seitens des Gläubigers III 780, IV 501. — Kündigungsfrist für den Eigenthümer III 781, IV 501. — Ablösungssumme III 782, IV 501. — Uebergang der R. mit Zahlung der Ablösungssumme auf den Eigenthümer III 776, 782. — Umwandelung der R. in Grundschuld und umgekehrt III 782 f., IV 501, 587. — R. bei Fahrnißgemeinschaft IV 374 f. — Anlegung von Mündelgeld in R. IV 761 ff., 790 f. — Verfügung des Vorerben über R. V 101 ff., 130, 152. — R., die dem Erblasser des vermachten Gegenstandes zusteht V 182 ff. — Landesgesetzliche Beschränkung der R. VI 431, 433 f. — Entschädigung für R. in Enteignungsfällen VI 465, 468. — Geltendmachung des Anspruchs aus R. im Urkundenprozesse VI 668, im Mahnverfahren VI 701. — Zwangsvollstreckung aus Urkunden über R. VI 715, 718 f., 797, in eine R. VI 727. — Aufgebot des R.gläubigers VI 735.
Reparatur, s. Ausbesserung.
Replica compensationis I 370, doli I 630.
Repräsentation V 34.
Repudiation, s. Ausschlagung.
Res extra commercium I 455.
Resolutivbedingung, s. Auflösende Bedingung.
Restitutionsklage gegen Eheauflösung VI 268.
Retentionsrecht, s. Zurückbehaltungsrecht. — R. des Handelsgesetzbuchs bei Abtretung der Forderung I 386. — Kaufmännisches R. gegenüber Einlösungsrecht beim Pfande III 462, 465, 492.
Retorsion, s. Vergeltungsrecht.
Retrakt III 754, V 839, 840.
Reugeld. Draufgabe im Zweifel nicht R. I 771. — Rücktritt gegen R. I 797 f.
Reuvertrag, s. Reugeld, Rücktrittsrecht.
Revenüenhypothek VI 369, 606.
Rheinischer Adel, Autonomie VI 368.
Richter bei Testamentserrichtung V 330 ff., Erbvertrag V 379 f. — Verletzung der Amtspflicht II 659 f. — Ausschließung vom Richteramte in Strafsachen VI 578.
Richterliches Ermessen bei Schadensersatz für unerlaubte Handlung II 574.
Rindvieh, Gewährleistung bei dessen Verkauf I 718 ff.
Ritterschaftliche Familien, s. Adel, Autonomie.
Robben, Gesetz betr. die Schonzeit der R. III 251.
Rothwild, Wildschaden II 806 ff.
Rudolstadt, Wildschadensgesetze II 821.
Rückbeziehung der Bedingung I 180.
Rückerstattung öffentlicher Abgaben, Kosten, Landesgesetze VI 422 f.
Rückfallsrecht des Veräußerers bei Auflassung unter auflösender Bedingung III 181 f.
Rückforderung des nach Verjährung Geleisteten ausgeschlossen I 232, 235. — R.recht des Schenkers II 22 f., 32 f., 40 f., R. der hinterlegten Sache II 401, des ohne Verpflichtung Geleisteten II 686 ff. (s. Bereicherung).
Rückgabe des Pfandes bei Verderb, Werthminderung III 457 f. — Erlöschen des Pfandrechts durch R. des Pfandes III 487 f., 521. — S. auch Rückgewähr, Zurückgabe.
Rückgängigmachen, s. Wandelung.
Rückgewähr der Leistung bei Rücktritt vom Vertrag I 788 f. — R. der Miethsache II 188 f., des verpachteten landwirthschaftlichen Grundstücks II 253 f., 259 f., des vom Pächter zum Schätzungswerthe übernommenen Inventars II 259, R. von Vorräthen bei Endigung der Pacht eines landwirthschaftlichen Grundstücks II 263 f. — R. bei Pachtung eines Landguts nach Schätzung II 269, bei Leihe II 275, bei Nießbrauch III 392, 401, nach Erlöschen des Pfandrechts III 459.
Rückgewährtaxe bei Inventar eines verpachteten Grundstücks II 259, des Grundstücks selbst II 269.
Rückgriff des für Wildschaden Ersatzleistenden gegen denjenigen, aus dessen Bezirke Wild ausgetreten II 837 f., des Bürgen auf den Hauptschuldner II 477 f. — R. der Unterhaltspflichtigen untereinander IV 489 f.
Rückkauf, s. Wiederkauf.
Rücknahme, s. Zurücknahme.
Rückständige Zinsen 2c., Anspruchsverjährung I 208 f., 211, 230, 236. — R. Leistungen aus Rechten an Grundstücken, welche auf Lebenszeit beschränkt sind III 73 f., aus

Hypothek bei Vereinigung derselben mit dem Eigenthume III 614, IV 605. — Abtretung r. Zinsen von Hypotheken III 653, VI 256 f. — R. Leistung aus Reallast III 730 f.

Rücktritt, Rücktrittsrecht des Vertragsgegners bei Verträgen mit Minderjährigen I 60 f., VI 122. — R. des Gläubigers bei theilweiser, vom Schuldner zu vertretender Unmöglichkeit der Leistung I 319 f., bei Verzug des Schuldners I 326. — R. und Aufrechnung I 367 f. — R. bei verschuldeter Unmöglichkeit der Leistung aus gegenseitigen Verträgen I 368 f., II 62 f., bei Fixgeschäft I 640 f., bei Verzug des Schuldners I 642 f., II 62 f., nach theilweiser Erfüllung I 649, Anwendung der Vorschriften über vertragsmäßiges R. I 650 f. — R. bei Entwehrung der veräußerten Sache I 660 ff. — Rücktrittsrecht bei Verträgen im Allgemeinen I 787 ff., VI 158 ff.: Erklärung des R. I 787 f. — Wirkungen, Rückgewähr der Leistung, Werthvergütung für Dienstleistungen, Nutzungen, Verwendungen, Zinsen, Zuwachs I 788 f. — Erfüllung Zug um Zug I 790. — Untergang des Vertragsgegenstandes I 790 ff. — Ausschluß des R. bei vertretbarem Untergange oder wesentlicher Verschlechterung, bei Verarbeitung oder Umbildung des Gegenstandes, bei Veräußerung oder Belastung desselben I 794 f., VI 384. — Erlöschen des R. durch (theilweise) Erfüllung, deren Annahme I 795 f. — (Vereinbarte) Frist für R. I 796. — Betheiligung Mehrerer I 796 f. — Beweislast I 797. — R. gegen Reugeld I 797 f. — Vorbehalt der Rechtsverwirkung bei Nichterfüllung I 798 ff. — Anwendung der Vorschriften über R. auf die Wandelung I 801 f. — R. bei Darlehensversprechen II 46 f., des Verkäufers bei gestundetem Kaufpreise II 69 f., bei Vorbehalt des Eigenthums II 78 f. — R. vom Miethvertrage II 228 ff., 513 f. — R. des Verleihers II 275. — R. vom Dienstvertrage II 301 f., vom Werkvertrage II 335 f. — R. des Käufers eines Grundstücks bei nicht gelöschten Vormerkungen im Grundbuche III 749 f. — R. vom Vertrage bei fehlender Genehmigung des Vormundschaftsgerichts IV 797 f., VI 311. — R. vom Verlöbnisse IV 3 ff., vom Erbvertrage V 409 f., 415 ff., 421 f., VI 351 f. — R. bei Verfügungen des Mannes über Gesammtgut ohne Einwilligung der Frau VI 280.

Rückübertragung eines zur Sicherung eines Anspruchs übertragenen Rechtes nach Verjährung I 236.

Rückverweisung auf ausländische Gesetze VI 17 f., bei Eheschließung VI 49, Eheauflösung VI 56 f., ehelichem Güterrechte VI 59.

Rückwirkung der Genehmigung von Rechtsgeschäften I 178, der Bedingung I 179 f., der Aufrechnung I 366 f., des Urtheils auf Aufhebung des Güterstandes der Verwaltung und Nutznießung IV 137, 213, auf Aufhebung der Gütergemeinschaft IV 245, 286.

Ruhen der Verjährung, der Ersitzung, s. Hemmung. — R. der elterlichen Gewalt des Vaters IV 554 f., 638 f.

Ruhegehalt. Verjährung von Rückständen I 208 f., 211. — Abtretung, Uebertragung I 404, VI 409.

Ruß, Zuführung auf ein fremdes Grundstück III 123 f.

S.

Sachen, Begriff III 1 f. — Irrthum über Eigenschaften der S. I 112. — S. eines Dritten als Gegenstand des Vertrags I 455 f. — Mängel der Sache, Gewährleistung I 670 ff. (s. Gewährleistung). — Vertretbare S. III 2, verbrauchbare III 2, unbewegliche III 2. — Bestandtheile einer S. III 4 f., Zubehör III 17 f., Früchte III 23 f., Nutzungen III 24, Lasten III 24 f. — Beschädigung von S., Gelderſatz I 293 f., II 511 f. — Vorlegung von S. II 770 f. — Inbegriff von Sachen, s. Inbegriff. — Uebergangsbestimmungen für bestehende Rechte an fremden S. VI 516 f.

Sachbeschädigung, Gelderſatz I 293 f., II 511 f.

Sachenrecht III 26 ff.

Sachinbegriff, s. Inbegriff.

Sachmängel, Gewährleistung I 670 ff. (s. Gewährleistung). — S. bei Vermächtniß V 226 f., bei Schenkung II 28 f., 31 f., VI 183, bei Leihe II 270. — Beweissicherung bei S. VI 665.

Sachverständige. Verjährung des Anspruchs auf Gebühren I 202, 206, 211. — S. für Grundstücksabschätzungen, Fortbestand der Landesgesetze über Haftung derselben II 670, VI 410, 611. — Feststellung des Zustandes der Nießbrauchssache III 394. — Feststellung des Zustandes des eingebrachten Gutes IV 130, 164, 191, 355. — Zuziehung von S. bei Vermögensverzeichniß des Vormundes IV 759, zur Feststellung des Zustandes der Erbschaft bei Nacherbfolge V 94, 151 f. — S. bei Inventarerrichtung V 735 f. — S. im Ehescheidungsprozesse wegen Geisteskrankheit VI 677.

Sächsisches Gesetzbuch I 28, 158, 169, 311, 530, 688, 752, 777, 778, 779, II 113, 168, 333, 418, 423, 485, 486, 506, 768, III 198, 274, 296, 382, 408, 409, 422, 553, 738, IV 98, 184, 228, 392, 401, 408, 423, 425, 466, 522, 534, 753, V 18, 267, 380, 615, 679, VI 185, 186, 204, 233, 497. — S. Gesetze über Wildschaden II 820, über juristische Personen VI 497, 750.

Salmann V 281.

Samen als Bestandtheil des Grundstücks III 7, 8.

Sammlungen, Pflegschaft für Vermögen aus öffentlichen S. VI 313 f.
Sammtgut, s. Gesammtgut.
Sammtverbindlich II 476, 477.
Sand, Anlagen des Nießbrauchers zu dessen Gewinnung III 391 f.
Satzung, s. Vereinssatzung. — Bezugnahme auf S. der Kreditanstalten bei Eintragung von Darlehnshypotheken III 544 f., IV 501, 511.
Schaden, Schadensersatz. Sch. bei nichtigen oder angefochtenen Willenserklärungen I 98 f., bei irrthümlichen Willenserklärungen I 103, 107 f., 117. — Sch.pflicht des Vertreters ohne Vertretungsmacht I 156 ff., Wegfall der Ersatzpflicht I 162 f. — Sch. bei schuldhafter Beeinträchtigung des bedingten Rechtes I 183, bei irriger Annahme der Voraussetzungen der Selbsthülfe I 244, bei Handlungen im Nothstand I 247 ff., 260 f., VI 212 f., in Nothwehr I 251 f. — Inhalt und Umfang des Schadensersatzes I 291 ff.: Umfang I 291 f., Art I 293 ff., II 511 f. — Außerordentlicher Werth I 297. — Immaterieller Sch. I 298, mittelbarer I 298 f. — Verschulden des Beschädigten I 300 f. — Uebergang von Ansprüchen auf den Ersatzleistenden I 301 f., VI 151. — Zurückbehaltungsrecht des Schuldners wegen Sch. I 310 f. — Sch.pflicht des Schuldners bei einer von ihm zu vertretender Unmöglichkeit der Leistung I 317 ff., 683 ff., bei nicht innegehaltener, vom Gläubiger nach rechtskräftiger Verurtheilung des Schuldners bestimmter Leistungsfrist I 321 f., bei Verzug I 326. — Sch. des aufrechnenden Gläubigers bei bestimmtem Leistungsort I 372. — Sch. als Gegenstand des Gesammtschuldverhältnisses I 440 f. — Sch. bei Kenntniß der Unmöglichkeit der Vertragsleistung I 450 ff., des Verbots derselben I 455. — Sch. der Vereine I 521 f., des Fiskus oder der sonstigen juristischen Personen des öffentlichen Rechtes IV 607 ff. — Sch. für Verbindlichkeiten ohne Vermögenswerth I 620 f. — Sch. bei verschuldeter Unmöglichkeit der Leistung aus gegenseitigen Verträgen I 638 f., bei Verzug des Schuldners I 642 f. — Sch. bei Entwehrung der veräußerten Sache I 660 ff., beim Mangel einer zugesicherten Eigenschaft, bei arglistig verschwiegenem Mangel I 686 f., 704 f., 802 f., bei Kauf einer Gattungssache I 711 ff. — Vertragsstrafe als Mindestbetrag des Sch. I 777. — Sch. bei Rücktritt vom Vertrage I 788 f. — Haftung des Schenkers für Sch. II 21, 25 f. — Sch. bei Wiederkauf II 82 f., 84 f. — Sch.anspruch des Miethers II 132. — Sch.pflicht des Verleihers II 270, des Dienstberechtigten bei Vernachlässigung der Fürsorge II 294, bei unzeitiger Kündigung II 301, 304, 306. — Sch. bei Werkvertrag II 310 f., VI 385, bei Auftrag II 367 f., 370. — Sch.pflicht des Hinterlegers II 400 f. — Sch. an einen Gesellschafter aus Gefahr bei Geschäftsführung II 422 f. — Sch.pflicht bei unzeitiger Kündigung der Gesellschaft II 437, bei Ausstellung von Schuldverschreibungen auf den Inhaber ohne Staatsgenehmigung II 555 f., bei unerlaubten Handlungen II 566 ff. (s. unerlaubte Handlungen). — Sch. bei Wildschaden II 829 f., bei Aufsuchen einer beweglichen Sache auf fremdem Grundstücke III 164 f., beim Eigenthumsanspruche III 336 ff. — Sch. aus Beschaffenheit des Pfandes III 464 f., bei unrechtmäßigem Pfandverkaufe III 482. — Sch. bei Rücktritt vom Verlöbnisse IV 3 ff. — Sch. des Mannes bei Verwaltung des Gesammtguts IV 242, 264, des Vormundes IV 816 f., des Vormundschaftsrichters IV 820 f. — Sch. des Vorerben V 157 f. — Sch. beim Gattungsvermächtnisse V 226 f. — Sch. des Testamentsvollstreckers V 315. — Landesgesetze über Sch. von Unternehmern von Eisenbahnen und ähnlichen Betrieben VI 421, über Sch. bei Aufruhr 2c. VI 422. — Sch. bei Beeinträchtigung durch Gewerbebetrieb VI 581, 586 f. — Aenderungen des Gesetzes, betr. die Verbindlichkeit zum Sch. für die beim Betriebe von Eisenbahnen 2c. Körperverletzungen VI 590 f., 601.
Schafe, Gewährleistung bei deren Verkauf I 718 ff., 741 f.
Schatz III 273 f., beim Nießbrauche III 392.
Schätzung. Pachtung eines Landguts nach Schätzung II 269. — Sch. von Sachen bei Theilung des Gesammtguts IV 245, 250, 285, 344 f. — Sch. zur Berechnung des Pflichttheils V 518. — Sachverständige für Sch. von Grundstücken, Landesgesetze über deren Haftung II 670, VI 410, 611.
Schätzungswerth. Sicherheitsleistung nur zulässig zu $^2/_3$ des Sch. beweglicher Sachen I 268. — Sch. als Wiederkaufspreis II 92. — Uebernahme des Inventars durch den Pächter zum Sch. II 259, 516, desgl. durch den Nießbraucher III 396. — Uebernahme des Gesammtguts der fortgesetzten Gütergemeinschaft durch den überlebenden Ehegatten nach Sch. IV 250, einzelner Gegenstände, eines Landguts durch einen Abkömmling IV 310 f.
Schaumburg-Lippe, Wildschadensgesetze II 822.
Scheide, s. Grenze.
Scheidung s. Ehescheidung. — Scheidungsverfahren IV 418 ff. — Theilung des Gesammtguts bei Sch. der Ehe IV 438 f. — Scheidungsklage (Civilprozeßordnung) VI 672, 675, 678, 792. — Prozessualischer Begriff der Sch. VI 682.
Scheidungsgründe IV 399 ff. (s. auch Ehescheidung). — Sch. als Berechtigung zur Pflichttheilsentziehung V 580. — Uebergangsbestimmung VI 545 f.
Scheingeschäft I 95 ff. — Mißlungenes Sch. I

98. — Einrede des Sch. bei abgetretener Forderung I 388 f. — Eintragung in das Grundbuch aus Sch. III 67.

Schenkung I 166, 270 f., II 1 ff.: Begriff und Erfordernisse, Annahme, Vertragsnatur II 1 ff., 25. — Begrenzung des Sch.begriffs, unterlassener Vermögenserwerb, Verzicht, Ausschlagung einer Erbschaft II 8 f. — Schenkungsversprechen, Form, Heilung des Formmangels II 9 ff., V 444. — Schenkweises Schuldversprechen, Schuldanerkenntniß II 12, 17, constitutum, brevi manu traditio, Anweisung II 14 ff. — Cession, Erlaß II 19. — Umfang der Haftung des Schenkers II 21. — Kompetenzeinrede des Schenkers II 21 f., Rückforderungsrecht wegen Bedürftigkeit II 22 f. — Rechtsmängel des Sch.gegenstandes II 25 f., VI 185. — Sachmängel II 28 f., VI 183. — Verzugszinsen II 29 f. — Erfüllungsort II 30. — Fortlaufende Unterstützung als Sch. II 30. — Sch. unter einer Auflage, Rechtsmängel, Sachmängel, Rückforderungsrecht bei Nichterfüllung II 30 ff., VI 183. — Fiduziarische Stiftung in Form der Sch. II 33 f. — Widerruf der Sch. II 35 ff.: Undank II 35 f., Anstands- und remuneratorische Sch. II 36, Widerrufsrecht der Erben II 37 f., Erklärung des W. II 37 f., 40 f., Erlöschen des Widerrufsrechts, Tod des Schenkers, Zeitablauf, Verjährung II 39 f., Verzicht auf Widerrufsrecht II 39. — Rückforderung der widerrufenen Sch. II 40 f. — Sch. einer Erbschaft II 129 f., VI 182 f. — Analogie der Sch. bei Geschäftsführung ohne Auftrag II 734 f. — Anfechtung der Sch. wegen Irrthums VI 183 f. — Sch. unter Verlobten IV 10 f., des Mannes aus dem Gesammtgute der allgemeinen Gütergemeinschaft IV 239, 251, 257 f., VI 280. — Ablehnung einer Sch. durch die Frau bei allgemeiner Gütergemeinschaft IV 240, 259, beim gesetzlichen Güterstande IV 134, 204. — Sch. als eingebrachtes Gut der Errungenschaftsgemeinschaft IV 365 f. — Widerruf von Sch. bei Ehescheidung IV 438. — Sch. für das Kind unter elterlicher Gewalt IV 549, 559, für den Mündel IV 760. — Sch. des Vorerben V 98, 157. — Einfluß des Erbvertrags auf Sch. V 389 f., VI 351. — Sch. des Testamentsvollstreckers V 276 f., 279 f., 528. — Sch., welche den Pflichttheil verkürzt V 581 ff., VI 104 f. — Anrechnung von Sch. an den Pflichttheilsberechtigten V 589, VI 104 f. — Sch. an Religiose, Landesgesetze VI 381.

Schenkung auf den Todesfall V 460 ff.

Schenkungsversprechen II 9 ff., auf den Todesfall V 460 ff. — Sch. des Mannes aus Gesammtgut der allgemeinen Gütergemeinschaft IV 239, 251, 257. — Sch. aus Vorerbschaft V 157. — Einfluß des Erbvertrags auf Sch. V 389 f., 394.

Scherz I 98, bei letztwilligen Verfügungen V 45, 48.

Schiedsgericht, Geltendmachung von Ansprüchen vor dem Sch., Einfluß auf Verjährung I 231.

Schiedsvertrag. Einfluß auf Verjährung I 231. — Sch. des Vaters für ein Kind IV 566, des Vormundes für Mündel IV 793.

Schiffe. Zwangsvollstreckung in Zubehör eines Sch. III 23. — Registerpfandrecht an Sch. III 494 ff. (s. Pfandrecht). — Aufgebot des Sch.pfandberechtigten VI 736.

Schiffer, Anspruchsverjährung I 201 f., 204, 211.

Schiffscertifikate III 504.

Schiffspart, Pfandrecht an einer Sch. III 504 f.

Schiffsregister III 494 ff. — Löschungen im Sch. als Gegenstand der Gewährleistung I 664.

Schlechter Glaube, s. böser Glaube.

Schlüsselgewalt der Frau IV 106 ff., VI 61.

Schmerzensgeld II 640 f.

Schmiede, Zubehör III 17 f.

Schmucksachen der Frau als Vorbehaltsgut IV 26, 30. — Sch. bei Theilung des Gesammtguts IV 245, 285. — Sch. des Kindes als freies Vermögen IV 573. — Formlose letztwillige Verfügung über Sch. V 358 f.

Schonende Ausübung der Grunddienstbarkeit III 311 f.

Schreiben, Eigenthumserwerb III 239, 243.

Schreibensunkundige, s. Analphabeten, Handzeichen.

Schriftliche Form der Rechtsgeschäfte, gesetzliche, Erfordernisse I 89 f., 91 f., gewillkürte 90, 92 f., 99 ff. — Sch. F. der Verbürgung zur Sicherheitsleistung I 269 f. — Sch. F. der Vereinssatzung I 504, 506. — Sch. Stimmen von Vereinsmitgliedern I 527, 529. — Sch. F. des Miethvertrags über Grundstücke II 147 ff., 174, der Uebertragung der Anweisung II 389 f., der Bürgschaft II 462, des Schuldversprechens, Schuldanerkenntnisses II 504 f., 509 f., der Anzeige von Hypothekenübernahme bei Grundstückskauf I 413, der Abtretung der Hypothek III 649 f., IV 506.

Schriftstücke, s. Familienschriftstücke.

Schulbaulast, Landesgesetze VI 435.

Schuldanerkenntniß II 499 ff. — Sch. bei verjährtem Anspruch I 232, 235. — Schenkweises Sch., Form II 12, 18. — Form des Sch. II 504 f. — Einrede ungerechtfertigter Bereicherung gegen Sch. II 510 f. — Sch. aus Spiel, Wette II 799 f. — Sch. auf den Todesfall V 460 f.

Schuldbekenntniß, s. Schuldanerkenntniß.

Schuldbuchforderungen, Bestellung eines Pfandrechts an Sch. III 518. — S. auch Reichsschuldbuch, Staatsschuldbuch.

Schulden der Gesellschaft II 440 ff. — Deckung der Sch. bei Nießbrauch an einem Vermögen III 430 ff., IV 598 f., VI 348. — Sch.haftung

beim eingebrachten Gute IV 134 ff., 204 ff., gegenüber den Gläubigern des Kindes in elterlicher Gewalt IV 580 f. — S. auch Nachlaßgläubiger, Nachlaßverbindlichkeiten.
Schulderlaß I 376, schenkweiser II 12, 18, 19.
Schuldiger Theil bei Ehescheidung IV 436, Stellung bei der Vermögensauseinandersetzung IV 438 ff. — Unterhaltspflicht IV 515 ff.
Schuldschein, Pflicht zur Rückgabe oder Mortifikation I 341 f. — Sch. als Grund zur Ausschließung der Einrede des Scheingeschäfts gegen den Cessionar I 389. — Eigenthum an Sch. III 644 f.
Schuldübernahme. Vertrag zwischen dem Gläubiger und dem Dritten I 405. — Vertrag zwischen dem Schuldner und dem Dritten, Genehmigung des Gläubigers I 405 ff., VI 169 f. — Uebernahme von Hypotheken bei Veräußerung eines Grundstücks I 413 ff., II 473 f., Uebernahme von Grundschulden I 418. — Einreden, Aufrechnungsbefugniß des Uebernehmers I 419 ff. — Erlöschen der Bürgschaften, Pfandrechte, Hypotheken, Vorzugsrechte I 421 ff. — Erfüllungsübernahme I 426 f., II 474. — Uebernahme eines Vermögens, Schuldenhaftung I 427 ff., V 828. — Sch. durch einen Gesammtschuldner I 435 f.
Schuldverhältnisse. Recht der Sch. I 279 ff. — Maßgebendes Recht für Sch. aus Rechtsgeschäften unter Lebenden VI 38, aus unerlaubten Handlungen VI 42 f., aus anderen Gründen VI 43 f. — Uebergangsbestimmung für bestehende Sch. VI 498 f., für eingetragene Rechte aus Sch. VI 501, 504, 555, für erbrechtliche Sch. VI 557.
Schuldvermächtniß V 174 f.
Schuldverschreibung auf den Inhaber II 527 ff. — Kündigungsrecht bei mehr als 6 Prozent Zinsen I 472. — Zinsen der Sch. von Kreditanstalten I 472, 475. — Begriff der Sch. a. d. J., Verpflichtung des Ausstellers II 527 f., 533 f., 537 f., 558 f., 562 ff., VI 209 f. — Rechte des Eigenthümers und Inhabers der Sch. II 529 f., 558 f. — Legitimation desselben II 532 f., 558 f. — Form der Unterschrift II 537. — Gestohlene, verlorene Sch., Eintritt des Todes oder der Geschäftsunfähigkeit des Ausstellers II 537 f. — Leistung des Ausstellers gegen Aushändigung der Urkunde II 540, VI 209 f. — Einwendungen des Ausstellers II 540 f., 558 f. — Zinsscheine, Unabhängigkeit von der Hauptforderung II 541 f., Ausschlußfrist für den Anspruch gegen den Aussteller II 542 f. — Aufgebot abhanden gekommener, vernichteter Sch. II 546 f., VI 385, Zahlungssperre II 547 f., Ausstellung neuer Sch. II 548. — Abhanden gekommene Zins-, Renten-, Gewinnantheilscheine II 548 f., VI 586. — Erneuerungsschein II 551 f. — Umtausch beschädigter Sch. II 554 f. — Umschreibung auf Namen II 555. — Erforderniß staatlicher Genehmigung II 555 ff., VI 41 f., 177 f. — Ausgabe von Karten, Marken auf den Inhaber II 561 f. — Legitimationspapiere auf den Inhaber II 562 ff., VI 198 f., 209 f. — Nießbrauch an Sch. a. d. J. III 427 f. — Schiffspfandrecht für Sch. a. d. J. IV 611 f. — Pfandrecht an Sch. a. d. J. III 536 f. — Inhaberhypothek für Sch. a. d. J. III 667 ff., IV 512. — Eheliche Nutznießung an Sch. a. d. J. IV 178. — Anlegung von Mündelgeldern in Sch. IV 761 ff. — Eingehung von Verbindlichkeiten aus Sch. für den Mündel IV 795. — Uebertragung der Vorschriften für Sch. a. d. J. auf Aktien VI 364 f. — Landesgesetze über Umschreibung, Kraftloserklärung von Sch. a. d. J. VI 411 ff., 617 f., 652, 800, über Unterzeichnung VI 419 f., 617 f., 652, über Anspruch aus verlorenen Zinsscheinen VI 420. — Uebergangsbestimmungen für Sch. a. d. J. VI 505 ff., 626 f. — Strafbestimmung für unbefugte Ausgabe von Sch. a. d. J. VI 585. — Vorbehalt der Landesgesetze zu Gunsten der Inhaber gewisser Sch. (Einführungsgesetz zur Konkursordnung) VI 778 f.
Schuldversprechen II 499 ff. — Sch. bei verjährtem Anspruch I 232, 235. — Schenkweises Sch., Form II 12, 20. — Form des Sch. II 504 f. — Einrede ungerechtfertigter Bereicherung gegen Sch. II 510 f. — Rückforderung eines Sch. II 696 f. — Sch. aus Spiel, Wette II 799 f. — Sch. auf den Todesfall V 460 f.
Schutz des Dienstverpflichteten II 289 ff.
Schutzbedürftigkeit. Beschränkte Geschäftsfähigkeit eines des vormundschaftlichen Schutzes Bedürftigen I 67. — Anordnung einer Vormundschaft IV 839 f., Pflegschaft IV 855 f., V 147 f.
Schutzgebiete, Gesetz betr. die Rechtsverhältnisse der Sch. I 14, 41, V 132, 347, VI 66, 577, 598.
Schutzgesetze, Verletzung II 569 f., VI 422.
Schwächung im Brautstande IV 7 f., 695 f.
Schwägerschaft I 36. — S. als Ehehinderniß IV 23 ff., 707. — S. bei Ehelichkeitserklärung IV 713 f., bei Annahme an Kindesstatt IV 728 f. — Vorzug der Verschwägerten bei Bestellung zum Vormunde IV 749 f. — Anhörung durch das Vormundschaftsgericht IV 757 f. — Antrag auf Einsetzung eines Familienraths IV 835 f. — Anwendung der Vorschriften über S. auf andere Reichsgesetze VI 564.
Schwangerschaft. Unterhaltsanspruch der Mutter eines zu erwartenden Erben während S. V 614 f. — Aussetzung der Erbtheilung V 883.
Schwängerer, s. Beiwohnung.
Schwarzwild, Wildschaden II 806 ff.
Schwebezeit der Bedingung, Beeinträchtigung des Rechtes, Verfügung über dasselbe I 181 ff.

Schweigen, s. Stillschweigen.
Schweine, Gewährleistung bei deren Verkauf I 718 ff.
Schweizerisches Obligationenrecht I 158, 191, 304, 311, 327, 530, 623, 632, 645, 652, 669, 688, 703, 752, 771, 778, II 77, 285, 316, 333, 336, 361, 371, 401, 418, 423, 436, 442, 485, 486, 567, 574, 636, 657, 684, 726, 730, 740, 742, 796, III 208, 443.
Schwester als Nacherbin V 84 f., 237 f., VI 91, als Vermächtnißnehmerin V 212 f., 238, VI 91.
Sechs Monate. Verjährung des Anspruchs auf Wandelung, Minderung, Schadensersatz bei Gewährleistung wegen Mobilien I 674 f., 746, der Ersatzansprüche des Vermiethers und Miethers II 177 f., des Verleihers und Entleihers II 273 f., des Bestellers aus Werkvertrag über Mobilien II 311 f., des Eigenthümers gegen Nießbraucher und umgekehrt III 407, des Verpfänders und Pfandgläubigers bei Mobilien III 460. — Kündigungszeit der Grundschuld III 710, IV 505. — Frist für Ausschlagung der Erbschaft durch den Erben im Auslande V 623, für Anfechtung der Annahme oder Ausschlagung V 630 f. — Eheanfechtungsfrist VI 270 f., Ehescheidungsfrist VI 290.
Sechs Wochen, Verjährung des Anspruchs auf Wandelung oder Schadensersatz bei Gewährleistung wegen Viehmängel I 745 f. — Ausschlagungsfrist für Erbschaft V 620 f., Frist für Anfechtung der Annahme oder Ausschlagung V 630 f.
Sechswochenkosten IV 685 f., V 144 f., 617, VI 308 f.
Sechzehntes Lebensjahr, Bedingung für Eheschließung der Frau IV 19 ff., Wahl der Religion IV 875 f. — Testamentserrichtung V 317 f., Testamentszeuge V 334 f.
Sechzigstes Lebensjahr als Grund zur Ablehnung der Vormundschaft IV 751.
Seefahrer, Todeserklärung I 7 f.
Seetestament V 346 f.
Seeverschollenheit I 7 f., VI 111.
Seitenverwandte I 35.
Selbsthülfe I 240 ff., VI 212 f. — S. gegen Entfernung von Sachen des Miethers II 208. — S.recht des Besitzers III 38 f., des Eigenthümers gegen Eindringen von Wurzeln, Zweigen III 138 f., des Eigenthümers eines Bienenschwarms III 255, des mittelbaren Besitzers III 225 f. — S.recht des Erben V 653.
Selbstkontrahiren des Vertreters I 174 f., 517 ff., II 73 f., IV 186, VI 644, 786.
Selbstschuldner, Verbürgung als S. II 476, 477, 480.
Selbstschutz, s. Selbsthülfe.
Selbstvertheidigung I 240 ff.
Selbstzugriff I 243 f., 247 f., 260 f.
Semel heres semper heres V 78.
Separatio IV 392, 395, 398. S. auch Trennung.
Sequestration bei Nießbrauch III 389 f., 399 f. S. auch Verwaltung, Zwangsverwaltung.
Servitut, s. Grunddienstbarkeit. — **Servitutes continuae et apparentes** III 286 f., 294 f., 299, 320. — **S. oneris ferendi** III 313.
Seuchentestament V 346.
Sicherheitsarrest, persönlicher bei Festnahme als Mittel der Selbsthülfe I 243.
Sicherheitsleistung als Unterbrechung der Verjährung I 222, Einrede der mangelnden S. II 518. — S. für verjährten Anspruch I 232, 235. — Mittel der S. I 264 ff., VI 143, 384, Umtausch I 268, Ergänzung der S. I 270, VI 143. — S. zur Abwendung des schuldnerischen Zurückbehaltungsrechts I 310 f. — S. bei Liquidation eines Vereins I 550, VI 116. — S. bei Gefährdung der Gegenleistung aus zweiseitigen Verträgen I 631 f. — S. keine Schenkung, ebensowenig der Verzicht auf die S. II 8. — S. des Vorkaufsberechtigten bei Stundung des Kaufpreises II 105 f. — S. zur Abwendung des Pfandrechts des Vermiethers II 209 f., des Pächters am mitverpachteten Inventar II 244 f. — Rechtsverhältniß der S. des Pächters bei Veräußerung des Pachtgrundstücks II 260 f. — S. für Aufwendungen des Beauftragten II 365 f. — S. des Hauptschuldners an den Bürgen II 479. — S. bei Vorlegung von Sachen, Urkunden II 775 f., für Aufsuchen von Sachen auf fremdem Grundstücke III 164 f. — S. des Nießbrauchers III 388 f., 399, 410, 413, VI 389. — S. bei Verfolgung eines Bienenschwarms VI 235. — Anspruch der Frau auf S. für eingebrachtes Gut IV 133, 136, 176 f., 198 f., 212. — S. für Kindesvermögen IV 553, 635. — S. des unehelichen Vaters für Unterhaltsanspruch des Kindes IV 683. — S. für Vermögensverwaltung bei Annahme an Kindesstatt IV 731 f. — Anordnung der S. als Grund zur Ablehnung der Vormundschaft IV 752. — Aufhebung oder Minderung einer dem Mündel geleisteten S. IV 794. — S. des Vormundes IV 804, 831. — S. des Vorerben V 121 f., des Erben bei Ueberlassung der Verfügung über Nachlaßgegenstände seitens des Testamentsvollstreckers V 312 f. — S. für bedingte Forderung bei Nachlaßpflegschaft V 819. — Landesgesetze über S. für Amtsführung, Gewerbebetrieb VI 408, 616. — S. für zuerkannte Geldrente VI 661.
Sicherheitsmaßregeln bei Nachlaß, Landesgesetze VI 452.
Sicherstellung des bedingten Rechtes I 181 f. — S. des Nachlasses V 664 ff., VI 452, der Werthpapiere der Vorerbschaft V 99, 106 f., VI 93 f. — Anfechtung der S. des Heirathsguts im Konkurse VI 762.
Sicherung des Beweises bei Mängeln der Verkaufssache als Unterbrechung der Verjährung

des Rechtes auf Gewährleistung I 704, 718, 739. — Prozessualische Zulässigkeit VI 665.

Sicherungshypothek III 508 ff., 678 ff., VI 797 f. (s. Hypothek). — S. als Mittel zur Sicherheitsleistung I 268. — S. des Unternehmers eines Bauwerkes II 321 f. — Entstehung einer S. an Stelle des Pfandrechts an einer Forderung auf Uebertragung des Eigenthums an einem Grundstücke III 532. — Uebergangsbestimmung VI 632. — S. auf Grund Zwangsvergleichs VI 767. — S. bei vermachtem Grundstücke V 183, 191. — S. des Fiskus, der Körperschaften 2c., Landesgesetze VI 437 f. — Bestehende Pfandrechte an Grundstücken, Geltung als S. VI 524. — Pfändung einer Forderung, für welche S. besteht VI 797 f.

Sicht. Kein Aufgebot unverzinslicher Schuldverschreibungen auf S. II 546 f. — Uebergangsbestimmung VI 505 f.

Siebentes Lebensjahr. Kindesalter I 46 f., Geschäftsunfähigkeit I 55, Nichthaftung für zugefügten Schaden II 580 f.

Siebzigstes Lebensjahr, Todeserklärung I 4 f., VI 107 f.

Siegel zum Testamentsprotokoll V 351. — Anlegung von S. zur Sicherung des Nachlasses V 664 f., VI 452.

Siegelung des Nachlasses V 664 f., VI 452.

Sielrecht. Fortbestand der Landesgesetze VI 372.

Silbersachen, Pfandverkauf III 479.

Simulation I 95 ff., IV 46, V 384, bei Eheschließung IV 73, 78. S. auch Scheingeschäft.

Sistirungsgesetze I 217.

Sitten, gute. Rechtsgeschäft gegen die g. S. I 123. — Schuldverhältniß I 280 f., 448, Handlungen gegen die g. S., Schadensersatz II 575 f., VI 201. — Haftung für Schadenszufügung ohne Verschulden aus dem Gesichtspunkte der g. S. II 583. — Annahme einer Leistung gegen die g. S. II 686 f., 702, 712. — Ausländische Gesetze, welche gegen die g. S. verstoßen VI 81 f., desgl. Urtheile VI 88.

Sittliche Pflicht, Schenkung aus solcher, Widerruf II 35 f., Leistung einer Nichtschuld II 695. — Geschäftsführung ohne Auftrag gegen den Willen des Geschäftsherrn zur Erfüllung einer s. P. II 738. — Schenkung aus Kindesvermögen IV 549, 559, aus Nacherbschaft V 97, 130, 152, des Testamentsvollstreckers V 276 f., 279 f., 528, welche den Pflichttheil verkürzen V 596.

Sittliches Verschulden, Bedürftigkeit in dessen Folge, Beschränkung auf nothdürftigen Unterhalt IV 483, 494 f.

Sittlichkeit, Schutz des Dienstverpflichteten in Bezug auf S. II 291.

Sitz des Vereins I 498, 504, 556, der Stiftung I 488, 587.

Söhne. Ausstattung durch die Eltern IV 317 ff., 326 f. — Sorge für dieselben bei Ehescheidung IV 448.

Soldaten, s. Militairpersonen.

Solidarobligation, s. Gesammtschuldverhältniß.

Sondereigenthum an Bestandtheilen einer Sache III 6 f.

Sondergut IV 235 f., 240. — S. auch Vorbehaltsgut.

Sondernachfolge in Forderung und Schuld I 377 ff. — Pflichten des S. eines Gemeinschaftstheilhabers II 751 f., 764 f. — S. in gemeinschaftliches Grundstück III 276 f. — Anfechtung gegenüber S. VI 149.

Sonderrechte von Vereinsmitgliedern I 524, 525, 529 f., 531, 598. — S. an Bestandtheilen einer Sache III 4 f., an Erzeugnissen eines Grundstücks III 7. — S. der Landesherrn, des mittelbaren hohen Adels VI 367 f., 605 f., 743.

Sondershausen, Wildschadensgesetze II 822.

Sonntage, Einfluß auf Termine und Fristen I 190 ff., 310.

Sorge für Person der Kinder nach Ehescheidung IV 448 f., VI 294, als Ausfluß der elterlichen Gewalt IV 547, 548, S. der Mutter IV 547, 549, 617 f. — S. für verheirathete Tochter IV 549, 565. — S. bei Ruhen der elterlichen Gewalt IV 638 f., bei Wiederverheirathung der Mutter IV 556, 645 f. — S. der bösgläubigen Mutter für das Kind bei nichtigen Ehen IV 664 f., der unehelichen Mutter IV 671, der Mutter nach Ehelichkeitserklärung des Kindes IV 714 f., desgl. des minderjährigen Vaters IV 717 f., der unehelichen Mutter bei Annahme an Kindesstatt IV 733. — S. des Vormundes IV 755 f., 757, des Gemeindewaisenraths IV 838 f., des Vormundes über Volljährige IV 849. — Behördliche Beschränkungen der Eltern in der Sorge für das Kind, Uebergangsbestimmung VI 547 f.

Sorgfalt, relative (wie in eigenen Angelegenheiten) I 187 f., 304. — Haftung der Eheleute gegen einander für solche IV 108 f., 351, des Vaters gegenüber dem Kinde in elterlicher Gewalt IV 548, 561. — S. des Vorerben V 95 f. — S. des Verwahrers II 393, des Gesellschafters II 418 f. — S. des Vertretenen bei Geschäftsverrichtungen durch Vertreter II 598, 604. — S. der Gemeinschaftstheilhaber II 768 f., des Finders III 258.

Souveraine Häuser, s. Landesherrn.

Sozietät, s. Gesellschaft.

Sozialpolitische Vereine I 559 ff., 572 ff.

Sparkassen. Zinsen von Zinsen I 472, 475. — Anlegung von Mündelgeld IV 761 ff., 777 f., 804, VI 618 f. — Sp.bücher II 564, der Vorerbschaft V 108.

Spediteur, Auslieferung der Kaufsache an Sp., Uebergang der Gefahr II 67.

Speisen (und Getränke), gewerbsmäßige Verabreichung, Anspruchsverjährung I 202, 204, 211.

Sperre, s. Zahlungssperre.

Spezifikationskauf II 337 f.
Spiel II 794 ff.
Spolienklage III 37.
Sprache, s. Deutsche Sprache.
Sprechen, Unfähigkeit bei Testamentserrichtung V 339.
Sprengstoffe, Schaden durch solche II 649 f.
Staat. Zuständigkeit für Dispensation von Ehehindernissen IV 37. — Haftung für Beamte I 607 ff., 663 f., 670 f., IV 821 f., VI 410, für Versehen von Grundbuchbeamten III 767 f. — Haftung des St. für Vormundschaftsrichter IV 821 f. — Rechte des St. an Grundstücken ohne Eintragung in das Grundbuch, Fortbestand der Landesgesetze VI 372 f. — Landesgesetze betr. die Uebertragung des Eigenthums an Grundstücken des St. VI 429.
Staatliche Genehmigung von Vereinen I 498 f., zu Aenderungen der Vereinssatzung II 578 ff., zu Stiftungen II 586 f., zur Ausgabe von Schuldverschreibungen auf den Inhaber II 555 ff., VI 177.
Staatsangehörigkeit, Gesetz über den Erwerb und Verlust I 11, IV 549, VI 65, Aenderungen dieses Gesetzes VI 590. — Prinzip der St. für das anzuwendende Recht VI 6, 57 f., 670 f. — Bei mangelnder, mehrfacher St. anzuwendendes Recht VI 81.
Staatsanwalt, Legitimation zur Ehenichtigkeitsklage IV 65 f.
Staatsbank. Anlegung von Mündelgeld IV 773 f., V 146 f.
Staatsgewalt. Ehelichkeitserklärung durch Verfügung der St. IV 704 f., VI 66, 304.
Staatsschuldbuch. Verpfändung von Forderungen, welche in das St. eines Bundesstaats eingetragen sind, zur Sicherheitsleistung I 264 f., 267. — Anlegung von Mündelgeld VI 761 f., 783 f., 787 f., 794. — Landesgesetze über Staatsschuldbuchforderungen VI 411 ff., 604, 612.
Staatsschuldbriefe, Anlegung von Mündelgeld IV 761 f., 783 f., 787 f.
Staatsverband. Entlassung eines Kindes aus dem St. IV 549, 565, eines Mündels IV 757 f., V 147.
Staatsverträge der Bundesstaaten mit dem Auslande VI 365 f., desgl. des Reichs VI 563.
Stallwirthe, Haftung II 412.
Stämme, Erbfolge nach St. V 463 ff. — Zugehörigkeit zu verschiedenen St. V 467.
Stammgüter, Fortbestand der Landesgesetze VI 369, 606, 743.
Stammhypothekenbrief, s. Theilhypothekenbrief.
Stand der Ehefrau IV 97 f.
Standesbeamter. Schließung der Ehe vor einem St. IV 37 ff. Putativer St. IV 43 f., V 529, 589. — Zuständigkeit IV 47 f., VI 132, 285, Ermächtigung eines unzuständigen St. IV 48. — Erklärung über den Güterstand vor St. IV 218 f., über Namen der geschiedenen Frau IV 445 f. — Anmeldung eines Kindes bei dem St. als Anerkennung IV 470 f. — S. auch VI 49.
Standesmäßiger Unterhalt IV 491 ff., 515 ff. — Gefährdung durch Schenkung, durch Ausstattung IV 317 ff., durch Unterhaltspflicht IV 480 f. — St. U. der Mutter eines zu erwartenden Erben V 614 f.
Statut, s. Vereinssatzung.
Statutenkollision VI 32 ff.
Steine, Anlagen des Nießbrauchers zu deren Gewinnung III 391 f.
Stellvertretung, s. Vertretung, Vollmacht. — Mittelbare St. I 299. — Eheschließung durch St. IV 51 f. — Haftung der Beamten für St. nach Landesgesetz II 670, VI 409, 611.
Stempelkosten bei Kauf II 69.
Sterbekassen. Keine Aufrechnung gegen Hebungen aus St. I 374 f.
Sterbeurkunde VI 590.
Sterblichkeitstabelle I 28.
Stifter, s. Stiftungen.
Stiftungen I 489 f., 497, 585 ff.: Privatrechtliche und öffentlich-rechtliche St. I 585 f. — Errichtung, Staatsgenehmigung, Inhalt und Form des Stiftungsgeschäfts I 488 f., 586 ff., 594 f., V 883 f. — Widerruf I 489, 587, 591 ff., VI 118. — Vermögensübergang I 587, 588, 593. — Errichtung durch Verfügung von Todeswegen I 588, 593 f. — Gewährleistungspflicht des Stifters I 593. — Verfassung der St. I 489, 596 ff. — Rechte auf Verwaltung der St. und auf Bezüge aus derselben I 596 ff. — Uebertragung gewisser für Vereine geltender Vorschriften auf St. I 599 ff.: Vorstand I 600 ff., II 377 f. — Schadensersatzpflicht für Handlungen des Vorstandes I 604, II 670. — Konkurs I 604 f., 606. — Erlöschen der St. I 590, 600, 605 ff. — Landesgesetze über Errichtung und Erlöschen, Umwandelung von St. I 606, VI 407. — St. unter Verwaltung einer anderen St. I 606. — Oeffentlich-rechtliche St. I 498, 607 ff. — Fiduziarische St. in Form der Schenkung II 32 f. — St. des Mannes aus dem Gesammtgute der allgemeinen Gütergemeinschaft IV 251, 257. — Erbeinsetzung noch nicht bestehender St. V 8 f. — St. zur Verkürzung des Pflichttheils V 596 f. — Aussetzung der Erbtheilung vor Bestätigung einer St. V 883. — Ausländische St. VI 23 f. — Namenrecht der St. VI 119. — Landesgesetze über Hypothekentitel der St. VI 437 f., über gesetzliches Erbrecht einer St. VI 447, über Rechte einer St. am Vermögen eines aufgelösten Vereins VI 448.
Stiftungsvermögen I 587, 588, 593, 604 ff.
Siftungszweck I 587, 589 f.
Stille Gesellschaft II 448.
Stillschweigen. Stillschweigende Willenserklärung I 68, 177. — St. Annahme des Vertragsantrags I 81 ff. — St. Verlänge-

rung des Miethvertrags II 217 f. — St. Vereinbarung der Vergütung bei Verträgen, insbes. Dienstvertrag II 276 f., Werkvertrag II 309, Mäklervertrag II 345, Hinterlegungsvertrag II 393. — St. Verlängerung eines Dienstvertrags II 301. — St. Fortsetzung einer Gesellschaft II 438.
Stillstand der Rechtspflege als Hemmung der Verjährung I 218, 227. — St. des Prozesses, Einfluß auf Verjährung I 228 f.
Stimme der Vereinsmitglieder I 526 f., schriftliche St.abgabe I 527. — Wegfall des St. rechts I 524, 525, 527. — Uebertragung desselben I 534 f.
Stimmeneinheit der Mitgliederversammlung eines Vereins bei Verfassungsänderung I 525, 527 f.
Stimmenmehrheit der Mitgliederversammlung eines Vereins I 525, 526 f., 528, bei Gesellschaft II 420 f., bei Gemeinschaft II 746.
Störung des Besitzes III 44, des Eigenthums ohne Besitzentziehung III 377 f. — St. der Geistesthätigkeit, Nichtigkeit der Ehe IV 55, 57, VI 269.
Stockwerke, kein Erbbaurecht an St. III 281 f.
Stockwerkseigenthum III 5, 279, 282, VI 437, 629 f.
Stoff zum Werke, Tragung der Gefahr bei Lieferung des St. durch den Besteller II 329 ff., Lieferung durch den Unternehmer II 338 ff. — Verarbeitung, Umbildung eines St. in einen neuen, Eigenthumserwerb III 239 f.
Strafantrag, Berechtigung zu dem St., Aenderung des Strafgesetzbuchs VI 572 f.
Strafbare Handlung, f. unerlaubte Handlung. Haftung des Besitzers bei Erlangung des Besitzes durch st. H. III 372, des Erbschaftsbesitzers V 720 f. — Entziehung des Pflichttheils wegen st. H. V 551 ff., 649; Erbunwürdigkeit V 634 f.
Strafen als Ehescheidungsgrund IV 399 f., als Grund der Verwirkung der elterlichen Gewalt IV 554, 653 f.
Strafgedinge I 775.
Strafgefangene, Wohnsitz I 39.
Strafgesetzbuch II 568, 573, 634, 636, 638, 645, 649, VI 564. — Aenderungen I 247, IV 633 f., VI 568 ff.
Strafgesetze, Schadensersatzpflicht bei Verfehlung gegen solche II 572. — Landesgesetze bei Zuwiderhandlung gegen St. zum Schutze von Grundstücken VI 422.
Strafprozeßordnung IV 656 ff. — Aenderungen VI 577 f.
Strafunmündige, Maßregeln zu deren Besserung VI 571.
Strafverfahren. Kosten eines St. gegen die Ehefrau IV 179, gegen ein Kind in elterlicher Gewalt IV 581.
Strafversprechen I 775.
Strauch, Eindringen, Hinüberragen von Wurzeln und Zweigen in fremdes Grundstück III 138 f. — Ueberfall von Früchten III 148 f. — St. als nicht verbotene Anlage III 157 f.
Streitgenossen, gesammtschuldnerische Haftung für Prozeßkosten VI 647.
Streitige Verbindlichkeiten des Gesammtguts bei Auseinandersetzung IV 244, 283 f. — St. Rechtsverhältniß, Vergleich II 519 ff.
Streitverkündung als Unterbrechung der Verjährung I 223 f., 229 f. — St. bei Mängeln der verkauften Sache, Einfluß auf Verjährung des Gewährleistungsanspruchs I 701, 703 f., 718, 739. — St. an den Erben bei Prozessen mit Testamentsvollstrecker V 292, 296.
Stroh bei Beendigung der Pachtung II 267.
Stückzahlung, f. Theilleistung.
Stumme. Vormundschaft IV 839 f., VI 489, Pflegschaft IV 855 f., V 147 f. — Testament V 339, Erbvertrag V 381.
Stundung als Hemmung der Verjährung I 215 f. — St. des Kaufpreises II 69 f., bei Vorkaufsrecht II 105 f., VI 174.
Substitution. Vorbehalt der S. seitens des Versprechensempfängers bei Versprechen der Leistung an Dritte I 759 f. — S. bei Auftrag II 354 f., Dienstvertrag II 278 f., Hinterlegungsvertrag II 394 f. — S. auch Ersatzerbe.
Succedere per (in) universitatem V 2.
Succesivgründung I 409, 755, 756.
Sühnetermin VI 672 f. — Gleichstellung der Ladung zum S. mit Erhebung der Ehescheidungsklage IV 436.
Superficies, f. Erbbaurecht.
Surrogationsprinzip I 316, II 115 f., III 261, 435, 449 f., 459, IV 124, 129, 141, 166, 169, 171, 184 ff., 236 f., 377, 571 f., 573, V 114, 154, 174, 176, 712 f., 719 f., 866 f., VI 195, 273, 282, 319, 324 f.
Suspensivbedingung, f. Aufschiebende B.
Syphilis, Anfechtung der Ehe IV 78.

T.

Tabularersitzung I 196, 198, III 192 ff., 307 f., 327, 384, 437, 546 f., 735, IV 588, VI 227.
Tage bei Fristberechnung I 188 f., VI 139. — Miethverhältniß nach T. II 214 f., Dienstvertrag II 296 f. — T. der Eintragung in das Grundbuch, Bedeutung für Rangverhältniß III 88 f. — T. der Testamentserrichtung, Aufnahme ins Protokoll V 336 f.
Tagelöhner, Anspruchsverjährung I 202 f., 211. — Tagelohnsverhältniß, Kündigung II 296 f.
Talon, f. Erneuerungsschein. — S. auch VI 143.
Tante, Ehe mit Neffen IV 24, 26.
Taschengeld IV 573, 801.
Taube, Taubstumme. Vormundschaft IV 839 f., VI 489, Pflegschaft IV 855 f., V 147 f. — Haftung für zugefügten Schaden II 580 f.

Taufe, Ehe zwischen Taufendem und Täuflinge IV 30. — Kosten der T. als Gegenstand der Unterhaltspflicht IV 491 f.
Tausch I 697, 748, II 130.
Täuschung, arglistige bei Willenserklärung I 118 ff., VI 124, bei letztwilliger Verfügung V 52. — Anfechtung der Annahme oder Ausschlagung der Erbschaft wegen T. V 630 f., Bestimmung zum Testiren durch T., Erbunwürdigkeit V 639. — S. auch Arglist.
Taxe für Dienstleistung II 276 f., für Werkvertrag II 309, für Mäklervertrag II 345.
Teiche, Fische in T. III 254 f.
Telegraphische Uebermittelung von Verträgen, Ersatz der gewillkürten Schriftform I 93 f., 99 ff. — T. Form der Bürgschaft II 462.
Telephon, s. Fernsprecher.
Termin bei Rechtsgeschäften I 186. — Auslegungsregeln für T.bestimmungen I 188 ff. — Einfluß der Feiertage auf T. I 190 f., 310. — T. zur Testamentseröffnung V 356.
Territorialprinzip VI 15.
Testament. Begriff V 4 f. — Widerruflichkeit V 5. — Nichtigkeit des Vertrags auf Errichtung oder Aufhebung V 5. — Bestimmung, Ausschließung des Erben V 5 f. — Vermächtniß V 6. — Auflage V 6. — Bedingung, Zeitbestimmung V 11 ff. — Unzulässigkeit der Abhängigkeit der Geltung oder der bedachten Person von Willkür Dritter V 15 f. — Vorbehalt der Ergänzung V 21. — Ungewißheit der Person des Bedachten V 22 f. — Einsetzung der „Verwandten", „gesetzlichen Erben", Zusatz aufschiebender Bedingung, eines Anfangstermins V 32 ff. (S. auch letztwillige Verfügung.) — Theilweise Unwirksamkeit eines T. V 69. — Persönliche Errichtung durch den Erblasser V 317. — Testirfähigkeit Minderjähriger V 317 ff., Frauen V 318 f. — Unfähigkeit der Entmündigten V 320 ff. — Beschränkte Geschäftsfähigkeit V 321. — Form des T. V 326 ff.: Eigenhändiges T. V 326 f. (s. auch Holographisches T.). — Errichtung vor Richter oder Notar V 330 ff., mitwirkende Personen V 330 ff., Ausschließungsgründe für dieselben V 332 f. — Akt der Errichtung V 336 f., Protokoll V 336 ff., Stumme, Lesensunkundige V 339, Unkenntniß der deutschen Sprache, Dolmetscher V 339 ff. — Gemeinde-T. V 342 f., Seuchen-T., Verkehrssperrung V 346, See-T. V 346 f., Gesandten-T. V 349 f., T. bundesstaatlicher Gesandten V 350. — Verschluß und Verwahrung des T. V 350. — Widerruf V 351 ff., Aufhebung durch Vernichtung der T.urkunde V 353, Rücknahme aus amtlicher Verwahrung V 353 f., späteres T. V 354 f. — Ablieferung des T. nach Tod des Erblassers V 355 f. — Verkündung des T. V 356 f., Anordnung der Nichtverkündung V 356, Abgabe an zuständiges Nachlaßgericht V 356, Benachrichtigung der Betheiligten, Abschrift V 357. — Nachzettel, formelle Erleichterung bestimmter letztwilliger Verfügungen V 357 ff. — Gemeinschaftliches T. V 423 ff.: Beschränkung auf Ehegatten V 426 f., Form, Dorf-T., holographisches T. V 427 ff., Aufhebung eines Erbvertrags durch g. T. V 446. — Unwirksamkeit bei Aufhebung der Ehe V 446 f. — Korrespektivität der g. T. V 448 ff., VI 397, Widerruf V 451 ff., Eröffnung V 459, Zurücknahme V 459. — Letztwillige Verfügung über das Recht eines Abkömmlinges in g. T. VI 287. — Vertragsmäßiger Verzicht auf Zuwendung aus T. V 609 f. — T. von Ausländern VI 72 ff. — Fortbestand der Landesgesetze über Urkundspersonen bei T. VI 450 f., über Beurkundung von T. VI 455 f. — Uebergangsbestimmung für T. VI 557 f.
Testamentseröffnung V 356 f.
Testamentsfähigkeit V 317 ff., VI 74 f.
Testamentsform V 326 ff., 427 f., VI 77 ff.
Testamentspublikation V 356 f.
Testamentsurkunde V 336 ff.
Testamentsvollstrecker V 248 ff.: Ernennung, Substitution durch Testament V 248, Bestimmung durch einen Dritten, durch den T. V 248 f., VI 95, durch das Nachlaßgericht V 250 f. — Geschäftsunfähigkeit, beschränkte Geschäftsfähigkeit des Ernannten, Pfleger für denselben V 252, 257. — Beginn des Amts, Annahme, Ablehnung V 252 f. — Bescheinigung der Ernennung V 253, 688 f. — Mehrheit von T. V 255 f. — Tod des T. V 257, Konkurs V 258, Kündigung V 259 f., Entlassung V 260. — Rechte und Pflichten des T.: Ausführung der letztwilligen Verfügungen V 261 ff., Auseinandersetzung der Miterben V 272 ff., VI 96, 348, Uebertragung von Nachlaßgegenständen auf einen Miterben V 274, vorgängige Mittheilung des Auseinandersetzungsplans V 274 f. — Besitz und Verwaltung des Nachlasses V 276 ff., 527 ff., Eingehung von Verbindlichkeiten V 528 ff., Befolgung letztwilliger Anordnungen des Erblassers V 278 f., 283, Auskunftspflicht V 282 f., 315. — Antrag auf Konkurseröffnung V 284 f., auf Aufgebot der Nachlaßgläubiger V 286, 777. — Verfügungen des Erben über Nachlaßgegenstände V 286 f., 296, Eintragung der Beschränkung des Erben in das Grundbuch 531 f. — Prozeßführung des T. V 287 ff., 532 ff., VI 349 f., 396 f., Beendigung des Amts während der Rechtshängigkeit V 287, 294, Vollstreckungsklausel für und gegen den Erben V 288, 295, 532, 540, Nebenintervention des Erben V 289, 296, Zwangsvollstreckung gegen den Erben V 296 f., 538 f., Stellung der persönlichen Gläubiger des Erben V 297, Einwendungen des Erben gegen ein gegenüber dem T. erstrittenes Urtheil V 298 f., Prozesse über Erbrecht und Pflichttheilsrecht V 299 f., 537. — Beschränkungen des T. durch den Erb-

lasser V 301 ff., VI 91, auf die Verwaltung V 305 ff., 543. — Erweiterung der Befugnisse des T. V 308 f. — T. bei Nacherbschaft V 309, VI 99. — Beaufsichtigender T. V 309 f. — Rechte und Pflichten gegen den Erben: Nachlaßverzeichniß V 310 f., Herausgabe von Nachlaßgegenständen, Sicherheitsleistung des Erben V 312 f. — Analogie des Auftrags, Rechnungslegung V 314 f. — Haftung des T. V 315. — Unerläßliche Pflichten des T. VI 98. — Auslagen des T. V 316, Vergütung an den T. V 316 f. — T. zur Ausführung der einem Vermächtnißnehmer auferlegten Beschwerungen V 317. — Ausschließung des T. von Mitwirkung bei Testamentserrichtung V 332 f. — Ernennung in formloser letztwilliger Verfügung V 358 f., 363. — Beschränkung des Pflichttheils durch Einsetzung eines T. V 506 ff. — Bestellung eines T. als Maßregel der exheredatio bona mente V 566 f., 570 f. — Erbschaftsanspruch gegen T. V 708 f. — Antrag des T. auf Eröffnung des Nachlaßkonkurses V 826. — Aufschiebende Einreden des T. V 829 f. — Anfechtung der Ernennung eines T. VI 344. — Notare als T. VI 453. — Vorhandensein eines T., Einfluß auf die Unterbrechung des Prozesses VI 654. — Wirkung des Urtheils zwischen T. und Dritten gegenüber dem Erben VI 662. — Vollstreckbare Urtheilsausfertigung für und gegen T. VI 708.

Testamentszettel V 357 ff., 428 f.

Testamentszeugen V 330 ff., VI 450.

Testirfähigkeit V 317 ff., Hinderung der T., Erbunwürdigkeit V 635 ff. — Uebergangsbestimmung VI 557 f.

Testirfreiheit V 4 f., Beschränkung der T., Erbunwürdigkeit V 635 ff.

Thäter, mehrere bei unerlaubter Handlung, Gesammtschuldverhältniß II 606.

Thatsächlicher Irrthum I 188. — Th. Gewalt als Voraussetzung des Besitzerwerbes III 26 ff.

Thatbestand, Beweislast bei Hindernissen der regelmäßigen Wirkung eines Th. I 259.

Thatsachen, begründende, aufhebende, Beweislast I 259.

Theil einer Sache, s. Bestandtheil. — Abnahme eines Werkes in Th. II 319 f. — Ablösung von Th. eines Gebäudes, Werkes, Schadensersatzpflicht II 653. — Vorlegung eines Th. einer Urkunde II 778. — Schutz des Besitzes von Th. einer Sache III 41. — Kein Erbbaurecht an Th. eines Grundstücks III 282. — Nießbrauch an Th. III 387, IV 597. — Erstreckung des Pfandrechts auf alle Th. der Sache III 449 f. — Annahme, Ausschlagung eines Th. der Erbschaft V 627.

Theilaufrechnung I 368 f.

Theilbare Leistung, Mehrheit von Schuldnern oder Gläubigern I 430 ff. — Vertragsmäßige Verpflichtung Mehrerer zu einer th. Leistung I 430 ff.

Theilhaber, s. Gemeinschaft.

Theilhypothek III 544, 579, 585, 665 f., 690.

Theilhypothekenbrief III 544, 665 f. — S. auch VI 554.

Theilleistungen I 305 f., 319 f., 628 ff.

Theilloosung III 754.

Theilnahme an Ehebruch, widernatürlicher Unzucht, Ausschluß der Scheidung IV 399 ff.

Theilschuldverschreibungen nach Handelsrecht III 668, 679, von Eisenbahnen, Landesgesetze VI 552 f., 611 f. — S. auch VI 554.

Theilung bei Auflösung der Gesellschaft II 440 ff., des gemeinschaftlichen Gegenstandes II 757 ff. — Th. eines im Grundbuch eingetragenen Rechtes III 94 f. — Ausschließung der Th. eines gemeinschaftlichen Grundstücks III 277 f. — Servitutbestellung bei Th. zusammengehöriger Grundstücke III 295 f. — Th. des mit einer Grunddienstbarkeit belasteten Grundstücks, des anderen Grundstücks III 317 f. — Th. der Gesammthypothek III 624 f., IV 508, der Hypothek III 665 f., der Kautionshypothek III 690. — Th. des Grundstücks, auf dem eine Reallast ruht III 735 f., mit dem das Recht verbunden ist III 736 f. — Ausschluß des Anspruchs auf Th. des Gesammtguts während allgemeiner Gütergemeinschaft IV 233 f., 238. — Th. des Gesammtguts nach Auflösung der Gütergemeinschaft IV 245, 285 ff., 251, 347 f., VI 289. — Th. des Vermächtnißgegenstandes bei mehreren Bedachten V 163. — Beschränkung des Pflichttheils durch Anordnung einer Th. V 506 f. — Th. der Früchte bei Erbengemeinschaft V 861 f. — Th. des Nachlasses, s. Miterben. — Landesgesetze über Th. VI 417, von Grundstücken VI 432 f.

Theilungsbeschränkungen für Grundstücke, Landesgesetze VI 479 f.

Theilungsverfahren, Landesgesetze VI 417 f.

Theilweise Nichtigkeit I 134. — Th. Unmöglichkeit der Leistung I 319 f., 450, 454, 643, 649. — Th. Erfüllung gegenseitiger Verträge I 628 ff., 648. — Th. Untergang des Vertragsgegenstandes, Rücktrittsrecht I 794 f. — Rücktrittsrecht bei th. Erfüllung I 795 f. — Th. Befriedigung des Hypothekengläubigers III 608 f., IV 512, VI 253. — Th. Unwirksamkeit letztwilliger Verfügung V 69.

Thierärzte, Anspruchsverjährung I 202, 207, 211. — Kosten der Th. für Hausthiere bei Wandelung I 719, 743 f.

Thiere, s. Hausthiere. — Beschädigung durch Th., Haftpflicht des Th.halters und Aufsichtsführers II 646 f., VI 202. — Einbringen von Th. in fremde Grundstücke III 123. — Herrenlose Th. III 254 f.

Thiergärten, Thiere in Th. III 254.

Thon, Anlagen des Nießbrauchers zu dessen Gewinnung III 391 f.

Thun als Gegenstand des Anspruchs I 200.
Tignum junctum VI 518.
Tilgung, Verjährung von rückständigen Zinszuschlägen zur T. des Kapitals II 208 f., 212 f. — T.plan bei Darlehen II 44 f.
Tisch und Bett, Trennung von IV 391 ff., 405 ff., 416 ff., VI 682, nach ausländischem Rechte VI 52 f. — Wirkungen der beständigen Trennung v. T. u. B. VI 363 f., Uebergangsvorschrift VI 532 f., 545 f.
Titulus acquirendi III 64.
Tod, Endigung der Rechtsfähigkeit I 4, VI 106. — T. nach Abgabe einer Willenserklärung I 70. — T. eines Theiles vor der Vertragsannahme I 86 f. — T. des Gläubigers oder Schuldners, Einfluß auf das Schuldverhältniß I 376 f. — T. des Schenkers, Erlöschen des Widerrufsrechts II 39 f. — T. des Miethers, Kündigungsrecht des Vermiethers und der Erben II 218 f., bei Pacht II 249 f. — T. des Auftraggebers II 371 f., 516 f., des Beauftragten II 373 f., 516 f. — T. eines Betheiligten bei Anweisung II 389, eines Gesellschafters II 439, 443 f., des Ausstellers von Schuldverschreibungen auf den Inhaber II 537 f., eines Theilhabers bei Gemeinschaft II 756. — T. nach Abschluß eines Vertrags über Grundstücke III 64. — Erlöschen des Nießbrauchs III 410 f. — T. eines Verlobten, Wirkung auf Brautgeschenke IV 10. — T. eines Gatten bei einer wegen Formmängel nichtigen Ehe, Unanfechtbarkeit der Ehe IV 62 f. — Anfechtung der Ehe nach T. des dazu nicht berechtigten Theiles IV 90 f., V 133. — T. eines Abkömmlinges bei fortgesetzter Gütergemeinschaft IV 248, 316, des überlebenden Ehegatten IV 342. — Erlöschen der Unterhaltspflicht durch T. IV 515. — Ehelichkeitserklärung nach dem T. des Vaters IV 706 f., 711 f., T. des Kindes vor Ehelichkeitserklärung IV 712 f., des Anzunehmenden, des Annehmenden vor Bestätigung des Vertrags auf Annahme an Kindesstatt IV 726 f., V 145 f. — T. des Mündels, Endigung der Vormundschaft IV 825 f. — T. des Abwesenden, Aufhebung der Pflegschaft IV 859. — T. des Beschwerten als Leistungszeit für Vermächtniß, Auflage V 21. — T. des Testamentsvollstreckers V 257. — Irrthümliche Annahme des T. einer Person, Erbschaftsklage, Schutz gutgläubiger Dritter V 725 f. — Unterbrechung des Prozesses durch T. einer Partei VI 654, des gesetzlichen Vertreters VI 654. — T. eines Ehegatten vor Rechtskraft des Urtheils im Scheidungsprozesse VI 681.
Todeserklärung I 4 ff., VI 107 f., von Nichtdeutschen I 10 f. — Verfahren bei T. I 11 ff., 23 f., Antragsberechtigung I 12, 14, Anfechtung I 13, 14, 272 ff., Kosten I 15 f., Wirkung der T. I 18 ff., VI 111. — Wiederverheirathung im Falle der T. IV 23, 452 ff., V 142 f., VI 295 f., 392 f. — T. des Mannes während des gesetzlichen Güterstandes IV 137, 183, 213. — Endigung der Errungenschaftsgemeinschaft durch T. eines Ehegatten IV 369 f., Wiederherstellung IV 372 f. — T. des überlebenden Ehegatten bei fortgesetzter Gütergemeinschaft IV 342. — Eheauflösung zufolge T. IV 452 ff. — Unterhaltsanspruch bei Anfechtung der in Folge T. geschlossenen zweiten Ehe IV 534 f. — T. des Inhabers der elterlichen Gewalt IV 644 f. — T. des Mündels IV 757 f., 825 f., des Vormundes IV 827 f., Anzeigepflicht IV 833. — T. des Abwesenden, Aufhebung der Pflegschaft IV 859. — Erbschaftsklage auf Herausgabe des Vermögens eines irrthümlich für todt Erklärten V 725 f. — T. des Erblassers, Kosten der T. im Nachlaßkonkurse V 768. — T. von Ausländern VI 6 f., 20 f. — Wirkungen der nach altem Rechte erfolgten T. VI 471 f., der nach neuem Rechte erfolgenden T. nach vorausgegangenem Abwesenheitsverfahren alten Rechtes VI 483 f., 625 f. — Verfahren bei T. VI 730 ff., 800.
Todesbeweis bei der Todeserklärung I 9.
Todesvermuthung I 18 ff., VI 111.
Todeswegen, Erwerb von T., Begriff IV 129, 141. — Verfügung von T., Begriff V 5. — Erwerb von T. durch Religiose, Landesgesetze VI 381.
Todeszeit bei Todeserklärung I 21, 272 ff.
Todtgeburt, Ansprüche der unehelichen Mutter IV 685, V 144.
Töchter, Ausstattungspflicht der Eltern IV 317 ff., 326 f., VI 298. — Sorge für die T. bei der Ehescheidung IV 448. — Sorge für verheirathete Töchter IV 549, 565 f.
Tödtung von Hausthieren, Einfluß auf die Wandelung wegen Mängel I 718, 740 f., Kosten der T. I 719, 743 f. — T. des Schenkers durch den Beschenkten, Widerrufsrecht des Erben II 37 f. — Ersatzanspruch aus widerrechtlicher T. II 613 ff., 631 f. — T., T.versuch, Erbunwürdigkeit V 635 ff.
Torf, Anlagen des Nießbrauchers zu dessen Gewinnung III 391 f.
Tradition, s. Uebergabe. — Traditio brevi manu II 14, 16, 17, 18. — Symbolische T. II 18.
Traditionsprinzip V 205 ff.
Transmission V 34.
Transportgefahr bei Eisenbahntransporten I 727 f., Käufen II 67, Werkverträgen II 330.
Transportgeschäfte, Anspruchsverjährung I 201 f., 207, 211.
Transportkosten bei Kauf II 68.
Trauerzeit, s. Wartezeit.
Trauung, kirchliche, Weigerung, Versagung IV 74, 79 f., 95 ff., 407, 414 f.
Trennung. Fruchterwerb des Eigenthümers durch T. III 245, des dinglich Berechtigten

III 245 f., des Eigenbesitzers III 247 f., des obligatorisch Berechtigten III 249 f., des redlichen Besitzers III 349 f., des Nießbrauchers III 388 f. — T. der Güter s. Gütertrennung. — T. von Tisch und Bett IV 391 ff., 405 ff., 416 ff., 451, VI 52 f., 532 f., 545 f.
Treu und Glauben, Leistung nach I 302 f., 624 f., VI 150. — Auslegung der Verträge I 623 f., 633 ff. — Handlung des bedingt Verpflichteten wider T. u. G. I 184. — Hinderung des Erfolges wider T. u. G., Ausschluß der Rückforderung II 699.
Treuhänder III 668, 674 ff., V 281, VI 259 f., 554.
Tricesimus V 617, 654 f.
Trinkgelder I 753, 768. — T. bei Errungenschaftsgemeinschaft IV 366.
Trunkenheit, Einfluß auf die Geschäftsfähigkeit I 56, auf den Ersatz eines zugefügten Schadens II 579 f., 590.
Trunksucht, Entmündigung I 33 f., VI 696 f. — Beschränkte Geschäftsfähigkeit des wegen T. Entmündigten I 67. — Aufhebung der Gütergemeinschaft wegen T. des Mannes IV 277, der fortgesetzten Gütergemeinschaft wegen T. des überlebenden Ehegatten IV 343. — Uebergang der elterlichen Gewalt auf die Mutter bei Entmündigung des Vaters wegen T. IV 639 ff. — Vorläufige Vormundschaft IV 851 ff. — Testirfähigkeit V 323 f., Widerruf des Testaments nach Entmündigung wegen T. V 352.
Tuberkulose, Anfechtung der Ehe IV 78.
Turbatio sanguinis VI 575.
Turpis causa I 774.

U.

Ueberbau III 133 ff., VI 229 f., 231.
Ueberfall von Früchten auf fremdes Grundstück III 148 f.
Uebergabe des Kaufgegenstandes II 50 ff., Kosten der Ue. II 68. — Beginn der Verjährung des Anspruchs auf Gewährleistung von der Ue. an I 702 f. — Besitzerwerb mittelst Ue. III 33, Eigenthumserwerb an beweglichen Sachen III 194 ff., Ersatz der Ue. durch Vereinbarung mittelbaren Besitzes des Erwerbers (constitutum possessorium) III 194 f., Ue. durch Zwangsvollstreckung III 204 f., VI 233, 387, 729. — Ue. von Werthpapieren zur Bestellung eines Forderungspfandrechts III 527 f., des Hypothekenbriefs zum Erwerbe der Hypothek III 646, 729, IV 501.
Uebergebot I 87.
Uebergehung eines zum Vormunde Berufenen IV 748 f., eines Pflichttheilsberechtigten in letztwilliger Verfügung V 52 f.
Ueberhang, s. Hinüberragen.
Ueberinventar bei Pacht II 259.
Ueberlassung des Mieth- und Pachtgegenstandes, s. Untermiethe, Unterpacht. — S. auch Uebertragung.
Ueberleben als Voraussetzung der Erbfähigkeit V 4, des Vermächtnisses V 210 f.
Ueberlegungsfrist, s. Ausschlagungsfrist.
Uebermittelung von Willenserklärung durch Dritte, unrichtige I 102 f., 116 f.
Uebernahme fremder Schuld, s. Schuldübernahme, Bürgschaft. — Ue. eines Vermögens I 427 f., VI 322, 793. — Ue. fremder Verbindlichkeit durch Vormund IV 794, V 633.
Uebernahmetaxe bei Grundstückspacht mit Inventar II 259, für das gepachtete Grundstück selbst II 259, 269. — Ue. eines zum Nachlasse gehörenden Landguts VI 330 f.
Uebernehmer, s. Werkvertrag.
Ueberrest. Nacherbfolge auf den Ue. V 150 ff., 683.
Uebersendung einer Geldschuld, Kosten I 306. S. auch Transport.
Ueberschuldung des Vereins, Antrag auf Konkurseröffnung I 523 f., des Gesellschaftsvermögens II 441, 445. — Ue. des Gesammtguts durch den Mann, Aufhebung der Gütergemeinschaft IV 273, 277 f., bei Ue. der Frau IV 273, 279, Ue. bei fortgesetzter Gütergemeinschaft IV 250, 342 f., bei Errungenschaftsgemeinschaft IV 371. — Ue. als Grund der exheredatio bona mente V 566 f.
Ueberschuß bei Auseinandersetzung der Gesellschaft II 441, der Gütergemeinschaft IV 245, der fortgesetzten Gütergemeinschaft IV 250, 344, der Miterben V 886. — Herausgabepflicht des Erben bei Aufgebot der Nachlaßgläubiger V 744, 780 f.
Uebersetzung des Testamentsprotokolls V 339 f.
Uebertragung. Zur Sicherung übertragenes Recht nach Verjährung des Anspruchs I 236. — Uebertragung der Forderung: Erfordernisse und Wirkung des Uebertragungsvertrags I 377 ff., Uebertragung kraft Gesetzes I 377 ff., Anzeige an den Schuldner I 377 ff. — Ausschließung der Ue. nach dem Inhalte der Leistung oder des Schuldverhältnisses (Versicherungen, Fahrkarten) I 384. — Unübertragbarkeit einer unpfändbaren Forderung I 384 f. — Fortbestand der Landesgesetze, betr. Ue. der Ansprüche Angestellter I 385, VI 409. — Uebergang der Vorzugs- und Nebenrechte I 385 f. — Gewährleistung I 386 f. — Pflicht des bisherigen Gläubigers zur Auskunftsertheilung, Auslieferung von Beweisurkunden und Ertheilung einer öffentlich beglaubigten Urkunde der Ue. I 387. — Einreden gegen den neuen Gläubiger I 387 ff. — Einrede der Scheinforderung I 388 f., ausgeschlossen bei verbriefter Forderung I 389 f., VI 167 f. — Aufrechnungsbefugniß des Schuldners I 391. — Schutz des in Unkenntniß der Ue. leistenden Schuldners, Urtheil im Prozesse zwischen Schuldner und bisherigem Gläubiger I 391 f., VI 169 f. — Aufrechnungsbefugniß und Schutz des gutgläubigen Schuldners bei gerichtlicher

Forderungsüberweisung I 393. — Mehrmalige Ue. seitens desselben Gläubigers I 393 f. — Anzeige der Ue. an den Schuldner, Vorlegung der Ue.urkunde, Widerruf der Anzeige I 394 ff., 398 f. — Ue.urkunde als Voraussetzung der Zahlungspflicht des Schuldners, der Wirksamkeit einer Mahnung oder Kündigung, Ersatz durch schriftliche Anzeige des bisherigen Gläubigers I 396 ff. — Anfechtbarkeit der Ue. I 399 ff. — Ue. von Gehaltsansprüchen I 404. — Ue. eines Vermögens I 405. — Anwendung der Vorschriften über die Forderungsübertragung auf andere Rechte I 404. — Ue. der Forderung eines Gesammtgläubigers auf einen Andern I 443 f. — Schenkweise Ue. einer Forderung II 14, 18. — Ue. des Vorkaufsrechts II 108 f. — Ue. der Sachen und Rechte beim Erbschaftskaufe II 115. — Ue. des Anspruchs auf Dienstleistung II 278 f., des Auftrags II 354, der Rechte aus Anweisung II 389 f., des Anspruchs aus Gesellschaftsverhältniß II 425. — Ue. des Eigenthums an beweglichen Sachen III 194 ff., VI 263 f., 335, des Antheils am Miteigenthume III 276, der Ausübung des Nießbrauchs III 407 f. — Ue. des Pfandrechts mit der Forderung III 483 f. — Ue. einer Forderung zwecks Pfandrechtsbestellung III 519 f. — Uebergang der Hypothek durch Ue. der Forderung III 585 f., 647 f., IV 512, VI 249 f. — Ue. der Eigenthümerhypothek III 614, der Gesammthypothek III 632 ff., der Inhaberhypothek III 672, der Sicherungshypothek III 682 f., der Kautionshypothek III 690, der Grundschuld IV 713 f. — Keine Ue. des Anspruchs auf Aussteuer IV 318, 322, des Anspruchs des Mannes gegen die geschiedene Frau auf Beiträge zum Unterhalte gemeinschaftlicher Kinder IV 449 f., des Mannes gegen die Frau auf Beitrag zum ehelichen Aufwande IV 227 f., des Deflorationsanspruchs IV 7, des ehemännlichen Verwaltungs- und Nutznießungsrechts IV 204, der elterlichen Nutznießung IV 557, 582. — Ue. der Rechte des Nächerben auf dessen Erben V 81 f. — Ue. des Pflichttheilsanspruchs V 525 f., des Pflichttheilsrechts eines Abkömmlinges V 610 f. — Ue. von Staatsschuldbuchforderungen, Fortbestand der Landesgesetze VI 411 ff. — Ue. des Eigenthums nicht gebuchter Grundstücke, Landesgesetze VI 426 f., an Grundstücken des Staats, der Kommunalverbände VI 429.

Ueberweisung (gerichtliche) einer Forderung, Aufrechnungsbefugniß und Schutz des gutgläubigen Schuldners I 393, Ueberweisungsbeschluß II 472 f. — Pfandrecht bei Ue. der Forderung III 485 f. — Hypothek bei Ue. der Forderung III 587 f., Uebertragung der Briefhypothek durch Ue. III 653 f., 655, 657 f. — Prozeßkosten bei nicht bekannt gegebener Ue. eines Anspruchs VI 647. — Ue. gepfändeter Forderungen VI 723 f., 797 f.

Ueberwurzelung, s. Hinüberragen.

Uebliche Vergütung bei Dienstvertrag II 276, Werkvertrag II 309, Mäklervertrag II 345.

Ultimat, Eintragung eines U. für ein Recht an einem Grundstücke VI 242.

Umbildung des Vertragsgegenstandes, Ausschluß des Rücktrittsrechts I 794 f. — Eigenthumserwerb durch U. III 239 f. — U. des Vermächtnißgegenstandes V 173 f.

Umgehungsgeschäfte I 123, II 799.

Umrechnung ausländischer Geldschuld I 289.

Umschreibung von Inhaberpapieren des eingebrachten Gutes auf den Namen der Frau zur Sicherheit IV 133, 178, 196, VI 275, auf den Namen des Kindes in elterlicher Gewalt IV 553, 635, auf den Namen des Mündels IV 783 f., 794, Befreiung von der U. IV 812 f. — U. von Inhaberschuldverschreibungen auf den Namen II 555, bei Nießbrauch III 427 f., bei Nacherbschaft V 106 f., VI 93. — Landesgesetze über U. von Schuldverschreibungen auf den Inhaber VI 411 ff., 508, 617, 652.

Umtausch der Sicherheitsleistung I 268, beschädigter Schuldverschreibungen auf den Inhaber II 554 f.

Umwandelung einer Schuld in ein Darlehen II 42 f., der Briefhypothek in eine Buchhypothek III 643, der Sicherungshypothek in eine gewöhnliche III 692 f., IV 514, der Hypothek in eine Grundschuld und umgekehrt III 720 f., IV 513, der Rentenschuld in eine Grundschuld und umgekehrt III 782 f., IV 501. — U. von Inhaberpapieren des Reichs oder eines Bundesstaats in Buchforderungen IV 553, 635, 784, 787. — U. von Dienstbarkeiten, Reallasten, Fortbestand der Landesgesetze VI 372 f., 375. — U. von Stiftungen I 606, VI 407.

Unbekannte. Aufgebot des u. Hypothekengläubigers III 617 f., IV 507 f. — Pflegschaft bei u. Betheiligten IV 857, Aufhebung der Pflegschaft IV 859. — Nachlaßpflegschaft bei u. Erben V 664 ff. — Aufgebot u. Erben V 670.

Unbestimmte Leistungszeit, Verzug des Gläubigers I 329 f. — Letztwillige Verfügung zu Gunsten u. Personen V 37 f., Vermächtniß V 210 f., 212 f., 238 f. — Bürgschaft für unbestimmte Verbindlichkeit II 463 f., Pfandrecht III 440.

Unbewegliche Sachen III 2. — Verjährung des Anspruchs aus Mängeln bei Werkvertrag über u. S. II 311 f. — Verfügung über u. S. des Mündelguts IV 790 f.

Unbewegliches Vermögen bei Fahrnißgemeinschaft IV 373 ff.

Unbrauchbare Schuldverschreibung auf den Inhaber II 554.

Undank. Widerruf der Schenkung wegen U. II 35 ff.

Uneheliche Abstammung, Verwandtschaft I 34 f., VI 112. — U. V. als Ehehinderniß IV 24 f.

Uneheliche Kinder. Wohnsitz I 42 f. — Verbot der Eheschließung mit dem Vater und dessen Verwandten IV 24 f. — Einwilligung der Mutter zur Eheschließung IV 30 ff. — Rechtsverhältniß der u. K. IV 670 ff.: Stellung zur Mutter und deren Familie IV 670, 676. — Name des K. IV 670 f., 676. — Keine elterliche Gewalt der Mutter, Sorge für das K. IV 671, 676. — Unterhaltspflicht des u. Vaters IV 671 f., 676. — Beweis der Vaterschaft IV 672 ff., 677, VI 302 f. — **Exceptio plurium concumbentium** IV 673 f., VI 303. — Empfängnißzeit IV 678. — Anerkennung der Vaterschaft IV 678 f., 702 f., VI 303. — Umfang und Dauer des Unterhalts IV 680 f. — Haftung des u. Vaters vor der Mutter und deren Verwandten IV 680 f., VI 301 f. — Art der Unterhaltsgewährung, Geldrente, Zahlung für die Vergangenheit, Vorausleistung IV 683, Sicherheitsleistung IV 683, Uebergang der Unterhaltspflicht auf die Erben des Vaters IV 677, 684, Abfindung durch die Erben IV 684. — Vereinbarung über den Unterhalt, Verzicht IV 677, 684. — Entbindungskosten, Wochenbettskosten IV 677, 685 ff., V 144 f., VI 308 f., Verjährung dieser Ansprüche IV 685, 689, einstweilige Verfügungen wegen derselben vor Entbindung IV 689 ff. — Deflorationsanspruch IV 694 f. — Legitimation u. K. IV 698 ff. (s. Legitimation). — U. minderjährige K., Landesgesetze über deren Bevormundung IV 743 f. — Erbrecht u. K. V 481 f. — Internationales Privatrecht für Rechtsverhältniß zwischen u. K. und Mutter VI 68, Unterhaltspflicht des Vaters VI 68. — Uebergang des Unterhaltsanspruchs der u. K. auf die Mutter, wenn diese den Unterhalt gewährt hat VI 301. — Uebergangsbestimmungen für Rechtsverhältnisse u. K. VI 548 f. — Prozesse, für welche die U. eines K. präjudiziell ist VI 787.

Unehrenhaft, s. Unsittlich, Sitten.

Unentgeltliche Zuwendung mit Auflage einer Leistung an einen Dritten I 751, 754 ff. — U. der Schenkung II 4. — U. Verfügungen bei Erbschaftskauf II 119 f. — U. des Auftrags II 351 f., der Leihe II 269. — U. Verfügung eines Ehegatten zu Gunsten des anderen, Anfechtung im Konkurse VI 762 f. — U. Vormundschaftsführung IV 817 f. — U. Verfügungen des Vorerben V 98, 130, 152, des Testamentsvollstreckers V 276 f., 279 f., des Erbschaftsverkäufers II 116 f., des Schenkers einer Erbschaft II 129.

Unerlaubte Rechtsgeschäfte I 122 ff. — U. Selbsthülfe I 241. — Unzulässigkeit des Zurückbehaltungsrechts bei u. Handlungen I 313, der Aufrechnung gegen Forderung aus u. Handlungen I 374 f. — U. Handlungen des Vereinsvorstandes I 521 f.

Unerlaubte Handlungen II 566 ff., VI 200 f., 212 f.: Schadensersatzpflicht II 566 f., Eingriff in fremden Rechtskreis II 567 f., Verschulden des Thäters II 568 f., Widerrechtlichkeit gegen den Verletzten II 569, Schutzgesetze II 569 f., Strafgesetz II 572, Beschädigter II 571 f., Aufführung einzelner Rechtsgüter im Gesetz II 572 f. — Umfang des Schadensersatzes II 574 f., 665 ff. — H. gegen die guten Sitten (illoyale) II 575 f., VI 201. — Nothstand II 578. — Einfluß der Einwilligung des Beschädigten II 578 f., 633 f. — Irrthum des Thäters II 579. — H. der Geistesgestörten, Trunkenen, Kinder II 579 ff., Haftung ohne Verschulden II 583 ff. — Verletzung der Aufsichtspflicht über Personen II 593 f. — Haftung für Beauftragte, Angestellte, der Geschäftsherrn, Eisenbahnbetriebsunternehmer, Betrieb auf öffentlichen Grundstücken II 597 ff. — Gesammtschuldnerische Haftung der Thäter und der subsidiär Verpflichteten II 605 f., der Mitthäter II 606. — Einfluß des Zufalls auf die Ersatzpflicht II 607. — Verzinsung der Ersatzsumme II 607. — Verwendungen des Thäters II 607. — Leistung des Ersatzes an einen Nichtberechtigten, an den Besitzer statt des Eigenthümers II 607 f. — Verjährung des Ersatzanspruchs II 609 f., VI 205, Anspruch auf Herausgabe der Bereicherung trotz eingetretener Verjährung II 611, 714 f., auf Aufhebung einer erlangten Forderung gegen den Verletzten II 612. — Buße II 612. — Tödtung, Körperverletzung mit tödtlichem Ausgange, Kosten versuchter Heilung, Beerdigungskosten, Ersatzpflicht für erloschene Vermögensrechte, für Verhinderung eines Rechtserwerbes, Rentenpflicht des Getödteten, Unterhaltsansprüche gegen denselben, Geldrente, Abfindung in Kapital II 613 ff. — Anrechnung von Vortheilen auf den Ersatz II 625 f. — Körperverletzung, Heilungskosten, Geldrente II 627 f. — Freiheitsentziehung, Unterhaltsansprüche, Geldrente II 530 f. — Ersatz für Wegfall der vom Verletzten einem Dritten kraft Gesetzes zu leistenden Dienste II 631 f. — Zweikampf, Einwilligung des Getödteten, Verletzten II 633 f. — Nachtheile für Erwerb und Fortkommen des Verletzten II 635 f. — Kreditgefährdung II 637 f. — Ausschluß der Verfügung des Verletzten über die Ansprüche Dritter aus der Verletzung II 638 f. — Mitverschulden des Verletzten II 639 f. — Immaterieller Schaden, Geldentschädigung II 640 f. — Auswerfen, Ausgießen, Herabfallen aus einem Gebäude II 641 ff. — Beschädigung durch Thiere, Haftung des Thierhalters und Aufsichtsführers, gesammtschuldnerische Haftung II 646 f., VI 202. — Wildschaden II 648, 806 ff. — Aufbewahrung von Explosionsstoffen II 649 f. — Einsturz eines Gebäudes, Werkes, Haftung auch des Eigenbesitzers, des früheren Besitzers, des Uebernehmers der Unterhaltung, des Nieß-

brauchers II 650 ff., Maßregeln zur Abwendung der Gefahr II 657. — Explosion einer Dampfmaschine II 658. — Verletzung der Amtspflicht, Entscheidung von Rechtssachen, Haftung für Geschäftsführung Dritter, Haftung des Staats II 658 ff., 842 f., VI 202 f. — Arglistiger Rath, Empfehlung II 664. — Landesgesetze über Haftung des Staates ꝛc. für Beamte II 670 f. — Haftung der Sachverständigen für Grundstücksabschätzungen II 670 f. — Haftung aus ungerechtfertigter Prozeßführung II 671 f. — Ungerechtfertigte Zwangsvollstreckung II 673 f. — Ungerechtfertigter Arrest II 678 f. — Ungerechtfertigte Vollstreckungsklausel II 680 f. — Außereheliche Beiwohnung unter Drohung, Hinterlist, Mißbrauch eines Abhängigkeitsverhältnisses IV 694 f. — Haftung des Vorbehaltsguts für u. H. der Frau IV 136, 207 f., des Mannes für Minderung des Gesammtguts durch u. H. IV 263, 276 f., 282. — Haftung des Erbschaftsbesitzers aus u. H. V 720 f. — U. H. Deutscher im Auslande VI 42 f.

Unfähigkeit zum Amte des Vormundes IV 751. — S. auch Ehrenrechte.

Unfall, s. Lebensgefahr. — Versicherung des Nießbrauchsgegenstandes gegen U. III 396 f.

Unfallverschollenheit VI 111.

Unfallversicherungsgesetz II 292, IV 532, 693, 774, VI 637. — Abrechnung der Bezüge aus U. auf Dienstlohn II 280 f.

Ungeborene, Versprechen einer Leistung an U. I 765 f., Vermächtniß V 210 f., 212 f., 238 f.

Ungerechtfertigte Bereicherung, s. Bereicherung.

Ungewißheit über die Person des Gläubigers, Hinterlegung I 342 ff., 346, 349 f. — Pflegschaft bei U. der Betheiligten IV 857, Aufhebung derselben IV 859. — U. der Person des letztwillig Bedachten V 22 f.

Ungewisses Rechtsverhältniß, Vergleich II 519 ff. — U. Rechte und Verbindlichkeiten bei Berechnung des Pflichttheils V 518. — Ungewißheit der Annahme oder Ausschlagung der Erbschaft, Nachlaßpflegschaft V 665 f.

Ungültigkeit der Rechtsgeschäfte I 125 ff. — U.erklärung eingetragener Beschlüsse eines Vereins I 569 f. — U. der Ehe IV 53 ff., VI 575, 635, 653 (s. Ehe). — Rechtsverhältnisse der Kinder aus u. Ehen, Uebergangsbestimmung VI 548.

Universalfideikommiß, s. Nacherbe.

Unkenntniß über die Person, den Aufenthalt des Empfängers einer Willenserklärung, öffentliche Zustellung I 73.

Unkündbarkeit der Rentenschuld seitens des Gläubigers III 780, IV 501. — Landesgesetze über u. Hypotheken und Grundschulden VI 433 f.

Unmögliche Bedingung I 185. — U.keit einer Leistung bei Alternativobligation I 282 ff. — Später eintretende (objektive, subjektive) U. der Leistung I 314 ff., VI 155, Abtretung der vom Schuldner erlangten Ersatzansprüche, bezw. Herausgabe des als Ersatz Erlangten I 316 f., 683 f. — Theilweise U. der Leistung I 319 f. — Eintritt der U. nach rechtskräftiger Verurtheilung des Schuldners zur Leistung I 321 f., nach Rechtshängigkeit des Anspruchs auf Herausgabe einer bestimmten Sache I 323. — Nichteintritt des Verzugs des Schuldners während (objektiver) U. der Leistung I 325 f. — U. der Leistung in der Person eines Gesammtschuldners I 433, 437 f., eines Gesammtgläubigers I 434, 443. — U. der Leistung, Nichtigkeit des Vertrags I 448 f., Kenntniß der U., theilweise U. I 450 ff. — Hebung der U., bedingte U. I 454 f. — U. der Leistung aus gegenseitigen Verträgen I 638 f., 648 f., II 62 f. — U. der Vertragserfüllung, Schicksal der Draufgabe I 774 f. — U. bei Wiederkauf II 82 f., 92. — U. der Dienstleistung II 305 f. — U. des bezweckten Erfolges der Leistung II 699 f. — U. der Herausgabe gegenüber Eigenthumsanspruch III 342 f. — Vermächtniß unmöglicher Leistung V 172. — U. der letztwilligen Auflage V 246 f.

Unmündigkeit I 46.

Unpfändbare Forderung, Unzulässigkeit der Aufrechnung gegen solche I 374 f., der Abtretung derselben I 384 f. — U. Sachen als Gegenstand des gesetzlichen Pfandrechts des Vermiethers II 206 f., des Verpächters II 258. — Unpfändbarkeit der Früchte des eingebrachten Gutes IV 134, 182, 204, gesetzlicher Unterhaltsansprüche, gewisser Geldrenten, unübertragbarer Forderungen VI 724, des ehemännlichen, elterlichen Nutzungsrechts VI 725, 799.

Unredlicher Besitzer III 336, 339 f., 352.

Unrichtigkeit des Grundbuchs III 84 f., des Erbscheins V 683, des Nachlaßinventars V 738.

Unschädlichkeitszeugniß, Landesgesetze VI 439 f.

Unsichere, s. Ungewisse.

Unsittliche, s. Sitten. U. Verhalten als Ehescheidungsgrund IV 405 f., 413. — U. Lebenswandel als Grund der Pflichttheilsentziehung V 562 f.

Unterbrechung der Verjährung I 212, 226, VI 264, 759, bei Gesammtschuldverhältniß I 433, 434, 437 f., 443, der Verjährung des Anspruchs auf Gewährleistung durch Beweisaufnahme I 704. — U. der Anspruchsverjährung aus Kauf, Werkvertrag II 312 ff. — U. der Ersitzung III 231 ff., IV 585. — U. der Frist für Ehescheidungsklage IV 432 f. — U. der Nachlaßprozesse durch Anordnung der Nachlaßpflegschaft V 811, des Prozesses durch Tod einer Partei VI 654, des gesetzlichen Vertreters VI 654.

Unterbringung eines Kindes in einer Familie ꝛc. IV 619 f., eines Mündels IV 800, eines Strafunmündigen VI 571 f.

Untergang des Leistungsgegenstandes bei Ver-

zug des Schuldners I 357 f., des bestimmten Gegenstandes nach eingetretener Rechtshängigkeit I 323, eines Vertragsgegenstandes, Einfluß auf Rücktrittsrecht I 790 f., 794 f. — Gefahr des U. beim Kaufe II 58 f., beim Wiederkaufe II 82 f., 85 f., 92, beim Erbschaftskaufe II 177 f., 122. — U. des zum Schätzungswerthe vom Pächter übernommenen Inventars II 259. — Gefahr des U. bei Werkvertrag II 329 f. — U. von Sachen eines Gesellschafters in Benutzung der Gesellschaft II 440. — U. der dem Berechtigten durch unerlaubte Handlung entzogenen Sachen II 607. — U. der Sache nach Rechtshängigkeit des Eigenthumsanspruchs III 336 f., 372. — U. des Bauwerkes, Fortbestand des Erbbaurechts III 284. — U. des Vermächtnißgegenstandes V 169.

Unterhaltsbeiträge, Verjährung von Rückständen I 208 f., 211.

Unterhalt, Unterhaltsanspruch, Unterhaltspflicht. Kollision der U. mit Schenkung II 21 f. — Nichtverkümmerung des standesmäßigen U. und der gesetzlichen U. bei Haftung für Schaden ohne Verschulden II 583, 584. — Uebergang gesetzlicher U. des widerrechtlich Getödteten auf den Thäter II 621 f., bei Freiheitsentziehung II 630. — Vermuthung, daß Eltern und Abkömmlinge aus Gewährung von U. keinen Anspruch herleiten wollen II 734, VI 190 f. — Geschäftsführung ohne Auftrag gegen den Willen des Geschäftsherrn zur Erfüllung gesetzlicher U. II 735 f. — U. bei nichtiger Ehe IV 69 f. — U. der Ehegatten IV 109 ff., 136, 213, 451, V 135, VI 272. — Gefährdung des U. durch den Mann, Rechte der Frau bei gesetzlichem Güterstande IV 222, 223, 227. — U. der Ehegatten gegen Verwandte bei allgemeiner Gütergemeinschaft IV 242, 265 ff. — Aufhebung der Gütergemeinschaft wegen Gefährdung der U. des Mannes IV 244, 273, des U. der Abkömmlinge bei fortgesetzter Gütergemeinschaft IV 250, 342 f. — Beitrag der geschiedenen Frau zum U. eines gemeinschaftlichen Kindes nach Ehescheidung IV 449 f. — U. der Verwandten IV 478 ff.: Beschränkung auf Verwandte in gerader Linie IV 478. — Voraussetzungen, Bedürfniß, minderjährige Kinder IV 478 f. — Leistungsfähigkeit des Pflichtigen, Verpflichtung gegenüber minderjährigen Kindern, Beweislast IV 480 f., VI 296. — Zusammentreffen mehrerer U. IV 485. — U. der Ehegatten vor den Verwandten IV 482, 485. — Reihenfolge der Unterhaltspflichtigen IV 482, 485 f. — Zusammentreffen mehrerer Verpflichteter IV 482, 486 f., VI 297. — Leistungsunfähigkeit des zunächst Verpflichteten, Schwierigkeit der Rechtsverfolgung gegen denselben IV 482, 489 f. — Regreßrecht der Verpflichteten unter einander IV 489 f. — Umfang des U., standesmäßiger U. IV 491 ff. — Beerdigungskosten IV 491, 493 f. — Taufkosten IV 492. — U. der Familie des Berechtigten IV 492 f. — Nothdürftiger U. IV 483, 494 f., VI 297. — Art der U.gewährung, Geldrente, U. von unverheiratheten Kindern, Vorausleistung IV 495 f., VI 297. — Nachforderung des U. für die Vergangenheit IV 496 f. — Abänderung des Urtheils auf U. bei veränderten Verhältnissen IV 514. — Konkurs des Verpflichteten IV 515. — Verzicht auf U., Vorausleistung IV 515. — Tod des Berechtigten oder Verpflichteten IV 515. — U. bei Ehescheidung IV 515 ff., VI 291 f., bei Putativehe IV 532 f., bei Anfechtung der in Folge Todeserklärung geschlossenen zweiten Ehe IV 534 f. — U. eines Kindes in elterlicher Gewalt, Verhältniß zur elterlichen Nutznießung IV 580. — Gefährdung des U. eines Kindes durch den Inhaber der elterlichen Gewalt IV 625 f., 655 f. — U. des Vaters gegenüber den nicht als ehelich geltenden Kindern aus nichtigen Ehen IV 667 ff., des unehelichen Vaters IV 671 ff., IV 301 f., 549 (s. auch uneheliche Kinder), der Mutter nach Ehelichkeitserklärung des Kindes IV 715, desgleichen des Vaters IV 716. — Verhältniß von U. zu Erbvertrag mit dem Bedachten V 410 f. — Verletzung der U. als Grund der Pflichttheilsentziehung V 559. — Sicherung der dem in guter Absicht Enterbten obliegenden U. V 573 f. — U.anspruch der Schwangeren bei Erwartung der Geburt eines Erben V 614 f., der Hausgenossen des Erblassers V 654 f. — U. des unehelichen Vaters nach internationalem Privatrecht VI 68, desgl. der Verwandten VI 68. — Uebergang des U.anspruchs des unehelichen Kindes auf die Mutter, welche den Unterhalt gewährt hat VI 301 f. — Landesgesetze über U. VI 433 f. — Ansprüche des Staates, der Verbände und Anstalten gegen U. für gewährten U. VI 492 f., 616 f. — Uebergangsbestimmung für U. der Ehegatten VI 532 f. 635. — Unpfändbarkeit gesetzlicher U.ansprüche VI 724. — U.ansprüche gegen den Gemeinschuldner VI 755.

Unterhaltungslast bei Gebäuden, Verantwortlichkeit für Einsturz II 651 f., 657. — U. bei Grenzanlagen III 130 f., bei Anlagen zur Ausübung einer Grunddienstbarkeit III 311 ff.

Unterlassen als Gegenstand des Anspruchs I 200 f. — Verjährung von Ansprüchen auf U. I 211. — U. als Gegenstand der Leistung aus Schuldverhältnissen I 279 f., Vertragsstrafe für diesen Fall 1779 f. — U. als Gegenstand der Reallast III 734.

Untermiethe II 178 ff., 190 f., 212 f., VI 564 f., 702.

Unternehmer, s. Werkvertrag. — Landesgesetze über Schadenshaftung des U. von Betrieben

auf Grundstücken im öffentlichen Gebrauche II 605, VI 421, von Eisenbahnen VI 421.
Unterpacht II 233 ff.
Unterrichtsanstalten, Anspruchsverjährung I 202, 204, 211. — Unterbringung eines Kindes, Mündels in U. VI 619 f., 800.
Unterscheidungsjahr für Wahl der Religion IV 875 f.
Unterschrift von Urkunden bei gesetzlicher Schriftform I 89 f., von Urkunden über Verträge I 90 f., von Quittungen I 339, von Schuldverschreibungen auf den Inhaber II 528, 537, VI 419 f., des Testamentsprotokolls V 336 ff.
Unterstützung, fortlaufende als Gegenstand der Schenkung II 30. — Rechte des Fiskus 2c. an dem Nachlasse unterstützter Personen, Landesgesetze VI 446.
Unterstützungswohnsitzgesetz IV 497, VI 483, 590.
Unterzeichnung, s. Unterschrift.
Untheilbare Leistung bei Mehrheit von Schuldnern oder Gläubigern I 434, 444 ff.
Untheilbarkeit der Grunddienstbarkeiten III 310, der beschr. persönlichen Dienstbarkeiten III 436, des Rücktrittsrechts I 796.
Unübertragbarkeit der Vereinsmitgliedschaft I 534 f., 567. — U. der Forderung nach dem Inhalte des Schuldverhältnisses oder einer besonderen Vereinbarung, einer unpfändbaren Forderung I 384, des Vorkaufsrechts II 108 f., des Anspruchs auf Dienstleistung II 278 f., des Auftrags II 354, VI 190, des Anspruchs aus Gesellschaftsverhältniß II 425, des Nießbrauchs III 407 f. — Kein Nießbrauch an unübertragbaren Rechten III 413 f. — U. der persönlichen Dienstbarkeit III 436. — Pfandrecht an unübertragbaren Rechten III 517. — U. des Deflorationsanspruchs IV 7. — U. des Anspruchs auf Aussteuer IV 318, 322, des Anspruchs des Mannes gegen die geschiedene Frau auf Beitrag zum Unterhalte gemeinschaftlicher Kinder IV 449 f., des Mannes gegen die Frau auf Beitrag zum ehelichen Aufwande IV 227 f., des ehemännlichen Verwaltungs- und Nutznießungsrechts IV 204, der elterlichen Nutznießung IV 551, 582. — Unzulässigkeit der Pfändung unübertragbarer Forderungen VI 724. — Pfändung von u., der Ausübung nach übertragbaren Rechten VI 726.
Unveräußerlichkeit, s. Veräußerungsverbot, Veräußerung.
Unvererblichkeit der Vereinsmitgliedschaft I 534 f., 557.
Unverjährbarkeit, s. Verjährung.
Unvermögen des Schuldners zur Leistung I 314 ff., bei Gattungsschuld I 314 ff.
Unverständliche Bedingung I 185.
Unverzüglich, Begriff I 113.
Unwahre Thatsachen, Behauptung, Verbreitung II 637.
Unwiderruflichkeit, s. Widerruf.
Unwürdigkeit, s. Erbunwürdigkeit.
Unzucht, widernatürliche, Ehescheidungsgrund IV 399 ff., Grund zur Entziehung des Pflichttheils unter Ehegatten V 580.
Unzurechnungsfähigkeit bei unerlaubten Handlungen II 579 ff.
Urgroßeltern gesetzliche Erben vierter Ordnung V 469 f.
Urheberrecht, Uebertragung III 257. — Nießbrauch III 417, Verpfändung III 520.
Urkunde. Erfordernisse der U. bei gesetzlich vorgeschriebener Schriftform I 89 f. — U. über Verträge I 90 f., über Vollmachtsertheilung I 147. — Verjährung des Anspruchs aus vollstreckbarer U. I 230. — Hinterlegung von U. zur Erfüllung I 342 ff., 358. — Herausgabe von U. zum Beweise einer abgetretenen Forderung I 387. — U. über die Abtretung einer Forderung I 387, 396 f., 404. — Herausgabe zum Beweise von Rechten an der Kaufsache II 58. — U. über Anweisung II 380 f. — Vorlegung von U. zur Einsicht II 771 f. — Pflicht zur Vorlegung von U. im Prozesse VI 664. — Zwangsvollstreckung aus U. über Hypothek, Grundschuld, Rentenschuld VI 715, 718 f. — Prozessualische Vorschriften über Aufgebot von U. VI 740 f.
Urkundenprozeß aus Hypothek III 767, VI 668.
Urkundsperson bei Testamentserrichtung V 330 ff. — Fortbestand der Landesgesetze VI 450 f.
Urtheil. Verfügung durch U. gegen Veräußerungsverbot I 124; während schwebender Bedingung I 184. – U., welches nicht in der Sache selbst entscheidet, Einfluß auf Verjährung I 226. — U. unter Vorbehalt gilt als rechtskräftige Entscheidung hinsichtlich Verjährung I 230. — Verweisung der Vorschriften über U. in die Civilprozeßordnung I 244 f., 254 f. — U. zwischen Schuldner und Cedenten, Wirkung für den Cessionar I 392. — U. für und gegen einen Gesammtschuldner I 433, 437 f., Gesammtgläubiger I 434, 443. — U. als Ersatz der Bestimmung der Leistung durch einen der Vertragschließenden I 464 f., desgl. der Gegenleistung I 467, desgl. der Bestimmung durch Dritte I 467 ff. — U. auf Herabsetzung zu hoher Vertragsstrafe I 780 f. — U. gegen Miether, Wirkung gegen Untermiether II 190. — Leibrente durch U. II 487. — Ersatz der Eintragungsbewilligung durch U. III 68 f. — U. auf Abgabe der Auflassungserklärung III 177. — U. zwischen Pfandgläubiger und Verpfänder, Wirkung gegen den dritten Eigenthümer III 493 f. — U. über Richtung und Benutzung eines Nothwegs III 154, VI 568. — U. in Ehenichtigkeitsklage IV 66 f. — Wirkung des U. im Rechtsstreite des Mannes über eingebrachtes Gut IV 129, 130, 172. — Aufhebung der Verwaltung und Nutznießung

des Mannes durch U. IV 137, 211, der Wiederherstellung derselben IV 138, 184, 214. — U. auf Aufhebung der allgemeinen Gütergemeinschaft IV 293, der Errungenschaftsgemeinschaft IV 369 f., Wiederherstellung derselben IV 372. — U. bei Anfechtung der Ehelichkeit eines Kindes IV 476. — Wirkung eines zwischen Vorerben und Dritten erlassenen U. gegenüber dem Nacherben V 130. — Wirkung des U. aus Prozeßführung des Testamentsvollstreckers für und gegen den Erben V 532 f. — Ausländische U. VI 86 f., VI 228. — Wirkung rechtskräftiger U. VI 142. — Aufhebung des unter Vorbehalt ergangenen U. VI 659, 667, 668. — Wirkung des rechtskräftigen U. VI 660, 661 f., 663 f., 681. — Ausschluß der Anerkennung ausländischer U. VI 662. — U. in Ehesachen VI 679 f. — Vorläufig vollstreckbare U. VI 701 f., Eintragung aus solchen VI 703. — U. auf Abgabe einer Willenserklärung VI 728 f. — U. bei Todeserklärung VI 731.

Urtheilshypothek III 696, 701.

Usucapio libertatis I 198, III 238.

V.

Väterliche Gewalt, s. Elterliche Gewalt.

Vater, Vaterschaft. Verbot der Eheschließung zwischen V. und dessen Verwandten mit dem unehelichen Kinde und dessen Abkömmlingen IV 24 f. — Einwilligung zur Eheschließung IV 30 ff. — Ausstattungspflicht des V. IV 317 ff. — Verhältniß der Unterhaltspflicht des V. zu derjenigen der Mutter IV 482, 485 f. — Elterliche Gewalt des V. IV 546 f. — Unterhaltspflicht des unehelichen V. IV 671 ff. — Anerkennung der V. IV 470 f., 474 f., 678 f., 698 f., VI 303. — Antrag des V. auf Ehelichkeitserklärung IV 705 f. — Benennung eines Vormundes IV 745 ff. — Anordnung befreiter Vormundschaft IV 805 ff., der Einsetzung eines Familienraths IV 895. — Benennung eines Vormundes für das volljährige Kind IV 849, Berufung zu solcher Vormundschaft IV 849, befreite Vormundschaft des V. in diesem Falle IV 850. — Fürsorge für Leibesfrucht IV 857. — Entziehung des Pflichttheils V 579.

Veränderung, s. Abänderung. — V. der Kaufsache bei Wiederkauf II 82 f., 84. — V. der Leihsache II 275, des Gegenstandes der Gemeinschaft durch einen Theilhaber II 769. — V. der Nießbrauchssache III 401. — V. der Hauptverbindlichkeit, Einfluß auf Bürgschaft II 466 f. — V. von Erbschaftssachen bei Nacherbschaft V 128.

Veranlassungsprinzip bei Schadensersatzpflicht II 568, 585, 654.

Veräußerung des Vertragsgegenstandes, Ausschluß des Rücktrittsrechts I 794 f. — V. des Miethgrundstücks, Einfluß auf das Pfandrecht des Vermiethers II 210 f. — Erstreckung der V. auf Zubehör III 19 f. — V. von Sachen der Nacherbschaft, Surrogation V 114. — Vermächtniß eines Gegenstandes, zu dessen V. Erblasser verpflichtet ist V 170. — Einfluß der V. auf bestehende Mieth- und Pachtverhältnisse VI 501 f. — V. von Eisenbahnen, Landesgesetze VI 552 f.

Veräußerungsbeschränkungen bei Grundstücken, Landesgesetze VI 433 f., 479 f., bei Kirchengut VI 436.

Veräußerungsverbot. Rechtsgeschäft gegen V. I 124 f. — V. an den Erben als Vermächtniß V 161. — V., welches nicht aus dem Grundbuch ersichtlich III 76 f., VI 386. — V. nicht gerichtlicher Behörden VI 364. — Wirkung von V. im Zwangsvollstreckungsverfahren VI 712. — V. im Konkurse VI 756. — Allgemeines V. im Konkurse, Wirkung VI 765 f., 803.

Verantwortlichkeit, s. Haftung.

Verarbeitung des Vertragsgegenstandes, Ausschluß des Rücktrittsrechts I 794 f. — Eigenthumserwerb durch V. III 239 f. — V. des Vermächtnißgegenstandes V 173 f.

Verbände zur Nutzung von land- und forstwirthschaftlichen Grundstücken, Fortbestand der Landesgesetze VI 491 ff.

Verbaloblation zur Bewirkung des Gläubigerverzugs I 329.

Verbandsvorsteher, Testament vor demselben V 343.

Verbeistandung IV 863 f., Geistesschwacher nach französischem oder badischem Rechte VI 486, 620 f., 749, Verschwender VI 488.

Verbesserung von Grundstücken, Darlehen dazu, Landesgesetze VI 439.

Verbietungsrecht aus bestehenden Servituten III 303.

Verbindlichkeiten. Schadensersatz für eine in Erwartung der Ehe eingegangene V. bei Verlöbnißbruch IV 5 f. — S. auch Ehegutsverbindlichkeiten, Nachlaßverbindlichkeiten.

Verbindung mehrerer Aufgebotsanträge zwecks Todeserklärung I 16. — Eigenthumserwerb durch V. III 238 f. — V. des Vermächtnißgegenstandes V 173 f.

Verbot. Rechtsgeschäfte gegen gesetzliches Verbot I 122 ff., 448, 455. — Annahme einer Leistung gegen gesetzliches V. II 686 f., 702, 712. — Ausländische Gesetze, welche gegen gesetzliches V. verstoßen VI 81 f. — Vermächtniß verbotener Leistung V 172. — V. der Testamentseröffnung V 356.

Verbotene Eigenmacht III 36 ff., gegen mittelbaren Besitzer III 225 f. — Selbsthülferecht des Erben V 653. — Haftung des Erbschaftsbesitzers aus v. E. V 720 f.

Verbrauch von Erbschaftssachen bei Erbschaftskauf II 119.

Verbrauchbare Sachen III 2. — Nießbrauch III 413, 421 f., 427 f., 432 f. — V. S. als Beitrag zur Gesellschaft II 417 f., als Gegen-

stand der den Pflichttheil verkürzenden Schenkung V 581 f. — Verfügung des Mannes über v. S. des eingebrachten Gutes IV 126, 129, 130, 131, 167, 171, 198 f., 220, des Vaters über v. S. des Kindes IV 576 f., 580. — V. S. bei Nacherbfolge, Werthfeststellung V 94, 114.

Verbrechen gegen das Kind, Verwirkung der elterlichen Gewalt IV 554, 648 f. — V. als Grund zur Entziehung des Pflichttheils V 553, 558, 560, 562, als Grund der Ehescheidung IV 399 f.

Verbreitung unwahrer Thatsachen, Schadensersatz II 637 f.

Verdecktes Rechtsgeschäft I 95, 97.

Verderb des Pfandes, Rücknahmerecht des Verpfänders, Versteigerungsbefugniß des Gläubigers III 457 f.

Verderbliche Sachen nicht zur Sicherheitsleistung geeignet I 268. — Versteigerung des v. Leistungsgegenstandes I 356 f., IV 590.

Vereine I 476 ff. — V. mit nicht wirthschaftlichen (idealen) Tendenzen, Erlangung der Rechtsfähigkeit durch Eintragung in das V.register I 498 f., andere V. durch Verleihung I 498 f. — Sitz des V. I 498, 504. — Verfassung, Satzung I 504 f. — Vorstand I 506 ff., 552, II 377 f., VI 114 f. Ersatz fehlender Vorstandsmitglieder I 515 f. — Rechtsgeschäfte und Prozesse zwischen dem V. und einem Vorstandsmitgliede I 517 f. — Sonstige Vertreter des V. I 520 f. — Haftung für eine zum Schadensersatze verpflichtende Handlung des Vorstandes I 521 f. — Ueberschuldung des V., Antrag auf Konkurseröffnung I 523 f. — Mitgliederversammlung I 524 ff. — Verfassungsänderung I 525, 527 ff. — Sonderrechte der Mitglieder I 524, 525, 529 f. — Abweichende Bestimmungen der Satzung I 524 f., 530 f. — Herkommen I 531. — Berufung der Mitgliederversammlung I 532 ff., 570. — Unübertragbarkeit und Unvererblichkeit der Mitgliedschaft, Austrittsrecht I 534 f. — Aufrechnung gegen geschuldete Beiträge, Zurückbehaltungsrecht I 535 f. — Klagerecht bei verfassungswidrigen Beschlüssen der Mitgliederversammlung I 536 ff. — Verlust der juristischen Persönlichkeit für konzessionirte V. I 538 f. — Auflösung durch Beschluß der Mitgliederversammlung I 538 f., 570. — Konkurseröffnung I 539. — Vermögen des erloschenen Vereins I 539 ff., VI 116: Anfallberechtigung nach der Satzung I 542 f., an die Mitglieder, den Fiskus I 544 f., VI 116, Liquidation I 546 ff.: L. durch Vorstand oder besondere Liquidatoren I 547 f., Pflichten der Liquidatoren I 548 f., VI 136 f., Bekanntmachung des Erlöschens, Gläubigeraufruf I 550, Wartejahr I 550, Hinterlegung geschuldeter Beträge, Sicherheitsleistung I 551, VI 116, Pflicht zur Beantragung des Konkurses I 551, Haftung der Liquidatoren den Gläubigern gegenüber I 551. — Konkursverfahren I 551 f. — Widerruflichkeit der Bestellung des Vorstandes I 552 f. — V. ohne Rechtsfähigkeit I 553 f., II 452 f., VI 117, 206 f., 639. - Eingetragene V.: Mindestzahl der Mitglieder I 554 f., VI 382, Form des Statuts I 555 f., Inhalt desselben I 556 ff., VI 117. — Anmeldung des V. I 557 ff., VI 117. — Mitgliederverzeichniß I 557. — Behandlung des Eintragungsgesuchs, Einspruch der Verwaltungsbehörde I 558 ff. — Inhalt der Eintragung, Wirkung zu Unrecht erfolgter Eintragung I 566 f. — Bekanntmachung der Eintragung I 567, Zurückgabe des Statuts, Abschrift I 567. — Beitrittserklärung, Mitgliederverzeichniß I 567 f. — Anmeldung und Eintragung der Aenderung des Vorstandes I 568 f., Wirkung solcher Eintragung gegen Dritte I 569. — Anmeldung und Eintragung einer Statutenänderung I 569. — Ungültigkeitserklärung eingetragener Beschlüsse I 569 f. — Berufung der Mitgliederversammlung, Auflösung I 570. — Auflösung bei Sinken der Vereinsmitgliederzahl unter drei I 570 f. — Umwandelung des V. in einen Erwerbsverein I 571 f. — Auflösung wegen Gefährdung des Gemeinwohls, Verfolgung statutenwidriger Zwecke I 572 ff. — Eintragung der Auflösung I 577, des Konkurses I 577, VI 118. — Liquidation I 577. — Ordnungsstrafen gegen Vorstand und Liquidatoren I 577. — Form der Anmeldung zum V.register I 578, Oeffentlichkeit desselben, Einsicht, Abschriften I 578. — Hinterlegung für bekannte, sich nicht meldende Gläubiger bei Liquidation eines V. I 568 f. — Erbeinsetzung noch nicht bestehender V. V 8 f. — Ausländische V. VI 22 f. — Namenrecht der V. VI 115. — Oeffentlich-rechtliche Vorschriften der Landesgesetze über V. VI 381 f. — Fortbestand der Landesgesetze über Verfassung staatlich genehmigter V. VI 399 f. — Inkraftbleiben des bayerischen Gesetzes über privatrechtliche V. VI 496. — Zwangsvollstreckung gegen nicht rechtsfähige V. VI 705.

Vereinigung von Schuld und Forderung I 376, in der Person eines Gesammtschuldners I 433, 437 f., in der Person eines Gesammtgläubigers I 434, 443. — Wegfall der Folgen bei Erbschaftskauf II 129. — V. von Bürgschaft und Schuld II 480. — V. des Eigenthums mit einem anderen Rechte am Grundstücke III 73, des Eigenthums und Nießbrauchs III 412, VI 390, bei Nießbrauch an Rechten III 416. — V. von Forderung und Schuld bei Nießbrauch III 422, bei Forderungspfandrecht III 536. — V. eines Grundstücks mit einem anderen, Einfluß auf Hypotheken III 550 f., IV 504, VI 252. — V. von Forderung und Eigenthum bei Hypothek III 572 ff., 609, IV 505 (s. auch

Eigenthümerhypothek), bei Gesammthypothek III 632 ff. — Aufhebung der Wirkung der V. bei Eintritt der Nacherbfolge V 131, bei Vermächtniß V 210, bei Nachlaßkonkurs V 768, 800; Nachlaßpflegschaft V 813.
Vereinigungsbeschränkungen für Grundstücke, Landesgesetze VI 433 f., 479 f.
Vereinsgesetz, bayerisches I 491, 511, 513, 521, 557, sächsisches 494, 511, 513, 537, 562.
Vereinsrecht des bürgerlichen Gesetzbuchs I 578 ff., des Landesrechts I 490, 619, VI 381 f.
Vereinsregister I 498 f., 567 ff. — Form der Anmeldungen zu dem V. I 578. — Oeffentlichkeit des V., Abschriften aus demselben I 578. — Einsicht VI 118.
Vereinssatzung I 504 f., 525 f., 530 f., 555 ff., 583 f., VI 117.
Vereinsvermögen bei Erlöschen des Vereins I 539 ff., VI 116, einer juristischen Person alten Rechtes VI 493.
Vereinsvorstand I 506 ff.
Vereinszweck, Einstimmigkeit für Aenderung desselben I 525, 528. — Angabe bei eingetragenen Vereinen I 556. — Auflösung bei Verfolgung statutenwidriger V. I 572 f.
Vereitelung der Bedingung I 184.
Vererblichkeit des bedingten Rechtes I 181, der Rechte des Vertragserben V 398, des Vorkaufsrechts II 110, V 841, des Pflichttheilsanspruchs V 525 f., des Anfechtungsrechts wegen Erbunwürdigkeit V 645, des Besitzes V 650 f.
Verfahren beim Pfandverkaufe III 470 ff.
Verfallvertrag beim Pfande III 467, 521.
Verfassung eines Vereins I 504 f., Aenderung I 525, 527 f. — V. der Stiftung I 489, 596 ff. — V. staatlich genehmigter Vereine, Landesgesetze VI 399 f. — V. einer juristischen Person alten Rechtes VI 492.
Verfehlung, schwere, als Grund des Schenkungswiderrufs II 36.
Verfügung gegen Veräußerungsverbot I 124, während schwebender Bedingung I 184. — Letztwillige V. s. d. W. — V. über den Vertragsgegenstand, Ausschluß des Rücktrittsrechts I 794 f. — Leibrente durch V. von Todeswegen II 487. — V. des Mannes über eingebrachtes Gut IV 126 ff., der Frau IV 133 f., 196 ff. — V. über Gesammtgut IV 238 f., 251 ff., der fortgesetzten Gütergemeinschaft IV 335, V 140. — V. des Erben bei Nachlaßverwaltung V 765 f., bei Testamentsvollstrecker V 286, 531, des Testamentsvollstreckers V 276 f., 301 f., 308 f., 527 f., 541 f. — Einfluß des Erbvertrags auf V. des Erblassers unter Lebenden V 388 f. — V. des Miterben über seinen Antheil V 837. — Erwerb von Vorbehaltsgut durch V. von Todeswegen IV 124. — Erwerb freien Vermögens des Kindes unter elterlicher Gewalt durch V. von Todeswegen IV 573. — V. über Forderungen ꝛc. des Mündels IV 781 f. — V. des Vorerben V 98, 130, 152. — Anordnung freier V. bei Nacherbfolge V 158. — V. von Todeswegen s. letztwillige V.
Verfügungsbeschränkung, rechtsgeschäftliche I 125, III 26, 256 f., Eintritt nach Eintragungsbewilligung III 65 f., IV 586 f. — V. im Grundbuche, Wirkung gegen Dritte VI 386. — V. des Erben durch Testamentsvollstrecker V 286 f., 532 f. — V. gegenüber gutgläubigen Dritten VI 371. — Uebergangsbestimmung VI 497 f.
Verfügungsrecht, s. Verfügung.
Verführung, hinterlistige, einer Frauensperson IV 694 f.
Vergangenheit, Bedingung, welche auf die V. gestellt ist I 184. — Unterhaltsanspruch für die V. IV 484, 515, 677, 683.
Vergehen gegen das Kind, Verwirkung der elterlichen Gewalt IV 548 f., 554. — V. als Grund zur Entziehung des Pflichttheils V 553, 558, 560, als Scheidungsgrund IV 399 f.
Vergeltungsrecht gegen Ausländer VI 89.
Vergleich I 166, 270 f., II 519 ff., VI 194. — Verjährung der Ansprüche aus vollstreckbarem V. I 230. — V. des Vaters für ein Kind IV 566, des Vormundes für Mündel IV 793. — Schuldversprechen, Schuldanerkenntniß auf Grund eines V., Form II 500, 505, 509 f.
Vergütung beim Dienstvertrage II 276 f., 304 f., Werkvertrage II 309, 319 f., 332 f., Mäklervertrage II 345, Auftrage II 369 f., Hinterlegungsvertrage II 393, 401 f., an den Vormund IV 817 f., den Testamentsvollstrecker II 316 f., den Nachlaßpfleger V 820. — V. für Rechtsverlust in Folge Verarbeitung, Vermischung ꝛc. III 244 f., VI 235, 238, 388.
Verhältnißmäßigkeit der im Nothstande zugefügten Verletzung zu der abzuwendenden Gefahr I 247 ff., 251 f. — V. der Kosten der Wiederherstellung bei Schadensersatz I 293, 297.
Verheirathung eines Kindes, Ausstattung IV 319 f., 323, 326 f. — V. eines Kindes in elterlicher Gewalt, Aufhören der elterlichen Nutznießung IV 582 f.
Verhinderung der Bedingung I 184. — V. des zum Vormunde Berufenen IV 748 f. — V. des Erblassers an Errichtung oder Aufhebung letztwilliger Verfügung, Erbunwürdigkeit V 636 f.
Verjährung der Anfechtung einer Willenserklärung wegen Drohung oder Betrugs I 122. — V. von Ansprüchen I 194 ff. — Rechtsnachfolge, Einfluß auf V. dinglicher Ansprüche I 231. — V. der Nebenleistungen mit dem Hauptanspruche I 236. — Einfluß der Einrede der V. auf Aufrechnung I 361 ff. — V. bei Gesammtschuldverhältniß I 433, 434, 437 ff., 443. — V. des Anspruchs auf Wandelung und Minderung I 674 f., 701 ff., auf Wandelung und Schadensersatz beim Verkaufe von Hausthieren I 719, 745 ff. — V. des Ersatzanspruchs für Sachmängel bei

Schenkung II 28 f., des Wiederkaufsrechts II 88 f., des Miethers II 177 f., VI 185, des Vermiethers II 194, der Ansprüche aus Leihe II 271 ff., aus Werkvertrag II 311 f., aus Anweisung II 385, VI 192, der Ansprüche des Gastes gegen den Gastwirth II 410 f., der Ansprüche aus Schuldverschreibung auf den Inhaber II 542 f., aus Zins- 2c. -scheinen II 548 f., des Ersatzanspruchs aus unerlaubten Handlungen II 609 f., VI 205. — Ausschluß der V. des Anspruchs auf Aufhebung der Gemeinschaft II 756 f. — V. des Ersatzanspruchs für Wildschaden II 839. — Ausschluß der V. des Anspruchs auf Berichtigung des Grundbuchs III 103 f., der Ansprüche aus eingetragenen Rechten III 117 f., VI 227, der Ansprüche auf Abmarkung und Feststellung der Grenze III 127 f., VI 231. — V. der Rente für Ueberbau III 137 f., VI 231. — Ausschluß der V. des Anspruchs auf Nothweg III 156, VI 231, der Grunddienstbarkeit III 322 f. (vgl. 327, 437). — V. der Ersatzansprüche aus Nießbrauch III 407, des nicht in das Grundbuch eingetragenen Nießbrauchs III 412, der Ersatzansprüche aus Pfandrecht III 460, der Hypothek III 620. — Aufhebung der Reallast durch V. III 738. — V. der Ersatzansprüche des Besitzers gegen den Eigenthümer wegen Verwendungen III 361 f., IV 591 f., VI 389. — V. der Ansprüche aus Verlöbniß IV 11, des Anspruchs auf Aussteuer IV 318, 322, VI 298. — V. der Scheidungsklage IV 429 ff. — V. der Ansprüche auf Entbindungs- und Wochenbettskosten IV 685, 689, V 144 f. — V. der Anfechtung letztwilliger Verfügung V 68 f., der Anfechtung von Schenkungen durch Vertragserben V 389 f., 394, des Pflichttheilsanspruchs V 551, des Anspruchs auf Ergänzung des Pflichttheils gegen den Beschenkten V 593 f. — Landesgesetze über V. von Dienstlohn VI 380. — Uebergangsbestimmung VI 498, 626, für V. der Ansprüche aus Schuldverschreibung auf den Inhaber VI 507 f. — S. auch Anspruchs-V.

Verjährungsfristen. Ordentliche I 194, 201; zweijährige I 201 ff.; vierjährige I 208 ff.

Verkauf für fremde Rechnung, dazu Beauftragter darf nicht kaufen III 52 f. — V.recht des Besitzers bei Weigerung des Eigenthümers zum Ersatze der Verwendungen III 364 f — V. des Pfandes III 470 ff. — V. der Erbschaft durch den Vorerben V 130.

Verkehr der Eltern mit den Kindern nach der Ehescheidung IV 449.

Verkehrsanstalten, Funde bei V. III 273.

Verkehrshypothek III 510, 640 f.

Verkehrssitte bei stillschweigender Annahme des Vertragsantrags I 81 f., bei Leistung I 302 f., 624 f., VI 150, bei Auslegung von Verträgen I 623 f.

Verkehrssperrung, Testament bei V. V 346.

Verkehrsunternehmungen, Landesgesetze über Schadloshaltung durch V. VI 428.

Verkündung des Testaments V 356 f., des Erbvertrags V 381 f., des gemeinschaftlichen Testaments V 424.

Verkürzung der Gewährfrist für Mängel der verkauften Sache I 705 f., 718, 748.

Verlängerung der Frist, Berechnung I 189. — V. der Gewährfrist für Mängel der verkauften Sache I 705 f., 719, 748. — Stillschweigende V. des Miethvertrags II 217 f., des Dienstvertrags II 301.

Verlagsrecht, Uebertragung III 257. — Landesgesetze VI 441, 560.

Verlassung, f. bösliche Verlassung, Auflassung.

Verlegung des Ausübungsorts einer Grunddienstbarkeit III 314 f.

Verleiher, f. Leihe.

Verleihung, staatliche, der Rechtsfähigkeit an Vereine I 498 ff.

Verletzung von Rechten, Personen, f. unerlaubte Handlungen. – V. der ehelichen Pflichten, Scheidungsgrund IV 405 ff.

Verlobte, f. Verlöbniß. -- Erbvertrag unter V. V 366 ff., 373 f., 379 f., 407 f., VI 100. — Vermächtnißvertrag V 423, gemeinschaftliches Testament V 427.

Verlöbniß begründet keine Klage auf Eheschließung IV 1 ff. — Bruch des V., Schadensersatzanspruch IV 3 ff. — Verschulden des Rücktritts IV 7. — Deflorationsanspruch IV 7 f., 694 f. — Nichtigkeit der Konventionalstrafe IV 9. — Form des V. IV 9. — Brautgeschenke IV 10 f. — Verjährung der Ansprüche aus V. IV 11. — Anfechtung letztwilliger Zuwendung unter Verlobten V 58 f. — Erbvertrag unter V. V 384, Erbverzicht V 601 f.

Verlorene Schuldverschreibung auf den Inhaber II 537 f., III 380 f. — V. bewegliche Sachen III 213 ff., 367 f., 380 f.

Verlust, f. Schaden. — Ersatz von V. beim Auftragsvertrage II 367 f. — Antheil am V. bei Gesellschaft II 437. — V. des Besitzes I 27, 34 f., des Eigenthums an Grundstücken III 168 ff., an beweglichen Sachen III 194 ff.

Vermächtniß. Begriff V 6. — Vertrag über V. aus dem Nachlasse eines noch lebenden Dritten I 456 f. — Annahme oder Ausschlagung eines V. durch die Frau beim gesetzlichen Güterstande IV 134, 204, bei allgemeiner Gütergemeinschaft IV 240, 259, Verbindlichkeiten aus einem solchen IV 242, 264. — Beliebige Leistungszeit für V. V 21. — Mehrheit von Bedachten auf denselben Gegenstand, alternatives V. V 23 ff., 42 f. — Mehrheit von Bedachten, Bestimmung der Vertheilung durch den Beschwerten, einen Dritten V 41 f. — V. oder Erbeinsetzung V 72 f. — Ausschließung eines einzelnen Vermögensgegenstandes als V. an die gesetzlichen Erben V 74. — V. als Last der Nacherbschaft V

132. — V. im Allgemeinen V 160 ff.: Beschwerter V 160 f., mehrere Beschwerte V 161. — Veräußerungsverbot an den Erben als V. V 161 f. — Voraus-V. V 162 f. — Mehrheit von Bedachten V 163. Unbestimmtheit des Gegenstandes V 163. — V. eines eigenen oder fremden Gegenstandes V 165 f., 174. — V. des Besitzes einer Sache V 168, des Anspruchs auf Leistung eines Gegenstandes oder seines Ersatzes V 169, Gegenstand, zu dessen Veräußerung Erblasser verpflichtet ist V 170. — Verschaffungs-V. V 170 f., 227 f., 236. — V. eines dem Bedachten gehörenden Gegenstandes V 171 f., auf Begründung eines Rechtes V 172, auf unmögliche, verbotene Leistung V 172 f., Untergang durch Verbindung, Vermengung, Vermischung V 173 f., VI 396. — Forderungs- und Schuldvermächtniß V 174 f. — Aufrechnung mit einer vermachten Forderung V 176 f. V. der Erbschaft eines beim Erbfalle noch lebenden Dritten V 177 f. — Umfang des V. bei bestimmten Sachen, Erstreckung auf Zubehör, Ersatzansprüche V 179 f., bei Inbegriff von Sachen V 179 f., bestehende Mieth- und Pachtverträge V 180 f., bei Belastung des Gegenstandes V 181 ff., Hypotheken, Grundschulden, Rentenschulden, die dem Erblasser zustehen V 182 ff., Belastung des vermachten Grundstücks mit Hypotheken V 182, 188 f., VI 396. — Gesammthypothek, Gesammtgrundschuld, Gesammtrentenschuld V 183, 189 ff., Sicherungshypothek V 183, 191, Kautionshypothek V 191. — Wahl-V. V 193 ff. — Gattungs-V. V 196 ff. — Gemischt-generisches V. V 200 f. — V. einer Leibrente V 201. — V.anspruch V 201 ff., Vindikationslegat V 204 ff., VI 344 f. — Wiederaufhebung der Folgen der Vereinigung V 203, 210. – Anfall des V. V 210 ff., Bedingung, Anfangstermin V 210, noch nicht geborene unbestimmte Personen V 210 f., Zwischenzeit V 211 f. — Erforderniß des Ueberlebens des Bedachten V 212, zeitliche Begrenzung des Anfalls V 212 f., 225, 237 f., VI 91. — Bruder, Schwester als Bedachte V 213 f. — Anwachsung V 215 ff., Ausschließung derselben V 216, Belastungen des angewachsenen Theiles V 216. — Annahme, Ausschlagung des V. V 216 f., bei mehreren V. V 218 f. — Erbunwürdigkeit des V.nehmers V 220, VI 321. — Wegfall des Beschwerten V 221. — Erfüllungszeit für einen mit einem V. beschwerten V.nehmer V 221. — Umfang des V.anspruchs, Früchte und Zuwachs, Nutzungen V 221 ff., 230 f. — Gewährleistung des Beschwerten bei Gattungsv., nicht zur Erbschaft gehörigem Gegenstande, Grundstücken V 226 ff. — Verschaffungs-V. V 227 f. — Verwendungen des Beschwerten V 233 f. — Kürzung des V. durch V., Auflage, Pflichttheilsanspruch V 237, 835 f. — Ersatzberufung zum V. V 237. — Nachv. V 237. — Ausführung des V. durch Testamentsvollstrecker V 268 f. — Formerleichterung für V. V 357 ff. — V. im Erbvertrage V 402 f. — V.vertrag V 423. — Wegfall von V. bei Erbschaftskauf II 113. — Bedenkung des Pflichttheilsberechtigten mit einem V. V 503 f., 510 f. — Beschränkung des Pflichttheils durch V. V 506 f., Kürzung des V. im Verhältnisse zur Pflichttheilslast V 546 f., 550, VI 319. — Vertragsmäßiger Verzicht auf Zuwendung aus V. V 609 f. — V. bei Aufgebot der Nachlaßgläubiger V 774. — V. bei Abzugseinrede des Erben V 802. — Anordnung von V. in einem holographischen Testamente VI 397. — V. welche dem Gemeinschuldner vor Eröffnung des Konkurses zugefallen sind VI 755 f.

Vermächtnißanspruch V 201 ff.

Vermächtnißnehmer, s. Vermächtniß.

Vermächtnißvertrag V 423. — Verbindung mit Erbverzicht V 603. — Beeinträchtigung des Gegenstandes des V. durch den Erblasser V 404.

Vermengung, Eigenthumserwerb III 239. — V. des Vermächtnißgegenstandes V 173 f.

Vermerk im Staatsschuldbuche zur Beschränkung der Verfügung einer Ehefrau über Buchforderungen VI 413.

Vermiethung, gewerbsmäßige, beweglicher Sachen, Anspruchsverjährung I 202, 211.

Verminderung des Gesammtguts durch den Mann IV 244, 273, durch den überlebenden Ehegatten bei fortgesetzter Gütergemeinschaft IV 250, 342, der Erbschaft durch den Vorerben V 150 f.

Vermischung, Eigenthumserwerb III 239. — V. des Vermächtnißgegenstandes V 173 f.

Vermittelung eines Vertrags II 345 f.

Vermögen. Uebernahme eines V., Schuldenhaftung I 427 ff., VI 322, 793. — Vertrag über künftiges, gegenwärtiges Vermögen I 457 f. — Nießbrauch an einem V. III 429 ff., VI 348. — Verfügung über V. des Mündels als Ganzes 791.

Vermögensabsonderung unter Ehegatten nach französischem, badischem Rechte, Uebergangsbestimmung VI 544.

Vermögensauseinandersetzung, s. Auseinandersetzung.

Vermögensinteresse der Leistung aus Schuldverhältniß I 280 f., 298, 620 f.

Vermögenslage, ungünstige des Erben, Anordnung der Nachlaßverwaltung V 820 f., des Vorerben, Sicherheitsleistung V 100, 124. S. auch Vermögensverfall, Vermögensverschlechterung.

Vermögenslosigkeit als Voraussetzung des Unterhaltsanspruchs IV 478 f.

Vermögensminderung aus Voraussetzung der Schenkung II 3 f. – Schadensersatz ohne V. I 298.

Vermögensnothstand I 250.
Vermögensschaden I 298, 620 ff. — Ersatz anderen als V. bei unerlaubten Handlungen II 640.
Vermögensübernahme I 427 ff. — V. mit Abfindung Dritter I 751, 753 f. — Vollstreckbare Urtheilsausfertigung gegen Vermögensübernehmer VI 793.
Vermögensübersicht statt Rechnungslegung des Vormundes IV 802, bei befreiter Vormundschaft IV 809 f.
Vermögensübertragung I 405.
Vermögensverfall des Mannes, Aufhebung der Gütergemeinschaft IV 273, 277 f., der Frau IV 273, 279. — S. auch Vermögenslage.
Vermögensverschlechterung, Einfluß auf gegenseitigen Vertrag I 631, auf Darlehnsversprechen II 46 f. — S. auch Vermögenslage.
Vermögensverwaltung durch den Mann bei Gütertrennung IV 222, 224, 228 f. — Ueberlassung der V. seitens eines volljährigen Kindes an die Eltern IV 538, 541 f. — V. kraft elterlicher Gewalt IV 556 ff., durch den Beistand der Mutter IV 614 f. — Pflegschaft für Vermögensverwaltung IV 855, 857. — V. durch Testamentsvollstrecker V 276 ff., 527 f.
Vermögensverzeichniß bei Errungenschaftsgemeinschaft IV 355, bei Endigung der fortgesetzten Gütergemeinschaft IV 249, 342, bei elterlicher Vermögensverwaltung IV 553, 555, 562 f., 616, 635, bei Annahme an Kindesstatt IV 731, VI 305 f., bei Vormundschaft IV 758 f. — Verbot der Offenlegung des V. durch den Erblasser des Mündels IV 815 f. — V. bei Nacherbschaft V 93, 151. — V. bei elterlicher Gewalt der Mutter VI 301.
Vermögenswerth, Verträge zu Leistungen ohne V. I 620 ff.
Vermuthung des Todes I 18 f., VI 111, des Lebens I 22, VI 112, gleichzeitigen Todes in gemeinsamer Gefahr I 30. — Bedeutung gesetzlicher V. I 264. — V. des Bestehens eines innerhalb der Gewährfrist sich zeigenden Thiermangels bei Beginn derselben I 718, 736 f. — V. der Annahme der Schenkung II 2. — V., daß Eltern, Voreltern und Abkömmlinge aus gegenseitig gewährtem Unterhalte keinen Anspruch herleiten wollen II 734, VI 190 f. — V. für das Eigenthum des Besitzers einer beweglichen Sache III 45 f., 380 ff., für Richtigkeit des Grundbuchs III 48 f., für Eigenthum an Grenzanlagen III 130, für Ersitzung einer bestehenden Grundgerechtigkeit III 304. — V. zu Gunsten des Nießbrauchers, daß Besteller Eigenthümer ist III 494, IV 593, 609. — V. für Rückgabe des Pfandes, wenn es sich im Besitze des Verpfänders oder Eigenthümers befindet III 488 f., für Eigenthum des Verpfänders bei Pfandverkauf III 492 f., für Eigenthum des als Eigenthümer Eingetragenen bei Hypothek III 575 f., IV 506, für Erwerb der Hypothek bei Besitz des Hypothekenbriefs III 646, 729. — V. daß die Frau im Bereiche des Hauswesens im Namen des Mannes handelt IV 106 f. — V. für Eigenthum des Mannes an den im ehelichen Besitze befindlichen Sachen IV 112. — V. für Gesammtgut bei Errungenschaftsgemeinschaft IV 354. — V. für Empfängnißzeit IV 458 f., für Ehelichkeit eines Kindes IV 463, 465. — V., daß ein volljähriges Kind für Aufwendungen im elterlichen Haushalte Ersatz nicht verlangt IV 538, 541 f. — V. für die Beiwohnung bei Anerkennung des Kindes in nachfolgender Ehe IV 702 f. — V. für Richtigkeit des Erbscheins V 683, des Nachlaßinventars V 757, für Erbrecht des Fiskus VI 395. — Prozessualische Bedeutung gesetzlicher V., Gegenbeweis VI 659 (s. auch VI 752).
Vernachlässigung des Kindes durch den Vater, Einschreiten des Vormundschaftsgerichts IV 619 f.
Vernichtung von Schuldverschreibungen auf den Inhaber, Aufgebot II 546 f., von Zinsscheinen 2c. II 548 f. — Aufhebung des Testaments durch V. V 353.
Vernunftgebrauch. Beraubtsein des V. I 32.
Verpfändung von Forderungen, von beweglichen Sachen zur Sicherheitsleistung I 264 f. S. Pfandrecht.
Verpfändungsvertrag II 488 f.
Verpflegungsanstalten, Anspruchsverjährung I 202, 204, 211. — Fortbestand der Landesgesetze betr. Vormundschaft der Vorstände von V. IV 743 f., VI 445 f., 651.
Verpflegungskosten in Krankheitsfällen bei Dienstvertrag II 284 f. — Ansprüche des Fiskus 2c. wegen V. gegen Nachlaß, Landesgesetze VI 446.
Verpflichtungsgrund, Schuldversprechen, Schuldanerkenntniß ohne Angabe des V. II 501 ff., 506 f.
Verpflichtungswille als Erforderniß der Obligation I 281.
Verpfründungsvertrag V 372, 410.
Versäumung der Ausschlagungsfrist für Erbschaft V 631, der Inventarfrist V 732.
Versäumnißurtheil im Eheprozesse VI 682.
Verschaffungsprinzip beim Kaufe I 654, II 52 (vgl. II 488).
Verschaffungsvermächtniß V 170 f., 227 f., 236, 404.
Verschlechterung des Leistungsgegenstandes bei Verzug des Schuldners I 357 f., des bestimmten Vertragsgegenstandes nach Eintritt der Rechtshängigkeit I 323, des Vertragsgegenstandes bei Rücktrittsrecht I 790 f., 794 f. — Ersatz für V. bei Wandelung beim Thierkaufe I 802 f. — Gefahr der V. beim Kaufe II 58 f. — V. bei Wiederkauf II 82 f., 85 f., 92, bei Erbschaftskauf II 117, 122. —

V. der Miethsache II 188, des vom Pächter zum Schätzungswerthe übernommenen Inventars II 259, der Leihsache II 275. — Gefahr der V. bei Werkvertrag II 329 f. — V. von Gegenständen, welche ein Gesellschafter der Gesellschaft zum Gebrauche gegeben II 440, der durch eine unerlaubte Handlung entzogenen Sache II 607, der Sache nach Rechtshängigkeit des Eigenthumsanspruchs III 336, 338 f., 372. — V. der Nießbrauchssache III 401. — V. des mit Hypotheken belasteten Grundstücks III 568 f., IV 504, des mit Rentenschuld belasteten Grundstücks III 780. — V. von Erbschaftssachen bei Nacherbschaft V 121 ff., 128.

Verschließung des Testaments V 351, des Erbvertrags V 381 f.

Verschollenheit, Todeserklärung I 4 ff., VI 107 f. — V. des Mündels IV 825 f., des Kindes in elterlicher Gewalt IV 861 f. — V.erklärung nach altem Rechte VI 472, 483, 625. S. auch Todeserklärung.

Verschulden der Liquidatoren eines Vereins I 551, des Beschädigten, Einfluß auf Schadensersatzpflicht I 300, II 837. — V. des Vertreters I 302, eines Gesammtschuldners I 433, 437 f., eines Gesammtgläubigers I 434, 443. — V. des Gebers der Draufgabe I 774 f. — V. des Gehülfen des Beauftragten II 354 f. — V. als Voraussetzung der Schadensersatzpflicht aus unerlaubten Handlungen II 568 f., 572, 583, 585 f., 591 f., 655. — Einfluß des V. auf Rücktrittsrecht I 794. — Einfluß des V. des Hauptschuldners auf Bürgschaft II 467. — V. des Vormundes IV 816, des Testamentsvollstreckers V 263, 315. — V. des Rücktritts vom Verlöbnisse, Schadensersatzpflicht IV 7. — Mitwirkendes V. des Verletzten bei Anwendung des Haftpflichtgesetzes VI 594 f. S. auch Haftung.

Verschuldungsgrenze bei Grundstücken VI 433.

Verschwägerung, s. Schwägerschaft. — Berücksichtigung der Verschwägerten bei Vormundschaftsbestellung IV 749, Anhörung derselben durch das Vormundschaftsgericht IV 758, 796, Antrag auf Einsetzung des Familienraths IV 835, Mitwirkung bei Testamentserrichtung V 332 f.

Verschweigen von Nachlaßverbindlichkeiten im Inventar V 738.

Verschwendung, Entmündigung I 31 ff., VI 694 f. — Beschränkte Geschäftsfähigkeit des wegen V. Entmündigten I 67. — Aufhebung der Gütergemeinschaft wegen V. des Mannes IV 273 ff., der fortgesetzten Gütergemeinschaft wegen V. des überlebenden Ehegatten IV 250, 342 f., der Errungenschaftsgemeinschaft IV 371. — Uebergang der elterlichen Gewalt auf die Mutter bei Entmündigung des Vaters wegen V. IV 639 ff. — Vorläufige Vormundschaft IV 851 ff. — Testirfähigkeit V 323 f. — Exheredatio bona mente V 566 f.

— Wirkung der Entmündigung wegen V. nach altem Rechte VI 488 f.

Versendung der Kaufsache, Transportgefahr II 67, Kosten II 68. — Gefahr der V. bei Werkvertrag II 330 f.

Versetzung. Kündigung des Miethverhältnisses bei V. von Beamten ꝛc. II 227, nicht des Pachtverhältnisses II 249.

Versicherung. Uebertragung der Ansprüche aus V. I 384. — V. des Dienstverpflichteten gegen Krankheit, Unfall II 282. — V. des Nießbrauchsgegenstandes III 396 f., VI 243 f. Pfandrecht an V. der Pfandsache III 449 f. — V.gelder bei Schiffspfandrecht III 503, bei Hypothek III 556, 562 ff., IV 503, VI 243 f. — V. des eingebrachten Gutes IV 131 f., 178, 192, der Vorerbschaft V 95 f., 115, 116. S. auch Krankenkassen, Unfallversicherung.

Versicherungsrecht, Landesgesetze VI 440, 560, 610.

Versiegelung des Testaments V 351.

Verspäteter Eingang der Vertragsannahme I 81. — V. Vertragsannahme I 86. — V. Herstellung bei Werkvertrag II 310 f.

Versprechen, einseitiges I 447 f., VI 163 f. — V. der Leistung an Dritte I 749 ff. (s. Leistung). V. eines Darlehens II 46 f., einer Schenkung II 9 f.

Versprechensempfänger bei dem Versprechen der Leistung an einen Dritten I 749 ff. (s. Leistung).

Versteigerung, Vertragschließung I 87. — Oeffentliche V. einer zur Hinterlegung nicht geeigneten beweglichen Sache und Hinterlegung des Erlöses I 342 f., 356 ff. — V. des Hausthiers bei Wandelung I 719, 744. — Verbot des Kaufes durch Versteigerungsbeamte II 72 f. — V. zwecks Gemeinschaftstheilung II 759. — V. gefundener, verderblicher ꝛc. Sachen III 258, Surrogation des Erlöses III 261. — V. des Pfandes III 458 f., 476 f. — Auflassung bei notarieller V., Landesgesetze VI 425. — V. verpfändeter Sachen VI 717.

Versuch der Tödtung, Erbunwürdigkeit V 637.

Vertheidigung gegen rechtswidrigen Angriff I 240 f., 251, gegen verbotene Eigenmacht III 38 f. — Kosten der V. der Ehefrau IV 179, des Kindes in elterlicher Gewalt IV 581.

Vertheidigungsrecht gegen fremde, gefahrdrohende Sachen I 248 f., 260 f., gegen verbotene Eigenmacht III 38 f.

Vertiefen, unzulässiges, des Erdbodens III 162, VI 232.

Vertrag. Abschluß durch Minderjährige I 60 ff., Leistung aus Mitteln zur freien Verfügung der Minderjährigen I 66. — Begriffliche Merkmale der Vertragsschließung I 74, Einigung über die wesentlichen Punkte des V., Punktation, Verabredung der Beurkundung I 74 f., VI 133. — Vorbehalt des Gebundenseins I 75. — Gebundensein an den Vertragsantrag I 75 f. — Erlöschen des Vertragsantrags, Ablehnung, nicht rechtzeitige

Annahme I 77. — Annahme bei bedungener Frist I 77, bei Antrag unter Abwesenden I 78, 79 f., bei Antrag durch Fernsprecher I 78 f., verspäteter Eingang der Annahme I 81, stillschweigende Annahme I 81 ff. — Zeitpunkt der Vertragschließung I 85 f. — Verspätete, modifizirte Annahme I 86. — Tod oder Geschäftsunfähigkeit des Antragenden, des andern Theiles vor Annahme I 86 f. — Vertragschließung durch Versteigerung I 87. — Schriftform von Verträgen I 90 f. — Dissens über einen Punkt des V. I 115 f. — Anfechtung von V. I 127 f., Anfechtungsgegner I 128. — Abschluß von V. ohne Vertretungsmacht I 154 f. — Anwendbarkeit der Vorschriften über V. auf einseitige Rechtsgeschäfte, welche vom Vertreter ohne Vertretungsmacht vorgenommen sind I 171 f. — Einwilligung Dritter zu V. I 176 ff. — Einrede des nichterfüllten V. hemmt nicht Verjährung I 215, 217, II 518. — V. zur Begründung eines Schuldverhältnisses durch Rechtsgeschäft: Unverbindlichkeit des einseitigen Versprechens I 447 f. — V. auf unmögliche Leistung I 448 ff., Kenntniß der Unmöglichkeit, theilweise Unmöglichkeit, Ersatzpflicht I 450 ff. — Hebung der Unmöglichkeit, bedingte Unmöglichkeit I 454 f. — Schadensersatzpflicht bei Verträgen gegen Verbot, bedingte Verträge gegen Verbot I 455. — V. über Sachen, Rechte und Handlungen eines Dritten I 455 f. — V. über Erbschaft eines lebenden Dritten, über Vermächtniß und Pflichttheilsanspruch aus solcher I 456 f. — V. über künftiges, gegenwärtiges Vermögen I 457 f., über Eigenthum an einem Grundstücke I 458 ff., über sonstige Rechte an Grundstücken I 459, 463 f. — Bestimmtheit der Leistung I 464. — Bestimmung der Leistung durch einen der Vertragschließenden I 464 f. — Bestimmung des Umfanges der Gegenleistung I 465 ff. — Bestimmung der Leistung durch Dritte I 467 ff., Anfechtung derselben I 471 f. — Vertragsmäßige Zinsen I 472 ff. — V. über Leistungen ohne Vermögenswerth I 620 ff. — Auslegung und Erfüllung der V. nach Treu und Glauben, Verkehrssitte I 623 f. — Einseitiger Rücktritt bei Nichterfüllung I 625. — Gegenseitiger Vertrag: Bestimmte Zeit, Frist der Erfüllung I 626, Erfüllung Zug um Zug, Vorleistung I 626 ff., VI 156. — Einrede des nicht erfüllten V., dieselbe gegenüber theilweiser Erfüllung I 626 ff., 633 ff. — Gefährdung der Gegenleistung, Retention, Sicherheitsleistung I 631 f. — Behauptung und Beweis der Leistung im Prozesse I 632 f. — Annahme einer Leistung als Erfüllung, Beweislast unrichtiger unvollständiger Erfüllung I 636 f. — Unmöglichkeit (unverschuldete, verschuldete) der Leistung I 638 f., 642. — Bestimmte Zeit, Frist der Leistung I 643 f., Verzug des Schuldners I 642 ff. — Anwendung der Vorschriften über vertragsmäßiges Rücktrittsrecht bei verschuldeter Unmöglichkeit, Verzug des Schuldners I 650 f. — Gewährleistung bei V. I 668, 748. — V. zu Gunsten Dritter I 749 ff. (s. unter Leistung). — Draufgabe bei V. I 769 ff. (s. d. W.). — V.strafe I 775 ff. (s. d. W.). — Rücktrittsrecht I 787 ff. (s. d. W.). — Erstreckung von V. auf das Zubehör III 19 ff. — V. über Grundstücke III 52 ff. — V. der Frau über eingebrachtes Gut IV 133, 196 f., VI 276. — Ablehnung von V.anträgen durch die Frau beim gesetzlichen Güterstande IV 134, 204, bei allgemeiner Gütergemeinschaft IV 240, 259. — V. über Annahme an Kindesstatt IV 718 ff.

Vertragsannahme, s. Vertrag.

Vertragsantrag, s. Vertrag. — Ablehnung eines V. durch die Frau bei allgemeiner Gütergemeinschaft IV 240, 259.

Vertragserbe V 365 ff. (s. Erbvertrag). — Haftung des V. für Pflichttheilsanspruch V 548.

Vertragsform, s. Form.

Vertragsfreiheit I 281, hinsichtlich Eheverträge IV 215 ff.

Vertragsmäßiges Güterrecht IV 215 ff. — S. im Uebrigen Ehevertrag, Gütergemeinschaft, Errungenschaftsgemeinschaft, Fahrnißgemeinschaft.

Vertragsstrafe. Wegfall bei Verzug des Gläubigers I 332. — Nichtigkeit bei Verlöbniß IV 9. — V. bei Schuldübernahme I 422. — V. im Allgemeinen I 775 ff.: Strafe für Nichterfüllung als Mindestbetrag des Schadens I 776. — V. für nicht gehörige Erfüllung I 776 f., VI 157. — Vorbehaltslose Annahme der Hauptleistung I 777 f. — Unkenntniß des Gläubigers vom Rechte auf die V. oder vom Eintritte der Voraussetzungen derselben, bei Annahme der Hauptleistung I 778 f. — Verwirkung der V. I 779 f. — Herabsetzung zu hoher V. I 780 ff., VI 157. — Wegfall bei Erlöschen der Verbindlichkeit, Verschuldung der Nichterfüllung durch den Gläubiger I 787. — Gesetzliche Unwirksamkeit des Versprechens einer Leistung, Anfechtbarkeit I 787. — Beweislast bei Bestreiten der Verwirkung der V. I 787. — Haftung des Pfandes für V. III 446.

Vertragsurkunden I 90 ff. (s. Urkunden).

Vertragswidriges Verhalten II 306.

Vertragszinsen I 290 ff., 472 ff. (s. Zinsen).

Vertrauensmaxime I 94.

Vertretbare Sachen III 2. — V. S., als Gegenstand des Darlehens II 42. — Nichtv. S., Herstellung als Gegenstand des Werkvertrags II 337 f., der Anweisung II 380 f. — Hinterlegung v. S. als Darlehen II 395 f., VI 193. — V. S. als Beitrag zur Gesellschaft II 417 f., VI 194.

Vertreter. Einwilligung des gesetzlichen V.

zur Begründung des Wohnsitzes I 39, zu Rechtsgeschäften Minderjähriger I 57 ff. — Ermächtigung des Minderjährigen zu selbstständigem Erwerbsgeschäfte durch den g. V. I 63 f., Erlaubniß zu Dienst- und Arbeitsverträgen I 64 f. — Willenserklärung durch V. I 134 ff. — V. mit beschränkter Geschäftsfähigkeit I 138. — Beurtheilung von Willensmängeln nach der Person des V. I 139 ff. — V. bei einseitigen Rechtsgeschäften I 152 f., bei Verträgen I 154 f. — Haftung des V. ohne Vertretungsmacht I 156 ff. — V. ohne Vertretungsmacht, bei Vornahme einseitiger Rechtsgeschäfte I 167 ff. — Einseitige Rechtsgeschäfte gegenüber Vertretern ohne Vertretungsmacht I 173 f. — Selbstkontrahiren des V. I 174 f., 517 ff., II 73 f., VI 644. — Haftung für Verschulden des V. I 302 f., VI 154. — V. des Vereins I 506 f., 512, 520 ff., II 459 f. — Erwerb der Gesellschaft durch den V. II 424. — Haftung für unerlaubte Handlungen des V. II 597 f. — Haftung des nicht legitimirten V. im Prozesse II 672 f. — Besitzerwerb durch V. III 33, Besitzverlust III 36, Besitzschutz III 40 f. — Bestellung eines V. bei Verzicht auf Grundstückseigenthum III 184 f., 187 f. — Bestellung eines V. für die Gläubiger einer Inhaberhypothek (Treuhänder) III 674 ff., IV 510, VI 554. — Eheeinwilligung des gesetzlichen V. IV 17 ff., nicht für die Eltern IV 30 ff. — Nichtigkeitsklage des g. V. IV 66. — Anfechtung der Ehe durch g. V. IV 84 ff. — Unzulässigkeit des V. für Zustimmung des Mannes zur Uebernahme persönlicher Leistungen durch die Frau, für Kündigung solchen Verhältnisses IV 101 ff. — Ehevertrag durch gesetzlichen V. IV 221, Vertrag auf allgemeine Gütergemeinschaft IV 236 f., 238. — Anfechtung der Ehelichkeit eines Kindes durch V. IV 473 f. — Stellung des Antrags auf Ehelichkeitserklärung durch V. IV 710. — Gesetzlicher V. bei Erbvertrag V 374 f., 407 f., 409 f. — Berechtigung des gesetzlichen V. zu Strafanträgen, Aenderung der Bestimmungen des Strafgesetzbuchs VI 572 f., Berechtigung zur Beistandschaft in Strafsachen VI 578. — Tod des gesetzlichen V., Unterbrechung des Prozesses VI 654. — Antrag des gesetzlichen V. auf Entmündigung VI 687. — V. zwecks Zwangsvollstreckung in ein vom Eigenthümer aufgegebenes Grundstück VI 715. — Erhebung der Ehescheidungsklage durch gesetzlichen V. VI 792.

Vertretung I 134 ff. — Zulässigkeit I 134 f., Wirkung I 136 f., Kundgebung des V.willens I 137. — Beschränkte Geschäftsfähigkeit des Vertreters I 138, Willensmängel I 139 ff. — V. bei einseitigen Rechtsgeschäften I 152 f., bei Verträgen ohne V.macht I 154 f. — Unzulässigkeit der V. ohne V.macht bei einseitigen Rechtsgeschäften I 167 ff. — V.macht des geschäftsführenden Gesellschafters II 424. — V. des Mannes durch den Vormund bei allgemeiner Gütergemeinschaft IV 240, 259 f. — Unzulässigkeit der V. des Kindes durch die Mutter während bestehender Ehe IV 547, 549. — V. des Kindes durch den Vater IV 547 f. — Unzulässigkeit der V. des Kindes durch die bösgläubige Mutter bei nichtiger Ehe IV 665, 667. — Unzulässigkeit der V. bei Stellung des Antrags auf Ehelichkeitserklärung IV 710. — V. der Vertragschließenden bei Annahme an Kindesstatt IV 722, der zur Zustimmung berechtigten Dritten IV 724. — V. des Mündels durch den Vormund IV 755 f. — V. bei Erbvertrag V 374 f., Anfechtung desselben V 386. — V. durch Nachlaßpfleger V 667.

Vertretungsmacht, s. Vertreter, Vertretung, Vollmacht.

Vervielfältigung, mechanische, der Unterschrift einer Schuldverschreibung auf den Inhaber II 528, 537.

Verwahrloste Kinder, preußisches Gesetz betr. die Unterbringung IV 622, 631, badisches IV 631.

Verwahrung, Verwahrer, s. Hinterlegungsvertrag. — V. gefundener Sachen III 258 f., des Pfandes III 454 f., 463. — V. einer von Mehreren zu fordernden Sache, welche nicht zu hinterlegen I 434, 446. — V. des Testaments V 351, 353, des Erbvertrags V 381 f., 409. — V. der Leistung aus Nachlaßanspruch bei Erbengemeinschaft V 862.

Verwalter zur Ausübung des Nießbrauchs III 399 f., 410.

Verwaltung eines gemeinschaftlichen Gegenstandes II 746 f. — V. der Nießbrauchssache bei nicht erfolgender Sicherheitsleistung des Nießbrauchers III 399 f., bei erheblicher Gefährdung der Rechte des Eigenthümers durch den Nießbraucher III 399 f., 410. — V. des eingebrachten Gutes durch den Ehemann IV 122 ff., der Erbschaft durch den Vorerben V 95 f., Entziehung derselben V 121 f. — V. des Nachlasses durch den Testamentsvollstrecker V 276 ff., 530 f. — V. juristischer Personen, Landesgesetze VI 401.

Verwaltungsbehörden. Geltendmachung eines Anspruchs vor V., Einfluß auf Verjährung I 231. — Einspruch gegen Eintragung von Vereinen I 558 ff., Auflösung von Vereinen I 572 ff. — Erklärung einer geschiedenen Frau gegenüber V. betreffend Namenführung IV 444 f.

Verwaltungsgemeinschaft als gesetzlicher Güterstand IV 117 ff., 139 f.

Verwaltungsgericht. Geltendmachung eines Anspruchs vor V., Einfluß auf Verjährung I 231.

Verwaltungsstreitverfahren bei Einspruch der Verwaltungsbehörde gegen Eintragung eines Vereins I 558 ff., bei Auflösung eines Vereins I 572 ff.

Verwandlung, s. Umwandlung.

Verwandte, s. Verwandtschaft. — Unterhaltspflicht der V. IV 478 ff., VI 68, 297 (s. d. W.). — Stellung des unehelichen Kindes zu den V. der Mutter IV 670, 676. — Stellung der V. des Vaters und des Kindes bei Ehelichkeitserklärung IV 713 f., bei Annahme an Kindesstatt IV 728 f., 733, VI 305. — Anhörung der V. des Mündels in wichtigen Angelegenheiten IV 796. — Antrag der V. auf Einsetzung eines Familienraths IV 835 f. — Einsetzung der „V." als Erben V 32 f. — Ausschließung der V. von Mitwirkung bei Testamentserrichtung V 332 f. — Erbverzicht V 598 f. — Anwendung der Vorschriften über V. auf andere Reichsgesetze VI 564.

Verwandtenerbfolge V 463 ff.

Verwandtschaft, Begriff I 34 f. — Grade I 35. – Uneheliche V. I 34 f., VI 112. — V. als Ehehinderniß IV 23 ff., 707, VI 314. — Nichtigkeit der Ehe wegen V. IV 57 f. — V. der unehelichen Kinder IV 470, 476. — Wirkungen der Ehelichkeitserklärung auf V. IV 713, desgl. der Annahme an Kindesstatt IV 728.

Verweigerung des Offenbarungseides II 790, der kirchlichen Trauung IV 74, 79 f., 95 ff., 407, 414 f., der ehelichen Pflicht IV 412.

Verwendungen. Zurückbehaltungsrecht des Schuldners wegen V. I 310 f. — Befreiung von Verbindlichkeiten VI 152. — V. bei Verzug des Gläubigers I 333, bei Rücktritt vom Vertrage I 788 f. — V. des Verkäufers II 64 f., VI 170, bei Wiederkauf II 82 f., 87 f., 92, VI 173, bei Erbschaftskauf II 124 f., VI 182, des Miethers II 174 f., VI 185, des Entleihers II 271 f., 273, VI 185, des Mäklers II 345, des Beauftragten II 365, VI 190, des Verwahrers II 399 f., auf eine durch unerlaubte Handlung entzogene Sache II 607, bei ungerechtfertigter Bereicherung II 710, bei Geschäftsführung ohne Auftrag II 729 f. — V. des Finders III 261 f., des Besitzers III 350 ff., 357, 376, VI 237, 389, des Nießbrauchers III 405 f., VI 94. — Haftung des Pfandes für V. III 445 f., V. auf das Pfand III 459 f. — Ersatz von V. bei Verlöbnißbruch IV 3 ff. — V. des Ehemanns auf das eingebrachte Gut IV 132, 196, aus Gesammtgut in Vorbehaltsgut und umgekehrt IV 243, 269. — V. der Frau zum ehelichen Aufwande bei Gütertrennung IV 130, 214, 222, 224, 227 f. — V. von Mündelvermögen für den Vormund IV 760, 817. — V. des Vormundes für den Mündel IV 817. — V. des Vorerben V 115 f., 153 f. — V. des Vaters auf das Kindesvermögen IV 548, 561 f., V 143, VI 298. — V. des Beschwerten bei Vermächtniß V 233 f., des Testamentsvollstreckers V 316, des Erbschaftsbesitzers V 716 f., des Erben im Nachlaßkonkurse V 768. — V. des Staates ꝛc. für Unterhalt, Anspruch gegen den Pflichtigen, Landesrecht VI 482 f.

Verwendungspfandrecht II 323.

Verwerflicher Empfang II 686 f.

Verwirkung der Vertragsstrafe I 779 f., der elterlichen Gewalt des überlebenden Ehegatten, Aufhebung der fortgesetzten Gütergemeinschaft IV 250, 342 f. — V. der elterlichen Gewalt im Allgemeinen IV 554, 648 ff. — S. auch Rechtsverwirkung.

Verzeichniß der Mitglieder eines eingetragenen Vereins I 567. — V. bei Nießbrauch an Inbegriff von Sachen III 394 f., 436. — V. des Kindesvermögens IV 553, 554, 635 f., 731 f., des Mündelvermögens IV 758 f., des eingebrachten Gutes IV 131, 164, 191, 355, VI 442 f., des Nachlasses bei Nacherbfolge V 93, 151, bei Testamentsvollstrecker V 310 f. — V. des Nachlasses nach Landesrecht VI 452.

Verzeihung, Erlöschen des Widerrufsrechts bei Schenkung II 39 f. — Erlöschen des Rechtes auf Ehescheidung IV 429, des Rechtes auf Entziehung des Pflichttheils V 579 f., des Anfechtungsrechts wegen Erbunwürdigkeit V 649.

Verzicht auf Widerruflichkeit der Vollmacht I 145, auf Wirkung des rechtskräftigen Urtheils I 255 f. — V. keine Schenkung II 8. — V. auf Widerruflichkeit der Schenkung II 39. — V. auf Widerruflichkeit der Auslobung II 347, auf Einrede der Vorausklage II 477, auf Antheil an Gemeinschaft II 748 f. — V. auf ein im Grundbuch eingetragenes Recht, Form, Unwiderruflichkeit III 70 f. – V. auf Grenzabmarkung III 125 f., auf Nothweg III 153, auf Eigenthum an Grundstücken III 184 ff., VI 232, 430, an beweglichen Sachen III 253 f., auf nicht eingetragene Grundgerechtigkeit III 304. – V. des Nießbrauchers, Einfluß auf Miethe und Pacht III 405. — V. des Gläubigers auf Hypothek III 591 ff., IV 507, III 602 f., 629 f., IV 508. — V. auf Ueberbaurente VI 229 f. — V. des Finders auf sein Recht zum Eigenthumserwerbe III 272 f. — V. der Frau auf Pflichttheil IV 134, 204, 240, 259. – V. eines Abkömmlinges auf seinen Antheil am Gesammtgute der fortgesetzten Gütergemeinschaft IV 247 f., 314, 316 f., VI 393. — V. auf Unterhaltsanspruch IV 515, auf elterliche Nutznießung IV 583, auf elterliche Gewalt IV 662, auf Unterhalt des unehelichen Kindes IV 677, 684. — V. auf Inventarrecht V 732, 783 f. — V. auf gesetzlichen Erbtheil, s. Erbverzicht.

Verzinsung, s. Zinsen. — V. der Vergütung beim Werkvertrage II 319 f., der Ersatzsumme aus unerlaubter Handlung II 607. — V. bei Rücktrittsrecht I 788 f. — V. des Kaufpreises II 69.

Verzinsliche Forderungen des eingebrachten

Gutes I 167 f. — V. Anlegung von Mündelgeld IV 760 ff.

Verzug der Annahme bei Gattungsschuld I 287. — V. des Schuldners: Mahnung, Zeitablauf I 324, VI 159. — Wirkung eines vom Schuldner nicht zu vertretenden Hindernisses der Leistung I 324 f. — Schadensersatz, Rücktrittsrecht des Gläubigers I 326. — Verzugszinsen I 326 f. — Keine Verzugszinsen von Zinsen I 327. — Geltendmachung weiteren Interesses neben Verzugszinsen I 326, 327. — Haftung des Schuldners für jede Fahrlässigkeit, für Zufall I 327 f. — Verzinsung der Ersatzsumme I 328. — Beendigung des schuldnerischen V. I 328. — V. des Gläubigers: Nichtannahme der angebotenen Leistung I 328 f. — Thatsächliches, wörtliches Anbieten I 329 f. — Unterlassung von Handlungen des Gläubigers, insonderheit von solchen, welche nach Kalenderzeit oder Kündigung vorzunehmen sind I 329 f., VI 156, 159. — Kein V. des Gläubigers, wenn Schuldner zur Zeit des Angebots nicht leisten konnte I 329 f. — Nichtangebot der Gegenleistung des Gläubigers I 331. — Beschränkung der Haftung des Schuldners, Gefahr der Gattungsschuld I 331 f. — Aufhören der Verzinsungspflicht I 332. — Beschränkte Haftung des Schuldners für Nutzungen I 332. — Aufgeben des Besitzes eines herauszugebenden Grundstücks durch den Schuldner I 332. — Wegfall von Konventionalstrafe I 332. — Aufwendungen für Angebot, Aufbewahrung, Erhaltung des Leistungsgegenstandes I 333. — Beendigung des V. des Gläubigers I 331. — V. des Gläubigers als Hinterlegungsgrund I 342. — V. des Gesammtgläubigers I 433 f., 436, 442, eines Gesammtschuldners I 433, 437 f., des Schuldners bei gegenseitigen Verträgen I 642 f., II 62 f. — V. als Voraussetzung der Verwirkung der Vertragsstrafe I 779 f. — Annahme-V. des Dienstgebers II 279 f., 281, 304, des Bestellers bei Werkvertrag II 328 f. — V. des Gläubigers, Einfluß auf Bürgschaft II 482. — V. des Besitzers gegenüber Eigenthumsanspruch III 344, Annahme-V. des Eigenthümers III 370. — V. bei Grundschuld III 711 f., IV 505. — V. des Unterhaltspflichtigen, Einfluß auf Forderung des Unterhalts für die Vergangenheit IV 496 f. — V. des Erbschaftsbesitzers V 720 f.

Verzugsinteresse I 326 f.

Verzugszinsen I 326 f. — Verjährung I 208. — V. bei Schenkung II 29 f., bei Grundschuld III 711 f., IV 505.

Vieh als Zubehör eines Landguts III 17 f., eines mit Hypotheken belasteten Gutes III 558.

Viehmängel I 718 ff. (s. Gewährleistung).

Viehpacht II 268.

Viehseuchen, Gesetz betr. die I 736, 738, Verdacht derselben bei Thierkauf I 735 f., 741 f., 743 f.

Viehverstellung II 268.

Vier Jahre, Verjährungsfrist I 208 f., 211, IV 685, 689. — Vorlegungsfrist für Zinsscheine, Renten-, Gewinnantheilscheine von Schuldverschreibungen auf den Inhaber II 542 f., 548 f.

Vierteljahr, Fristberechnung I 189. — Kündigung von Grundstücksmiethe II 214 f., Dienstvertrag II 296 f.

Vindikationslegat V 204 f., VI 344 f.

Vires hereditatis, Haftung der Erben cum (nicht pro) viribus V 761 f., 765 f., 771 f., 782, 799, 802, 803, 828.

Vis, s. höhere Gewalt.

Vögel, Gesetz betr. den Schutz III 251.

Vollbürtige Geschwister, Eheverbot IV 23 ff.

Volljährige. Elterliche Gewalt über V. IV 546, 548, Vormundschaft IV 839 ff.

Volljährigkeit. Beginn I 45 f., 49. — V. als Bedingung der Eheschließung des Mannes IV 19 ff. — V. der Zeugen bei der Eheschließung IV 51.

Volljährigkeitserklärung I 49 ff., Zustimmung des Gewaltinhabers I 51, Zuständigkeit I 51, VI 382, 463 f. — Antragsberechtigung I 51, Beförderung des Besten des Minderjährigen I 51. — V. von Wittwen I 52. — V. des Mannes als Ersatz der Ehemündigkeit IV 19 f. — V. von Ausländern VI 29 f. — Wirkung der V. nach altem Rechte VI 486.

Vollmacht I 143 ff.: Willensmängel des Bevollmächtigten I 140 f. — Ertheilung der Vollmacht I 143 f., Widerruflichkeit I 143 f., Erlöschen I 144 f., 147 f., II 518 f. — Ertheilung und Kundgebung I 145 f., VI 134, Vollmachtsurkunde I 147, deren Zurückgabe I 148 f., Kraftloserklärung I 149 ff., VI 135. — In V. vorgenommene einseitige Rechtsgeschäfte I 152 f. — Kenntniß des Mangels der V. seitens des anderen Kontrahenten I 162 f., desgleichen der Anfechtbarkeit I 164 f. — Wirkung des Konkurses auf V. II 517. — V. zur Rücknahme des Testaments V 353 f., zur Erklärung der Erbschaftsausschlagung V 624, 626. — Prozeßführung eines Vertreters ohne V. VI 647.

Vollstreckbarer Vergleich, Urkunde, Verjährung des Anspruchs daraus I 230. — V. Titel für Pfandverkauf III 471, 474 f. — V. Ausfertigung des Urtheils bei Leistung Zug um Zug VI 703, für und gegen Rechtsnachfolger VI 703, für und gegen Nacherben VI 704, für und gegen Testamentsvollstrecker VI 708, gegen Vermögensübernehmer VI 793. — Zwangsvollstreckung aus v. Urkunden über Hypothek, Grundschuld, Rentenschuld VI 715, 718 f., 797. — V. Schuldtitel nach Landesrecht VI 721 f. — V. Hypo-

thekenurkunden aus den vor Inkrafttreten des B.G.B. entstandenen Hypotheken VI 781 f., 804.

Vollstreckungsbefehl, Zwangsvollstreckung daraus VI 796.

Vollstreckungshandlung als Unterbrechung der Verjährung I 223 f., 228.

Vollstreckungsklausel. Klage auf V. als Unterbrechung der Verjährung I 223 f. — V. für und gegen den Erben aus Urtheilen gegen Testamentsvollstrecker V 295. — Schadensersatz aus ungerechtfertigter V. II 680 f. — V. bei Vollstreckungsbefehlen VI 796.

Vollstreckungsurtheil. Klage auf V. als Unterbrechung der Verjährung I 223 f. — Unstatthaftigkeit von V. VI 703.

Vollzieher, s. Testamentsvollzieher.

Voraus bei Auseinandersetzung nach der Ehescheidung IV 438 f. — V. des überlebenden Ehegatten V 480 f., Berücksichtigung bei Pflichttheilsberechnung V 518. — V. des Anerben VI 510.

Vorausklage. Einrede der II 467 f., 475 f., 483 f., VI 197. — Einrede der V. als Hemmung der Verjährung I 215, 217, II 518. — Bürge zur Sicherheitsleistung muß auf die E. der V. verzichten I 269 f.

Vorausleistung bei Dienstvertrag II 279, 306, der Leibrente II 486, der Rente für Ueberbau III 134, 377, des Unterhalts IV 495 f., 515, 683.

Voraussetzung, Nichtbestehen der V., Einfluß auf Vergleich II 526. — Windscheidsche Lehre von der V. II 690 f. — Anfechtung letztwilliger Verfügung wegen Nichteintritts von V. V 49 f.

Vorausvermächtniß V 162 f. — V. nicht Gegenstand der Nacherbfolge V 89 f.

Vorauszahlung von Miethe bei Veräußerung des Miethgrundstücks III 144 f., 174.

Vorbehalt der Bindung an einen Vertrag I 75. — Mentalreservation I 94. — Urtheil unter V. als rechtskräftige Entscheidung hinsichtlich Verjährung I 230. — V. der Rechtsverwirkung I 789 ff., des bessern Gebots bei Kauf II 78, des Eigenthums II 78 f., des Ranges im Grundbuche III 99 f., der Wiedereintragung einer anderen Hypothek an Stelle der gelöschten III 726 f. — V. der Entlassung des bestellten Vormundes IV 748 f. — V. der Ergänzung letztwilliger Verfügung V 21, des Rücktritts vom Erbvertrage V 409 f. — Aufhebung des unter V. ergangenen Urtheils VI 659, 667, 668.

Vorbehaltsgut bei gesetzlichem Güterstande IV 124 f., 129 f., 131 ff., 141 f., 207 ff. (s. auch Eheliches Güterrecht), bei Gütergemeinschaft IV 234 ff., 242, 264, 315, 325 f., bei Errungenschaftsgemeinschaft IV 350 f., bei Fahrnißgemeinschaft IV 376 f.

Vorbildung zu einem Berufe, Kosten derselben als Gegenstand der Unterhaltspflicht IV 491, IV 671 f., 676.

Voreltern, gesetzliche Erben fünfter Ordnung V 469

Vorempfangenes, s. Ausgleichungspflicht.

Vorenthalten eines Kindes, Herausgabe IV 547, 549, eines Mündels IV 757.

Vorentscheidung einer Behörde über Zulässigkeit des Rechtswegs, Einfluß des auf Erlassung der V. gerichteten Antrags auf die Verjährung I 226 f., 231. — V. einer Verwaltungsbehörde über Verletzung der Amtspflicht II 671.

Vorerbe, s. Nacherbe. — Zwangsvollstreckung in Vorerbschaft VI 712. — Pfändung der Nutzungen des V. VI 726. — Gegenstände der V. im Konkurse des Vorerben VI 756.

Vorführung des Festgenommenen bei Selbsthülfe I 243.

Vorkauf, Vorkaufsrecht II 93 ff.: Ausübung, Voraussetzung der Ausübung II 93 ff. — Abschluß mit Vorbehalt der Nichtausübung des V. II 97. — Erklärung der Ausübung des V., Form, Wirkung II 97 f. — Anzeigepflicht des Verkäufers II 100, VI 174. — Behandlung von Nebenleistungen des Käufers II 100 f. — V. bei Kindskauf II 104. — Verkauf des pflichtigen Gegenstandes mit anderen für einen Gesammtpreis II 105. — Stundung des Kaufpreises, Sicherheitsleistung des V.berechtigten II 105 f., VI 174. — Verkauf im Wege der Zwangsvollstreckung, durch den Konkursverwalter II 107 f. — Uebertragung II 108 f., Vererblichkeit II 110. — Mehrheit von Berechtigten II 111. — Frist für Ausübung II 111 f. — V. der Theilhaber bei Gemeinschaft II 745 f. — V. an Grundstücken III 751 ff.: Rechtsverhältniß zwischen dem Berechtigten und dem Verpflichteten, Ausübung bei Verkauf durch den Konkursverw., Wirkung gegen Dritte als Vormerkung III 757 f. — Zurückbehaltungsrecht wegen des Kaufpreises III 758 f. — Erstreckung auf das Zubehör III 761 f., Eintragung des V. in das Grundbuch III 762. — Belastung eines Bruchtheils mit dem V. III 763. — Einreden des Dritten gegen den Berechtigten III 763. — Mittheilung des Kaufvertrags, Anzeigepflicht III 763f. — Wegfall der Zahlungspflicht des Käufers III 764 f. — Ausübungserklärung III 765. — Verkauf durch Nichteigenthümer III 765. — Untrennbarkeit eines subjektiv dinglichen V. von dem Grundstücke des Berechtigten III 765. — Aufgebot des Berechtigten IV 601, 736. — V. an Grundstücken bei Fahrnißgemeinschaft IV 375 f. — V. der Miterben V 839 ff., VI 318, 328. — V. bei Verkauf an den gesetzlichen Erbeu VI 245 f.

Vorkaufspflichtiger, s. Vorkaufsrecht.

Vorläufig. Beschränkte Geschäftsfähigkeit des unter v. Vormundschaft Gestellten I 67, Unfähigkeit zum Vormunde IV 751. — V. Vormundschaft IV 850 ff. — V. Vollstreck-

barkeit von Urtheilen auf Entrichtung gewisser Geldrenten VI 701 f., in Streitigkeiten mit Untermiethern VI 702. — Aufhebung v. vollstreckbarer Urtheile VI 702, 715, Eintragung aus solchen VI 703.

Vorlegung. Frist für V. von Schuldverschreibungen auf den J. II 542 ff. — V. von Legitimationspapieren II 563 f. — V. von Sachen zur Besichtigung durch den Besitzer II 770, VI 195, von Urkunden zur Einsicht II 771 f., Gefahr und Kosten der V., Ort, Sicherheitsleistung II 775 f., Ersatz der V. durch Abschriftsertheilung II 777, V. eines Theiles der Urkunde II 778. — V. einer Rechnung bei Pflicht zur Rechnungslegung II 778 f. — V. des Hypothekenbriefs zur Berichtigung des Grundbuchs III 646. — V. der Werthpapiere des Mündels beim Vormundschaftsgerichte VI 444. — V. von Urkunden im Prozesse VI 664.

Vorleistung bei gegenseitigen Verträgen I 626 f., des Dienstverpflichteten II 279.

Vorlesung des Testamentsprotokolls V 338.

Vormerkung im Grundbuche III 107 ff., 111 f., 740 ff., auf Grund eines vorl. vollstreckbaren Urtheils III 68. — V. im Schiffsregister III 501. — V. zur Erhaltung des Rechtes auf Löschung einer H. III 605 f., IV 509. - V., die nicht im Hypothekenbriefe vermerkt ist III 662 f. — Verpflichtung des Verkäufers zur Löschung von V. III 649 f. — Wirkung des dinglichen Verkaufsrechts gegen Dritte als V. III 757 f. — Keine Berufung auf beschränkte Haftung des Erben gegenüber V., keine Verpflichtung zur Anmeldung bei Aufgebot der Nachlaßgläubiger V 779. — Aufgebot des Berechtigten VI 736. — Einstweilige Verfügung zur Eintragung einer V. VI 751 f., 800. — Eintragung von V. nach der Konkurseröffnung VI 758, 760 f.

Vormund. Anspruchsverjährung zwischen V. und Mündel I 221. — Eheeinwilligung des V. IV 18. — V. des Mannes als Vertreter der Rechte und Pflichten am eingebrachten Gute IV 134, 204, am Gesammtgute IV 240, 259 f. — Annahme des Mündels an Kindesstatt durch den V. IV 723 f. — Ausschließung des V. vom Richteramt in Strafsachen VI 578.

Vormundschaft IV 742 ff. — Zusammentreffen von V. mit elterlicher Gewalt IV 548, 557. — Anordnung der V.: Minderjähriger nicht in elterlicher Gewalt, Nichtberechtigung der Eltern zur Vertretung, nicht ermittelter Familienstand IV 742 f. — Anordnung durch das V.gericht, Bestellungsprinzip IV 743. — Landesgesetze über die Bevormundung von Minderjährigen in gewissen Anstalten IV 743 f. — Regel nur ein Vormund IV 749. — Berufung, Reihenfolge IV 745 f. — Benennung durch letztwillige Verfügung der Eltern IV 747 f. — Recht aus der Berufung, Uebergehung, Mitvormund IV 748 f. — Auswahl durch das Gericht IV 749 f. — Pflicht des fähigen Deutschen zur Uebernahme, Ordnungsstrafen IV 750, VI 306, Unfähigkeitsgründe IV 751. — Bestellung von Frauen IV 751, von Beamten, Religionsdienern IV 751. — Ablehnung, Gründe IV 751 f., VI 306, Geltendmachung IV 752. — Verpflichtung durch Handschlag an Eidesstatt IV 652. — Bestallung IV 652 f. — Nichtigkeit der Bestellung, Geschäftsunfähigkeit, beschränkte Geschäftsfähigkeit IV 753 f. — Bestellung eines Gegenvormundes IV 754 f. — Führung der V.: Sorge für Person und Vermögen des Mündels, Vertretung IV 755 f., VI 306, Ausschluß von der Vertretung IV 756, Entziehung der Vertretung durch das V.gericht IV 756. — Verhältniß von Mitvormündern, Meinungsverschiedenheit IV 756 f. — Rechte und Pflichten des Gegenvormundes IV 757. — Sorge für die Person des Mündels IV 757. — Todeserklärung des Mündels, Entlassung aus dem Staatsverbande IV 757 f. — Vermögensverzeichniß IV 758 f. — Kassabuch des Vormundes IV 759 f. — Auskunftsertheilung an den Gegenvormund IV 759 f. — Verwaltung nach Anordnung dritter Zuwender IV 760. — Schenkung aus Mündelvermögen IV 760. — Verwendung für den Vormund IV 760. — Erwerbsgeschäft des Mündels IV 760. — Verzinsliche Anlegung von Mündelgeld IV 760, 762, VI 306, Anlegestellen IV 761 ff., Beleihungsgrenze IV 765 ff. — Anlegung bei Banken, Hinterlegungsstellen IV 773 f., V 146 f. — Mitwirkung des Gegenvormundes bei der Geldanlegung, des V.gerichts IV 777 f., 779, VI 306. — Anlegung des Geldes für laufende Ausgaben IV 779 f., VI 306. — Genehmigung des Gegenvormundes, des V.gerichts zur Verfügung über Forderungen und Werthpapiere, Ausnahmen davon IV 781 f., VI 307. — Hinterlegung oder Umschreibung von Inhaberpapieren, Kostbarkeiten IV 783 ff., VI 310. — Genehmigung des V.gerichts zur Verfügung über hinterlegte, umgeschriebene Papiere 2c. IV 788 f., VI 323. — Befugniß des Vormundes zur Hinterlegung, wo Zwang zu solcher nicht besteht IV 790. – Verfügung über Grundstücke und Rechte, Forderungen auf solche IV 790 f., über das ganze Mündelvermögen oder Bruchtheile desselben IV 791, über eine Erbschaft, Erbauseinandersetzung IV 791, VI 394, über Mieth- und Pachtverträge IV 791 f., über Lehr- und Dienstverhältnisse IV 792 f., über Streitigkeiten IV 793 f., über Bürgschaften IV 794, über Aufhebung oder Minderung einer Sicherheit IV 794, über Eingehung von Verbindlichkeiten aus Schuldverschreibungen auf den Inhaber, Wechsel, indossablen Urkunden IV 795, Aufnahme von Geld auf Kredit des Mündels IV 795, Ertheilung einer Prokura IV 795, Erwerb

oder Veräußerung eines Erwerbsgeschäfts, Gesellschaftsvertrag IV 795. — Allgemeine Ermächtigung zu bestimmten Arten von Rechtsgeschäften IV 795. — Gemeinschaftstheilung, Zwangsvollstreckung gegen Mündel IV 795. — Keine Ueberlassung von Gegenständen, deren Veräußerung Genehmigung erfordert, an den Mündel IV 796. — Anhörung des Gegenvormundes, der Verwandten IV 796, des Mündels selber IV 796 f., V 147. — Erklärung der Genehmigung des V.gerichts IV 797 f., VI 395, nachträgliche Genehmigung bei Verträgen IV 797 f., VI 311, 322 f., bei einseitigen Rechtsgeschäften IV 798 f. — Genehmigung des volljährigen Mündels IV 799. — Genehmigung des Gegenvormundes IV 799. — Allgemeine Fürsorge und Aufsicht des V.gerichts IV 799 ff.: Aufsicht über Vormund und Gegenvormund, Ordnungsstrafen IV 799 f. — Zwangserziehung des Mündels IV 800. — Einfluß auf Wahl eines Lebensberufs des Mündels IV 800 f. — Auskunftspflicht des Vormundes IV 802. — Rechnungslegung IV 802 f. — Rechnungsprüfung IV 803 f. — Sicherheitsleistung des Vormundes IV 804. — Befreite V. IV 805 ff.: Anordnung durch Vater oder Mutter IV 805 f., Befreiung vom Gegenvormunde IV 807 f., von Rechnungslegung, Vermögensübersicht IV 809 f., von Hinterlegung und Umschreibung der Werthpapiere IV 812 f., Anordnung der Befreiung durch letztwillige Verfügung IV 814. — Außerkraftsetzung der Befreiung durch das V.gericht IV 814 f. — Verbot der Offenlegung des Verzeichnisses des dem Mündel zugewendeten Vermögens durch den Erblasser IV 815 f. — Haftung des Vormundes und Gegenvormundes IV 816 f. — Verzinsung gebrauchten Geldes IV 817. — Verwendungen des Vormundes IV 817. — Unentgeltliche Führung der V., Vergütung IV 817 f. — Rechenschaftslegung, Herausgabepflicht nach beendeter V. IV 819. — Prüfung der Rechnung durch Gegenvormund und V.gericht IV 817 f. — Haftung des V.richters IV 820 ff. — Beendigung der V., Legitimation, Tod, Todeserklärung des Mündels IV 825 f. — Beendigung des Amtes des Vormundes, Entmündigung, Todeserklärung IV 827 f. — Entlassung IV 831 f., Beamte, Religionsdiener, Frauen IV 832 f. — Entlassung auf Antrag IV 832 f. — Anzeigepflicht bei Tod des Vormundes oder Gegenvormundes IV 833. — Rechtsstellung des Vormundes bei Beendigung seines Amtes, Abwickelung der Geschäfte IV 833 f. — Entlassung des Gegenvormundes IV 834. — Rückgabe der Bestallung IV 834. — Bekanntmachung des Erlöschens der V. IV 834. — Familienrath IV 834 ff.: Anordnung der Einsetzung IV 835, Einsetzung auf Antrag von Verwandten, Verschwägerten, des Gegenvormundes IV 835 f. — Zusammensetzung IV 836. — Berufung IV 836, VI 311. — Gründe der Unfähigkeit, der Nichtberufung IV 836 f. — Freiwillige Uebernahme des Amts IV 837. — Verpflichtung durch Handschlag IV 837. — Vorbehalt der Entlassung IV 837. — Rechte, Pflichten, Haftung IV 837. — Einberufung IV 837. — Beschlußfähigkeit und Abstimmung IV 837. — Ordnungsstrafen IV 837. — Auslagen der Mitglieder IV 837. — Entlassung IV 837, Aufhebung des Familienraths IV 837. — Neue Bestallung des Vormundes IV 837. — Gemeindewaisenrath IV 838 f. — V. über Volljährige IV 839 ff.: über Entmündigte IV 839, über Gebrechliche, Geistesschwache, Taube, Blinde, Stumme IV 839 ff., V 147 f. — Anwendung der Vorschriften über V. Minderjähriger IV 848 f., Berufung IV 849, Sorge für die Person des Mündels IV 849. — Genehmigung des V.gerichts zu einer Ausstattung aus dem Mündelvermögen, zu Mieths- und Pachtverträgen, Verträgen auf wiederkehrende Leistungen IV 849, Befreite V. der Eltern IV 850, Beendigung der V. IV 850, Familienrath IV 850. — Auseinandersetzung für den Fall der Heirath des zum Vormunde bestellten Elterntheils IV 850, V 258. — Vorläufige V. IV 850 ff.: Zuständigkeit IV 851 f., Voraussetzung IV 852 f., Beendigung IV 854, Auswahl des Vormundes durch das V.gericht IV 854. — Pflegschaft für eine unter V. stehende Person IV 855 f., VI 312, Aufhebung der Pfl. IV 859 f., VI 312. — Religiöse Erziehung des Mündels IV 877. — V. über Ausländer VI 68 f. — Landesgesetze über Bevormundung durch Anstaltsvorstände oder Beamte VI 445 f., 651. — V. über Gebrechliche nach altem Rechte VI 489. — Ausschließung der Mutter von der V. durch den Vater, Uebergangsbestimmung VI 548. — Uebergangsbestimmung für bestehende V. VI 557, 636.

Vormundschaftsgericht. Genehmigung zu selbstständigem Erwerbsgeschäfte des Minderjährigen I 63 f. — Ersetzung der Eheeinwilligung IV 18, 30 ff. — Zeugniß über Auseinandersetzung vor Eingehung neuer Ehe IV 35. — Genehmigung der Eheanfechtung durch gesetzlichen Vertreter des geschäftsunfähigen Ehegatten IV 84 ff. — Entscheidung über die Uebernahme persönlicher Leistungen durch die Ehefrau IV 101 ff., über die Schlüsselgewalt IV 106 f., über die Zustimmung der Frau zu Verfügungen des Mannes über eingebrachtes Gut IV 127 ff., 130, 169, über die Zustimmung des Mannes zu Verfügungen der Frau IV 133 f., 180 f., 203 f., über die Vereinbarung der allgemeinen Gütergemeinschaft IV 230 f., 238,

über die Einwilligung der Frau zu Rechtsgeschäften über das Gesammtgut der allgemeinen Gütergemeinschaft IV 239, 251, 258, des Mannes zu Rechtsgeschäften der Frau IV 241, 269 f. — Bestimmung über Verkehr der Eltern mit den Kindern nach Ehescheidung IV 449, über Anfechtung der Ehelichkeit eines Kindes durch Vormund IV 473 f. — Ergänzung elterlicher Erlaubniß zur Annahme eines Gesinde= oder Arbeitsverhältnisses durch das minderjährige Kind IV 537 f. — Zuchtmittel des V. bei Erziehung von Kindern in elterlicher Gewalt IV 547, 548. — Entscheidung des V. zwischen Pfleger eines Kindes und dem Inhaber der elterlichen Gewalt IV 548, 557. — Bestimmung über Anlegung von Kindesvermögen IV 559 f. — Genehmigung der Entlassung eines Kindes aus dem Staatsverbande IV 549, 565, zu Rechtsgeschäften für das Kind IV 549, 566 f., VI 322 f., 394. — Verzicht auf elterliche Nutznießung vor dem V. IV 583.

Bestellung eines Beistandes bei Ausübung der elterlichen Gewalt durch die Mutter IV 613 f., Genehmigung von Rechtsgeschäften der Mutter IV 556, 616. — Fürsorge und Aufsicht bei Ausübung der elterlichen Gewalt IV 617 ff., 627 ff., 654 ff., VI 298 f., 547 f. — Genehmigung des Vertrags über Unterhalt des unehelichen Kindes IV 677, 684. — Ersetzung der Einwilligung der Mutter zur Ehelichkeitserklärung eines Kindes IV 708 f., Genehmigung der Ehelichkeitserklärung bei beschränkter Geschäftsfähigkeit der Betheiligten IV 710, der Annahme an Kindesstatt IV 723 f. — Einreichung des Vermögensverzeichnisses an das V. bei Annahme an Kindesstatt IV 731. — Anordnung der Vormundschaft durch das V., Bestellungsprinzip IV 743. — Entziehung der Vertretung des Vormundes IV 756. — Genehmigung zur Entlassung eines Mündels aus dem Staatsverbande IV 757 f., VI 590. — Mitwirkung beim Vermögensverzeichnisse des Vormundes IV 759. — Mitwirkung bei Verwaltung des von Dritten dem Mündel zugewendeten Vermögens IV 760, bei Anlegung von Mündelgeld IV 777 f., 779, VI 306. — Genehmigung bei Verfügung über Forderungen, Werthpapiere des Mündels IV 781 f., 788 f., zu Rechtsgeschäften des Vormundes IV 790 ff., VI 311, 322 f., 394. — Allgemeine Ermächtigung zu bestimmten Arten von Rechtsgeschäften IV 795. — Anhörung des Gegenvormundes, der Verwandten, des Mündels IV 796 f. — Erklärung der Genehmigung IV 797 f. — Allgemeine Fürsorge und Aufsicht des V. IV 799 ff. (s. Vormundschaft). — Außerkraftsetzung der befreiten Vormundschaft IV 814 f. — Bewilligung eines Honorars für den Vormund IV 817 f. — Prüfung der Rechenschaftsablegung des Vormundes IV 819 f. — Fälle der erforderlichen Genehmigung des V. bei Vormundschaft über Volljährige IV 849. — Anordnung vorläufiger Vormundschaft IV 850 f. — Genehmigung zu Erbverträgen V 374 f., zu deren Anfechtung V 386, deren Aufhebung V 407 f., VI 100, zu Erbverzichten V 601 f. — Anzeige der Inventarfrist an das V. V 734. — Zuständigkeit für Volljährigkeitserklärung VI 382. — Befugniß des V., die Vorlegung der Werthpapiere 2c. anzuordnen VI 444. — Landesgesetze betr. die Uebertragung der Funktionen des V. auf andere Behörden VI 455 f., 556. — Mittheilung einstweiliger Verfügung im Scheidungsprozesse an V. VI 680.

Vormundschaftsordnung, preußische III 424, IV 565, 637, 749, 764, 766, 775, 794, 800, 814, 823, 837, 838, VI 557.

Vormundschaftsrichter. Haftung desselben IV 820 ff. — Vorsitz im Familienrathe IV 836.

Vorrang, s. Rangordnung.

Vorräthe, Rückgewähr bei Beendigung der Pachtung II 264 f., bei Uebernahme nach Schätzung II 269.

Vorrechte, s. Vorzugsrechte.

Vorrichtungen, Beschaffenheit der V. für Dienstverpflichtete II 289 ff.

Vorsatz. Vorsätzliche Nichterfüllung der Verbindlichkeit I 302 f., Erlaß der Haftung für V. I 304. — Beschränkung der Haftung des Schuldners auf V. bei Verzug des Gläubigers I 331. — Haftung des Schenkers für V. II 21, des Finders III 258. — Beschränkung der Haftung des Geschäftsführers ohne Auftrag auf V. bei Gefahr II 727 f. — V. bei unerlaubten Handlungen II 566 f.

Vorsitz im Familienrathe IV 836.

Vorschüsse der Arbeitgeber, Anspruchsverjährung I 202, 211. — Vorschuß der Kosten der Quittung I 340. — V. des Auftraggebers II 365.

Vorstand des Vereins I 506 ff., II 377 f., 460, VI 114 f. — Ersatz fehlender V.mitglieder I 515 f. — Rechtsgeschäfte und Prozesse zwischen dem Verein und einem V.mitgliede I 517 f. — Haftung des Vereins für den V. I 521 f. — Antrag des V. auf Konkurseröffnung I 523 f. — Geschäftsführung nach dem Willen der Mitglieder I 526. — V. der Stiftung I 600 ff., von juristischen Personen des öffentlichen Rechtes I 608 f. — V. von Erziehungs= 2c. Anstalten, landesgesetzliche Bestimmungen über dessen Amt als Vormund der dort befindlichen Minderjährigen IV 743 f.

Vortheil. Rechtsgeschäfte Minderjähriger, durch welche dieselben einen rechtlichen V. erhalten I 57, 59. — V. des herrschenden Grundstücks als Voraussetzung der Grunddienstbarkeit III 308, der Reallast bei Theilung des herrschenden Grundstücks III 737 f.

Vorzeigung, s. Vorlegung.

Vorzugsrechte. Uebergang der V. mit Abtretung der Forderung I 386, Erlöschen bei Schuldübernahme I 421 ff. — V. der Bauhandwerker II 322 f. — Aufgeben von V. durch den Gläubiger, Einfluß auf Bürgschaft II 480 f. — Pfändung von Sachen, an welchen ein Nichtbesitzer ein V. hat VI 716. — Erwerb von V. an Gegenständen der Konkursmasse VI 756 f.

W.

Waarenlager als eingebrachtes Gut IV 171.

Wägen beim Kaufe, Kosten II 68.

Währung, in welcher eine Geldschuld zu leisten I 289 f.

Wärme, Zuführung auf ein fremdes Grundstück III 123 f.

Wahl, Wahlrecht. Haftung des Vertreters für die Erfüllung des ohne Vertretungsmacht von ihm geschlossenen Vertrags oder für Schadensersatz nach W. des anderen Theiles 156 ff. — W. bei alternativer Schuld I 281 ff. — W. bei Aufrechnung mit einer von mehreren Forderungen I 368 f. — Unmöglichkeit einer Leistung bei mehreren wahlweise versprochenen I 450 ff. — W. zwischen Wandelung und Minderung I 673, 686 f., 708 ff. — W. des Gläubigers bei der Befriedigung aus einer Gesammthypothek III 573 f., IV 504, 513. — W. der Verlobten unter mehreren zuständigen Standesbeamten IV 47 f. — W. des Erben durch einen Dritten, des Vermächtnißnehmers, durch den Beschwerten oder durch einen Dritten V 23 ff., 42 f. — W. bei Vermächtnissen V 193 ff. — W. des mit einem Vermächtnisse bedachten Pflichttheilsberechtigten zwischen diesem und dem Pflichttheil V 505 f.

Wahlkonsuln, Gerichtsstand in Strafsachen VI 577.

Wahlvermächtniß V 193 ff.

Waisen, f. Wittwen.

Waisenrath, f. Gemeindewaisenrath.

Wald. Grenzgestell im W. III 129, 131. — Nachbarrecht an W.grundstücken III 140, 144 f. — Gemeinschaftlicher W. III 278. — Nießbrauch an einem W. III 390 f., 392 f., 401. — Zum Ehegute gehörender W. IV 176. — W. als Gegenstand der Nacherbschaft IV 127 f.

Waldeck, Wildschadensgesetze II 821.

Waldgenossenschaften I 4, 614. — Fortbestand der Landesgesetze VI 491, 494 ff.

Waldgrundstücke, Nachbarrecht III 140 f., Ueberhangsrecht (Landesgesetze) III 144 f., VI 428.

Waldversicherung III 567.

Wandelung I 673 ff. (f. Gewährleistung). Bei Thiermängeln nur W., nicht Minderung I 739 f., VI 384 f. — W. bei Werkvertrag II 310.

Wappenrecht I 45.

Wartegelder. Verjährung von Rückständen I 208 f., 211. — Abtretung des Anspruchs auf W. I 404, VI 409, Aufrechnung VI 409

Wartejahr bei Liquidation von Körperschaften I 550 f.

Wartezeit der Frauen vor neuer Eheschließung IV 34.

Wasser. Schaden durch W. bei Pachtrecht II 242. — W.abfluß von Grundstücken III 133.

Wasserrecht III 3 f. — Fortbestand der Landesgesetze VI 372.

Wasserstraße, Nothweg zur Verbindung mit einer W., Landesgesetze VI 553.

Wechsel. Hingabe eines W. an Erfüllungsstatt I 334. — Eingehung einer W.verbindlichkeit für den Mündel IV 795. — Schenkweises W.versprechen II 14, 17, 20. — W. für Spielschuld II 800 f. — Schiffspfandrecht für Wechsel IV 611 f. — Forderungspfandrecht an W. III 527 f., 536. — Hypothekarische Sicherung von W. I I 678.

Wechselordnung I 191, II 20, 386, 532, 541, 560, 561, III 715, 717, VI 2, 559 f. — Aenderung VI 759, 777, 804.

Wechselseitiges Testament V 423 ff. (f. Testament). Uebergangsbestimmung VI 557.

Wechselseitiger Vertrag I 625 ff. (f. Vertrag).

Wege, Besserungspflicht des Pächters II 252. — Fehlen der Verbindung eines Grundstücks mit einem öffentlichen W., Nothweg III 149 f.

Wegeregulierung, Fortbestand der Landesgesetze VI 372 f.

Wegfall der Bedingung, Beweislast I 263. — W. des Erben, f. Ersatzerbe.

Wegnahme fremder Sachen als Selbsthülfe I 241 f. — W. von Einrichtungen bei Herausgabe einer Sache III 355 f., VI 152, bei Wiederkauf II 87 f., VI 173 f., Miethe II 174 ff., 263, Pacht II 263, Leihe II 271 f., 273, Geschäftsführung ohne Auftrag II 740, Nießbrauch III 405 f., VI 94, Pfandrecht III 459 f. — W. einer auf fremdes Grundstück gelangten Sache III 164 f., 225 f., VI 220. — W.recht bei Eigenthumsverlust durch Verarbeitung 2c. III 244 f., VI 235, 388. — W.recht des Besitzers gegenüber Eigenthumsanspruch III 354 f., 373, VI 238. — W.recht für Einrichtungen des Vorerben V 115 f., des Beschwerten bei Vermächtniß V 234. — W.recht als Gegenstand des Vermächtnisses V 173, VI 396. — Uebergabe durch W. seitens des Gerichtsvollziehers VI 729.

Wehrpflicht, Erfüllung der W., kein Wohnsitz am Garnisonorte I 40.

Weinkauf I 770.

Werk, Eigenthumsübertragung an einem W. bei Preisbewerbung II 350 f. — Einsturz eines mit einem Grundstücke verbundenen W., Entschädigungspflicht II 650 f., Schutz gegen drohenden Einsturz III 161. — W. auf fremdem Grundstücke III 9 f.

Werkvertrag II 309 ff.: Inhalt und Gegen-

stand, Vergütung II 309. — Mängel des Werkes, Wandelung, Minderung, verspätete Herstellung, Schadensersatz II 309 f. — Vertrag über die Haftung II 311. — Verjährung der Ansprüche II 311 ff. — Abnahmepflicht des Bestellers, Prüfungspflicht II 315 ff. — Zahlung der Vergütung, für ein in Theilen abzunehmendes Werk, Verzinsung II 319 f. — Pfandrecht des Unternehmers II 321. — Sicherungshypothek des Unternehmers eines Bauwerkes II 321 ff. — Annahmeverzug des Bestellers, Fristbestimmung des Unternehmers zur Nachholung der dem Besteller obliegenden Handlung II 328 f., VI 385, Tragung der Gefahr, Versendung, Lieferung des Stoffes vom Besteller, Untergang, Verschlechterung, höhere Gewalt, theilweise Zahlung der Vergütung II 329 ff., VI 189, Vollendung des Werkes, Bedeutung, wo Abnahme ausgeschlossen II 331 f., VI 190. — Rücktrittsrecht des Bestellers, Anspruch des Unternehmers auf die Gegenleistung II 335. — Bedeutung des Kostenanschlags II 335 f. — Beschaffung des Stoffes durch den Unternehmer II 337 ff. — W. mit Geschäftsbesorgung II 376 f., VI 189. — Beweissicherung bei Mängeln des Werkes VI 665. — Wirkung des Konkurses auf den W. VI 760.

Werth einer durch unerlaubte Handlung entzogenen Sache, Verzinsung des W. II 607, Ersatz bei ungerechtfertigter Bereicherung II 702 ff. — W.verhältniß zwischen Stoff und Arbeit bei Umbildung beweglicher Sachen III 240 f. — Festsetzung des W. bei Nießbrauch an verbrauchbaren Sachen III 413. — Minderung des W. der Pfandsache, Rücknahmerecht des Verpfänders, Versteigerungsbefugniß des Gläubigers III 457 f. — Berechnung des W. der verschenkten Gegenstände bei einer den Pflichttheil verkürzenden Schenkung II 582 f. — Angabe des W. des Nachlasses bei Inventarerrichtung V 735 f.

Wertherſatz, s. Ersatz.

Werthgrenze der Buchforderungen zur Sicherheitsleistung I 267, der beweglichen Sachen I 268. — Landesgesetze über W. bei Belastung von Grundstücken VI 433 f.

Werthpapiere. Hinterlegung zur Sicherheitsleistung I 264 f., 266, zur Erfüllung I 342 ff. — Gewährleistung bei Veräußerung von W. I 655 f., II 475. — W. als Gegenstand der Anweisung II 380 f., des Hinterlegungsvertrags II 395 f. — Haftung des Gastwirths für W. II 404 f., 414. — Forderungspfandrecht an W. III 527 f., VI 262 f. — Anlegung von Mündelgeld in W. IV 761 ff. — Verfügung über W. des Mündels IV 781 f., Hinterlegung derselben IV 783 ff., VI 323, Befreiung davon IV 812 f. — W. der Vorerbschaft V 106 f., VI 93 f. — Vorlegung der W. des Mündels beim Vormundschaftsgerichte VI 444. — Aufgebot von W. (Civilprozeßordnung) VI 741 f.

Wesentlicher Irrthum I 109 f. — W. Bestandtheile einer Sache III 4 f., eines Grundstücks III 6 f., 238. — Abtrennungsrecht des Besitzers für w. Bestandtheile gegenüber Eigenthumsanspruch III 354 f.

Westfälischer Adel, Autonomie VI 368.

Wette II 794 ff.

Widernatürliche Unzucht, s. Unzucht.

Widerrechtliche Handlungen, s. unerlaubte Handlungen, verbotene Eigenmacht.

Widerruf von Willenserklärungen I 69, der Vollmacht I 143 ff., der Zustimmung Dritter zu Rechtsgeschäften I 178, der Anzeige der Forderungsabtretung I 394 f., 398 f. — Ausschluß des W. nach geschehener Bestimmung der Leistung durch einen der Vertragschließenden I 464 f., desgl. der Gegenleistung I 467. — W. der Bestellung des Vereinsvorstandes I 509 f. — W. der Stiftung I 489, 587, 591 ff., VI 118. — W. der Schenkung II 35 ff., der Auslobung II 347, des Auftrags II 370, der Anweisung II 388. — Ausschluß des W. der Zustimmung zur Löschung eines Rechtes im Grundbuche III 70 f. — W. der Verzichterklärung auf Grundstückseigenthum III 189, auf Pfandrecht III 487, der Zustimmung des Pfandgläubigers zur Verfügung über das verpfändete Recht III 520. — Ausschluß des W. der Zustimmung zu abweichender Art des Pfandverkaufs VI 391. — W. der Einwilligung des Mannes zu Verträgen der Frau über eingebrachtes Gut VI 392. — Ausschluß des W. der Zustimmung des anderen Ehegatten zu letztwilligen Verfügungen über den Antheil eines Abkömmlinges am Gesammtgute IV 247, 313 f., des Verzichts eines Abkömmlinges auf seinen Antheil am Gesammtgute der fortgesetzten Gütergemeinschaft IV 247, 314. — W. von Schenkungen bei Ehescheidung IV 438. — Unzulässigkeit des W. des Antrags und der Einwilligung zur Ehelichkeitserklärung IV 711. — W. letztwilliger Verfügung V 4 f. — W. der Annahme oder Ausschlagung des Vermächtnisses V 216 f. — W. des Testaments IV 351 ff., des Erbvertrags V 409 f., gemeinschaftlichen Testaments V 448 f., 451 f., der Schenkung von Todeswegen V 461. — Unzulässigkeit des W. der Annahme, Ausschlagung der Erbschaft V 630.

Widerruflichkeit der Vollmacht I 144 f., der Bestellung des Vereinsvorstandes I 552 f., der Stiftung I 489, 587, 591 ff. — S. auch VI 153.

Widersinnige Bedingung I 185.

Widerspruch eines Gesellschafters gegen Vornahme einer Handlung II 421. — Eintragung eines W. in das Grundbuch III 108 ff., 111 f., 654 f., VI 222. — W. gegen Grenzüberbau III 134 f. — Eintragung eines W. in das Schiffsregister III 504, in das

Grundbuch wegen nicht erhaltener Valuta bei Darlehenshypothek III 584 f., 647, IV 511. — W. zwischen Hypothekenbrief und Grundbuch III 660 f. — Keine Vorlegung des Hypothekenbriefs bei Eintragung eines W. VI 246. — Einstweilige Verfügung zur Eintragung eines W. VI 751 f., 800. — W. der Frau gegen Zwangsvollstreckung in das eingebrachte Gut IV 134, 204, desgl. des Mannes VI 796, der Miterben gegen Auseinandersetzungsplan des Testamentsvollstreckers V 274 f. — W. gegen Pfändung des Kindesvermögens VI 799. — W. des Erben gegen Eröffnung des Nachlaßkonkurses VI 803.

Widerstand, Beseitigung des W. durch Selbsthülfe I 241 f.

Wiederabnahme beweglicher Sachen bei Besitzstörung durch verbotene Eigenmacht III 38 f.

Wiederaufhebung der Entmündigung I 31 f. — S. auch Aufheben.

Wiederherstellung des früheren Zustandes als Gegenstand des Schadensersatzes I 293 ff., bei Verbindung, Vermischung ꝛc. beweglicher Sachen III 244 f. — W. der Errungenschaftsgemeinschaft IV 372 f., VI 290, der ehemännlichen Verwaltung und Nutznießung IV 137 f., 214, der häuslichen Gemeinschaft IV 99 f., 401 ff.

Wiederkauf II 81 ff.: Preis II 81 f., 86. — Ausübung des W.rechts II 82 ff. — Herausgabe der Kaufsache, Nutzungen, Zubehör, Zuwachs II 83 f. — Unmöglichkeit der Rückgabe, Schadensersatz II 84 f. — Belastung mit Rechten Dritter II 84 f. — Nebenleistungen II 87. — Verwendungen, Wegnahme von Einrichtungen II 87 f., VI 173. — Zeitliche Begrenzung des W.rechts II 88 f. — Mehrere Berechtigte zum W. II 91 f., VI 174. — Schätzungswerth als Wiederkaufspreis II 92. — Dingliches Wiederkaufsrecht III 765 f.

Wiederkehrende Leistungen. Verjährung von Rückständen I 208, 211, 230, 236, Verjährung des Gesammtanspruchs I 212. — W. L. bei Nießbrauch am Vermögen III 433 f. — Haftung von w. L. für Hypothek III 555, 562, IV 503. — W. L. als Gegenstand der Reallast III 729 ff. — W. L. aus dem eingebrachten Gute IV 132, 179, 192, VI 273, aus Mündelvermögen bei Vormundschaft über Volljährige IV 849. — Klage auf künftige w. L. VI 656 f.

Wiederverheirathung im Falle der Todeserklärung IV 23, 452 ff., VI 392, 473, 484, Auflösung der alten Ehe IV 453, keine Nichtigkeit der neuen IV 454, Anfechtung, Scheidung derselben IV 455 f., V 142 f., VI 295, Unterhaltsanspruch nach Scheidung der zweiten Ehe IV 534 f. — W. des überlebenden Ehegatten bei fortgesetzter Gütergemeinschaft IV 249, 342. — Vorzeitige W. der Frau und Geburt eines Kindes innerhalb 270 Tagen nach Auflösung der ersten Ehe IV 478. — W. nach Ehescheidung, Einfluß auf die Unterhaltspflicht IV 515 ff. — Auseinandersetzung mit den Kindern früherer Ehe IV 35, 553, 635 f., VI 299. — Endigung der elterlichen Gewalt der Mutter durch W. IV 556, 645 f. — W. des Annehmenden bei Annahme an Kindesstatt IV 732, des zum Vormunde eines volljährigen Kindes bestellten Elterntheils IV 850, V 258.

Wilde Thiere, Beschädigung durch solche II 646 f. — Herrenlose w. T. III 254.

Wildgehege II 840.

Wildschaden II 648, 806 ff. — W.gesetze der Einzelstaaten II 820 ff. — Fortbestand der Landesgesetze über Feststellung, Umfang, Ersatz des W. VI 375 ff., 743.

Wille des Geschäftsherrn bei Geschäftsführung ohne Auftrag II 726 f.

Willensdogma I 94, 137.

Willenserklärung Geschäftsunfähiger I 55, 57, Minderjähriger I 57 ff., gegenüber Geschäftsunfähigen oder beschränkt Geschäftsfähigen I 62, VI 132. — Ausdrückliche, stillschweigende W. I 68, 177. — Auslegung der W. I 68. — W. unter Abwesenden I 68 f., VI 131 f. — Widerruf I 69, Wirkung des Todes oder der Geschäftsunfähigkeit nach Abgabe I 70, der Geschäftsunfähigkeit oder beschränkten Geschäftsfähigkeit des Empfängers I 71 f. — W. gegenüber Behörden I 71. — W. durch Gerichtsvollzieher I 73, durch öffentliche Zustellung I 73 f. — Mentalreservation I 94. — Scheingeschäft I 95 f. — Scherz I 98 ff. — Irrthum I 102 ff. — W. durch Mittelsperson oder Anstalt I 116 f. — Drohung oder Betrug bei W. I 118 ff. — W. durch Vertreter I 136 ff., von und gegenüber Vereinen I 507 f., 514 f. — Urtheil auf Abgabe einer W. VI 728 f.

Willensmängel I 94 ff. - W. in der Person des Vertreters I 139 ff. — W. bei letztwilligen Verfügungen V 44 ff., Erbverträgen V 383 f.

Willkür. Bedingung gestellt auf W.handlung I 185, auf W. des letztwillig Bedachten V 54 f., des Beschwerten V 15 f.

Windbruch II 127 f., III 570.

Winkel auf der Grenze von Grundstücken III 129.

Wirkung der Anspruchsverjährung I 232 ff.

Wirthschaftliche Vereine, Erlangung der Rechtsfähigkeit I 498 ff.

Wirthschaftsgebäude, Besserungspflicht des Pächters II 252.

Wirthschaftsjahr II 247.

Wirthschaftsplan bei Nießbrauch an einem Walde III 392 f., bei einem den Gegenstand der Nacherbschaft bildenden Walde V 127 f., Bergwerke oder sonstiger Anlage zur Gewinnung von Bodenbestandtheilen VI 344.

Wirthschaftsräume, s. Räume.
Wirthschaftsvorräthe bei Beendigung der Pacht II 264.
Wissen des Vertreters I 139 ff. — Leistung bei W. der Nichtschuld II 694 f., bei W. der Unmöglichkeit des bezweckten Erfolges II 699 f.
Wissenmüssen I 188. — W. des Vertreters I 139 ff.
Wissentliche Leistung einer Nichtschuld II 694 f.
Wittwe. Volljährigkeitserklärung I 52. — W. des Miethers, Kündigungsrecht II 221. — W. des vorverstorbenen Sohnes als Erbin in der ersten Ordnung V 464 f. — Gesetze, betr. die Fürsorge für W. und Waisen, Aenderungen VI 598 f., 650.
Wittwen- und Waisengeld, Abtretung, Aufrechnung, Landesgesetze VI 409.
Woche, Fristberechnung I 189. — Miethverhältniß nach W. II 214 f., Dienstvertrag II 295 f.
Wochenbettskosten IV 685 f., VI 308 f.
Wochenlohn. Dienstverhältniß II 296.
Wohngebäude, Besserungspflicht des Pächters II 252.
Wohnort. Bestimmung durch den Ehemann IV 94.
Wohnräume, Anwendung der Vorschriften über Miethe II 131, 133. — W. für Dienstverpflichtete II 294. — Schutz des Besitzes von W. III 41.
Wohnsitz. Begriff I 37, Begründung I 38, Aufhebung I 38. — Mehrfacher W. I 38. — W. des Gesindes I 38 f., der Strafgefangenen I 39. — Fähigkeit zur Begründung des W. I 39. — W. der Militairpersonen I 37, der Exterritorialen und der Beamten im Auslande I 40 f., der Ehefrau I 41 f., VI 113, der Kinder I 42 f., VI 113, der juristischen Personen I 43. — W. des Schuldners als Ort der Leistung I 306 f., desgl. des Gläubigers I 306 f. — Zwangsvollstreckung am W. des Hauptschuldners, sonst Einrede der Vorausklage des Bürgen II 468 f., 476. — W. eines Verlobten als Bestimmungsgrund für die Zuständigkeit des Standesbeamten IV 47 f., Bestimmung des Güterrechtsregisters durch den W. des Mannes, Wechsel des W. IV 382 ff., 385 f., V 140 f., VI 290. — Entfernter W., Ablehnung der Vormundschaft IV 751. — Einfluß des W. auf eheliches Güterrecht VI 57 f. — W. ausländischer Ehegatten im Inlande, Güterrecht VI 60 f. — Erwählter W. des badischen, französischen Rechtes VI 490. — W. in Ansehung des Gerichtsstandes (Civilprozeßordnung) VI 638 f.
Wohnung. Rücktritt vom Miethverhältnisse bei ungesunder W. II 230. — Bestimmung der W. durch den Ehemann IV 94.
Wohnungsrecht III 437.
Wollen. Verjährung von Ansprüchen, die vom bloßen Wollen abhängen I 209, 210. — S. auch Willkür.
Wucher, Wuchergesetze I 472 ff., III 453, VI 563.
Württemberg, Wildschadensgesetze II 821. — Sonderrechte des altlandsässigen Adels in W. VI 368.
Wundärzte, Anspruchsverjährung I 202, 207, 211.
Wurzeln. Eindringen in fremdes Grundstück III 138 f.

Z.

Zahl der Mitglieder eines Vereins I 554, 570.
Zahlung, s. Erfüllung, Leistung. — Z. einer Geldschuld, Währung, Münzsorte I 289 f. — Z. des Darlehens II 43 f., eines mit Nießbrauch beschwerten Kapitals III 423 f. — Landesgesetze über Z. aus öffentlichen Kassen VI 408.
Zahlungsbefehl als Unterbrechung der Verjährung I 223 f., 228. — Zustellung eines Z. als Ersatz der Mahnung I 324.
Zahlungsfähigkeit. Gewährleistung für Z. des Schuldners bei Forderungsabtretung I 387.
Zahlungsfristen für den Erben V 744, 784 f., den Nachlaßpfleger V 744, 785 f.
Zahlungsort I 306 f., der Eigenthümerhypothek III 610 f., IV 513. — Aenderung des Z. von Hypotheken IV 602. — Z. der Grundschuld III 711, IV 505.
Zahlungssperre. Gewährleistung bei Veräußerung von Werthpapieren, daß dieselben nicht unter Z. gestellt sind I 654 f., II 475, bei Schuldverschreibungen auf den Inhaber II 547 f., VI 745 f., 800, von Legitimationspapieren II 565, VI 420, 746. — Uebergangsbestimmungen für Z. von Schuldverschreibungen auf den Inhaber VI 505 f., 627.
Zahlungsstatt, s. Erfüllungsstatt.
Zahlungstermine, landesübliche VI 378 f.
Zahlungsunfähigkeit des Mannes, Aufhebung des gesetzlichen Güterstandes IV 136, 212. — Z. als Grund des Nachlaßkonkurses V 880.
Zahlungszeit I 309, der Eigenthümerhypothek III 610 f., IV 513. — Aenderung der Z. von Hypotheken IV 602. — Z. der Grundschuld III 710, IV 505.
Zahnärzte, Anspruchsverjährung I 202, 207, 211.
Zaun zwischen Grundstücken III 129.
Zehn Jahre Verschollenheit als Voraussetzung der Todeserklärung I 4 f., VI 107 f., 110. — Heilung der Formmängel durch z.jährige Ehe IV 62 f., Verlust des Anfechtungsrechts VI 270 f. — Z. J. Ersitzungszeit III 230.
Zeichnen, Eigenthumserwerb III 239 f.
Zeit, Zeitbestimmungen bei Rechtsgeschäften, Beweislast I 262 f. — Z. der Leistung I 309. — Z.ablauf statt Mahnung I 324. — Z. bei Aufrechnungserklärung unzulässig I 365 f. — Bestimmte Z. der Vertragserfüllung I 626,

640 f., 776 f. — Z. der Zahlung des Miethzinses II 185 f., der Pachtzahlung bei landwirthschaftlichen Grundstücken II 251 f., der Rückgabe der entliehenen Sache II 275, der Entrichtung der Vergütung beim Dienstvertrage II 279. — Z. bei Bürgschaft II 461, 463, 483 f., VI 198. — Z. der Entrichtung der Leibrente II 486. — Keine Z. bei Auflassung III 181 f. — Z. bei Hypothek III 539, Grundschuld III 710, Vormerkung III 740, 746. — Unzulässigkeit einer Z. bei Eheschließung IV 38 f., 51, Anerkennung eines Kindes IV 470, 473, Ehelichkeitserklärung IV 711, Annahme an Kindesstatt IV 718, 724, Aufhebung derselben IV 737. — Z. bei letztwilliger Verfügung V 11, Vermächtniß V 210 f., 233. — Unzulässigkeit der Z. bei Annahme oder Ausschlagung des Vermächtnisses V 216 f. — Z. der Erfüllung eines Vermächtnisses, einer Auflage, mit welcher ein Vermächtnißnehmer beschwert ist V 221, der Erklärung über Annahme oder Ausschlagung der Erbschaft V 624 f., Z. bei Annahme oder Ausschlagung V 627. — Z. der Anfechtung des Erbschaftserwerbes wegen Erbunwürdigkeit V 643. — Z. des Aufgebots der Nachlaßgläubiger V 775. — S. auch Fristen, Termine.

Zeitablauf als Ersatz der Mahnung I 324. — Verlust des Anfechtungsrechts der Ehe durch Z. VI 270 f.

Zeitfolge, s. Rangordnung.

Zeitpunkt des Todes bei Todeserklärung I 18 ff., 272 ff. — Z. der Wirksamkeit einer Willenserklärung unter Abwesenden I 69, der Vertragschließung I 85 f., des guten Glaubens bei Erwerb beweglicher Sachen III 210.

Zerrüttung des ehelichen Verhältnisses als Scheidungsgrund V 405 f.

Zerstörung fremder Sachen als Selbsthülfe I 241 f., 251 f. — Anzeigepflicht des Nießbrauchers bei Z. der Nießbrauchsache III 392.

Zession, s. Abtretung, Uebertragung.

Zeugen, Verjährung des Anspruchs auf Gebühren I 202, 206, 211. — Z. der Eheschließung IV 49 ff., VI 265 f., der Testamentserrichtung V 330 ff.

Zeugniß bei Dienstvertrag II 307 ff. — Z. des Vormundschaftsgerichts über Auseinandersetzung mit Kindern früherer Ehe IV 35. — Z. der Ernennung zum Testamentsvollstrecker V 253 f., 688 f. — Z. über fortgesetzte Gütergemeinschaft V 729 f. S. auch Erbschein.

Zeugungen, s. Geburt.

Ziegen I 739.

Zinsen. Verjährung rückständiger Z. I 208, 211, 236. — Gesetzliche Z. I 290 f. — Prozeßz. I 323 f. — Verzugsz. I 326 f. — Zinsesz. I 327. — Z. der vom Schuldner wegen Verzugs zu entrichtenden Ersatzsumme I 328. — Verzug des Gläubigers I 332. — Verrechnung einer nicht ausreichenden Zahlung auf die Z. der Hauptforderung I 336 f. — Z. bei Aufrechnung I 366 f. — Vertragsmäßige Z. I 472 ff. — Z. bei Rücktritt vom Vertrage I 788 f. — Z. vom Darlehen II 43, VI 187, vom Wiederkaufspreise II 86. — Z. von Geldern bei Auftrag II 365, bei Hinterlegungsvertrag II 399. — Haftung des Bürgen für Z. II 467. — Z. der Ersatzsumme bei unerlaubter Handlung II 607. — Tragung der Z. von Hypotheken- 2c. forderungen bei Nießbrauch III 399. — Z. von Verwendungen des Nießbrauchers III 406. — Nießbrauch an einer auf Z. ausstehenden Forderung III 423 f., Z. von Schulden bei Nießbrauch am Vermögen III 433 f. — Haftung des Pfandes für Z. III 446, des Schiffspfandrechts III 503, 739, Erstreckung des Forderungspfandrechts auf Z. III 534 f. — Eintragung des Zinsfußes in das Grundbuch III 544 f., Erhöhung bis fünf v. H. III 548, Haftung des Grundstücks für Z. III 549, nicht des Eigenthümers persönlich III 576. — Z. bei Uebergang der Hypothek III 591, IV 604 f., VI 253 f. — Z. der Eigenthümerhypothek III 610 f., IV 513, III 614, IV 605, Abtretung rückständiger Z. der Hypothek III 653. — Z. der Kautionshypothek III 689. — Z. der auf dem eingebrachten Gute ruhenden Verbindlichkeiten IV 132, 179, 192, VI 273. — Keine Z. bei verzögerter Anlegung von Kindergeldern oder Verwendung von Kindesvermögen seitens des Vaters IV 561 f. — Z. von Mündelgeld IV 760, 817. — Reichsgesetz, betr. die vertragsmäßigen Z. I 472 ff., Aufhebung VI 584.

Zinseszinsen I 472 ff.

Zinsfuß I 290 f., VI 175 f., vertragsmäßiger I 472 f.

Zinsrückstände, Anspruchsverjährung I 208, 212, 236, bei Uebertragung der Hypothek VI 256.

Zinsscheine mit dem Werthpapiere zur Sicherheitsleistung zu hinterlegen I 266. — Z. von Mündelpapieren IV 783 f. — Z. von Schuldverschreibungen auf den Inhaber II 541 f., Vorlegungsfrist II 542 f., 546, Aufgebot II 546 f., 548 f., VI 741. — Besitz der Z. bei Nießbrauch am Inhaberpapier III 427 f. — Z. verpfändeter Werthpapiere III 534 f. — Z. von Mündelgeldern IV 784. — Landesgesetze über verlorene Z. VI 420. — Uebergangsbestimmungen für Z. VI 505 f., 627.

Zinszahlung als Unterbrechung der Verjährung I 222.

Zubehör III 17 f. — Erstreckung des Vertrags über eine Sache auf das Z. III 17 ff. — Z. bei Wiederkauf II 82 f., 84. — Zwangsvollstreckung in Z. eines Grundstücks, Schiffes III 23. — Erstreckung der Auflassung auf das Z. des Grundstücks III 178 f., 216 f. — Z. bei Verzicht auf Grundstückseigenthum III

184 f. — Z. bei Nießbrauch III 385, 387 f., 412. — Haftung des Z. für Schiffspfandrecht III 503, 740, für Hypothek III 555, 570, IV 502, 504, VI 247 f., 285 f. — Pfändung des Z. eines Schiffes, Grundstücks III 560. — Schuldschein als Z. der Forderung III 644 f. — Erstreckung der Vormerkung auf das Z. des Grundstücks III 747, des dinglichen Vorkaufsrechts III 761 f. — Z. bei Vermächtniß V 179 f. —
Zuchthausstrafe als Scheidungsgrund IV 413 f. — Verwirkung der elterlichen Gewalt IV 554, 637, 648 f. — Grund zur Entziehung des Pflichttheils V 562 f. — Erbunwürdigkeit V 637.
Zuchtrecht aus elterlicher Gewalt IV 547, 548.
Zueignung, s. Aneignung.
Zufall. Haftung des säumigen Schuldners für Z. I 327 f. — Untergang des Vertragsgegenstandes durch Z., Einfluß auf Rücktrittsrecht I 790 f. — Gefahr des Z. bei Werkvertrag II 329 ff. — Einfluß des Z. auf die Ersatzpflicht aus unerlaubten Handlungen II 607.
Zuführung von Gasen, Dämpfen 2c. auf ein fremdes Grundstück III 123 f., VI 225 f.
Zug um Zug, Leistung I 312 f. — Hinterlegung bei Z. u. Z. zu erfüllenden Verträgen I 346. — Erfüllung gegenseitiger Verträge Z. u. Z. I 626 ff. — Erfüllung Z. u. Z. beim Rücktritt I 790. — Vollstreckbare Urtheilsausfertigung bei Leistung Z. u. Z. VI 703, Zwangsvollstreckung VI 709 f., 795.
Zukünftige, s. Künftige.
Zurechnung, fehlende bei unerlaubten Handlungen II 579 f., 590.
Zurückbehaltungsrecht an Vollmachtsurkunden I 147. — Einrede des Z. als Hemmung der Verjährung I 215, 217, II 518. — Z. des Schuldners I 310 ff. — Z. bei Schuldübernahme I 422. — Z. gegen geschuldete Beiträge bei Vereinen I 535 f. — Z. bei gegenseitigen Verträgen I 628 ff., bei Entwehrung der veräußerten Sache I 660 ff., bei Wiederkauf II 88. — Kein Z. des Miethers von Grundstücken II 189. — Z. des Pächters am mitverpachteten Inventar II 244 f., 248 f., des Entleihers II 275. — Ausübung des Z. gegen den Hauptschuldner bei Bürgschaft II 471, VI 197. — Z. des Finders III 265 ff., des Besitzers gegenüber Eigenthumsanspruch III 357 f., IV 591 f., des Pfandgläubigers III 462, 465 f., 492. — Z. des dritten Erwerbers wegen des Kaufpreises bei Vorkaufsrecht III 758 f. — Z. der Frau hinsichtlich des Beitrags zum ehelichen Aufwande bei Gefährdung des Unterhalts durch den Mann IV 222, 224, 227. — Z. des Erbschaftsbesitzers V 716. — Beschränkung der Zwangsvollstreckung bei Z. des Gläubigers an einer beweglichen Sache des Schuldners VI 712. — Erwerb des Z. an Gegenständen der Konkursmasse VI 756 f.
Zurückbeziehung der Bedingung I 180.
Zurückforderung des nach der Verjährung Geleisteten I 628 f., der Schenkung II 22 f., 32 f., 40 f., der hinterlegten Sache II 401, des ohne Verpflichtung Geleisteten II 686 ff. (s. Bereicherung).
Zurückgabe der Vollmachtsurkunde I 148 f., des Schuldscheins I 341, der Draufgabe I 771 f., der Miethsache II 188 f., der Pfandsache III 454 f., 459 f., 487 f., 521, der Nießbrauchssache III 401, der Pachtsache II 253 f., 256 f., 259.
Zurückgewährung, s. Rückgewähr.
Zurücknahme der Klage, Einfluß auf Verjährung I 226 f. — Z. des hinterlegten Gegenstandes durch den Schuldner I 350 f., IV 568 f., VI 165, der hinterlegten Sache II 402. — Z. der Klage auf Anfechtung der Ehelichkeit eines Kindes IV 474 f. — Z. des Testaments V 353 f., des gemeinschaftlichen Testaments V 459. — Z. der Eheanfechtungsklage VI 675, der Nichtigkeitsklage VI 682.
Zurücktreten, s. Rücktritt.
Zurückweisung des aus dem Versprechen der Leistung an einen Dritten durch diesen erworbenen Rechtes I 749 f., 767 f.
Zusammenlegung von Grundstücken, Fortbestand der Landesgesetze VI 373 f., 743.
Zusammentreffen einer Grunddienstbarkeit mit andern Nutzungsrechten an dem belasteten Grundstücke III 321, mehrerer Nießbrauchberechtigter III 387. — Z. mehrerer Unterhaltsansprüche IV 482, 485, mehrerer Unterhaltspflichtiger IV 482, 486 f.
Zusammenrottung, Landesgesetze über Schadensersatz VI 422.
Zuschlag bei Versteigerung I 87, VI 717, von Gold- und Silbersachen bei Pfandverkauf III 479.
Zuschreibung eines Grundstücks zu einem anderen, Einfluß auf Hypotheken III 550 f., IV 504, VI 252.
Zuschüsse zum Einkommen, Ausgleichungspflicht V 891.
Zuständiges Gericht beim Aufgebotsverfahren zwecks Todeserklärung I 11, 14, VI 730, 733. — Zuständigkeit für Volljährigkeitserklärung I 51, VI 382, 463 f., für öffentliche Zustellung einer Willenserklärung I 73, für Kraftloserklärung der Vollmachtsurkunde I 150, 152. — Antrag auf Bestimmung des z. Gerichts, Einfluß auf Verjährung I 226 f. — Z. Behörde für Auflösung von Vereinen I 572 ff. — Z. Gericht für Abnahme des Offenbarungseides II 788 f. — Z. nach Landesgesetz für Beurkundung von Grundstücksveräußerungen I 458 f., VI 416, für freiwillige Gerichtsbarkeit VI 455 ff. — Z. in Ehesachen VI 669, 790 f., in Entmündigungssachen VI 686 f., 692, 696, 792, für Todeserklärung VI 730, für Aufgebot zur Ausschließung des Grundstückseigenthümers VI 734. — Z. für Dispensation

von Ehehindernissen IV 37, VI 67. — Z. der Standesbeamten IV 47 f., V 132, 285. — Z. der Staatsgewalt für Ehelichkeitserklärung IV 704 f., VI 66, 304, für Anordnung vorläufiger Vormundschaft IV 851, für Nachlaßpflegschaft V 667, für Befreiungen von den Erfordernissen der Annahme an Kindesstatt VI 67.

Zustellung. Oeffentl. Z. einer Willenserklärung I 73 f. S. auch Einwilligung, Genehmigung. — Z. des Urtheils in Ehesachen VI 679 f., des Entmündigungsbeschlusses VI 689 f., 693 f., 696, der Ablehnung des Antrags auf Entmündigung VI 701.

Zustimmung. Terminologie IV 799. — Z. zu Verträgen und einseitigen Rechtsgeschäften I 176 ff., VI 124 ff. — Z. des Gläubigers zur Schuldübernahme I 405 ff., zur Löschung eines Rechtes im Grundbuche III 70 f., 284 f., 326 f., zur Rangänderung im Grundbuche III 92 ff., zum Rangvorbehalte III 100. — Z. des Nießbrauchers zur Aufhebung und Aenderung des belasteten Rechtes III 415, des Pfandgläubigers zur Aufhebung, Aenderung des verpfändeten Rechtes III 520 f., der Hypothekengläubiger zur Auszahlung der Versicherung III 566, des Eigenthümers zu rechtsgeschäftlicher Aufhebung der Hypothek III 615 f., IV 509, zur Theilung der Hypothek III 665, zur Umwandlung der Rentenschuld in Grundschuld III 782 f., IV 501. — Z. zum Verlöbnisse IV 9 f. — Z. des Ehemanns zur Uebernahme persönlicher Leistungen durch die Ehefrau IV 101 ff. — Z. der Frau zu Verwaltungsmaßregeln des Mannes über eingebrachtes Gut IV 126 ff., 130, 165 ff., des Mannes zu Verfügungen der Frau IV 133 f., 196 ff., 203 f., 242, 269 f., des anderen Ehegatten zur letztwilligen Beschränkung eines Abkömmlinges bei fortgesetzter Gütergemeinschaft IV 247, 313 f., VI 394. — Z. zu Ehebruch und Sittlichkeitsverbrechen, Ausschluß der Scheidung IV 399 ff.

Zuthaten, Lieferung durch den Uebernehmer bei Werkvertrag II 337.

Zuwachs bei Rücktritt vom Vertrag I 788 f., bei Wiederkauf II 84, bei Vermächtniß V 221 f.

Zuwendung. Entstehung von Vorbehaltsgut durch Z. von Todeswegen IV 124 f., 129, 141. — Unentgeltliche Z. mit Auflage einer Leistung an einen Dritten I 751, 753 ff. — Z. Dritter an das Kind als freies Vermögen IV 573. — Bedingung bei letztwilligen Z. V 11 f. — Auslegungsregeln für solche V 32 ff., Bestimmung des Gegenstandes derselben durch einen Dritten V 39 ff., den Beschwerten V 41 f. — Z. in Erbverträgen V 382 f. — Anrechnung von Z. auf den Pflichttheil V 521 ff., VI 102 f.

Zwang, s. Drohung.

Zwangsenteignung, s. Enteignungsrecht.

Zwangserziehung eines Kindes IV 622 f., VI 441, eines Mündels IV 800.

Zwangshypothek III 78, 508, 694 ff., 711, 740, VI 739 f.

Zwangsrechte, Fortbestand der Landesgesetze VI 378.

Zwangsvergleich, Rechte der Gläubiger gegen Mitschuldner, Bürgen VI 766 f. — Sicherungshypothek auf Grund eines Z. VI 767. — Z. im Nachlaßkonkurse VI 775.

Zwangsversteigerung. Einfluß der Z. auf Miethverhältniß II 169 ff., 268. — Z. von Grundstücken III 49 f. — Fortfall des Rangvorbehalts im Grundbuche bei Z. III 102. — Vorkaufsrecht bei Z. III 758.

Zwangsverwaltung, Gesetz über die, s. Zwangsvollstreckung (a. E.) — Landesgesetze über Z. bestimmter Grundstücke VI 369, 606.

Zwangsvollstreckung. Verfügung durch Z. gegen Veräußerungsverbot I 124; während schwebender Bedingung I 184. — Antrag auf Z. als Unterbrechung der Verjährung I 223 f., 228. — Z. aus Verurtheilung zur Leistung gegen Gegenleistung I 312 f. — Gewährleistung bei Z. I 668, 701. — Verfügung durch Z. über den Vertragsgegenstand, Ausschluß des Rücktrittsrechts I 794 f. — Verbot des Kaufes für die mit Leitung einer Z. Betrauten II 72 f. — Vorkaufsrecht bei Verkauf im Wege der Z. II 107 f. — Z. in Gesellschaftsvermögen II 434 f., in den Antheil eines Gesellschafters VI 317, 327 f. — Z. gegen den Hauptschuldner, Einrede der Vorausklage des Bürgen II 468 f., 476. — Schadensersatz aus ungerechtfertigter Z. II 673 f. — Z. in Zubehör eines Grundstücks, Schiffes III 23. — Schutz des Erwerbes eines Rechtes an Grundstücken im Wege der Z. durch den öffentlichen Glauben des Grundbuchs III 77 f. — Eintragung in das Grundbuch im Wege der Z. III 116 f. — Zeitpunkt der Uebergabe beweglicher Sachen im Wege der Z. III 204 f., 210, VI 233, 387. — Z. für die Gläubiger des Bestellers eines Nießbrauchs am Vermögen IV 598 f. — Z. in das übrige Vermögen des Schuldners, wenn der Gläubiger ein Pfandrecht oder Zurückbehaltungsrecht an einer beweglichen Sache hat (beneficium excussionis realis) III 463 f. — Z. statt des Pfandverkaufs III 474 f. — Z. durch Ueberweisung einer Pfandforderung III 485 f. — Z. zur Verwirklichung des Schiffspfandrechts III 504, IV 611, des Pfandrechts an Rechten III 521, der Hypothek III 571 f., IV 505. — Ueberweisung der Hypothek im Wege der Z. III 587 f., 653 f. — Wirkung der Z. auf eine Vormerkung im Grundbuche III 740 f. — Z. in das Gesammtgut IV 135, 263, 280 f., 368, in das eingebrachte Gut IV 134, 204, gegen Mündel IV 795, in Nacherbschaft V 112, 152, VI 92, gegen den Erben aus Ur-

theilen gegen den Testamentsvollstrecker V 296 f., 538 f., 541, gegen den Erben vor Annahme der Erbschaft V 661. — Z. während Nachlaßpflegschaft V 811 f. — Beschränkung der Z. in Grundstücke auf gewisse Ansprüche VI 438. — Eintragung im Wege der Z. VI 441. — Voraussetzungen des Beginns der Z. VI 705. — Z. in Gesellschaftsvermögen VI 705, 727, gegen nicht rechtsfähigen Verein VI 705, in Nießbrauchsgegenstände VI 706, 716, 794, in eingebrachtes Gut der Ehefrau und in Gesammtgut VI 706 f., 716, 795, nach Beendigung der Gütergemeinschaft VI 707, in Kindesvermögen VI 708, in den Nachlaß bei Mehrheit von Erben VI 708, 727, bei Leistung Zug um Zug VI 709 f., 795, 796. — Einwendungen im Z.verfahren VI 711, 796. — Erstattungspflicht des Gläubigers VI 711 f. — Wirkung von Veräußerungsverboten auf Veräußerung oder Ueberweisung durch Z. VI 712. — Z. in Vorerbschaft VI 712. – Beschränkung der Z. bei bestehendem Pfandrechte oder Zurückbehaltungsrechte des Gläubigers an einer beweglichen Sache des Schuldners VI 712. — Z. in den Nachlaß vor Annahme der Erbschaft VI 713. – Geltendmachung der beschränkten Erbenhaftung VI 713, 791, der aufschiebenden Einreden des Erben VI 713 f., der beschränkten Haftung von Miterben VI 714. – Z. in ein von dem Eigenthümer aufgegebenes Grundstück VI 715. — Z. aus Urkunden über Ansprüche aus Hypothek, Grundschuld, Rentenschuld VI 714, 718 f., 797. — Gewährleistung bei Z. VI 717. — Z. aus landesrechtlichen Schuldtiteln VI 721 f. — Z. in eine Grund- oder Rentenschuld VI 727, in eine Reallast VI 727. — Z. zur Erwirkung von Handlungen VI 727. — Z. in das unbewegliche Vermögen VI 740. — Gesetz, betr. die Z. in das unbewegliche Vermögen II 671, III 21, 49 f., 68, 182, 187, 217, 357, 409, 554, 555, 556, 560, 567, 571, 575, 577, 579, 627, 694, 697, 700, 701, 702, 731, 740, 781, V 778, VI 223, 239, 257 f., 465, 740.

Zweck, s. Auflage. — Z. der Stiftung I 587, 589 f.

Zweckvermächtniß V 39, 43.

Zwei Jahre, Seeverschollenheit I 8. — Verjährungsfrist I 201 f., 211. — Verjährung der Ansprüche aus Schuldverschreibungen auf den Inhaber in z. Jahren nach Ablauf der Vorlegungsfrist II 543, aus Verlöbnißbruch IV 11.

Zweifelhafte, s. Ungewißheit, Ungewisses.

Zweige, Hinüberragen in fremdes Grundstück III 138 f.

Zweikampf II 633 f.

Zweite Ehe, s. Wiederverheirathung.

Zwischenraum zwischen Grundstücken III 129.

Zwischenzinsen I 310, bei vorzeitiger Leistung II 694.

Herrosé & Ziemsen, Gräfenhainichen.

FSC
www.fsc.org
MIX
Papier | Fördert
gute Waldnutzung
FSC® C083411

Kolibri 360 GmbH
Ferdinand-Jühlke-Straße 7
99095 Erfurt, Deutschland
produktsicherheit@kolibri360.de